레거시 코드 활용 전략

레거시 코드 활용 전략

손대기 두려운 낡은 코드, 안전한 변경과 테스트 기법

마이클 C. 페더스 지음　심윤보 · 이정문 옮김

i!i
에이콘

내 인생의 빛나는 중심인 앤, 데보라, 라이언에게

– 마이클

"… 바로 그때 모든 것이 시작됐다."

이 책의 저자인 마이클 페더스는 '지은이의 말'에서 위와 같은 문장으로 자신이 소프트웨어에 대한 열정을 품기 시작한 때를 설명했다.

"… 바로 그때 모든 것이 시작됐다."

당신은 이러한 감정을 이해할 수 있는가? 자신의 인생에서 단 한 순간이라도 "바로 그때 모든 것이 시작됐다."라고 말할 만한 때가 있는가? 인생의 방향을 송두리째 바꿔놓아 결국 이 책을 손에 들고 이 '추천의 글'을 읽게 만든 단 하나의 사건이 있었는가?

내게 그런 일이 일어난 것은 내가 초등학교 6학년 때였다. 당시 나는 과학과 우주, 그리고 과학 기술에 관련된 모든 것에 관심이 있었다. 어머니는 그런 나를 위해 어떤 홍보용 카탈로그에 실려 있던 플라스틱 컴퓨터 한 대를 주문해주셨다. 그 컴퓨터의 이름은 디지컴Digi-Comp이었다. 40년이 흐른 지금도 그 작은 컴퓨터는 내 책상 위에서 명예롭게 한 자리를 차지하고 있다. 그 컴퓨터는 내가 소프트웨어에 끊임없이 열정을 갖게 만든 기폭제가 됐다. 나는 컴퓨터를 통해 문제를 해결하는 것이 얼마나 즐거운 일인지 어렴풋이 깨닫게 됐다. 그 컴퓨터는 단 세 개의 플라스틱 S-R 플립플롭과 여섯 개의 플라스틱 AND 게이트로 구성됐을 뿐이지만 그것만으로 충분했다. 내게는 바로 그때 모든 것이 시작됐다.

하지만 내가 느꼈던 기쁨은 소프트웨어 시스템은 결국 엉망진창이 돼버린다는 사실을 깨닫고는 금세 약해지기 시작했다. 프로그래머들이 처음에 고안했던 명료한 설계는 시간이 지남에 따라 결국은 상한 고기처럼 부패하게 된다. 작년에 구축했던 시스템이 내년에는 함수와 변수로 뒤엉킨 늪이 되고 만다.

왜 이런 일들이 일어날까? 왜 시스템은 부패해가는 것일까? 왜 시스템은 깨끗한 상태에 머물러 있지 않을까?

때때로 우리는 고객에게 책임을 돌린다. 고객의 요구 사항이 변경됐기 때문이라고 말한다. 최초의 요구 사항에 고객이 만족했다면 설계에 아무런 문제가 없었을 것이라 스스로를 위안한다. 요구 사항을 변경한 고객이 잘못했다는 것이다.

글쎄, 여기에 중요한 사실 하나가 있다. 요구 사항은 반드시 변한다. 요구 사항 변경을 수용할 수 없다면 설계에 문제가 있는 것이다. 유능한 소프트웨어 개발자라면 누구나 요구 사항이 변경될 것을 감안해 설계하고자 한다.

이것은 해결하기 매우 어려운 문제처럼 보인다. 실제로 너무 어렵기 때문에 거의 모든 시스템은 서서히 부패해 결국 망가져버린다. 이 부패는 침투력이 매우 강하며, 이처럼 부패한 프로그램을 가리키는 특별한 이름이 존재한다. 바로 '레거시 코드^{legacy code}'다.

레거시 코드, 이 단어는 프로그래머의 마음속에 구토를 일으키는 단어다. 마치 끈적이는 거머리와 날카로운 침을 가진 날벌레들로 뒤덮인 덤불 천지의 음산한 늪지대를 걸어가는 것과 같은 이미지를 연상시킨다. 암흑, 점액, 고인 물, 악취라고 불러도 좋다. 우리가 처음 느꼈던 프로그래밍의 강렬한 기쁨도 레거시 코드를 다뤄야 하는 고통에 희석되기 십상이다.

최초에 작성했던 코드가 레거시 코드로 전락하지 않도록 막는 방법을 찾기 위해 수많은 사람들이 노력해왔다. 프로그래머가 시스템의 간결함을 유지하는 데 도움을 줄 수 있는 원칙이나 패턴, 실행 방법 등을 설명하는 책은 이미 많다. 하지만 이 책의 저자 페더스는 지금까지 간과됐던 것에 대한 통찰력을 제시하고 있다. 예방만으로는 충분하지 않다. 최선의 원칙을 숙지하고 최선의 패턴을 사용하며 최선의 실행 방법을 따르는 가장 잘 훈련된 개발 팀조차 때때로 일을 망칠 수 있다. 부패는 계속 쌓여가므로 부패를 방지하는 것만으로는 충분하지 않다. 부패를 되돌릴 수 있어야 하는 것이다.

이것이 바로 이 책의 주제다. 즉, 이 책은 부패를 되돌리는 방법을 다룬다. 복잡하게 얽힌 불명료한 시스템을 단계별로 점진적인 방법을 통해 단순하면서 잘 구조화돼 있고 훌륭하게 설계된 시스템으로 변모시키는 방법을 알려준다. 엔트로피를 역전시키는 방법에 관한 책이라 말할 수 있겠다.

다만, 지나친 흥분은 가라앉히자. 부패를 되돌리는 것은 쉽지 않으며 단기간에 가능하지도 않다. 이 책에서 제시하는 기술이나 패턴, 도구들은 효과적이지만 그만큼 많은 노력과 시간, 인내, 주의를 요구한다. 이 책은 결코 만병통치약을 제시하지 않는다. 하룻밤 사이에 시스템에 쌓인 모든 부패를 되돌리는 방법은 없다. 대신, 여러분이 앞으로의 개발 업무에서 갖춰야 할 원칙과 개념 및 태도, 그리고 품질이 나빠지고 있는 시스템을 점진적으로 개선하는 데 도움이 되는 방법을 설명할 것이다.

로버트 C. 마틴
2004년 6월 29일

마이클 C. 페더스 Michael C. Feathers

멘토링, 능력 개발, 지식 전달, 소프트웨어 개발 관리 등 서비스 제공 분야의 글로벌 리더 업체인 오브젝트 멘토에 근무하고 있다. 테스트 주도 개발, 리팩토링, 객체 지향 설계, 자바, C#, C++, 익스트림 프로그래밍에 대한 트레이닝과 멘토링 등의 컨설팅을 다수 수행했으며, JUnit 테스트 프레임워크의 C++ 버전인 CppUnit과 통합 테스트 프레임워크 FIT의 C++ 버전인 FitCpp의 개발자이기도 하다. ACM과 IEEE 회원이다. OOPSLA 콘퍼런스(객체 지향 기법에 관한 국제 콘퍼런스)에서 코드 페스티벌 의장을 세 차례 맡았다.

자신의 손으로 직접 작성했던 첫 프로그램을 아직 기억하고 있는가? 나는 기억하고 있다. 그것은 초창기 PC에서 작성했던 작은 그래픽 프로그램이었다. 나는 친구들보다 뒤늦게 프로그래밍을 시작했다. 하지만 컴퓨터를 처음 접한 것은 그보다 어렸을 때였다. 어느 사무실에서 미니컴퓨터에 강한 인상을 받았던 기억이 있지만, 그 후 몇 년간 컴퓨터 앞에 앉을 기회조차 없었다. 사실, 10대 무렵에 사귄 친구들 중에 TRS-80의 초창기 모델을 구입한 친구가 있었다. 나도 관심은 있었지만 조금 두렵기도 했다. 한번 컴퓨터를 가지고 놀기 시작하면 헤어나오지 못할까봐 걱정됐기 때문이다. 컴퓨터는 너무나 멋져 보였다. 내가 어떻게 스스로를 그리 잘 알고 있었는지 모르겠지만, 하여간 당시에는 컴퓨터를 갖고 노는 일이 조금은 망설여졌다. 대학에 입학한 후, 기숙사의 룸메이트가 갖고 있던 컴퓨터를 사용해 비로소 C 컴파일러를 구입하고 프로그래밍 연습을 시작했다. 바로 그때 모든 것이 시작됐다. 나는 컴파일러와 함께 따라온 이맥스Emacs 편집기의 소스 코드를 갖고 이것저것 해보느라 날마다 밤을 새웠다. 프로그래밍은 중독성이 있었고, 의지를 솟아오르게 만들었다. 나는 프로그래밍을 사랑했다.

여러분도 이처럼 컴퓨터에서 동작하는 무언가를 만드는 원초적 기쁨을 경험했길 바란다. 내가 물어본 프로그래머들은 거의 대부분 이와 같은 경험을 갖고 있었다. 이러한 기쁨은 우리가 이 일을 직업으로 삼게 되는 주요 원인 중 하나다. 그런데 일상에서는 이 기쁨을 어디서 찾을 수 있을까?

몇 년 전, 나는 퇴근 후에 친구인 에릭 미드Erik Meade에게 전화를 걸었다. 에릭이 새로운 팀에서 컨설팅 작업을 막 시작한 것을 알고 있던 나는 "새로 일하게 된 팀은 어때?"라고 물었다. 그 질문에 에릭은 "나 참, 그들은 레거시 코드를 작성하고 있어."라고 답했다. 나는 이 말에 한 대 얻어맞은 것 같은 느낌을 받았다. 나도 그런 느낌을 자주 받았기 때문이다. 고객사의 개발 팀을 처음 만났을 때 자주 느꼈던 기분을 에릭이 정확하게 표현했던 것이다. 그들은 매우 열심히 일하지만, 하루 일과가 끝날 때면 일정에 대한 부담, 과거로부터의 관행, 참조 코드의 부재 등을 이유로 레거시 코드를 작성하고 있었다.

레거시 코드란 무엇일까? 지금까지 이 단어의 뜻을 정의하지 않고 사용했다. 엄밀히 말하면, 레거시 코드는 다른 누군가로부터 이어받은 코드라고 정의할 수 있다. 회사 차원에서 다른 회사로부터 구입한 코드일 수도 있고, 부서 이동으로 인해 다른 팀원에게 인계된 코드일 수도 있다. 이처럼 레거시 코드는 다른 누군가의 코드를 의미하지만, 프로그래머들에게 이 단어는 그 이상의 의미를 갖고 있다. 레거시 코드라는 단어는 시간의 흐름과 함께 더 많은 의미와 무게를 갖게 된 것이다.

레거시 코드라는 말을 들으면 여러분은 어떤 생각이 드는가? 나와 비슷한 생각이 든다면, 여기저기 얽힌 난해한 구조 때문에 제대로 이해하지 못하면서도 수정해야만 하는 코드가 떠오를 것이다. 겉보기에는 쉬워 보였던 기능을 추가하느라 며칠 밤을 지샌 추억이 떠오를 수도 있고, 더 이상 어떻게 할 수 없는 코드에 질려서 무력감에 빠진 모습이 떠오를 수도 있다. 이런 상황에서 당신의 노력은 무가치한 일처럼 느껴진다. 레거시 코드의 정의는 사실 누가 그 코드를 작성했는가와 무관하다. 코드는 다양한 방법으로 부패하며, 대부분의 경우 다른 팀으로부터 가져온 코드인지 여부와는 무관하다.

소프트웨어 업계에서 레거시 코드란 이해할 수 없고 수정하기도 힘든 코드를 지칭하는 속어처럼 사용될 때가 많다. 하지만 지난 수년간 고객들과 심각한 코드 문제들을 해결하는 공동 작업을 통해 나는 레거시 코드를 다르게 정의하게 됐다.

내게 레거시 코드란, 단순히 테스트 루틴이 없는 코드다. 다만 이 정의는 다소 불완전하다. 코드의 좋고 나쁨이 테스트와 어떤 관계가 있을까? 이 질문에 대한 답은 간단하다. 이것이 바로 이 책 전반에 걸쳐 자세히 설명할 핵심이다.

 테스트 루틴이 없는 코드는 나쁜 코드다. 코드가 얼마나 훌륭하게 작성돼 있는지 여부와는 상관없다. 아무리 깔끔하고 객체 지향적이며 캡슐화가 잘돼 있어도 소용없다. 테스트 루틴이 있으면, 코드의 동작을 빠르게 검증하며 수정할 수 있다. 테스트 루틴이 없으면 우리가 작성하고 있는 코드가 좋아지고 있는지, 나빠지고 있는지 제대로 알 수 없다.

너무 엄격한 정의라고 생각할지도 모르겠다. 깔끔한 코드이기만 하면 되는 것 아닌가? 코드베이스가 깨끗하고 적절히 구조화돼 있으면 그것으로 충분하지 않을까? 음, 오해하지 말아 달라. 나도 깨끗한 코드를 좋아한다. 내가 아는 어느 누구보다 훨씬 더 좋아할 것이다. 하지만 깨끗한 코드만으로는 충분하지 않다. 테스트 루틴 없이 대규모의 수정 작업을 시도하면 커다란 어려움에 직면하게 된다. 이는 마치 안전그물망 없이 공중 곡예를 하는 것과 비슷하다. 이 작업은 엄청난 기술과 더불어, 각 단계에서 벌어질 일을 전부 파악하고 있어야 한다. 변수 몇 개를 수정했을 때 어떤 일이 일어날지 정확히 예측하는 것은 마치 공중에서 재주를 넘었을 때 다른 동료가 팔을 잡아줄지 말지 미리 아는 것과 같다. 당신이 깨끗한 코드로 작업 중인 개발 팀의 일원이라면 다른 대부분의 프로그래머보다 훨씬 더 좋은 환경에서 일하고 있는 셈이다. 하지만 작업 과정에서 모든 코드를 명쾌하게 이해하고 작업하는 개발 팀을 지금껏 거의 보지 못했다. 만일 현실 세계에 그런 팀이 있다면, 그 팀은 통계학에서 말하는 아웃라이어에 해당할 것이다. 더욱 중요한 점은, 대규모 수정 작업을 지원하는 테스트 루틴이 없다면 아무리 깨끗한 코드라도 테스트 루틴이 있는 경우에 비해 작업하는 데 시간이 더 걸린다는 것이다.

물론, 개발 팀의 실력이 향상될수록 처음부터 더 깔끔한 코드를 작성할 수 있다. 하지만 그래도 기존의 오래된 코드를 깨끗하게 만드는 데는 많은 시간이 걸린다. 그리고 완전히 깔끔하게 만들기는 거의 불가능하다. 그렇기 때문에 레거시 코드를 테스트 루틴 없는 코드라고 정의하는 데는 아무 문제가 없다. 이것은 현실적으로 유용한 정의일 뿐 아니라 해결 방향을 가리키는 정의이기도 하다.

지금까지 테스트에 대해 많은 이야기를 했지만, 사실 이 책은 테스트를 하는 방법에 관한 책이 아니다. 이 책은 어떤 코드베이스에서도 확신을 갖고 수정 작업을 하는 방법을 설명하는 책이다. 이 책의 각 장은 코드를 이해하고, 테스트 루틴을 사용하며, 리팩토링을 수행하고, 기능을 추가하는 기법들을 설명할 것이다.

이 책을 읽을 때 유의할 점 중 하나는 이 책이 깔끔한 코드에 대해 설명하는 책은 아니라는 사실이다. 나는 고객과 비밀 유지 계약을 맺고 일하기 때문에 이 책의 예제들은 모두 새로 만든 것이다. 하지만 가급적 현업에서 봤던 본질을 예제 코드에 그대로 유지하기 위해 노력했다. 이 책의 모든 예제들이 가장 대표성이 높은 코드라고 말하지는 않겠다. 분명히 더 훌륭한 코드가 있겠지만, 솔직히 말해 이와 반대로 이 책의 예제보다 훨씬 못한 코드들도 현업에서 얼마든지 볼 수 있다. 굳이 고객과의 비밀 유지 조항을 떠올리지 않더라도 그런 코드를 이 책에 실을 수는 없었다. 그랬다면 책의 내용이 너무 지루해지거나 불필요한 세

부 사항의 늪에 빠져 핵심을 놓치는 결과로 이어질 수 있기 때문이다. 이런 이유들로 인해
비교적 길이가 짧은 예제들도 있다. 이런 예제들을 보고 "흠, 내가 수정 중인 메소드는 이
예제보다 훨씬 길고 복잡한데."라고 생각하는 독자가 있을지도 모른다. 하지만 예제가 단
순해 보이더라도, 이 책에서 제시하는 충고를 문자 그대로 받아들이고 어떻게 현업에 적
용할 수 있을지 검토하면 좋을 것이다.

이 책의 기법들은 대규모의 코드베이스에서 테스트된 것들이다. 다만 책에 모든 코드를 담
아낼 수 없기 때문에 길이를 축소했을 뿐이다. 특히 다음과 같이 생략 기호(...)가 보인다
면, "최소한 500줄 이상의 코드가 더 있구나."라고 생각해도 된다.

```
m_pDispatcher->register(listener);
...
m_nMargins++;
```

이 책은 훌륭한 코드에 대한 책이 아니며, 훌륭한 설계를 다루는 책은 더더욱 아니다. 훌
륭한 설계는 우리 모두가 추구해야 할 목표지만, 레거시 코드에서는 서로 연속되지 않는
몇 개의 단계를 거쳐야 비로소 도달할 수 있다. 일부 장에서는 훌륭한 설계 원칙을 염두에
두면서 기존의 코드베이스에 새로운 코드를 추가하는 방법을 보여준다. 기존의 레거시 코
드 내에서 잘 짜여진 코드들을 확장하는 방법을 사용할 수 있지만, 코드 수정에 필요한 단
계들을 밟다 보면 일부 코드는 오히려 나빠지는 경우도 있는데 그렇다고 놀라지는 말자.
이러한 작업은 외과 수술과 같다. 여러 곳을 절개해야 하고, 내장 사이를 관통해야 하며,
이 과정에서 미적인 판단은 유보해야 한다. 이 환자의 주요 기관과 내장은 이전보다 나아
질 수 있을까? 물론이다. 그럼 환자의 긴급한 문제를 제쳐두고 절개 부위를 봉합한 후에
환자에게 잘 먹고 마라톤 훈련을 하도록 권유할까? 그럴 수도 있다. 하지만 정말로 필요
한 것은 환자를 있는 그대로 보고 환자의 문제를 고쳐서 건강한 상태가 되도록 이끄는 것
이다. 이 환자는 마라톤 선수가 되지 못하겠지만, 마라톤 선수라는 이상을 위해 건강 회
복이라는 현실을 희생해서는 안 된다. 좀 더 건전하고 작업하기도 쉬운 코드베이스로 개
선할 수는 있다. 환자의 건강을 일단 다소라도 회복한 후에 환자의 건전한 라이프스타일
확립을 돕는 것이 바람직하듯이, 레거시 코드도 마찬가지다. 편안함을 느낄 수 있는 지점
까지 일단 도착하려고 노력하는 것이 중요하다. 이런 목표를 향해 코드 개선 작업을 꾸준

히 계속하는 것이다. 팀 전체적으로 이러한 노력을 지속함으로써 설계는 개선될 수 있다.

내가 소개하는 기법들은 무질서하게 작성된 코드베이스를 적절히 통제하기 위해 수년간 고객들과 협업하는 과정에서 내가 깨우쳤거나 동료 혹은 고객들로부터 배운 것이다. 내가 레거시 코드를 강조하게 된 것은 우연한 계기였다. 오브젝트 멘토^{Object Mentor} 사와 함께 일을 시작했을 때 내 업무의 상당 부분은 어려운 문제를 갖고 있는 개발 팀원들이 고품질의 코드를 산출할 수 있을 때까지 팀원들의 개발 및 의사소통 능력을 발전시키는 것이었다. 이를 위해 나는 팀원들이 각자의 업무를 제어하고 집중적인 협업을 거쳐 결과물을 내놓기 위한 방법론으로서 익스트림 프로그래밍(XP)을 적용했다. 개인적으로, XP는 소프트웨어 개발 방법론이라기보다는 잘 구성된 팀을 만드는 방법론이라 생각한다. 그리고 잘 구성된 팀은 훌륭한 소프트웨어를 2주마다 내놓을 가능성이 높을 뿐이다.

하지만 처음부터 문제가 발생했다. 초창기 XP 프로젝트의 상당수는 '그린필드(신규)' 프로젝트였다. 고객들은 대규모의 코드베이스 작업에 어려움을 겪고 있었기 때문에 개발 작업을 통제하고 제품을 정상적으로 인도할 수 있는 방법론을 필요로 했다. 하지만 시간이 흐르면서, 고객이 바뀌어도 내가 하는 작업은 매번 비슷하다는 사실을 깨닫게 됐다. 이런 느낌은 어느 금융 회사 개발 팀과 협업하면서 최고조에 달했다. 내가 합류하기 전부터 이 개발 팀은 단위 테스트의 필요성을 인식하고 있었지만, 실제 사용 중이던 테스트 루틴은 데이터베이스에 몇 번이나 접근해서 대규모의 코드를 실행하는 전체 시나리오 테스트였다. 당연히 테스트 루틴을 작성하기가 쉽지 않았고, 실행에 너무 오랜 시간이 걸리기 때문에 이 개발 팀은 테스트 루틴을 자주 실행하지 않고 있었다. 이런 현실을 개선하기 위해 팔을 걷어붙이고 테스트 코드의 크기를 줄이는 작업을 하다가 나는 데자뷰(기시감)를 느끼게 됐다. 지금까지 함께 일했던 모든 팀들과 이런 종류의 작업을 했던 것 같았으며, 이 작업은 코드를 적절히 통제하기 위해 어쩔 수 없이 거쳐야만 하는 단순 반복적이고 지루한 작업이었다. 그래서 나는 이러한 문제를 어떻게 해결했는지 책으로 남김으로써, 비슷한 어려움에 처한 다른 팀들이 코드를 좀 더 편하게 개선할 수 있도록 도울 필요가 있다는 결론을 얻었다.

이 책에 사용된 예제들은 대부분 자바, C++, 혹은 C로 작성됐다. 이 언어들을 선택한 것은 자바는 가장 많이 사용되는 언어이기 때문이고, C++는 레거시 환경에서 특별한 도전

과제를 던지는 언어이기 때문이며, C는 절차형 레거시 코드에서 자주 볼 수 있는 문제들을 배울 수 있게 해주는 언어이기 때문이다. 이를 통해 레거시 코드에서 발생하는 문제점의 대부분을 포괄할 수 있다. 독자가 이 언어들을 사용하지 않더라도 예제는 도움이 될 수 있다. 델파이, 비주얼 베이직, 코볼, 포트란 등의 언어들에서도 활용 가능한 기법들이기 때문이다.

이 책의 기법들이 현업에 도움이 될 뿐 아니라 프로그래밍의 재미를 회복하는 계기도 되길 바란다. 프로그래밍은 매우 보람 있고 즐거운 작업이다. 현업의 일상 업무에서 이런 기분을 느끼지 못하고 있다면, 이 책에서 제공되는 기법들을 통해 재발견하고 팀 전체에 전파하기를 희망한다.

| 감사의 글 |

무엇보다 제 아내 앤과 두 아이 데보라, 라이언에게 고맙습니다. 그들의 사랑과 지원이 이 책을 만들었고 오늘날 제가 설 수 있게 했습니다. 오브젝트 멘토의 설립자이자 사장인 마틴에게도 감사드리고 싶습니다. 제가 비현실적인 방법들의 늪에 빠질 뻔했던 10년 전에 마틴은 개발하고 설계할 때 중요한 것과 그렇지 않은 것을 분리하는 작업이 중요하다는 엄격한 실용주의적 접근법을 저에게 전수했습니다. 또한 마틴 덕분에 저는 다양한 코드를 접하고 많은 사람들을 만날 기회를 가질 수 있었습니다.

팀워크, 설계, 프로그래밍에 대한 특별한 가르침을 준 켄트 벡, 마틴 파울러, 론 제프리스, 워드 커닝험에게 감사합니다. 또한 초안을 검토해주신 모든 분들에게 감사합니다. 스티븐 골츠, 로버트 마틴, 에릭 미드, 빌 웨이크는 공식적인 검토자였고, 로버트 코스 박사, 제임스 그레닝, 로웰 린드스톰, 미카 마틴, 러스 러퍼, 실리콘 밸리 파트너스 그룹, 제임스 뉴커크는 비공식적으로 검토해주신 분들입니다.

인터넷에 게시됐던 최초의 초고를 검토해준 분들에게도 감사합니다. 이때의 피드백은 이 책의 포맷을 재구성한 이후 이 책의 방향을 정립하는 데 큰 도움이 됐습니다. 제가 미처 나열하지 못한 분들께도 감사드립니다. 대런 홉스, 마틴 립퍼트, 키쓰 니콜라스, 필립 플럼리, 케이트 레이, 로버트 블럼, 빌 버리스, 윌리암 카퓨토, 브라이언 매릭, 스티브 프리맨, 데이빗 풋맨, 에밀리 바쉐, 데이브 아스텔스, 러셀 힐, 크리스틴 세퓰베다, 브라이언 크리스토퍼 로빈슨 등이 이 책을 검토해주신 분들입니다.

초기에 중요한 의견을 준 죠슈아 케리브스키와 모든 과정에 걸쳐 수시로 의견을 준 제프 랜저에게도 감사합니다.

모든 검토자 분들의 의견은 초고를 가다듬는 데 큰 도움이 됐습니다. 그럼에도 오류가 남아있다면, 전적으로 저의 부족함 때문입니다.

리팩토링과 관련해 제게 많은 영감을 불러일으켜준 마틴 파울러, 랄프 존슨, 빌 옵다이크, 돈 로버츠, 존 브랜트에게 감사합니다.

또한 제이 팩릭, 재쿼스 모럴과 사브레 홀딩스의 켈리 모워, 워크셰어 테그놀러지 사의 그 래험 라이트의 지원과 피드백에도 특별한 감사를 드립니다.

폴 페트라리아, 미셸 빈센티, 로리 라이언스, 크리스타 핸싱을 비롯해 프렌티스홀 출판사 의 모든 분들께 감사드립니다. 특히 폴은 처음으로 책을 쓰는 데 필요한 도움과 용기를 주 셨습니다.

오랜 기간 저를 지원하고 격려해주신 게리와 조엔 페더스, 에이프릴 로버트, 레이먼드 에 게 박사, 데이빗 로페즈 드 퀸타나, 카를로스 페레즈, 카를로스 로드리게즈, 고ᵗᵗ 존 C. 컴 포트 박사에게도 감사드립니다. 21장의 예제 작성을 도와준 브라이언 버튼에게도 감사합 니다. 리팩토링 교육 과정을 공동 개발하면서 1시간 동안 브라이언이 작성했던 예제 코드 는 제가 강의할 때 가장 좋아하는 예제가 됐습니다.

또한 재닉 탑^{Janik Top}에게 고맙습니다. 그의 연주곡인 'De Futura'는 이 책을 저술하는 마지 막 몇 주간 사운드트랙 역할을 했습니다.

마지막으로, 지난 몇 년간 저와 함께 일했던 모든 분들에게 감사합니다. 그들의 통찰력과 도전이 이 책의 내용을 풍부하게 만들었습니다.

마이클 페더스

| 옮긴이 소개 |

심윤보(sshimyb@naver.com)

성균관대학교와 서울대학교에서 컴퓨터공학을 전공했다. 휴대폰 소프트웨어를 개발했으며, 현재는 IT 기획 및 신기술 도입 업무를 수행하고 있다. 인공지능을 비롯한 4차 산업혁명 기술 전반에 대해 관심이 많다.

이정문(kamui73@hotmail.com)

컴퓨터공학을 전공했으며 다수의 원서를 번역했다. 번역서로는 에이콘출판사에서 펴낸 『비기닝 ANSI C++』(2008), 『데이터 과학으로 접근하는 정보보안』(2016), 『파이썬 플레이그라운드』(2016), 『양자 컴퓨터 프로그래밍』(2019), 『양자 컴퓨터 원리와 수학적 기초』(2020) 등이 있다.

| 옮긴이의 말 |

이 책을 읽고 번역하다 보니, 예전에 한창 소프트웨어를 개발하던 시기가 떠올랐습니다. 그때는 지식과 도구가 미천해 많은 시간을 들여 테스트하고 디버깅했습니다. printf문을 써가며 변수 값을 일일이 확인했으며, 작은 개선 사항을 테스트하기 위해 전체 코드를 컴파일하기도 했습니다. 물론 이 과정을 통해 버그는 하나씩 사라져갔지만, 코드는 점점 더 관리하기 어려워졌습니다. 결국, 마지막에는 작은 요구 사항을 반영하는 데도 많은 시간을 소비해야만 했습니다.

이 책은 이와 같은 상황에서 사용할 수 있는 여러 가지 기법을 알려줍니다. 어느 곳에 테스트 루틴을 놓고, 어떤 리팩토링 기법을 시용해야 히는지 알 수 있는 통찰력을 길러줄 것입니다. 독자 여러분도 소프트웨어를 개발했던 경험이 있다면 이와 같은 일들을 수없이 겪었을 것입니다. 하지만 대부분의 개발자들은 일관된 기준 없이 상황에 따라, 혹은 개개인의 역량에 따라 다르게 처리하면서, 일정에 쫓겨 이를 돌아볼 겨를조차 없을 것입니다. 캡슐화, 상속 등과 같은 적절한 코딩을 위한 시간 투자보다는 빠른 기능 구현을 통한 납기 준수가 우선시되는 현실 때문입니다.

이 책의 조언이 여러분의 작업 환경에 그대로 적용되지는 않을 것입니다. 사용하는 언어도 많이 바뀌었고, 개발 방법도 많이 변화됐습니다. 하지만 어느 분야에서든 레거시 코드는 존재하고, 관리하기 어려운 코드임은 분명합니다. 또한 이 책의 많은 부분에서 리팩토링과 관련된 내용을 다룹니다. 리팩토링에 대한 배경지식이 있다면 좀 더 이해하기 쉽겠지만, 없다면 이 책을 통해 리팩토링의 방식을 어느 정도 체험해볼 수 있을 것입니다. 여러분이 작업하는 코드에 일괄적으로 적용하기는 어렵겠지만, 기회가 될 때마다 조금씩 레거시 코드에 반영한다면 시간이 지날수록 안전한 코드로 개선돼 있을 것입니다. 즉, 코드는 여러분의 통제하에 놓이게 될 것이고, 필요할 때 새로운 요구 사항을 신속히 반영할 수 있을 것입니다.

사실, 이 책은 2008년에 이미 한 번 번역서로 나왔습니다. 한 책을 다시 번역하는 것에 대한 부담이 컸지만, 저자의 의도를 우리말로 충분히 담아내고자 노력했습니다. 같은 소프

20

트웨어 업계, 개발 업계라 하더라도 시대에 따라 사용되는 용어의 차이가 있어 적절한 번역을 하는 데 어려움이 있었습니다. 원문의 의미를 최대한 전달하고자 노력했음에도 부족한 부분이 있을 것입니다. 이에 대해 주저 없이 연락 주시면, 제가 아는 한에서 자세히 답변 드리겠습니다.

이 책이 여러분의 업무에 조금이라도 도움이 되면 좋겠습니다.

심윤보

| 차례 |

▌ 이 책의 활용법

이 책의 구성을 최종적으로 결정하기까지 다양한 형태를 시도했다. 레거시 코드에 유용한 기법 및 관행들을 따로따로 설명하면 내용을 제대로 전달하기 어려운 경우가 많다. 의존 관계 제거 기법들을 사용해 봉합부를 찾아내거나 가짜 객체를 작성할 수 있다면, 간단한 코드 수정은 비교적 쉽게 해결할 수 있다. 그래서 이 책의 내용을 가장 쉽게 이해할 수 있도록 분량이 가장 많은 2부, '소프트웨어 변경'을 FAQ 형태로 설명하기로 결정했다.

2부, '소프트웨어 변경'은 레거시 코드 작업과 관련된 일반적인 질문을 다루고 있으며, 각 장의 제목은 특정한 문제를 가리킨다. 독자들이 필요한 내용을 쉽게 찾는 데 도움이 될 것이다.

2부의 앞뒤로는 도입부에 해당하는 몇 개의 장(1부, '코드 변경의 메커니즘')과 레거시 코드를 다룰 때 유용한 리팩토링에 관한 내용(3부, '의존 관계 제거 기법')을 배치했다. 도입부의 장들, 특히 4장, '봉합 모델'은 꼭 읽길 바란다. 2부에서 사용되는 기법들의 배경지식과 관련 용어들을 설명하기 때문이다. 문맥상 이해되지 않는 용어가 있다면 부록의 '용어 사전'을 참조하길 바란다.

3부, '의존 관계 제거 기법'에서 소개하는 리팩토링 기법들은 테스트 루틴이 없는 상황에서 테스트 수행을 목표로 한다는 점에서 특별하다. 더 많은 선택지를 갖고 레거시 코드를 다루기 위해서라도 3부의 각 장을 읽어볼 것을 권장한다.

▌ 고객 지원

한국어판의 정오표는 에이콘출판사 도서정보 페이지 http://www.acornpub.co.kr/book/working-legacy-code에서 찾아볼 수 있다. 한국어판에 대해 문의할 점이 있다면 에이콘출판사 편집 팀(edit@acornpub.co.kr)으로 연락 주길 바란다.

1

코드 변경의
메커니즘

CHAPTER 1

소프트웨어 변경

소프트웨어 코드 변경은 멋진 일이다. 우리는 코드 변경을 통해 수입을 얻고 생계를 이어가기 때문이다. 하지만 코드를 변경하는 방법 중에는 삶을 어렵게 만드는 것도 있고 편하게 만드는 것도 있다. 하지만 지금까지 소프트웨어 업계는 코드 변경에 대해 충분히 논의하지 않았다. 그나마 이 분야에 가장 가까운 것이 리팩토링을 다루는 문헌들이다. 이 책에서는 이 주제에 대한 논의의 범위를 확대하고, 매우 까다로운 상황에서의 코드 변경 방법을 이야기할 것이다. 이를 위해서는 우선 코드 변경의 원리를 좀 더 깊이 파고들 필요가 있다.

소프트웨어 코드를 변경하는 네 가지 이유

논의를 단순화하기 위해 소프트웨어 코드를 변경하는 이유를 다음과 같이 네 가지로 나눠서 검토해보자.

1. 새로운 기능feature의 추가
2. 버그 수정
3. 설계 개선
4. 자원 이용의 최적화

기능 추가와 버그 수정

새로운 기능의 추가는 소프트웨어 변경 이유 중에서 가장 기본적인 이유일 것이다. 현재 소프트웨어가 제공하는 기능 외에 사용자가 또 다른 기능을 요구할 때 소프트웨어를 변경하게 된다.

회사에서 운영 중인 웹 기반 애플리케이션의 웹 페이지 좌측에 있는 회사 로고를 우측으로 옮기고 싶다는 현업의 요구 사항이 있다고 가정해보자. 현업 담당자와 회의한 결과, 우리는 그리 간단한 문제가 아니라는 사실을 알게 된다. 단순히 로고의 위치를 바꾸는 것뿐 아니라 애니메이션 효과까지 추가되길 원하고 있기 때문이다. 이것은 버그 수정일까, 아니면 기능 추가일까? 이 질문에 대한 답은 관점에 따라 달라진다. 고객 관점에서 보면, 이 요청은 분명히 문제를 수정하기 위한 것이다. 아마도 현업 담당자는 웹사이트를 보고, 부서 회의를 통해 로고 위치 변경 및 약간의 기능 추가를 요청하기로 결정했을 것이다. 반면에 개발자 관점에서 보면, 이것은 완전히 새로운 기능을 추가하는 작업으로 볼 수 있다. "자꾸 요구 사항을 바꾸지만 않으면 이미 일이 끝났을 텐데."라고 생각할 수 있기 때문이다. 하지만 조직에서는 개발자가 실제로는 새로운 작업을 해야 함에도 불구하고 로고 이동을 단순한 버그 수정 정도로만 여기는 때가 많다.

이런 구분은 그저 주관적인 것이라 말하고 싶을 때가 많다. 사람마다 달리 판단하면 그것으로 충분하지 않은가. 하지만 애석하게도 많은 조직에서 계약 및 품질 관리를 이유로 버그 수정과 기능 추가를 별도로 분류하고 관리한다. 보는 사람의 관점에 따라 새로운 기능 추가인지 버그 수정인지에 대한 판단은 다를 수 있지만, 어느 경우든 소프트웨어 코드 및 그 밖의 산출물을 변경해야 한다는 사실에는 변함이 없다. 그런데 버그 수정인지 기능 추가인지를 따지다 보면, 기술적인 측면에서 좀 더 중요한 사실이 간과되곤 한다. 동작 변경 behavioral change이 있는지의 여부다. 새로운 동작을 추가하는 것과 기존의 동작을 변경하는 것 간에는 커다란 차이가 있다.

동작(behavior)은 소프트웨어에서 가장 중요한 것이다. 사용자가 원하는 것이 바로 이 동작이기 때문이다. 우리가 동작을 추가하면 사용자는 소프트웨어를 좋아한다(물론, 사용자가 정말로 원하는 동작일 경우). 하지만 사용자가 원하는 동작을 변경하거나 삭제하면(즉, 버그를 발생시키면), 사용자들은 우리를 더 이상 신뢰하지 않는다.

웹 페이지 로고 이동의 경우 새로운 동작이 추가되는가? 그렇다. 변경 이후에는 화면 오른편에 로고를 표시할 것이다. 그럼 제거되는 동작이 있는가? 역시 그렇다. 화면 왼편에서 로고가 사라질 것이기 때문이다.

좀 더 복잡한 상황을 생각해보자. 처음부터 화면 왼편에 로고가 없는 상태에서 오른편에 로고를 추가해야 하는 상황이라면 어떨까? 물론, 새로운 동작이 추가된다. 하지만 제거되는 동작이 있는가? 새롭게 로고가 그려질 자리에 무언가가 존재하고 있었는가?

이것은 동작을 변경하는 것일까, 추가하는 것일까, 아니면 둘 다일까?

프로그래머의 관점에서는 이 문제를 분명하게 구별할 수 있는 유용한 방법이 있다. (HTML 등을 포함해) 기존 코드를 변경해야 한다면 동작 변경으로 간주하고, 새로운 코드를 추가하고 이를 호출할 뿐이라면 동작 추가로 간주하는 것이다. 예를 들어보자. 다음은 어떤 자바 클래스의 메소드다.

```
public class CDPlayer
{
  public void addTrackListing(Track track) {
    ...
  }
  ...
}
```

이 클래스는 노래 목록을 추가하는 메소드를 갖고 있다. 노래 목록을 교체하는 메소드를 추가해보자.

```
{
  public void addTrackListing(Track track) {
    ...
  }
  public void replaceTrackListing(String name, Track track) {
    ...
  }
  ...
}
```

우리가 이 메소드를 추가할 때, 애플리케이션에 새로운 동작을 추가했거나 기존 동작을 변경했을까? 아니다. 메소드를 추가한 것 자체는 (그 메소드가 어딘가에서 호출되지 않는 한) 아무 동작도 변경하지 않기 때문이다.

코드를 다시 변경해서 CD 플레이어의 사용자 인터페이스에 새로운 버튼을 추가했다고 하자. 사용자는 이 버튼으로 노래 목록을 교체할 수 있다. 이는 replaceTrackListing 메소드에 동작을 추가하는 것과 동시에 약간의 동작 변경도 포함하고 있다. UI를 그리는 방법이 바뀌었기 때문이다. 어쩌면 UI가 화면에 표시되는 시간이 1마이크로초만큼 느려질지도 모른다. 이처럼 어느 정도의 동작 변경 없이 동작을 추가하는 것은 거의 불가능하다.

설계 개선

설계 개선은 또 다른 종류의 소프트웨어 변경 사유다. 소프트웨어의 구조를 좀 더 유지 보수하기에 쉬운 구조로 변경하고 싶을 때, 일반적으로 소프트웨어의 동작은 건드리지 않는다. 이 과정에서 어떤 동작이 제거되면 이를 버그라고 부를 때가 많다. 많은 프로그래머들이 설계 개선을 자주 시도하지 않는 주요 이유 중 하나가 바로 이 과정에서 특정 동작이 누락되거나 원치 않는 동작이 만들어지기 쉽기 때문이다.

동작 변경 없이 설계를 개선하는 행위를 가리켜 리팩토링refactoring이라고 한다. 리팩토링은 소프트웨어의 기존 동작이 변경되지 않았음을 확인하는 테스트 루틴을 작성하고, 이를 검증하면서 단계별로 작업을 진행함으로써 소프트웨어의 유지 보수성을 개선할 수 있다는 개념을 기초로 한다. 시스템의 코드를 정리하는 작업은 오랫동안 수행돼왔지만 리팩토링의 개념이 보급된 것은 그리 오래되지 않았다. 리팩토링은 단순히 위험 부담이 적은 소스 코드 재구성이나 반대로 위험 부담이 큰 소스 코드 재작성을 의미하지 않는다는 점에서 보통의 코드 정리와 구별된다. 일련의 소규모 구조 변경을 반복하면서 이때 코드 변경을 쉽게 하기 위한 테스트 루틴의 뒷받침을 받는 것이 바로 리팩토링의 개념이라고 할 수 있다. 변경 관점에서 리팩토링을 할 때 가장 중요한 것은 리팩토링 전후에 기능상의 변경이 없어야 한다는 점이다(하지만 구조 변경은 좋든 나쁘든 성능 변화를 가져오기 때문에 결과적으로 동작이 변경되기도 한다).

최적화

최적화는 리팩토링과 비슷하지만 그 목적이 다르다. 리팩토링과 최적화는 소프트웨어를 변경하면서 기존의 기능은 모두 동일하게 유지하며 '다른 무언가'를 변경한다는 공통점을 가진다. 리팩토링을 할 때 '다른 무언가'는 프로그램 구조를 가리킨다. 유지 보수성을 개선하기 위해 구조를 변경하는 것이다. 반면에 최적화를 할 때의 '다른 무언가'는 프로그램이 사용하는 시간이나 메모리 등의 자원을 가리킨다.

네 가지 이유의 종합

리팩토링과 최적화가 비슷하다는 설명이 이상하게 느껴질 수 있다. 리팩토링과 최적화가 기능 추가나 버그 제거보다 훨씬 더 비슷해 보이는 것이 정말로 사실일까? 리팩토링과 최적화의 공통점은 다른 무언가를 변경하면서 기존의 기능은 변경되지 않고 유지된다는 점이다.

일반적으로, 우리가 시스템에서 어떤 작업을 할 때 세 가지 서로 다른 것이 변경될 수 있다. 구조, 기능, 자원 사용량이 그것이다.

지금까지 설명한 네 가지 소프트웨어 변경 이유를 바탕으로, 이 세 가지 변경 항목 중에서 변경되는 것은 무엇이고 그렇지 않은 것은 무엇인지 살펴보자(물론, 세 가지 항목이 모두 변경되는 경우도 많다. 다만 전형적인 경우를 따져보는 것이다).

	기능 추가	버그 수정	리팩토링	최적화
구조	변경	변경	변경	–
기능	변경	변경	–	–
자원 사용량	–	–	–	변경

언뜻 보기에 리팩토링과 최적화는 매우 비슷해 보인다. 이는 둘 다 기능을 변경하지 않기 때문이다. 하지만 새로운 기능만 별도로 따져보면 어떻게 될까? 소프트웨어에 새로운 기능을 추가할 때는 일반적으로 기존 기능을 건드리지 않는 것이 보통이다.

	기능 추가	버그 수정	리팩토링	최적화
구조	변경	변경	변경	–
새로운 기능	변경	–	–	–
기능	–	변경	–	–
자원 사용량	–	–	–	변경

기능 추가, 리팩토링, 최적화는 모두 기존 기능을 그대로 유지한다. 사실 버그 수정의 경우도 일부 기능이 변경되기는 하지만, 변경되지 않는 코드에 비하면 매우 작은 경우가 대부분이다.

기능 추가와 버그 수정의 관계는 리팩토링과 최적화의 관계와 매우 비슷하다. 네 가지 경우 모두 일부 기능과 동작에 변경이 일어나지만, 그대로 유지되는 부분이 훨씬 더 큰 비중을 차지한다(그림 1.1).

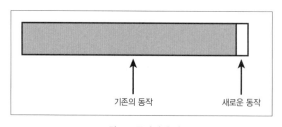

그림 1.1 동작의 유지

소프트웨어를 변경할 때 무슨 일이 일어나는지 정리해봤다. 하지만 실용적인 관점에서 어떤 의미가 있을까? 긍정적인 점은 소프트웨어를 변경할 때 무엇에 집중해야 하는지 알려준다는 것이다. 변경의 정확성을 확인해야 하는 대상은 소프트웨어의 일부분에 지나지 않는 것이다. 하지만 부정적인 점도 있다. 변경 대상 코드에만 집중하면 안 된다. 어떻게 기존의 동작에 영향을 미치지 않고 유지할 수 있을지 고민해야 하는 것이다. 불행히도, 기존의 동작을 그대로 유지한다는 것은 단순히 코드를 그대로 두는 것 이상의 의미를 갖는다. 어떤 동작을 변경할 때 다른 동작은 변경되지 않음을 확인할 수 있어야 하는데, 이것이 매우 어려운 일이기 때문이다. 유지돼야 하는 동작은 매우 범위가 넓지만 그 자체는 그다지 문제가 되지 않는다. 정말 문제가 되는 것은 코드를 변경할 때 어떤 동작에 영향을 미칠지 파악하기가 매우 어렵다는 점이다. 이를 미리 알 수만 있다면 영향을 받을 위험성이 있는 동작에 집중하고 나머지는 신경 쓰지 않을 수 있다. 안전한 변경을 수행하기 위해서는 영향이 미치는 범위를 정확히 이해하는 것이 가장 중요하다.

 기존 동작의 유지는 소프트웨어 개발에서 가장 어려운 문제에 속한다. 주요 기능을 변경해야 할 때조차도 기존 동작의 대부분을 그대로 유지해야 할 때가 많다.

위험한 변경

기존 동작을 그대로 유지하는 것은 쉽지 않은 일이다. 코드를 변경하면서 동작을 유지할 때 상당한 위험이 수반된다.

위험을 최소화하기 위해서는 다음의 세 가지 질문을 해야 한다.

1. 어떤 변경을 해야 하는가?
2. 변경이 정확하게 이뤄졌는지 어떻게 확인할 수 있는가?
3. 무언가를 손상시키지 않았는지 어떻게 확인할 수 있는가?

위험이 따르는 변경이라면, 얼마나 위험을 감수할 수 있을까?

내가 협업했던 팀들은 대부분 매우 보수적으로 위험을 관리하려고 노력했다. 기존 코드에 최소한의 변경만 시도했으며, '문제가 없으면 변경하지 않는다.'라는 정책일 때가 많았다. 분명한 정책을 정하지 않고, 개발자가 단지 신중하게 코드 변경을 수행하기도 했다. "예?

그것 때문에 메소드를 새로 만들라고요? 안 됩니다. 대신, 기존 메소드에 코드를 보충해 넣겠습니다. 새로 추가된 코드와 기존 코드를 함께 들여다보기 쉽기 때문입니다. 이렇게 하면 코드 편집 분량이 줄어들기 때문에 더 안전합니다."

이처럼 메소드를 생성하지 않음으로써 문제를 최소화할 수 있다고 생각하기 쉽다. 그러나 불행히도 이것은 사실이 아니다. 클래스와 메소드를 새로 생성하지 않으면, 기존의 클래스와 메소드는 갈수록 비대해져서 결국 코드를 이해하기 어려운 지경에 이른다. 대규모 시스템에서 변경 작업을 할 때는 작업 대상을 이해하기 위해 어느 정도 시간이 걸릴 것을 감안해야 한다. 이때 좋은 시스템과 나쁜 시스템의 차이는 좋은 시스템일 경우 시스템에 익숙해질수록 마음이 편안해지고 변경 작업에 확신을 갖게 되지만, 나쁜 시스템의 경우 시스템을 알게 될수록 코드 변경 작업이 마치 호랑이를 피하기 위해 절벽에서 뛰어내리는 것 같은 느낌을 받게 된다는 점이다. "변경 작업을 시작해야 할까? 음, 하지 않으면 안 되겠지…" 계속 망설이고 또 망설이게 된다.

변경을 회피하는 것은 또 다른 나쁜 결과도 초래한다. 변경을 자주 하지 않으면 개발자의 실력이 녹슬기 쉽다. 거대한 클래스를 분할하는 작업을 일주일에 두세 번 정도 꾸준히 하지 않으면, 나중에는 감당하기 힘든 수준이 된다. 반면에 꾸준히 수행하면 습관이 된다. 무엇을 나누고 무엇을 나누면 안 되는지를 점점 더 잘 판단할 수 있게 된다.

변경 회피의 마지막 문제점은 바로 두려움이다. 불행히도, 많은 팀들이 소프트웨어 변경을 크게 두려워하며 그 두려움은 나날이 커진다. 더 나은 기법을 배워서 두려움이 줄어들기 시작한 후에야 비로소 얼마나 큰 두려움을 갖고 있었는지 깨닫곤 한다.

지금까지, 변경을 회피하는 것이 얼마나 나쁜지 이야기했다. 그렇다면 우리는 어떻게 해야 할까? 한 가지 대안은 그저 더 열심히 하는 것이다. 사람을 더 고용한 후 충분한 시간을 들여 모든 코드를 분석하고 점검하며, 그에 따라 '올바른' 방법으로 변경을 수행할 수도 있다. 더 많은 시간과 점검을 투입한다면 더 안전한 변경을 수행할 수 있을 것이기 때문이다. 하지만 정말로 그럴까? 코드 점검이 모두 끝난 후, 그 작업이 올바르게 수행됐는지 누가 알 수 있을까?

CHAPTER 2

피드백 활용

시스템을 변경하는 방법은 크게 두 가지로 나눌 수 있다. 나는 '편집 후 기도하기^{Edit and Pray}'
와 '보호 후 수정하기^{Cover and Modify}'라고 각각 부르는데, 유감스럽게도 '편집 후 기도하기'
방식이 업계 표준에 가깝다. '편집 후 기도하기' 방식은 코드 변경 계획을 신중하게 세우
고, 변경 대상 코드를 이해했는지 확인한 후 비로소 변경 작업에 들어간다. 변경 완료 후
에는 시스템을 실행해서 변경 사항이 제대로 동작하고 무언가 손상된 동작이 없는지 자
세히 조사한다. 의도하지 않은 영향이 발생했는지 확인하는 것은 매우 중요하다. 변경 작
업이 제대로 완료되길 희망하는 기도를 하고, 작업 결과를 확인하기 위해 추가로 시간을
들이는 것이다.

'편집 후 기도하기' 방식은 겉보기에는 '신중하고' 매우 전문적인 방식처럼 보인다. '신중함'
을 가장 전면에 내세우며, 영향을 미치는 범위가 넓은 변경 작업일 경우에는 더욱 세심한
신중함이 요구된다. 그러나 아무리 신중하게 주의를 기울여도 그에 비례해서 안전성이 높
아진다는 보장은 없다. 아무리 신중하고 주의 깊은 의사라 할지라도 버터를 바르는 칼로
외과 수술을 한다면, 아무도 그에게 수술을 받으려고 하지 않을 것이다. 효과적인 소프트
웨어 변경은 효과적인 수술과 마찬가지로 고도의 기법을 요한다. 주의를 기울여 작업하더
라도 적절한 도구와 기법이 없다면 효과를 거두기 어려운 것이다.

'보호 후 수정하기'는 좀 다른 방식으로 코드를 변경한다. 이 방식의 기본 개념은 소프트

웨어를 변경할 때 '안전망'을 이용하자는 것이다. 여기서 말하는 안전망이란 우리가 의자에서 굴러떨어지면 받아주기 위해 책상 밑에 까는 것과는 다르다. 그보다는 작업 대상 코드 위에 망토를 덮어놓음으로써 변경에 따른 문제가 발생해도 이로 인해 나머지 코드에 미치는 영향을 최소화하는 것을 의미한다. 소프트웨어를 망토로 덮는다는 것은 테스트 루틴으로 코드를 덮는 것과 같다. 코드의 곳곳에 적절한 테스트 루틴이 배치돼 있으면 변경 작업을 수행한 후에 결과가 올바른지 쉽게 확인할 수 있을 뿐 아니라 문제가 발생할 때는 잘못된 부분을 빠르게 찾아낼 수 있다. 물론 '보호 후 수정하기' 방식도 신중한 작업을 필요로 하지만, 테스트 루틴으로부터 피드백을 받을 수 있기 때문에 더욱 신중하게 변경을 수행할 수 있다.

테스트 루틴을 사용하는 데 익숙하지 않은 개발자에게는 이러한 설명이 이상하게 들릴 수 있다. 전통적으로 테스트 루틴은 개발이 완료된 후에 작성하고 실행하는 것이 일반적이기 때문이다. 개발자가 코드를 작성하고 나면, QA 팀이 코드가 요구 사항에 맞게 작성됐는지 확인하는 테스트를 실행하는 것이 관례였다. 이것이 전통적인 방식을 고수하는 팀의 소프트웨어 개발 방식이다. 이 방식을 사용해도 피드백은 받을 수 있지만, 피드백을 받는 데 오랜 시간이 걸린다. 몇 주, 심지어 몇 달에 걸쳐 작업을 하고 난 후에 비로소 QA 팀으로부터 변경 작업이 정확했는지 피드백을 받을 수 있다.

이런 방식의 테스트는 '작업 결과의 정확성을 보여주기 위한 테스트'다. 이것도 물론 좋은 테스트 목적이지만, 다른 목적을 위해 테스트를 수행할 수 있다. 그것은 '변경된 부분을 발견하기 위한 테스트'다.

전통적으로 이러한 테스트를 회귀regression 테스트라고 불러왔다. 회귀 테스트란 주기적으로 테스트를 실행해 정상적인 동작 여부를 확인하고 지금까지와 마찬가지로 소프트웨어가 동작하는지 조사하는 것을 의미한다.

변경 대상 코드의 주변에 배치된 테스트 루틴들은 소프트웨어 바이스software vise의 역할을 할 수 있다. 소프트웨어의 동작 대부분을 고정시키고, 변경하고자 하는 부분만 변경하고 있음을 확인할 수 있다는 뜻이다.

회귀 테스트는 매우 좋은 개념임에도 불구하고 왜 자주 사용되지 않을까? 사실, 회귀 테스트에는 약간의 문제가 있다. 일반적으로 회귀 테스트는 애플리케이션 인터페이스를 통해 이뤄진다. 웹 애플리케이션, 명령행 애플리케이션, GUI 애플리케이션 등 애플리케이션의 종류와 상관없이, 불행히도 회귀 테스트는 애플리케이션 수준의 테스트로서 간주돼왔다. 하지만 회귀 테스트를 통해 매우 유용한 피드백을 얻을 수 있기 때문에 좀 더 세부적인 수준에서 회귀 테스트를 수행할 만한 충분한 가치가 있다.

간단한 사고 실험을 해보자. 지금 우리는 복잡한 로직을 대량으로 포함하는 함수를 변경하려고 한다. 함수를 분석하고, 고민하고, 이 함수에 대해 잘 아는 사람에게 물어보기도 한 후 변경 작업을 수행할 것이다. 이 작업으로 인해 다른 문제가 발생하지 않을지 확인하려면 어떻게 해야 할까? 다행히 회사에는 QA 팀이 있고, QA 팀은 야간에 자동으로 실행되는 회귀 테스트 루틴을 가지고 있다. QA 팀에 전화를 걸어 테스트 실행 스케줄을 요청하고, QA 팀에게서 허가를 받는다. 다행히 전화를 일찍 건 덕분에 다른 팀의 회귀 테스트 종료를 기다리느라 테스트를 위한 시간과 기계를 배정받지 못하는 사태는 피할 수 있었다. 우리는 안도의 한숨을 쉬며 업무에 복귀할 수 있었다. 하지만 문제는 이러한 변경 작업이 앞으로도 다섯 번이나 남았다는 점이다. 다섯 번 모두 복잡한 코드를 변경하는 작업이다. 그리고 우리만이 아니다. 다른 팀의 개발자들도 몇 차례의 대규모 변경 작업을 남겨두고 있다.

다음날 아침, QA 팀으로부터 전화가 온다. 간밤의 테스트에서 AE1021과 AE1029 테스트가 실패했다는 것이다. 우리가 변경한 코드가 원인인지는 분명하지 않지만, 코드를 검토해달라고 전화한 것이다. 우리는 테스트 실패가 우리가 작업한 내용 때문인지, 다른 사람이 작업한 내용 때문인지 그 원인을 찾기 위해 디버깅을 시작한다.

현실성이 있는 이야기로 들리는가? 불행히도 매우 현실적인 이야기다.

또 다른 시나리오를 생각해보자.

지금 우리는 꽤 길고 복잡한 함수를 변경해야 한다. 다행히도 이 함수용으로 작성된 단위 테스트 루틴을 발견했다. 가장 최근에 이 함수를 변경했던 사람이 철저히 검증된 20개의 단위 테스트 루틴을 작성해둔 것이다. 단위 테스트 루틴을 실행했더니 모두 문제없이 통과했다. 그리고 테스트 루틴을 관찰해 함수가 어떻게 동작하는지 대략적으로 이해했다.

이제 변경 작업을 할 준비는 마쳤다. 하지만 어떻게 코드를 변경하면 좋을지 판단하는 것이 무척 힘들다는 사실을 깨닫는다. 코드에 명쾌하지 못한 부분이 있으므로, 실제 변경을 시작하기 전에 코드를 좀 더 잘 이해하고 싶다. 테스트 루틴만으로는 100% 이해할 수 없으므로, 코드를 더 분명하게 이해함으로써 확신을 갖고 변경 작업을 하고 싶은 것이다. 또한 코드를 이해하기 위해 지금 거치고 있는 과정을 다른 사람이 나중에 반복하지 않도록 하는 것도 중요하다. 얼마나 시간 낭비인가!

먼저 코드를 약간 리팩토링한다. 몇 개의 메소드를 추출해 조건문을 이동시키고, 변경할 때마다 단위 테스트 루틴도 실행한다. 단위 테스트는 대부분 통과했다. 조건문의 조건식을 반대로 작성하는 실수를 저질렀지만 테스트가 실패했기 때문에 '몇 분 만에' 수정했다. 리팩토링을 하고 나서 코드는 훨씬 더 명확해졌다. 당초 의도했던 대로 코드를 변경했고, 제대로 변경했다고 확신한다. 이제 이를 검증하기 위해 테스트 루틴을 추가했다. 다음에 이 코드를 다룰 프로그래머는 작업하기가 훨씬 쉬울 것이며, 전체 기능을 포괄하는 테스트 루틴을 사용할 수 있을 것이다.

피드백을 몇 분 만에 받는 것과 하룻밤이 지나야 받는 것 중에서 어느 쪽을 원하는가? 어느 시나리오가 더 효율적인가?

레거시 코드를 이용해 작업할 때 단위 테스트는 가장 중요한 요소 중 하나다. 시스템 수준의 회귀 테스트는 물론 중요하다. 하지만 소규모 수준의 부분별 테스트도 매우 중요하다. 개발 과정에서 빠른 피드백을 제공함으로써 훨씬 더 안전한 리팩토링이 가능하기 때문이다.

단위 테스트란?

단위 테스트란 용어는 소프트웨어 개발에서 매우 긴 역사를 갖고 있다. 단위 테스트의 기본 개념은 독립된 개별 소프트웨어 컴포넌트를 테스트하는 것이다. 그럼 컴포넌트란 무엇일까? 정의는 다양하지만, 단위 테스트에서는 시스템의 가장 원자적인 동작 단위를 의미한다. 절차적 프로그래밍에서 단위는 보통 함수를 의미하며, 객체 지향 프로그래밍에서는 클래스를 의미한다.

 테스트 하네스
이 책에서 테스트 하네스(test harness)는 소프트웨어의 일부 코드를 실행하기 위해 작성되는 테스트용 코드를 의미하는 포괄적인 용어로서 사용될 것이다. 다양한 종류의 테스트 하네스를 사용할 수 있는데, 5장에서 xUnit 테스트 프레임워크와 FIT 프레임워크를 설명할 것이다. 둘 다 이 책에서 소개하는 테스트를 수행할 때 유용하게 사용할 수 있다.

단 한 개의 함수 혹은 클래스만을 테스트할 수 있을까? 절차적 시스템에서 특정 함수를 분리해 테스트하는 것은 매우 어렵다. 최상위 함수는 다른 함수들을 호출하고, 이 함수들은 또 다른 함수들을 호출하고, 이런 식으로 호출이 계속 이어지기 때문이다. 객체 지향 시스템에서 클래스를 분리해 테스트하는 것은 좀 더 쉽지만, 실질적으로 클래스도 독자적으로 존재하는 경우가 거의 없다. 여러분이 작성한 클래스 중 다른 클래스를 사용하지 않는 클래스가 있었는지 생각해보자. 아마 매우 드물 것이다. 그런 클래스가 있다고 해도, 일반적으로 스택이나 큐와 같이 소규모의 자료 구조 클래스일 것이다. 심지어 이러한 클래스조차도 다른 클래스를 사용하기도 한다.

함수나 클래스의 분리 테스트는 단위 테스트의 의미상 매우 중요하다. 왜 그렇게 중요할까? 소프트웨어의 오류는 결국 소프트웨어의 각 조각들이 통합될 때 발생하므로, 좀 더 넓은 기능 영역을 포괄하는 대규모 테스트가 더 중요한 것 아닐까? 물론 대규모 테스트는 중요하며, 그 사실을 부인할 수는 없다. 하지만 대규모 테스트는 몇 가지 문제가 있다.

- **오류 위치 파악**: 테스트 루틴이 테스트 대상으로부터 멀어지면 멀어질수록, 테스트 실패가 의미하는 바를 파악하기 힘들어진다. 그 결과, 테스트 실패가 발생한 위치

를 특정하는 데 상당한 노력이 요구될 때가 많다. 테스트의 입력 값을 확인하고, 오류의 내용을 확인하고, 입력에서 출력까지의 경로 중 어디에서 테스트 실패가 발생했는지 찾아가는 과정을 거쳐야 한다. 물론 이런 과정은 단위 테스트를 할 때도 필요하다. 하지만 테스트 규모가 작기 때문에 그다지 어려운 일이 아니다.

- **실행 시간**: 테스트 루틴의 길이가 길어질수록 실행하는 데 오랜 시간이 걸린다. 이럴 경우 테스트 실행을 망설이게 된다. 지나치게 오래 걸리는 테스트는 결국 실행하지 않게 된다.

- **커버리지**: 코드 조각과 그 코드 조각을 실행시키는 값들의 연결 관계는 파악하기 어렵다. 우리는 보통 커버리지 도구를 사용하는 테스트를 통해 코드가 실행됐는지 여부를 알 수 있다. 하지만 새로운 코드가 추가된 경우, 그 코드를 실행하기 위한 상위 단계의 테스트 루틴을 작성하기 위해 상당한 양의 코딩 작업이 요구될 때가 많다.

테스트 루틴을 자주 실행하면 오류 위치를 파악할 수 있지만, 대규모 테스트에서 가장 힘든 부분 중 하나는 테스트 루틴을 자주 실행하기가 쉽지 않다는 점이다. 테스트를 문제없이 통과한 코드에 약간의 변경을 가하자마자 테스트가 실패했다면, 어느 부분이 잘못됐는지 쉽게 파악할 수 있다. 방금 작업한 부분에 오류가 있을 것이므로 작업한 내용을 원래대로 복구하면 그만이기 때문이다. 그러나 테스트 루틴이 대규모일 경우에는 실행 시간이 지나치게 길어지기 때문에 오류 위치를 파악하기 위한 테스트 실행을 회피하기 쉽다.

단위 테스트는 대규모 테스트의 단점을 보완할 수 있다. 코드 조각들을 독립적으로 테스트할 수 있으며, 테스트들을 그룹별로 묶어 서로 다른 조건하에서 테스트를 실행할 수 있다. 이는 테스트 실패가 발생한 위치를 좀 더 빠르게 파악하는 데 많은 도움이 된다. 특정 코드에 오류가 있다고 추측되고 이 코드를 테스트 하네스 내부에서 사용할 수 있다면, 정말로 오류가 있는지 확인할 수 있는 테스트 루틴을 신속하게 작성할 수 있다.

좋은 단위 테스트의 조건은 다음과 같다.

1. 실행 속도가 빠르다.
2. 오류 위치 파악에 도움이 된다.

소프트웨어 업계에서는 어떤 테스트가 단위 테스트인지 아닌지를 놓고 많은 의견이 오가곤 한다. 다른 본격적인 클래스를 사용하는 테스트를 단위 테스트로 볼 수 있을까? 앞서 언급한 단위 테스트의 조건이라는 관점에서 생각해보자. 실행 속도가 빠른가? 오류 위치의 신속한 파악에 도움이 되는가? 당연히 명확한 경계가 있는 것은 아니다. 테스트 중에는 다수의 클래스를 함께 사용하는 비교적 크기가 큰 테스트도 있을 수 있으며, 이런 테스트는 소규모 통합 테스트처럼 보일 수도 있다. 이 테스트들 각각은 실행 속도가 빠른 것처럼 보일 수도 있지만, 모두 한꺼번에 테스트를 실행하면 어떻게 될까? 임의의 클래스, 그리고 이 클래스와 협업하는 다른 클래스들을 실행하는 테스트는 규모가 금세 커지기 마련이다. 이 클래스가 테스트 하네스 내부에서 단독으로 인스턴스화될 수 있게끔 노력을 기울이지 않은 상태에서 코드를 추가한 경우, 과연 테스트를 쉽게 실행할 수 있을까? 쉬울 리가 없을 것이다. 사람들은 그러한 노력을 뒤로 미루기 십상이고, 이것이 반복되면 결국 테스트 실행 시간은 0.1초를 넘게 될 것이다.

 실행에 0.1초가 걸리는 단위 테스트는 속도가 느린 단위 테스트다.

이것은 농담이 아니다. 이 책을 쓰는 현재, 0.1초는 하나의 단위 테스트에게 거의 무한에 가까운 시간이다. 간단한 계산을 해보자. 한 개의 프로젝트에 3,000개의 클래스가 있고, 각 클래스마다 열 개의 단위 테스트가 있다면 이 프로젝트는 총 30,000개의 테스트를 포함하는 셈이다. 한 개의 테스트 실행에 0.1초가 걸린다면 모든 테스트를 실행하는 데 걸리는 시간은 거의 1시간이다. 피드백을 기다리기에 너무 긴 시간인 것이다. 여러분의 프로젝트에는 클래스가 이렇게 많지 않은가? 그럼 절반 수준이라고 생각해보자. 그래도 30분은 걸린다. 반면에 한 개의 테스트 실행 시간이 0.01초라면 어떨까? 5분 내지 10분이면 테스트 피드백을 받을 수 있다. 나는 이 정도 시간이 걸리는 경우 테스트 중 일부만 실행하기도 하지만, 그래도 몇 시간에 한 번 정도는 모든 테스트를 실행해도 무리가 없는 수준일 것이다.

무어의 법칙이 계속돼서, 언젠가는 엄청나게 큰 규모의 시스템에서도 테스트 피드백을 거의 실시간으로 받을 수 있는 날이 왔으면 좋겠다. 이런 시스템에서 작업하는 것은 마치 화를 내는 코드를 다루는 것과 비슷할 것이다. 우리가 잘못된 방향으로 코드를 변경하면 코드가 이를 금세 알려줄 것이기 때문이다.

> 단위 테스트는 실행 속도가 빨라야 한다. 실행 속도가 빠르지 않다면 단위 테스트가 아니다.
> 다양한 종류의 테스트가 단위 테스트처럼 보일 수 있다. 하지만 다음과 같은 테스트는 단위
> 테스트라고 말할 수 없다.
>
> 1. 데이터베이스와 연동한다.
> 2. 네트워크를 통해 통신한다.
> 3. 파일시스템을 건드린다.
> 4. 테스트 실행을 위해 (설정 파일 편집과 같이) 특별한 작업을 해야 한다.
>
> 이와 같은 동작을 포함하는 테스트가 나쁜 것은 아니다. 이러한 테스트 코드를 작성하는 것
> 도 의미 있는 일이며, 단위 테스트 하네스에 포함시키기도 한다. 그러나 이러한 테스트를 진
> 정한 단위 테스트와 분리할 수 있어야 한다. 변경을 수행할 때 충분히 빠르게 실행되는 테스
> 트를 유지하는 것이 중요하기 때문이다.

상위 수준의 테스트

단위 테스트는 중요하다. 하지만 애플리케이션 내의 시나리오나 상호작용을 테스트하는
상위 수준의 테스트 역시 필요할 때가 있다. 상위 수준의 테스트를 통해 우리는 다수 클래
스들의 동작을 한 번에 확인할 수 있다. 상위 수준의 테스트가 완료되면 개별 클래스에 대
한 테스트 루틴 작성도 쉬워질 때가 많다.

테스트를 통한 코드 보호

그럼 레거시 프로젝트에서 변경 작업을 할 때 어떤 일부터 시작해야 할까? 가장 먼저 알
아야 할 것은 변경을 가할 코드 주위에 테스트 루틴을 배치하는 것이 언제나 안전성을 높
여준다는 점이다. 코드를 변경할 때는 오류가 생기기 마련이다. 결국은 사람이 하는 일이
기 때문이다. 하지만 변경을 가하기 전에 테스트 루틴으로 코드를 보호한다면, 발생한 오
류를 좀 더 쉽게 잡아낼 수 있다.

그림 2.1은 몇 개의 클래스를 보여준다. 지금, InvoiceUpdateResponder 클래스의 get ResponseText 메소드와 Invoice 클래스의 getValue 메소드를 변경하고 싶다고 하자. 이 두 개의 메소드가 바로 변경 지점인 것이다. 이 메소드들을 포함하는 클래스에 테스트 루틴을 작성함으로써 이 메소드들을 보호할 수 있다.

테스트 루틴을 작성하고 실행하려면, 테스트 하네스 내에서 InvoiceUpdateResponder 클래스와 Invoice 클래스의 인스턴스를 생성할 수 있어야 한다. 과연 가능할까? 일단 Invoice의 인스턴스를 생성하는 것은 쉬워 보인다. 생성자에서 아무 인수도 받지 않기 때문이다. 반면에 InvoiceUpdateResponder 클래스는 다소 까다롭다. 이 클래스는 DBConnection 클래스를 통해 실제 DB와의 연결을 인수로 받아야 한다. 이 DB 연결을 테스트 루틴에서 어떻게 처리할 수 있을까? 테스트를 위해 실제로 DB를 생성해야 할까? 그러기 위해서는 많은 작업이 수반돼야 할 것이다. 또한 DB를 거치는 테스트는 속도가 느리지 않을까? 아무튼 지금 당장은 DB에 대해 신경 쓰지 말고, InvoiceUpdataResponder 클래스와 Invoice 클래스의 코드를 보호하는 데 집중하자. 사실 이것보다 더 큰 문제가 있다. InvoceUpdateResponder 클래스의 생성자는 InvoiceUpdateServlet 인스턴스를 인수로서 받아야 하는 것이다. 이 서블릿 객체를 쉽게 생성할 수 있을까? 서블릿 객체를 생성하는 대신에 아예 인수로서 받지 않도록 코드를 수정하는 방법도 생각할 수 있다. InvoiceUpdateResponder 객체가 InvoiceUpdateServlet 객체로부터 받아야 하는 정보가 그리 많지 않다면, 이 서블릿 전체를 인수로 넘기지 말고 해당 정보만을 전달하는 것이다. 하지만 당초의 코드 변경이 올바른지 확인하는 테스트를 하고 있는데 이렇게 나머지 코드를 함부로 변경해도 되는 것일까?

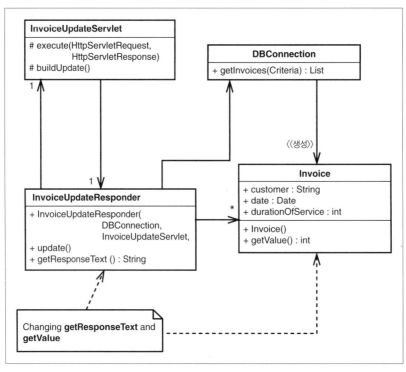

그림 2.1 InvoiceUpdate 클래스

결국 이러한 문제들은 모두 의존 관계와 관련돼 있다. 테스트하기 어려운 무언가에 직접 의존하는 클래스는 다루거나 수정하기가 어렵다.

 의존 관계는 소프트웨어 개발에서 가장 중요한 문제 중 하나다. 대부분의 레거시 코드 작업 은 코드를 좀 더 쉽게 변경할 수 있도록 의존 관계를 제거하는 작업을 포함한다.

그럼 어떻게 해야 할까? 코드를 변경하지 않고 테스트를 실행하려면 어떻게 해야 할까? 안타깝지만, 많은 경우에 이것은 현실적이지 않으며 심지어 불가능하다. 좀 전의 예에서 DBConnection 이슈는 실제 DB와 연동함으로써 어떻게든 해결할 수 있다고 해도, 서블릿 이슈를 어떻게 해결할지는 여전히 고민스럽다. 완전한 서블릿 객체를 생성해서 Invoice UpdateResponder 생성자에게 전달하고 이 서블릿을 올바른 상태로 설정할 수 있을까? 어쩌면 가능할 수도 있다. 그렇다면, GUI 데스크톱 애플리케이션이라면 어떻게 해야 할까?

이런 경우에는 프로그래밍 인터페이스가 없을 수도 있다. 로직이 GUI 클래스와 결합돼 있을 수도 있기 때문이다. 이럴 경우라면 어떻게 해야 할까?

 레거시 코드의 딜레마

코드 변경을 하려면 테스트 코드를 배치해야 한다. 그런데 테스트 코드를 배치하려면 코드 변경이 필요할 때가 많다.

좀 전의 예제에서는 좀 더 상위 수준의 테스트를 시도해볼 수 있다. 특정 클래스를 변경하지 않고 테스트 루틴을 작성하기 어렵다면, 그 클래스를 사용하는 상위 클래스를 테스트하는 것이 더 쉽기 때문이다. 하지만 그렇더라도 클래스들 간의 의존 관계는 어딘가에서 끊어줘야 한다. 이 예제의 경우, `InvoiceUpdateResponder`가 정말로 필요로 하는 값을 전달함으로써 `InvoiceUpdateServlet`에 대한 의존 관계를 끊을 수 있다. 여기서 필요한 것은 `InvoiceUpdateServlet` 클래스가 갖고 있는 Invoice ID다. 또 `DBconnection` 클래스에 대한 의존 관계는 `IDBConnection` 인터페이스를 새로 작성하고 이 인터페이스를 사용하도록 `InvoiceUpdateResponder` 클래스를 변경함으로써 끊을 수 있다. 그림 2.2는 이렇게 변경된 후 클래스들의 모습이다.

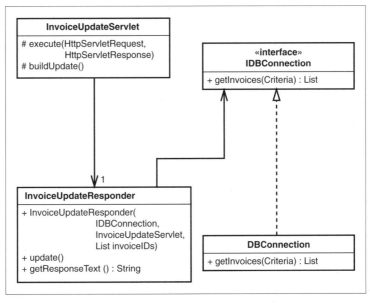

그림 2.2 의존 관계를 제거한 후의 클래스 간 관계

이와 같은 리팩토링을 테스트 없이 수행해도 안전할까? 그럴 수 있다. 이 두 가지의 리팩토링은 각각 기본 타입 매개변수primitive parameter와 인터페이스 추출extract interface이라 부르며, 이에 대한 자세한 설명은 25장을 참조하길 바란다. 의존 관계를 제거함으로써 우리는 영향도가 높은 코드 변경의 안전성을 담보하면서 테스트 루틴을 작성할 수 있게 된다. 중요한 것은 초기 단계부터 매우 보수적으로 리팩토링을 수행하는 것이다.

오류를 일으킬 가능성이 있을 때는 보수적으로 리팩토링을 진행하는 것이 올바른 접근법이다. 하지만 코드를 보호하기 위해 의존 관계를 제거하는 작업이 좀 전의 예제처럼 깔끔하게 되지 않을 때가 있다. 실제로는 필요 없는 매개변수를 메소드에 추가했거나, 단지 테스트 루틴을 배치하기 위해 클래스를 이상한 방법으로 분할했을 수도 있다. 이럴 경우에는 일부 코드의 품질이 오히려 변경 전보다 악화된 것처럼 보일 수 있다. 덜 보수적인 관점으로 접근한다면 그 자리에서 즉시 수정하는 것도 가능하겠지만, 이는 어느 정도의 위험이 수반되느냐에 달려 있다. 오류가 커다란 문제로 이어지기 쉽다면(대부분 그렇다.) 보수적인 관점을 유지하는 편이 나을 것이다.

레거시 코드에서 의존 관계를 제거할 때는 미적인 감각을 다소 내려놓아야 한다. 깨끗하게 제거되는 의존 관계도 있지만, 어떤 경우에는 디자인 관점에서 그다지 바람직해 보이지 않는 코드 결과물이 나올 수도 있다. 이는 외과 수술에서의 절개 지점과 비슷하다. 의존 관계 제거 작업 후에 코드에 흉터가 남을 수도 있지만, 그 흉터 다음의 코드들은 안전하게 동작할 것이다.

의존 관계를 제거한 지점 주위에 나중에 코드를 보호하는 테스트를 작성함으로써 이 흉터도 제거할 수 있게 된다.

레거시 코드를 변경하는 순서

레거시 코드베이스에 변경 작업을 수행할 때는 다음과 같은 알고리즘을 따를 수 있다.

1. 변경 지점을 식별한다.
2. 테스트 루틴을 작성할 위치를 찾는다.
3. 의존 관계를 제거한다.

4. 테스트 루틴을 작성한다.

5. 변경 및 리팩토링을 수행한다.

우리가 매일같이 레거시 코드와 씨름하는 것은 코드 변경을 위해서지만, 아무 변경이나 다 좋은 것은 아니다. 우리가 원하는 것은 좀 더 가치 있는 방향으로 기능을 개선함과 동시에 테스트로 보호받는 시스템 내의 코드 영역을 확대하는 것이다. 프로그래밍이 끝날 때마다 새로운 기능의 추가뿐 아니라 테스트 루틴의 추가도 함께 확인해야 한다. 시간이 어느 정도 지나면, 마치 바닷속에서 섬이 떠오르듯이 코드베이스 중에서 테스트 가능한 코드 영역이 떠오르게 된다. 이 영역에서의 코드 변경 작업은 훨씬 쉬울 것이다. 시간이 더 지나면 이 섬은 마침내 대륙이 되고, 결국은 테스트 루틴으로 완전히 보호되는 대륙에서 작업할 수 있게 된다.

이제 위에서 언급한 각각의 단계를 알아보고 이 책이 어떻게 도움이 될 수 있을지 살펴보자.

변경 지점을 식별한다

코드 변경을 수행할 지점은 소프트웨어 아키텍처와 밀접히 연관돼 있다. 어느 부분을 변경하는 것이 좋을지 확신이 들 만큼 소프트웨어 설계를 잘 모른다면, 이 책의 16장과 17장을 참조하자.

테스트 루틴을 작성할 위치를 찾는다

테스트 루틴을 작성할 곳을 찾기 쉬울 때도 있지만, 레거시 코드의 경우 찾기 어려운 것이 일반적이다. 11장과 12장을 읽어보면 도움이 될 것이다. 특정 변경에 대한 테스트 루틴을 어디에 작성하면 좋을지 판단하는 데 도움이 되는 기법을 알려줄 것이다.

의존 관계를 제거한다

테스트를 실행할 때 의존 관계는 분명히 가장 큰 장애물이다. 의존 관계가 문제가 되는 가장 대표적인 두 가지 경우는 테스트 하네스 내부에서의 객체 인스턴스 생성과 메소드 실행이다. 레거시 코드를 다룰 때는 테스트 루틴을 배치하기 위해 의존 관계를 제거해야 할 때가 많은데, 의존 관계를 제거하기 위해 수행한 작업으로 인해 다른 문제가 발생하지 않는지 확인할 수 있는 테스트 루틴이 존재하면 이상적이겠지만 대부분의 경우 그러한 테스트 루틴은 존재하지 않는다. 테스트를 통해 시스템을 보호할 때 최초의 작업을 좀 더 안전하게 수행하는 실용적인 기법에 대해서는 23장을 참조하자. 이 단계가 끝나면 그다음에는 9장과 10장에서 일반적인 의존 관계 문제를 해결하는 시나리오들을 볼 수 있다. 9장과 10장은 책 후반부인 25장의 의존 관계 제거 기법 목록을 상당히 자주 참조하고 있으나 모든 기법을 빠짐없이 다루고 있지는 않다. 따라서 의존 관계 제거 기법에 대한 더 많은 지식을 원한다면 시간을 들여서 25장의 기법 목록을 읽어볼 것을 권장한다.

테스트의 개념은 잡혔지만 쉽게 테스트 루틴을 작성하지 못하는 경우에도 의존 관계가 원인일 수 있다. 대규모 메소드 내에 존재하는 의존 관계들 때문에 테스트 루틴을 작성하기 어렵다면 22장을 참조하자. 의존 관계 제거가 가능하다는 것은 알아냈지만, 테스트 루틴을 작성하는 데 시간이 너무 오래 걸린다면 7장을 참조하자. 7장에서는 테스트 루틴 작성 시간을 줄여주는 의존 관계 제거 기법들을 설명한다.

테스트 루틴을 작성한다

레거시 코드에서 작성하는 테스트 루틴은 신규 코드에 대한 테스트 루틴과는 다른 점이 있다. 레거시 코드에서 테스트가 맡은 역할에 대해서는 13장을 참조하자.

변경 및 리팩토링을 수행한다

나는 레거시 코드에 기능을 추가할 때 TDD^{Test-Driven Development}(테스트 주도 개발) 방법론을 사용할 것을 권장한다. TDD를 비롯한 몇 가지 기법들이 8장에 소개돼 있다. 레거시 코드를 변경한 후에는 문제점을 더 깊이 알게 되고, 기능 추가를 위해 작성된 테스트 루틴은 리팩토링을 위한 보호막 역할을 하기도 한다. 20장부터 22장까지는 레거시 코드의 구조를 개선할 수 있는 기법들을 설명한다. 다만, 여기서 다뤄지는 기법들이 '걸음마' 수준이라는 점을 기억하자. 이 기법들은 이상적이고 깔끔하며 패턴이 풍부한 설계 방법을 가르쳐주지 않는다. 많은 책들이 그러한 기법들을 다루고 있으니 그런 기법들을 사용할 기회가 있다면 관련 서적을 참고하길 바란다. 20장부터 22장에 걸쳐 보여주는 '더 나은' 설계 기법들은 단지 몇 걸음 정도만 더 나은 수준이다. 그렇다고 이 기법들을 평가 절하할 필요는 없다. 대규모의 클래스를 작업하기 좋은 크기의 클래스들로 분할하는 기법과 같은 가장 기본적인 기법들은 기계적으로 적용됨에도 불구하고 애플리케이션에 커다란 차이를 가져오기 때문이다.

이후의 내용

지금부터는 레거시 코드에서 변경 작업을 수행하는 방법을 본격적으로 설명한다. 3장과 4장은 레거시 코드 작업의 세 가지 핵심 개념인 감지, 분리, 봉합에 대한 배경지식을 담고 있다.

CHAPTER 3

감지와 분리

이상적인 환경이라면, 클래스 변경 작업을 시작하기 전에 특별히 할 일이 없다. 테스트 하네스 내에서 클래스의 객체를 생성하면 곧바로 작업을 시작할 수 있다. 객체를 생성하고 테스트 루틴을 작성한 후 다른 작업으로 넘어가면 그만이다. 하지만 정말로 이렇게 간단하다면 굳이 이 책을 쓸 이유도 없다. 불행히도, 대부분의 경우에는 그렇게 간단하지 않다. 클래스들 간에 의존 관계가 존재하기 때문에 특정 객체들만 테스트 루틴으로 보호하는 것은 매우 어려울 때가 많다. 어떤 클래스의 객체를 생성해 어떤 식으로 사용하고 싶은데, 이 객체를 생성하려면 다른 클래스의 객체가 필요하고, 이 객체도 또 다른 객체를 필요로 하는 과정이 반복된다. 그 결과, 시스템의 거의 대부분이 테스트 하네스 내부에 포함되는 상황이 벌어지기도 한다. 일부 프로그래밍 언어에서는 이것이 별문제가 되지 않지만, C++ 등의 주요 언어에서는 의존 관계를 제거하지 않으면 객체들 간의 연결에 걸리는 시간만 고려해도 신속한 피드백이 거의 불가능해진다.

단위 테스트를 병행하지 않으면서 개발된 시스템의 경우 클래스를 테스트 하네스 내에 넣기 위해 의존 관계를 제거해야 하지만, 이것만이 의존 관계를 제거하는 이유는 아니다. 테스트 루틴을 작성하려면 테스트 대상 클래스가 다른 클래스에 주는 영향을 알아야 할 때가 있다. 다른 클래스와의 인터페이스를 통해 이를 감지하는 방법이 있지만 언제나 사용 가능하지는 않다. 이럴 경우에는 다른 클래스인 것처럼 위장해서 직접 감지하는 수밖에 없다.

일반적으로, 테스트 루틴을 배치할 때 의존 관계를 제거하는 이유는 다음의 두 가지다.

1. **감지**: 코드 내에서 계산된 값에 접근할 수 없을 때, 이를 감지하기 위해 의존 관계를 제거한다.
2. **분리**: 코드를 테스트 하네스 내에 넣어서 실행할 수 없을 때, 코드를 분리하기 위해 의존 관계를 제거한다.

다음의 예제를 보자. 네트워크 관리 애플리케이션에 `NetworkBridge`라는 클래스가 있다.

```
public class NetworkBridge
{
  public NetworkBridge(EndPoint [] endpoints) {
    ...
  }

  public void formRouting(String sourceID, String destID) {
    ...
  }
  ...
}
```

`NetworkBridge` 클래스는 `EndPoint` 배열을 입력받고, 로컬 하드웨어를 사용해 설정을 관리한다. 사용자는 이 클래스의 메소드를 사용해 하나의 종점에서 다른 종점까지의 트래픽 경로를 제어할 수 있다. `NetworkBridge` 클래스는 이러한 제어 작업을 수행하기 위해 `EndPoint` 클래스의 설정을 변경하고, `Endpoint` 클래스의 인스턴스들은 소켓을 열고 네트워크를 통해 특정 장치와 통신할 수 있다.

이는 `NetworkBridge` 클래스의 동작에 대한 간단한 설명이다. 좀 더 자세한 설명도 가능하지만, 테스트 관점에서는 이미 몇 가지 문제점들이 눈에 보인다. `NetworkBridge` 클래스에 대한 테스트 루틴을 작성하려면 어떻게 해야 할까? 이 클래스의 객체는 실제 하드웨어를 자주 호출할 것이다. 그렇다면 클래스의 인스턴스를 생성하기 위해 실제 하드웨어가 필요할까? 게다가 하드웨어나 네트워크 종점에 대해 `NetworkBridge` 객체가 무슨 작업을 했는지 어떻게 알아낼 수 있을까? 우리 입장에서 이 클래스는 블랙박스이므로 내부를 들여다볼 수 없다.

이것이 문제가 되지 않을 수도 있다. 네트워크상의 패킷을 읽을 수 있는 코드를 작성할 수도 있고, 실제 하드웨어를 구입함으로써 NetworkBridge 클래스의 인스턴스를 생성할 때의 프리징 현상을 예방할 수도 있다. 또는 배선 작업을 통해 네트워크 종점들의 로컬 클러스터를 구성해 테스트에 사용할 수도 있다. 문제는 이러한 방법들이 해결책이 될 수는 있지만 엄청난 노력과 비용을 필요로 한다는 점이다. 지금 우리가 NetworkBridge 클래스에서 변경하려는 로직은 이런 노력과 비용을 필요로 하지 않으며 단지 우리가 제대로 이해하지 못하고 있을 뿐일지도 모르지만, NetworkBridge 클래스의 객체를 실행할 수 없으므로 어떻게 동작할지 직접 확인할 수 없는 것이다.

이 예제는 감지와 분리 문제를 모두 보여준다. 이 클래스의 메소드가 호출될 때의 영향을 감지할 수도 없고, 애플리케이션의 나머지 부분과 분리해서 실행할 수도 없기 때문이다.

감지와 분리 중 어느 쪽이 더 어려운 문제일까? 명확한 답은 없다. 일반적으로 감지와 분리 모두 필요하며, 둘 다 의존 관계를 제거하는 이유가 된다. 다만 한 가지 분명한 것은 분리에 사용되는 기법은 매우 다양하다는 사실이다. 책 후반부에 관련 기법들을 모두 열거한 목록이 실려 있으니 참조하자. 반면에 감지의 경우에는 거의 언제나 다음 기법을 사용한다.

협업 클래스 위장하기

레거시 코드를 다룰 때의 가장 큰 문제 중 하나가 의존 관계다. 특정 코드만 독립적으로 실행해 어떻게 동작하는지 테스트하려면, 대체로 다른 코드에 대한 의존 관계를 제거할 필요가 있다. 하지만 이것은 그리 간단한 일이 아니다. 그 다른 코드가 우리가 수행하는 작업의 영향을 감지할 수 있는 유일한 위치일 때가 많기 때문이다. 따라서 그 다른 코드를 별도의 코드로 대체할 수만 있다면, 변경 대상을 테스트하는 루틴을 작성할 수 있을 것이다. 객체 지향 프로그래밍에서는 이 별도의 코드를 가리켜서 가짜 객체 혹은 위장 객체fake object라고 부른다.

가짜 객체

가짜 객체란 어떤 클래스를 테스트할 때 그 클래스의 협업 클래스를 모방하는 객체를 말한다. 예를 들어보자. POS 시스템에 Sale이란 클래스가 있다(그림 3.1). 이 클래스의 scan( ) 메소드는 고객이 구매 중인 품목의 바코드를 읽어들인다. scan( ) 메소드가 호출되면 Sale 객체는 해당 품목의 이름과 가격을 금전 등록기의 디스플레이 화면에 출력한다.

이때 화면에 올바르게 표시되는지 여부를 어떻게 테스트할 수 있을까? 금전 등록기 디스플레이 API를 호출하는 부분이 Sale 클래스의 내부 깊숙이 위치한다면 꽤 힘든 작업이 될 것이다. 화면에 미치는 영향을 감지하는 것이 간단한 일은 아니기 때문이다. 하지만 코드 내부의 어느 곳에서 화면 갱신을 수행하는지 정확히 구분할 수 있다면 그림 3.2처럼 설계를 변경할 수 있다.

ArtR56Display라는 새로운 클래스가 추가된 것을 볼 수 있다. 이 클래스는 현재 사용 중인 디스플레이 장치와 통신하는 데 필요한 모든 코드를 포함하고 있다. 따라서 화면에 표시될 텍스트를 이 클래스에 전달하기만 하면 된다. Sale 클래스 내에 들어있던 화면 표시와 관련된 코드를 ArtR56Display 클래스로 옮겨도 시스템의 동작은 이전과 달라질 것이 없기 때문이다. 이러한 코드 이동이 어떤 장점을 갖고 있을까? 바로 그림 3.3과 같은 설계가 가능하다는 점이다.

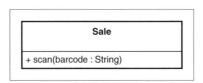

그림 3.1 Sale 클래스

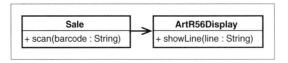

그림 3.2 화면 클래스와 통신하는 Sale 클래스

이제 Sale 클래스는 ArtR56Display 클래스뿐 아니라 FakeDisplay 클래스와도 통신할 수 있다. 이 가짜 디스플레이 클래스의 장점은 Sale 클래스가 무슨 동작을 하는지 확인하기 위한 테스트 루틴을 작성할 수 있다는 것이다.

어떻게 이것이 가능할까? Sale 객체에 인수로서 전달되는 디스플레이 객체는 Display 인터페이스를 구현하는 클래스이기만 하면 어떤 클래스의 객체도 가능하기 때문이다.

```
public interface Display
{
  void showLine(String line);
}
```

ArtR56Display와 FakeDisplay 모두 Display 인터페이스를 구현한다.

Sale 객체는 생성자를 통해 디스플레이를 전달받고 내부적으로 이를 유지할 수 있다.

```
public class Sale
{
  private Display display;

  public Sale(Display display) {
    this.display = display;
  }

  public void scan(String barcode) {
    ...
    String itemLine = item.name()
      + " " + item.price().asDisplayText();
    display.showLine(itemLine);
    ...
  }
}
```

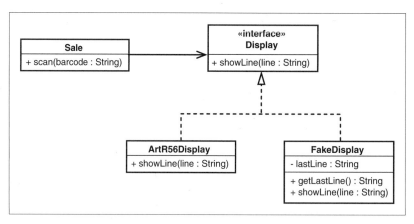

그림 3.3 Sale 클래스와 화면 클래스 계층

scan 메소드는 display 변수의 showLine 메소드를 호출한다. 하지만 어떤 동작이 수행될 지는 Sale 클래스에 전달한 디스플레이가 무엇인지에 따라 다르다. ArtR56Display 객체 를 전달했다면 실제 금전 등록기의 화면에 값이 표시될 것이고 FakeDisplay 객체를 전달 했다면 실제 화면에 값이 표시되지 않지만, 우리는 무슨 값이 표시돼야 할지 확인할 수 있 다. 다음 코드는 이러한 확인에 사용될 수 있는 테스트 루틴이다.

```
import junit.framework.*;
public class SaleTest extends TestCase
{
  public void testDisplayAnItem() {
    FakeDisplay display = new FakeDisplay();
    Sale sale = new Sale(display);

    sale.scan("1");
    assertEquals("Milk $3.99", display.getLastLine());
  }
}
```

FakeDisplay 클래스는 다소 독특한 면이 있다. 자세히 살펴보자.

```
public class FakeDisplay implements Display
{
```

```
  private String lastLine = "";

  public void showLine(String line) {
    lastLine = line;
  }

  public String getLastLine() {
    return lastLine;
  }
}
```

showLine 메소드는 한 줄의 텍스트를 받아서 lastLine 변수에 대입한다. 그리고 getLast
Line 메소드는 호출될 때마다 이 텍스트를 반환한다. 매우 간단한 동작이지만 우리에게는
많은 도움이 된다. 앞서 작성한 테스트 루틴을 사용하면 Sale 클래스가 사용될 때 텍스트
가 제대로 디스플레이로 전달됐는지 확인할 수 있기 때문이다.

 가짜 객체가 진짜 테스트를 지원한다

어떤 사람들은 가짜 객체를 사용하는 테스트를 가리켜서 "진짜 테스트가 아니다."라고 말하
곤 한다. 어쨌든 실제 화면에 정말로 표시되는 내용을 보여주는 것은 아니기 때문이다. 따라
서 금전 등록기 디스플레이 소프트웨어의 일부가 잘못 동작해도 우리는 이 테스트를 통해
소프트웨어의 오동작을 알아낼 수 없다. 물론 이것은 사실이지만, 그렇다고 해서 이 테스트
가 실제 테스트가 아니라는 뜻은 아니다. 설령 실제 금전 등록기 화면과 정확히 동일한 픽셀
로 구성되는 테스트를 설계할 수 있다고 한들, 그것이 모든 하드웨어에서의 동작을 의미할
까? 그렇지는 않다. 하지만 이것 역시 실제 테스트가 아니라는 의미는 아니다. 우리는 테스
트 루틴을 작성할 때 분할 후 정복(divide and conquer) 접근법을 취해야 한다. 이 테스트의
목적은 Sale 객체가 디스플레이에 어떤 영향을 미치는지 알려주는 것에 그치지만, 그렇다고
중요하지 않은 테스트라고는 말할 수 없다. 적어도 버그의 원인이 Sale 클래스에 있는지 여
부를 확인할 수는 있기 때문이다. 이러한 테스트를 통해 오류의 원인이 발생한 위치를 좁혀
나가고 디버깅 시간을 크게 절약할 수 있다.

개별 소프트웨어 단위들에 대해 테스트 루틴을 작성하다 보면, 작고 이해하기 쉬운 소프트
웨어 단위들이 얻어지게 된다. 이는 우리가 작성한 코드에 대한 합리적인 판단을 내리는 데
도움이 된다.

가짜 객체의 양면성

가짜 객체를 처음 접한 독자는 쉽게 이해하기 힘들 수도 있다. 특히 가짜 객체는 양면성, 즉 두 가지 측면을 가진다는 점을 이해하기 쉽지 않다. 그림 3.4에서 FakeDisplay 클래스를 다시 한 번 살펴보자.

FakeDisplay 클래스는 Display 인터페이스를 구현하기 때문에 showLine 메소드가 필요하다. 이 메소드는 Display 인터페이스의 유일한 메소드이자 Sale 클래스가 바라볼 수 있는 유일한 메소드다. 또 하나의 메소드인 getLastLine은 테스트용이다. 그래서 display 변수를 Display가 아니라 FakeDisplay 타입으로 선언한 것이다.

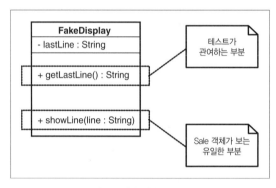

그림 3.4 가짜 객체의 양면성

```java
import junit.framework.*;

public class SaleTest extends TestCase
{
  public void testDisplayAnItem( ) {
    FakeDisplay display = new FakeDisplay( );
    Sale sale = new Sale(display);

    sale.scan("1");
    assertEquals("Milk $3.99", display.getLastLine( ));
  }
}
```

Sale 클래스는 가짜 화면을 Display 타입으로 바라볼 것이지만, 테스트할 때만큼은 FakeDisplay 타입으로 바라봐야 한다. 그렇지 않으면, getLastLine을 호출해서 화면에 표시된 내용을 확인할 수 없기 때문이다.

가짜 객체의 핵심

좀 전의 예제는 매우 간단한 것이지만 가짜 객체의 핵심 요점을 충분히 보여줬다. 다양한 방식으로 가짜 객체가 구현될 수 있는데, 객체 지향 언어는 대체로 좀 전 예제의 FakeDisplay 클래스처럼 간단한 클래스를 사용해서 구현한다. 객체 지향이 아닌 언어에서는 대체 함수를 정의함으로써 가짜 코드를 구현할 수 있다. 대체 함수는 테스트 시에 접근할 수 있는 값들을 전역 자료 구조에 저장하는 함수며, 이에 대한 자세한 설명은 19장을 참조하길 바란다.

모조 객체

가짜 객체는 작성하기 쉬울 뿐만 아니라 매우 유용한 감지 도구다. 만일 가짜 객체를 많이 사용해야 한다면, 가짜 객체가 발전된 모조 객체mock object의 사용을 고려할 만하다. 모조 객체는 내부적으로 검증을 수행하는 가짜 객체를 말한다. 다음은 모조 객체를 활용해 작성된 테스트 루틴의 예다.

```
import junit.framework.*;

public class SaleTest extends TestCase
{
  public void testDisplayAnItem() {
    MockDisplay display = new MockDisplay();
    display.setExpectation("showLine", "Milk $3.99");
    Sale sale = new Sale(display);
    sale.scan("1");
    display.verify();
  }
}
```

이 테스트 루틴은 모조 화면 객체를 생성했다. 모조 객체의 장점은 예상되는 메소드 호출을 모조 객체에 미리 알려주고, 실제로 메소드가 호출됐는지 검증하도록 지시할 수 있다는 점이다. 위의 테스트 루틴은 정확히 이런 작업을 수행하고 있는데, 먼저 "Milk $3.99" 인수와 함께 showLine 메소드가 호출될 것이라고 화면 객체에 알려주며, 이에 따라 값이 설정된 객체를 테스트 루틴 내에서 사용한다. scan() 메소드를 호출하고 이어서 verify() 메소드를 호출하는데, 이 메소드는 설정 값대로 작업이 수행됐는지 검증하며 그렇지 않을 경우 테스트는 실패한다.

모조 객체는 매우 강력한 도구로서 다양한 프레임워크들이 존재한다. 하지만 모조 객체 프레임워크를 모든 언어에서 사용 가능한 것은 아니며, 대부분의 경우 간단한 가짜 객체만으로도 충분하다.

CHAPTER 4

봉합 모델

거의 대부분의 사람들은 테스트 루틴을 작성하면서 기존 코드가 얼마나 테스트하기 어렵게 작성됐는지 깨닫게 된다. 이는 특정 프로그램이나 언어에 국한된 이야기가 아니다. 일반적으로 프로그래밍 언어들은 테스트를 그다지 적극적으로 지원하지 않는 것 같다. 테스트하기 편리한 프로그램을 완성하는 유일한 방법은 개발 과정에서 테스트 루틴 작성을 병행하거나 '테스트를 지원하는 설계'를 위해 많은 시간을 투자하는 것뿐이다. 전자의 경우는 희망적인 측면이 많은 반면, 후자의 경우는 지금까지의 사례를 보건대 그다지 성공적인 것 같지 않다.

나의 경우, 코드를 테스트하는 시도를 통해 다른 관점에서 코드를 바라보기 시작할 수 있었다. 그저 나의 개인적인 변화일지도 모르지만, 코드를 다른 시각으로 보는 것은 새롭고 익숙하지 않은 프로그래밍 언어로 작업할 때 많은 도움을 준다. 이 책에서 모든 프로그래밍 언어를 다룰 수는 없으므로, 여기서는 그런 관점이 내게 도움을 준 것처럼 독자 여러분에게도 도움이 되길 희망하면서 대략적으로 설명하고자 한다.

엄청난 양의 테스트

나는 개인용 컴퓨터에서 실행되는 컴파일러를 사용할 수 있을 만큼 늦게 프로그래밍을 시작하는 행운을 누렸다. 내 친구들 중 상당수는 천공 카드를 사용해 프로그래밍을 시작했던 반면, 내가 대학 시절 프로그래밍 공부를 시작하기로 마음먹었을 때는 연구실에 놓여진 터미널을 사용할 수 있었다. 코드를 컴파일하려면 DEC의 VAX 컴퓨터에 원격으로 접속해야 했는데, 소규모 계정 관리 시스템이 있어 컴파일할 때마다 계정에서 비용이 차감됐으며 각각의 터미널마다 사용 시간도 제한돼 있었다.

그 당시 내게 프로그램이란 그저 단순한 문자들의 나열이었다. 수시로 연구실에서 프린터실로 이동한 후, 프로그램 코드가 출력된 용지를 수령해 코드의 내용을 자세히 살펴봤다. 나는 아직 모듈화에 신경 쓸 만큼 실력이 좋지 않았다. 당시 나는 모듈화된 코드를 작성하려고 노력하는 대신에, 그저 실행 결과가 올바른지 확인하는 데만 관심을 가졌다. 좀 더 여유가 생겨서 객체 지향 코드를 공부하기 시작했을 때도, 모듈화에 대한 인식은 여전히 학술적인 개념의 수준에 머물러 있었다. 본격적으로 업계에서 실무를 하게 되면서는 좀 더 모듈화에 신경을 쓰기 시작했지만, 학창 시절에는 프로그래밍이란 그저 하나하나 작성하고 이해해야 하는 수많은 함수들의 단순 나열일 뿐이었다.

프로그램을 단순한 문자들의 나열로서 바라보는 관점은 적어도 사람들이 자신이 작성한 프로그램과 관련해 어떻게 행동하는지 생각해보면 정확한 것처럼 보이기도 한다. 프로그래밍에 대해 아무것도 모르는 사람이 열심히 업무 중인 프로그래머들로 가득 찬 방을 바라본다면, 아마도 프로그래머에 대해 대량의 중요 문서들을 조사 및 편집 중인 학자와 비슷한 직업이라고 생각할 것이다. 프로그램이 마치 커다란 종이 위에 적힌 텍스트처럼 보일 것이기 때문이다. 문자를 약간만 변경해도 전체 문서의 의미가 달라질 수 있기 때문에 프로그래머들은 실수하지 않으려고 모든 신경을 곤두세운 채로 작업하고 있을 것이다.

표면적으로는 맞는 말 같다. 하지만 모듈화 개념은 어디로 갔을까? 우리는 재사용이 가능하도록 프로그램을 작은 조각들로 쪼개서 작성하는 것이 좋다는 말을 자주 듣는다. 하지만 이렇게 작게 쪼개진 조각들은 얼마나 자주 독립적으로 재사용될까? 실제로는 그리 자주 재사용되지 않는다. 재사용 자체가 어렵기 때문이다. 소프트웨어의 각 부분들은 독립적인 것처럼 보이지만, 실제로는 서로 미묘하게 얽혀 있는 경우가 대부분이다.

봉합

단위 테스트를 위해 개별 클래스를 추출하려고 하면 대부분의 경우 수많은 의존 관계를 제거할 필요가 있다. 흥미로운 것은 아무리 '좋은' 설계에 기반하고 있더라도 꽤 많은 작업이 수반된다는 점이다. 테스트를 하기 위해 기존 프로젝트로부터 클래스를 추출하는 작업을 하다 보면, '좋은' 설계란 무엇인지에 대한 기존의 생각이 달라지게 된다. 또한 소프트웨어를 기존과 전혀 다른 측면에서 바라보게 될 것이다. 프로그램을 커다란 종이 위에 적힌 문자들의 나열이라고는 더 이상 생각할 수 없게 되기 때문이다. 그럼 프로그램을 어떤 관점에서 바라봐야 할까? C++로 작성된 함수 예제를 보자.

```cpp
bool CAsyncSslRec::Init()
{
  if (m_bSslInitialized) {
    return true;
  }
  m_smutex.Unlock();
  m_nSslRefCount++;
  m_bSslInitialized = true;
  FreeLibrary(m_hSslDll1);
  m_hSslDll1=0;
  FreeLibrary(m_hSslDll2);
  m_hSslDll2=0;
  if (!m_bFailureSent) {
    m_bFailureSent=TRUE;
    PostReceiveError(SOCKETCALLBACK, SSL_FAILURE);
  }
  CreateLibrary(m_hSslDll1,"syncesel1.dll");
  CreateLibrary(m_hSslDll2,"syncesel2.dll");
  m_hSslDll1->Init();
  m_hSslDll2->Init();
  return true;
}
```

확실히 종이에 적힌 문자들의 나열처럼 보인다. 그중에서 다음의 한 줄만 빼고 실행하고 싶다고 하자.

```
PostReceiveError(SOCKETCALLBACK, SSL_FAILURE);
```

어떻게 해야 할까?

간단하다. 그저 해당되는 행을 삭제하면 그만이다.

그럼 좀 더 조건을 추가해보자. 앞서의 행을 빼고 실행하고 싶은 이유는 PostReceiveError 함수가 다른 서브시스템과 통신하는 전역 함수로서 이 서브시스템을 테스트하기가 매우 힘들기 때문이다. 다시 말하면, 테스트할 때 PostReceiveError 함수를 호출하지 않으면서 Init 메소드를 실행하려면 어떻게 해야 할까? 또한 실제 운영 시에는 PostReceiveError 함수 호출이 가능해야 하며 단지 테스트할 때만 호출을 막아야 한다.

이 질문에는 다양한 해결책이 있을 수 있는데, 이번 장에서는 봉합[seam]이라는 개념이 활용된다.

먼저 봉합의 정의를 설명하고, 이어서 몇 개의 예제들을 살펴보자.

 봉합

봉합 지점은 코드를 직접 편집하지 않고도 프로그램의 동작을 변경할 수 있는 위치를 말한다.

PostReceiveError 함수를 호출하는 곳에 봉합 지점이 있을까? 있다. 봉합 지점에서 이 함수의 동작을 몇 가지 방법으로 제거할 수 있다. 가장 간단한 것부터 살펴보자. Post ReceiveError는 전역 함수로서 CAsynchSslRec 클래스의 멤버가 아니다. 그렇다면, 이 함수와 완전히 동일한 시그니처를 갖는 메소드를 CAsynchSslRec 클래스에 추가하면 어떻게 될까?

```
class CAsyncSslRec
{
    ...
```

```
  virtual void PostReceiveError(UINT type, UINT errorcode);
  ...
};
```

이 함수의 본문을 다음과 같이 추가할 수 있다.

```
void CAsyncSslRec::PostReceiveError(UINT type, UINT errorcode)
{
  ::PostReceiveError(type, errorcode);
}
```

이와 같이 코드를 변경해도 기존의 동작은 그대로 유지돼야 한다. 이 메소드는 C++의 범위 연산자(::)를 이용해 전역 함수인 PostReceiveError 함수에 처리를 위임한다. 다소 간접적인 호출 방법이지만, 결국은 동일한 전역 함수를 호출하게 된다.

다음으로, CAsyncSslRec 클래스의 서브클래스를 작성해 PostReceiveError 메소드를 오버라이딩하면 어떻게 될지 살펴보자.

```
class TestingAsyncSslRec : public CAsyncSslRec
{
  virtual void PostReceiveError(UINT type, UINT errorcode)
  {
  }
};
```

이렇게 변경하고 나서 CAsyncSslRec를 생성하는 부분에서 TestingAsyncSslRec를 대신 생성하면, 다음 코드에서 PostReceiveError 메소드를 호출하는 동작을 실질적으로 무효화할 수 있다.

```
bool CAsyncSslRec::Init()
{
  if (m_bSslInitialized) {
    return true;
  }
```

```
  m_smutex.Unlock();
  m_nSslRefCount++;

  m_bSslInitialized = true;

  FreeLibrary(m_hSslDll1);
  m_hSslDll1=0;
  FreeLibrary(m_hSslDll2);
  m_hSslDll2=0;

  if (!m_bFailureSent) {
    m_bFailureSent=TRUE;
    PostReceiveError(SOCKETCALLBACK, SSL_FAILURE);
  }

  CreateLibrary(m_hSslDll1,"syncesel1.dll");
  CreateLibrary(m_hSslDll2,"syncesel2.dll");

  m_hSslDll1->Init();
  m_hSslDll2->Init();

  return true;
}
```

이렇게 하면 부작용을 걱정하지 않고도 테스트 루틴을 작성할 수 있다.

나는 이와 같은 봉합을 객체 봉합이라고 부른다. 이 경우, 호출하는 코드를 변경하지 않고 호출되는 메소드만 변경할 수 있다. 객체 봉합은 객체 지향 언어에서 사용할 수 있으며, 이 외에도 다양한 봉합들이 존재한다.

그런데 왜 봉합을 사용해야 할까? 봉합의 개념은 어떤 쓸모가 있는 것일까?

레거시 코드를 테스트할 때 가장 큰 문제점 중 하나는 의존 관계를 제거하는 일이다. 운이 좋을 경우에는 의존 관계가 몇 개밖에 안 되고 또 지역화돼 있다. 하지만 어떤 경우에는 의존 관계가 수없이 많이 존재하며, 코드 전체에 두루 퍼져 있을 수 있다. 소프트웨어를 봉합 관점에서 바라보면, 코드에 포함돼 있는 의존 관계를 제거하기 위한 단서들을 엿볼 수 있다. 봉합 지점에서의 동작을 다른 것으로 대체할 수 있다면, 테스트할 때 의존 관계를 배제

```
```

할 수 있기 때문이다. 이와 같은 의존 관계가 존재하는 위치에서 별도의 코드를 실행시킴으로써, 코드 전체의 조건문에 대해 테스트 루틴을 작성할 수도 있게 된다. 이러한 작업을 통해 대체로 충분한 테스트를 준비할 수 있고, 좀 더 적극적인 테스트를 수행할 수 있다.

봉합의 종류

사용할 수 있는 봉합의 종류는 프로그래밍 언어에 따라 다르다. 봉합의 종류를 완벽히 이해하는 가장 좋은 방법은 프로그램 소스 코드의 문자들이 시스템에서 실행되는 코드로 변환되는 단계를 일일이 따라가는 것이다. 단계마다 새로운 종류의 봉합을 발견할 수 있을 것이다.

전처리 봉합

대부분의 프로그래밍 환경에서 프로그램 소스 코드는 컴파일러에 입력된다. 그리고 컴파일러는 오브젝트 코드 또는 바이트 코드 명령어를 생성한다. 언어에 따라서는 그 후에도 몇 단계가 추가되기도 한다. 그렇다면 컴파일 이전의 단계에서는 어떤 작업이 수행될까?

컴파일 이전에 빌드의 한 단계를 수행하는 언어는 그다지 많지 않다. 그중에서 대표적인 것이 C와 C++다.

C와 C++에서는 컴파일 이전에 매크로 전처리기^{preprocessor}가 실행된다. 최근 들어 매크로 전처리기는 비난과 조롱의 대상이 되고 있다. 전처리기를 사용하면 다음 코드는

```
TEST(getBalance,Account)
{
  Account account;
  LONGS_EQUAL(0, account.getBalance());
}
```

컴파일러에게 다음과 같이 보여진다.

```
class AccountgetBalanceTest : public Test
  { public: AccountgetBalanceTest () : Test ("getBalance" "Test") {}
    void run (TestResult& result_); }
  AccountgetBalanceInstance;
    void AccountgetBalanceTest::run (TestResult& result_)
{
  Account account;
{ result_.countCheck( );
  long actualTemp = (account.getBalance( ));
  long expectedTemp = (0);
  if ((expectedTemp) != (actualTemp))
{ result_.addFailure (Failure (name_, "c:\\seamexample.cpp", 24,
StringFrom(expectedTemp),
StringFrom(actualTemp))); return; } }


}
```

또한 다음과 같이 조건부 컴파일 코드를 포함시킴으로써 디버깅이나 다중 플랫폼 지원에
활용할 수 있다.

```
...
m_pRtg->Adj(2.0);
#ifdef DEBUG
#ifndef WINDOWS
  { FILE *fp = fopen(TGLOGNAME,"w");
  if (fp) { fprintf(fp,"%s", m_pRtg->pszState); fclose(fp); }}
#endif

m_pTSRTable->p_nFlush |= GF_FLOT;
#endif
...
```

코드 개발 시에 지나치게 많은 전처리기를 사용하는 것은 좋지 않다. 코드의 명료성이 떨
어지기 때문이다. #ifdef, #ifndef, #if 같은 조건부 컴파일 지시어를 사용하면 여러 개
의 다른 프로그램을 한 개의 소스 코드에서 유지 보수하게 된다. #define으로 매크로를 정
의할 수도 있지만, 이는 단순히 텍스트를 치환하는 것에 지나지 않는다. 매크로로 인해 버

그가 은폐되는 경우도 자주 발생한다.

하지만 이런 단점에도 불구하고, C와 C++의 전처리기는 봉합 지점을 제공한다는 점에서
활용도가 높다. 다음의 예를 살펴보자. 다음의 C 프로그램은 db_update라는 라이브러리
루틴에 몇 개의 의존 관계를 가지고 있다. db_update 함수는 데이터베이스를 직접적으로
호출한다. 이 루틴을 다른 구현으로 대체하지 않으면, 이 함수의 영향을 감지할 수 없다.

```c
#include <DFHLItem.h>
#include <DHLSRecord.h>

extern int db_update(int, struct DFHLItem *);

void account_update(
  int account_no, struct DHLSRecord *record, int activated)
{
  if (activated) {
    if (record->dateStamped && record->quantity > MAX_ITEMS) {
      db_update(account_no, record->item);
    } else {
      db_update(account_no, record->backup_item);
    }
  }
  db_update(MASTER_ACCOUNT, record->item);
}
```

전처리 봉합을 사용하면 db_update 함수 호출을 대체할 수 있다. 이를 위해 localdefs.h
헤더 파일을 도입하자.

```c
#include <DFHLItem.h>
#include <DHLSRecord.h>

extern int db_update(int, struct DFHLItem *);

#include "localdefs.h"

void account_update(
  int account_no, struct DHLSRecord *record, int activated)
```

```
{
  if (activated) {
    if (record->dateStamped && record->quantity > MAX_ITEMS) {
      db_update(account_no, record->item);
    } else {
      db_update(account_no, record->backup_item);
    }
  }
  db_update(MASTER_ACCOUNT, record->item);
}
```

헤더 파일 내에 db_update 함수와 몇 개의 변수를 정의한다.

```
#ifdef TESTING
...
struct DFHLItem *last_item = NULL;
int last_account_no = -1;

#define db_update(account_no,item)\
  {last_item = (item); last_account_no = (account_no);}
...
#endif
```

이처럼 db_update를 대체하면, 올바른 매개변수로 db_update가 호출됐는지 확인하는 테스트 루틴을 작성할 수 있다. 이러한 일이 가능한 것은 C 언어 전처리기의 #include 지시어가 컴파일 전에 텍스트를 대체할 수 있는 봉합을 제공하기 때문이다.

전처리 봉합은 매우 강력하다. 자바 또는 최근의 언어에서는 전처리기가 굳이 필요하지 않지만, C나 C++는 전처리기를 통해 테스트 장애 요소들을 효과적으로 해결할 수 있다.

지금까지 언급하지 않은 사실 가운데 봉합과 관련해 반드시 알아둬야 할 중요한 사항이 있다. 그것은 모든 봉합에 활성화 지점^{enabling point}이 존재한다는 사실이다. 여기서 봉합의 정의를 다시 한 번 살펴보자.

봉합

봉합은 코드를 편집하지 않고도 동작을 변화시킬 수 있는 위치를 말한다.

봉합이 있다는 것은 동작을 변경할 수 있는 위치가 있다는 의미다. 테스트만을 위해 그 위치의 코드를 직접 변경할 수는 없다. 실제로 실행될 때와 테스트가 수행될 때, 소스 코드는 동일해야 한다. 앞의 예제의 경우 db_update 함수를 호출하는 위치에서 동작을 변경할 필요가 있으며, 봉합을 이용하려면 다른 위치에서 변경을 수행해야 한다. 이 예제에서 활성화 지점은 TESTING 전처리기 정의다. TESTING이 정의되면, localdefs.h 파일에 소스 파일 내의 db_update 호출을 대체하는 매크로가 정의된다.

 활성화 지점

모든 봉합은 활성화 지점을 갖는다. 활성화 지점에서는 어느 동작을 사용할지 선택할 수 있다.

링크 봉합

많은 프로그래밍 언어에서는 컴파일만으로 빌드가 완료되지 않는다. 컴파일러는 코드의 중간 표현을 생성하며, 이 중간 표현은 다른 파일에 들어있는 코드를 호출한다. 이때 링커linker는 이러한 중간 표현들을 조합한다. 링커가 호출 주소를 변환해주기 때문에 완전한 실행 프로그램을 만들 수 있다.

C나 C++에서는 이와 같은 작업을 수행하는 링커가 별도로 존재한다. 그러나 자바 언어에서는 이러한 작업을 컴파일러가 내부적으로 수행한다. 소스 파일에 import문이 포함돼 있을 경우, 컴파일러는 임포트import된 클래스가 이미 컴파일됐는지 여부를 확인한다. 아직 컴파일되지 않은 상태라면, 컴파일러는 이 클래스를 컴파일한 후 프로그램을 실행할 때 모든 호출 주소를 제대로 변환할 수 있는지 확인한다.

언어별로 주소 변환을 수행하는 방법은 다르지만, 일반적으로 링크 봉합 기법을 사용해 프로그램의 일부를 대체할 수 있다. 다음 예제는 FitFilter라는 이름의 작은 자바 클래스다.

```
package fitnesse;

import fit.Parse;
import fit.Fixture;

import java.io.*;
import java.util.Date;

import java.io.*;
import java.util.*;

public class FitFilter {

  public String input;
  public Parse tables;
  public Fixture fixture = new Fixture();
  public PrintWriter output;

  public static void main (String argv[]) {
    new FitFilter().run(argv);
  }

  public void run (String argv[]) {
    args(argv);
    process();
    exit();
  }

  public void process() {
    try {
      tables = new Parse(input);
      fixture.doTables(tables);
    } catch (Exception e) {
      exception(e);
    }
    tables.print(output);
  }
  ...
}
```

fit.Parse 클래스와 fit.Fixture 클래스를 임포트하고 있다. 컴파일러와 JVM은 이 클래스들을 어떤 방법으로 찾을 수 있을까? 자바의 경우, CLASSPATH 환경 변수를 사용해 클래스를 찾을 위치를 지정할 수 있다. 따라서 동일한 이름의 클래스를 서로 다른 디렉터리에 저장한 후, CLASSPATH 환경 변수의 값을 바꿈으로써 별도의 fit.Parse와 fit.Fixture에 링크할 수 있다. 다소 번거로울 수 있지만, 테스트할 때 의존 관계를 제거하는 방법으로서 매우 유용하다.

테스트를 위해 별도 버전의 Parse 클래스를 사용하고 싶다고 가정하자. 봉합 지점은 어디가 되겠는가?

봉합 지점은 process 메소드 내의 new Parse 호출 부분이다.

활성화 지점은 어디일까?

활성화 지점은 CLASSPATH 환경 변수다.

이러한 종류의 동적 링크는 많은 프로그래밍 언어에서 사용되며, 대부분의 경우 어떤 식으로든 링크 봉합을 이용할 수 있다. 그러나 모든 링크가 동적 링크인 것은 아니다. 구식 프로그래밍 언어에서는 거의 모든 링크가 정적 링크로서 컴파일 이후 한 번만 링크가 수행된다.

C와 C++의 빌드 시스템 상당수는 실행 파일을 생성할 때 정적 링크를 수행한다. 일반적으로 링크 봉합을 이용하는 가장 쉬운 방법은 대체 대상인 클래스나 함수에 대해 별도의 라이브러리를 작성한 후 테스트용으로 빌드 스크립트를 변경해서 원래의 라이브러리에 링크시키는 것이다. 이는 어느 정도의 수고를 필요로 하지만, 코드 내의 여러 위치에서 서드파티 라이브러리를 호출하는 경우에는 많은 도움이 된다. 다수의 그래픽 라이브러리 호출을 포함하는 CAD 애플리케이션 예제를 살펴보자. 전형적인 코드는 다음과 같다.

```
void CrossPlaneFigure::rerender()
{
  // 라벨을 그림
  drawText(m_nX, m_nY, m_pchLabel, getClipLen());
  drawLine(m_nX, m_nY, m_nX + getClipLen(), m_nY);
  drawLine(m_nX, m_nY, m_nX, m_nY + getDropLen());
```

```
  if (!m_bShadowBox) {
    drawLine(m_nX + getClipLen(), m_nY,
      m_nX + getClipLen(), m_nY + getDropLen());
    drawLine(m_nX, m_nY + getDropLen(),
      m_nX + getClipLen(), m_nY + getDropLen());
  }

  // 형태를 그림
  for (int n = 0; n < edges.size(); n++) {
    ...
  }
  ...
}
```

이 코드는 그래픽 라이브러리를 여러 곳에서 직접 호출하고 있다. 불행히도 이 코드가 제대로 동작하는지 검증하는 유일한 방법은 그래픽이 의도대로 그려지고 있는지 화면을 관찰하는 방법뿐이다. 코드가 복잡할 경우 이런 검증 방식은 오류가 쉽게 일어날 수 있으며 지루하기까지 하다. 따라서 대안으로서 링크 봉합을 생각해볼 수 있다. 그래픽 함수들이 모두 한 개의 라이브러리에 포함돼 있다면, 이 함수들을 스텁^{stub} 형태로 만들어서 애플리케이션에 링크시키는 것이다. 단순히 의존 관계를 제거하는 것만이 목적이라면 다음과 같이 공백 함수로 만들면 된다.

```
void drawText(int x, int y, char *text, int textLength)
{
}

void drawLine(int firstX, int firstY, int secondX, int secondY)
{
}
```

함수들이 값을 반환해야 한다면, 무언가를 반환시킬 필요가 있다. 일반적으로는 성공을 나타내는 값 또는 기본값을 반환하는 것으로 충분하다.

```
int getStatus()
{
  return FLAG_OKAY;
}
```

그래픽 라이브러리는 다른 라이브러리들과 조금 다르다. 그래픽 라이브러리에 링크 봉합
을 사용하기 적합한 이유는 대부분의 경우 순수한 '명령' 인터페이스이기 때문이다. 함수
를 호출해서 어떤 동작을 하도록 명령을 내릴 뿐, 많은 정보를 반환하도록 요구하지는 않
는다. 반면에 반환 값을 요구하는 것은 어려운 일인데, 기본값을 반환하는 것이 적합하지
않을 경우가 많기 때문이다.

링크 봉합은 의존 관계를 분리하기 위해 주로 사용된다. 감지를 위해서도 사용될 수 있지
만, 약간의 추가 작업이 필요하다. 좀 전에 살펴본 그래픽 라이브러리 예제의 경우, 다음
과 같이 함수 호출을 저장하는 별도의 자료 구조를 사용할 수 있다.

```
std::queue<GraphicsAction> actions;

void drawLine(int firstX, int firstY, int secondX, int secondY)
{
  actions.push_back(GraphicsAction(LINE_DRAW,
  firstX, firstY, secondX, secondY);
}
```

이 자료 구조를 사용해 테스트 대상 함수의 영향을 감지할 수 있다.

```
TEST(simpleRender,Figure)
{
  std::string text = "simple";
  Figure figure(text, 0, 0);

  figure.rerender();
  LONGS_EQUAL(5, actions.size());

  GraphicsAction action;
  action = actions.pop_front();
```

```
LONGS_EQUAL(LABEL_DRAW, action.type);

action = actions.pop_front();
LONGS_EQUAL(0, action.firstX);
LONGS_EQUAL(0, action.firstY);
LONGS_EQUAL(text.size(), action.secondX);
}
```

감지를 위해 사용되는 구조가 상당히 복잡해질 때가 있다. 처음에는 매우 단순한 구조로 시작해서 최소한의 감지만 만족시키고, 점진적으로 복잡한 구조로 발전시키는 접근법을 취하는 것이 좋다.

링크 봉합의 활성화 지점은 언제나 소스 코드의 외부에 위치한다. 빌드 스크립트나 배치 스크립트 내부에 위치할 때도 있기 때문에 링크 봉합을 사용하고 있음을 알아차리기 어려울 때가 있다.

 사용 팁
링크 봉합을 사용할 때는 테스트 환경과 제품(배포) 환경 간에 분명한 차이가 있도록 구성해야 한다.

객체 봉합

객체 봉합은 객체 지향 언어에서 사용할 수 있는 봉합 기법들 중에서 가장 유용하다. 우선 객체 지향 프로그램의 경우, 호출 위치의 코드를 들여다봐도 실제로 어떤 메소드가 실행될지 정의돼 있지 않다는 점을 이해해야 한다. 다음의 자바 예제를 보자.

```
cell.Recalculate();
```

이 코드를 보면 Recalculate라는 메소드가 존재하고, 호출을 통해 이 메소드가 실행될 것임을 알 수 있다. 그런데 문제는 동일한 이름의 메소드가 두 개 이상 존재할 수 있다는 점이다.

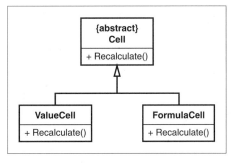

그림 4.1 계층 구조

다음과 같이 호출했을 때 어느 메소드가 호출될까?

```
cell.Recalculate();
```

---

cell 변수가 어느 객체를 가리키는지 모르면 어느 함수가 호출될지 알 수 없다. ValueCell 클래스 내의 Recalculate가 호출될 수도 있고, FormulaCell 클래스 내의 Recalculate가 호출될 수도 있다. 심지어 Cell 클래스를 상속받지 않는 다른 클래스 내의 Recalculate 가 호출될 수도 있다(이 경우 변수에 cell이라는 이름을 붙인 것은 전혀 적합하지 않다). 다른 코드의 변경 없이 호출되는 Recalculate 메소드를 변경할 수 있다면 이 호출 위치를 봉합 지점이라고 부를 수 있다.

다만, 객체 지향 언어의 메소드 호출이 언제나 봉합 지점이 되는 것은 아니다. 다음 예제는 봉합이 아닌 호출을 보여준다.

```
public class CustomSpreadsheet extends Spreadsheet
{
  public Spreadsheet buildMartSheet() {
    ...
    Cell cell = new FormulaCell(this, "A1", "=A2+A3");
    ...
    cell.Recalculate();
    ...
  }
  ...
}
```

이 코드에서는 셀을 생성하고 동일 메소드 내에서 이 객체를 사용하고 있다. 이 경우 Recalculate 메소드 호출은 객체 봉합이 아니다. 여기에는 활성화 지점이 없기 때문이다. 선택권은 cell 변수에 저장된 객체의 클래스에게 있으며, 우리는 호출될 Recalculate 메소드를 변경할 수 없다. Cell 변수의 클래스는 객체가 생성될 때 결정되므로, 메소드를 수정하지 않으면서 cell 클래스를 변경할 수는 없다.

코드가 다음과 같을 경우는 어떨까?

```
public class CustomSpreadsheet extends Spreadsheet
{
  public Spreadsheet buildMartSheet(Cell cell) {
    ...
    cell.Recalculate();
    ...
  }
  ...
}
```

buildMartSheet 메소드 내의 cell.Recalculate 호출은 봉합 지점일까? 그렇다. 테스트 중에 CustomerSpreadsheet 클래스를 작성한 후, 어떤 종류의 Cell 객체든 인수로서 제공하면서 buildMardSheet 메소드를 호출할 수 있기 때문이다. 따라서 호출하는 쪽의 코드를 변경하지 않으면서 cell.Recalculate 메소드의 동작을 변경할 수 있다.

그럼 활성화 지점은 어디일까?

여기서 활성화 지점은 buildMartSheet의 인수 리스트다. 어떤 종류의 객체를 전달할지 결정하고, 테스트에 필요하도록 Recalculate 메소드의 동작을 변경할 수 있기 때문이다.

대부분의 객체 봉합은 매우 단순하다. 이번에는 약간 까다로운 예제를 보자. 다음의 buildMartSheet 메소드 내의 Recalculate 메소드 호출에 객체 봉합이 존재하는가?

```
public class CustomSpreadsheet extends Spreadsheet
{
  public Spreadsheet buildMartSheet(Cell cell) {
    ...
```

```
      Recalculate(cell);
      ...
    }
    private static void Recalculate(Cell cell) {
      ...
    }
    ...
}
```

Recalculate는 정적static 메소드다. buildMartSheet 내의 Recalculate 호출은 봉합에 해당할까? 그렇다. buildMartSheet 메소드를 변경하지 않아도 호출 동작을 변경할 수 있기 때문이다. Recalculate 메소드의 static 키워드를 제거하고 private을 protected로 변경하면, 테스트할 때 서브클래스를 작성해 이 메소드를 오버라이딩할 수 있다.

```
public class CustomSpreadsheet extends Spreadsheet
{
  public Spreadsheet buildMartSheet(Cell cell) {
    ...
    Recalculate(cell);
    ...
  }
  protected void Recalculate(Cell cell) {
    ...
  }
  ...
}
public class TestingCustomSpreadsheet extends CustomSpreadsheet {
  protected void Recalculate(Cell cell) {
    ...
  }
}
```

이런 방법은 간접적인 구현 방법이라고 볼 수 있다. 의존 관계가 거슬린다면 코드를 직접 변경하는 방법도 생각할 수 있다. 이러한 직접 변경이 효과적일 때도 있지만, 상당히 복잡한 레거시 코드일 경우에는 테스트 루틴을 작성할 때 코드 수정을 최소화하는 점진적인 접근이 바람직하다. 프로그래밍 언어가 어떤 봉합 지점을 제공하는지 알고 그 사용법을 정확히 파악함으로써 우리는 좀 더 안전하게 테스트를 수행할 수 있다.

이번 장에서는 주요 봉합 기법들을 설명했다. 이러한 봉합 기법들은 다양한 프로그래밍 언어에서 발견된다. 이번 장의 첫 번째 예제로 돌아가서 어떤 봉합 지점이 존재하는지 살펴보자.

```cpp
bool CAsyncSslRec::Init()
{
  if (m_bSslInitialized) {
    return true;
  }
  m_smutex.Unlock();
  m_nSslRefCount++;

  m_bSslInitialized = true;

  FreeLibrary(m_hSslDll1);
  m_hSslDll1=0;
  FreeLibrary(m_hSslDll2);
  m_hSslDll2=0;

  if (!m_bFailureSent) {
    m_bFailureSent=TRUE;
    PostReceiveError(SOCKETCALLBACK, SSL_FAILURE);
  }

  CreateLibrary(m_hSslDll1,"syncesel1.dll");
  CreateLibrary(m_hSslDll2,"syncesel2.dll");
  m_hSslDll1->Init();
  m_hSslDll2->Init();
  return true;
}
```

PostReceiveError를 호출할 때 어떤 봉합을 사용할 수 있을까?

1. PostReceiveError는 전역 함수이므로 링크 봉합을 사용할 수 있다. 스텁 함수를 갖는 라이브러리를 작성하고 링크함으로써 동작을 제거할 수 있다. 활성화 지점

은 메이크파일^{makefile}이나 IDE의 설정 부분이 된다. 테스트 버전을 빌드할 때는 테스트용 라이브러리, 릴리스 버전을 빌드할 때는 실제 라이브러리와 링크되도록 설정해야 한다.

2. #include문을 코드에 추가하고 전처리기를 사용해 PostReceiveError 매크로를 정의할 수 있다. 즉 전처리 봉합 지점이 존재한다. 그렇다면 활성화 지점은 어디일까? PostReceiveError 매크로 정의를 활성화하거나 비활성화하는 별도의 전처리 정의를 사용할 수 있다.

3. 이번 장의 첫 부분에서 소개한 것처럼 PostReceiveError 메소드에 대한 가상 함수를 선언할 수도 있으므로 객체 봉합 지점도 존재한다. 그럼 활성화 지점은 어디일까? 이 경우의 활성화 지점은 객체를 생성하기로 결정한 지점이다. 이 위치에서는 CAsyncSslRec 객체 혹은 PostReceiveError를 오버라이딩한 테스트용 서브클래스^{testing subclass}의 객체를 생성할 수 있다.

이처럼 메소드를 고치지 않고도 다양한 방법으로 함수 호출 시의 동작을 변경할 수 있다는 것은 꽤 놀라운 일이다.

```
bool CAsyncSslRec::Init()
{
  ...
  if (!m_bFailureSent) {
    m_bFailureSent=TRUE;
    PostReceiveError(SOCKETCALLBACK, SSL_FAILURE);
  }
  ...
  return true;
}
```

테스트를 수행할 때 적절한 종류의 봉합을 선택하는 것은 중요한 일이다. 일반적으로 객체 봉합은 객체 지향 언어에서 가장 적합한 방법이다. 전처리기 봉합과 링크 봉합도 편리할 때가 있지만 객체 봉합만큼 분명하지는 않다. 게다가 전처리 봉합과 링크 봉합에 의존하는 테스트 루틴은 관리하기도 매우 어렵다. 전처리 봉합과 링크 봉합은 의존 관계가 매우 복잡하거나 다른 대안이 없을 경우에 최후의 카드로서 사용하는 편이 바람직하다.

봉합이라는 관점에서 코드를 바라보는 데 익숙해지면, 테스트 방법이나 테스트 친화적인 코드 구조를 고안하는 방법을 좀 더 쉽게 찾을 수 있게 된다.

CHAPTER 5

도구

레거시 코드를 다룰 때 어떤 도구들이 필요할까? 편집기(혹은 IDE)와 컴파일러는 당연히 필요하고, 테스트 프레임워크도 필요하다. 현재 사용 중인 프로그래밍 언어용의 리팩토링 도구가 있다면 매우 유용할 것이다.

이번 장에서는 현재 사용 가능한 도구들을 열거하고, 각 도구가 레거시 코드 작업에서 어떤 역할을 할 수 있는지 설명한다.

리팩토링 자동화 도구

리팩토링을 개발자가 직접 하는 것도 좋지만, 개발자 대신에 리팩토링을 자동으로 수행하는 도구가 있다면 상당한 시간을 절약할 수 있다. 1990년대에 빌 옵다이크^{Bill Opdyke}는 리팩토링에 관한 학위 논문을 쓰기 위해 C++ 리팩토링 도구를 작성했다. 이 도구는 상용 제품으로 발표되지 않았지만, 다른 언어의 리팩토링 도구에 많은 영향을 끼쳤다. 그중에서 가장 중요한 것은 일리노이 대학의 존 브랜트^{John Brant}와 돈 로버츠^{Don Roberts}가 개발한 스몰토크 리팩토링 브라우저다. 이 스몰토크 리팩토링 브라우저는 많은 종류의 리팩토링을 지원했으며, 오랫동안 자동화 리팩토링 기술의 가장 발전된 구현으로서 인정받았다. 이후로도 다양한 언어에서 리팩토링 기능들을 지원하기 위한 많은 노력들이 있었다. 이 책을 쓰고 있는 지금도 많은 수의 자바 리팩토링 도구들을 사용할 수 있다. 대부분 통합 개발 환경이지만 일부는 그렇지 않다. 델파이 리팩토링 도구도 있으며, C++용으로 새롭게 발표된 리팩토링 도구들도 있다. 그리고 C# 리팩토링 도구의 개발도 현재 활발히 진행되고 있다.

이러한 도구들 덕분에 리팩토링은 갈수록 수월해질 것이다. 일부 환경에서는 실제로 그렇다. 하지만 유감스럽게도 리팩토링 도구마다 지원하는 리팩토링 수준은 제각각이다. 리팩토링이란 과연 무엇인지 다시 한 번 상기해보자. 마틴 파울러^{Martin Fowler}의 『Refactoring: Improving the Design of Existing Code』(Addison-Wesley, 1999)에서 사용된 정의는 다음과 같다.

 리팩토링: 소프트웨어의 기존 동작을 변경하지 않으면서, 이해 및 변경이 용이하도록 소프트웨어의 내부 구조를 변경하는 작업

코드 변경이 리팩토링으로서 인정받으려면, 기존 동작이 달라지지 않아야 한다. 따라서 리팩토링 도구는 코드 변경이 동작 변경으로 이어지지 않음을 검증해야 하며, 실제로 많은 도구들이 이러한 검증 작업을 수행한다. 이는 빌 옵다이크의 스몰토크 리팩토링 브라우저의 기본 규칙이었으며, 초기 자바 리팩토링 도구들 역시 마찬가지였다. 그러나 일부 비주류 도구 중에서는 이러한 검증 작업을 수행하지 않는 것이 있으며, 이 때문에 리팩토링할 때 미묘한 버그가 생길 수 있다.

따라서 리팩토링 도구는 신중하게 선택해야 한다. 도구 개발자가 도구의 안전성에 대해 어떻게 말하고 있는지 자세히 살펴봐야 한다. 그리고 여러분의 테스트 루틴도 실행해보자. 나는 새로운 리팩토링 도구를 접할 때마다 도구의 안전성을 반드시 검사한다. 메소드를 추출해서 동일 클래스에 원래 존재하던 메소드와 같은 이름을 부여했을 때 오류가 발생하는지, 기초 클래스에 포함된 메소드명을 붙일 경우 제대로 감지하는지 등을 확인한다. 제대로 감지하지 못할 경우, 메소드 오버라이딩으로 인해 코드가 손상될 위험성이 있기 때문이다.

이 책에서는 리팩토링 자동화 도구를 사용하는 경우와 그렇지 않은 경우가 있다. 예제를 다룰 때마다 리팩토링 도구의 사용을 전제로 하는지 분명히 언급할 것이다.

어느 경우든, 리팩토링 도구를 통한 리팩토링은 기존 동작이 유지되는 것을 전제로 한다.

현재 사용 중인 도구가 기존 동작을 유지하지 못한다면 그 도구를 사용해서는 안 된다. 이런 경우에는 리팩토링 도구를 사용하지 않을 경우의 예제 설명을 따르는 편이 안전할 것이다.

 테스트와 리팩토링 자동화

리팩토링 도구가 있으면 리팩토링 대상 코드를 위한 테스트 루틴을 작성할 필요가 없다고 생각하기 쉽다. 실제로, 어떤 경우에는 맞는 말일 수 있다. 안전한 리팩토링을 수행하는 도구가 있고 이 도구로 자동화된 리팩토링을 순차적으로 수행하며 별도의 코드 편집을 하지 않는다면, 기존 동작이 달라지지 않을 것이라고 추측할 수 있기 때문이다. 하지만 이러한 추측이 반드시 옳은 것은 아니다.

다음 예제를 살펴보자.

```java
public class A {
  private int alpha = 0;
  private int getValue() {
    alpha++;
    return 12;
  }
  public void doSomething() {
    int v = getValue();
    int total = 0;
    for (int n = 0; n < 10; n++) {
      total += v;
    }
  }
}
```

적어도 두 개의 자바 리팩토링 도구에서 doSomething 메소드로부터 v라는 변수를 제거하는 자동 리팩토링을 수행할 수 있다. 리팩토링 후의 코드는 다음과 같다.

```java
public class A {
  private int alpha = 0;
  private int getValue() {
    alpha++;
    return 12;
  }
  public void doSomething() {
    int total = 0;
    for (int n = 0; n < 10; n++) {
      total += getValue();
```

```
            }
        }
    }
```

문제점이 보이는가? 변수 v는 제거됐지만, alpha 변수의 값이 한 번이 아니라 열 번 증가한다. 따라서 기존 동작이 명백히 변경돼버렸다.

리팩토링 자동화 도구를 실행하기 전에 코드 주위에 테스트 루틴을 두는 것이 바람직하다. 테스트 루틴 없이 리팩토링 자동화를 실행할 수도 있지만, 그렇더라도 도구가 무엇을 검사하고 무엇을 검사하지 않는지 확인해야 한다. 나는 새로운 도구를 사용할 때 먼저 메소드 추출이 제대로 지원되는지 살펴본다. 그리고 테스트 루틴 없이 도구를 사용해도 괜찮겠다는 확신이 들면, 코드에 대해 좀 더 심화된 테스트를 진행한다.

모조 객체

레거시 코드를 다룰 때 가장 큰 문제점 중 하나는 의존 관계다. 특정 코드를 독립적으로 실행해서 어떤 동작이 수행되는지 확인하고 싶을 때, 대부분의 경우에는 다른 코드와의 의존 관계를 제거해야 한다. 하지만 이것은 그리 쉽지 않다. 다른 코드를 제거한 상태로 특정 코드를 제대로 테스트하려면 그 다른 코드를 대신해서 올바른 값을 제공하는 또 다른 코드가 필요하다. 객체 지향에서는 이것을 일반적으로 모조 객체^{mock object}라고 부른다.

무료로 제공되는 모조 객체 라이브러리들이 있다. 특히 www.mockobjects.com은 이러한 라이브러리들에 관한 정보를 참조하기에 좋은 웹사이트다.

단위 테스트 하네스

테스트 도구의 역사는 꽤 길고 다양하다. 비싼 금액을 지불하고 테스트 도구를 구입했는데 값어치를 못한다는 불만을 토로하는 고객들을 나는 1년에 4~5회는 만나는 것 같다. 테스트 도구 벤더의 입장에서 말하자면, 테스트는 매우 어려운 문제임에도 사람들은 기존의 애플리케이션에 특별한 처리를 하지 않고도 GUI나 웹 인터페이스에서 곧바로 테스트하겠다는 유혹에 자주 사로잡힌다. 이와 같은 외부에서의 테스트가 불가능한 것은 아니지만, 실제로는 사람들이 생각하는 것보다 훨씬 많은 추가 작업이 필요하다. 게다가 사용자 인터페이스는 테스트 루틴의 위치로서 적합한 장소가 아니다. UI는 자주 바뀌며 테스트 대상 기능으로부터 멀리 떨어져 있기 때문이다. UI 기반의 테스트가 실패했을 경우 원인을 찾기는 쉽지 않다. 그럼에도 불구하고 많은 사람들은 비싼 돈을 지불하고 테스트 도구를 구입했으니 그 도구로 모든 테스트를 수행하려고 한다.

내가 지금까지 접했던 효과적인 테스트 도구들은 모두 무료였다. 첫 번째는 xUnit 테스트 프레임워크며, 원래 켄트 벡Kent Beck이 스몰토크로 작성한 것을 나중에 켄트 벡과 에릭 감마Erich Gamma가 자바로 이식했다. xUnit은 작으면서도 강력한 기능을 뽐내며, 단위 테스트 프레임워크로서 설계됐다. 주요 특징들은 다음과 같다.

- 프로그래머는 현재 사용 중인 개발 언어로 테스트 루틴을 작성할 수 있다.
- 모든 테스트는 독립적으로 실행된다.
- 테스트들을 그룹 단위로 묶어서 필요할 때마다 실행(또는 재실행)할 수 있다.

xUnit 프레임워크는 대부분의 주요 언어와 일부 비주류 언어에 이식돼 있다.

xUnit 설계의 혁신적인 점은 그 단순함과 집중성에 있다. 덕분에 큰 어려움 없이 테스트 루틴을 작성할 수 있다. 원래 단위 테스트용으로 설계됐지만 테스트 규모에 제약이 없기 때문에 좀 더 대규모의 테스트에도 사용될 수 있다. 이는 xUnit이 테스트 루틴의 크기를 신경 쓰지 않기 때문이다. 여러분이 사용 중인 언어로 테스트 루틴을 작성할 수 있다면, xUnit을 이식해서 그 테스트 루틴을 실행할 수 있을 것이다.

이 책의 예제 대부분은 자바나 C++로 작성돼 있다. 자바의 경우, xUnit 하네스로서 JUnit이 주로 사용되는데 JUnit은 xUnit과 매우 비슷하다. C++의 경우, 대체로 내가 만든 테스트 하네스인 CppUnitLite를 사용한다. 이것은 xUnit과 여러 가지 점에서 다르며, 이에 대해서는 이번 장 후반부에서 자세히 설명한다. CppUnitLite라는 이름은 CppUnit의 원래 개발자를 무시하려는 의도가 아니다. 원래 CppUnit은 내가 오래전에 개발한 것이며, CppUnit을 발표한 후에 C나 C++의 일부 기능을 활용해 용량을 줄이고 사용 편의성과 이식성도 높인 것이 바로 CppUnitLite다.

JUnit

JUnit에서는 TestCase라는 클래스를 상속받아 테스트 루틴을 작성할 수 있다.

```
import junit.framework.*;

public class FormulaTest extends TestCase {
  public void testEmpty() {
    assertEquals(0, new Formula("").value());
  }

  public void testDigit() {
    assertEquals(1, new Formula("1").value());
  }
}
```

테스트를 정의하려면, 테스트 클래스에 대해 테스트 케이스마다 void testXXX( )라는 시그니처를 갖는 메소드를 작성한다. XXX는 개발자가 테스트에 붙이는 이름이다. 테스트 메소드는 코드 및 assertXXX 메소드를 사용하는 확증문[assertion]을 포함할 수 있다. 좀 전의 testEmpty 메소드는 새로운 Formula 객체를 생성하고 이 객체의 value( ) 메소드를 호출하는 코드가 포함돼 있다. 또한 그 값이 0인지 검사하는 확증문 코드도 있다. 값이 0이면 테스트를 통과하지만, 0이 아니면 테스트는 실패한다.

JUnit으로 테스트를 실행할 때 일어나는 일들은 다음과 같다. JUnit의 TestRunner는 테스트 클래스를 읽고, 리플렉션을 사용해서 이 클래스 내의 테스트 메소드들을 모두 찾는다. 그다음의 처리 과정은 다소 독특한데, JUnit은 각 테스트 메소드마다 완전히 별개의 객체를 생성한다. 앞 예제의 경우 두 개의 객체를 생성한다. 하나는 testEmpty 메소드를 실행하는 객체고, 다른 하나는 testDigit 메소드를 실행하는 객체다. 이 객체들의 클래스는 둘 다 FormulaTest 클래스다. FormulaTest 내의 한 개 테스트 메소드만을 실행하도록 설정돼 있는 것이다. 여기서 중요한 점은 각 메소드에 대해 완전히 별도의 객체를 가지고 있다는 사실이다. 즉, 둘 사이에서 서로 영향을 주고받는 방법은 없다. 다음 예제를 통해 이를 확인해보자.

```
public class EmployeeTest extends TestCase {
  private Employee employee;

  protected void setUp() {
    employee = new Employee("Fred", 0, 10);
    TDate cardDate = new TDate(10, 10, 2000);
    employee.addTimeCard(new TimeCard(cardDate,40));
  }

  public void testOvertime() {
    TDate newCardDate = new TDate(11, 10, 2000);
    employee.addTimeCard(new TimeCard(newCardDate, 50));
    assertTrue(employee.hasOvertimeFor(newCardDate));
  }
  public void testNormalPay() {
    assertEquals(400, employee.getPay());
  }
}
```

EmployeeTest 클래스에는 setUp이라는 특별한 메소드가 있다. setUp 메소드는 TestCase 클래스에 정의돼 있는데, 테스트 메소드가 실행되기 전에 각 테스트 객체에서 실행된다. 이 메소드를 사용하면 테스트에서 사용될 일련의 객체들이 생성된다. 이 객체들은 각각의 테스트를 실행하기 전에 모두 같은 방식으로 생성된다. testNormalPay 메소드를 실행하는 객체에서는 setUp 메소드에서 생성된 employee(직원)가 역시 setUp 메소드에서 추가된 타임카드대로 급여를 정확히 계산 가능한지 검사하고, testOvertime 메소드를 실행하는 객체에서는 setUp 메소드에서 생성된 employee가 추가로 타임카드를 한 장 더 받고 이 타임카드에 대해 시간 외 근무 조건이 적용되는지 검사한다. EmployeeTest 클래스의 모든 객체에 대해 setUp 메소드가 호출되므로, 각각의 객체마다 setUp 메소드를 통해 일련의 객체들이 생성되는 것이다. 테스트 실행이 끝난 후 특별한 처리가 필요하다면 TestCase 클래스에 정의된 tearDown 메소드를 재정의하면 된다. 이 메소드는 객체의 테스트 메소드가 실행된 이후에 실행된다.

xUnit 테스트 하네스를 처음 접하는 독자라면 몇 가지 의문이 생길 것이다. "왜 TestCase 클래스에 setUp과 teardown 같은 메소드가 필요할까?" "필요한 객체를 생성자에서 생성하면 안 될까?" 물론, 그렇게 할 수도 있다. 하지만 TestRunner가 TestCase 클래스를 어떻게 처리했는지 생각해보라. TestCase 클래스의 서브클래스에 대해 테스트 메소드마다 일련의 객체를 생성했다. 객체의 수가 상당히 많아지지만, 아직 필요하지 않은 것은 생성하지 않는다면 큰 문제가 되지는 않는다. 필요해졌을 때 비로소 생성되도록 setUp 메소드에 코드를 둠으로써 메모리를 상당히 절약할 수 있기 때문이다. 또한 생성자보다 나중에 setUp 메소드가 실행되기 때문에 설정 과정에 발생한 문제들을 탐지한 후 한 번에 하나씩 실행할 수 있다.

CppUnitLite

나는 CppUnit을 처음 포팅할 때, JUnit과 가능한 비슷한 형태로 만들려고 노력했다. xUnit에 익숙한 사람들이 쉽게 배울 수 있길 원했기 때문이다. 하지만 얼마 지나지 않아서 C++와 자바의 차이 때문에 C++에서는 깔끔하게 구현하기 힘들거나 심지어 불가능한 문제들에 직면했다. 그 문제들의 주요 원인은 C++에 리플렉션 기능이 부족하다는 점이었다. 자바에서는 파생 클래스의 메소드에 대한 참조를 갖고 실행할 때 이 메소드를 탐색할 수 있다. 하지만 C++에서는 실행할 때 접근해야 하는 메소드를 등록하는 코드를 개발자가 직접 작성해야 한다. 결과적으로 CppUnit은 JUnit에 비해 사용하기도, 이해하기도 어렵다. TestRunner가 개별 메소드에 대응하는 객체를 실행하려면 테스트 클래스에 직접 suite 함수를 작성해야 한다.

```
Test *EmployeeTest::suite()
{
  TestSuite *suite = new TestSuite;
  suite.addTest(new TestCaller<EmployeeTest>("testNormalPay",
    testNormalPay));
  suite.addTest(new TestCaller<EmployeeTest>("testOvertime",
    testOvertime));
  return suite;
}
```

말할 것도 없이 이는 지루한 일이다. 테스트 메소드를 클래스 헤더에 선언하고 소스 파일에 정의한 후 suite 메소드에 등록해야 한다면, 테스트 루틴을 작성하고 싶은 의욕이 사라지기 십상이다. 다양한 매크로를 이용해서 이 문제를 해결할 수 있는데, 나는 몇 가지 시행착오를 거친 끝에 다음과 같이 소스 코드를 작성하는 방법으로 테스트 루틴을 작성할 수 있었다.

```
#include "testharness.h"
#include "employee.h"
#include <memory>

using namespace std;

TEST(testNormalPay,Employee)
{
  auto_ptr<Employee> employee(new Employee("Fred", 0, 10));
  LONGS_EQUALS(400, employee->getPay());
}
```

이 테스트 루틴은 LONG_EQUAL이라는 매크로를 이용했다. 이 매크로는 두 개의 long형 정수가 같은 값을 갖는지 검사한다. 이것은 JUnit의 assertEquals와 같은 방식으로 동작하지만, long형에 맞춰져 있다.

TEST 매크로는 내부적으로 다소 하찮고 성가신 일도 수행한다. 테스트 클래스의 서브클래스를 작성한 후, 두 개의 매개변수를 하나로 붙여 그 클래스의 이름을 짓는 것이다(즉, 테스트 루틴의 이름과 테스트 대상 클래스 이름을 조합한다). 그리고 이 매크로는 {} 내부의 코드를 실행하도록 구성된 서브클래스의 인스턴스를 정적으로 생성한다. 따라서 프로그램은 로드된 후 자기 자신을 테스트 객체의 정적 리스트에 추가한다. 그리고 TestRunner는 이 리스트 내의 테스트 루틴들을 순서대로 실행한다.

나는 이 작은 프레임워크를 작성했지만 발표하지는 않았다. 나는 오랫동안 사람들에게 명료한 코드를 작성하라고 이야기해왔는데, 막상 프레임워크 내의 매크로 코드가 명료하지 않았기 때문이다. 친구인 마이크 힐Mike Hill도 나와 알게 되기 전에 마찬가지 문제에 부딪혔고, 동일한 방식으로 등록을 처리하는 TestKit이라는 이름의 마이크로소프트 기반 테스트 프레임워크를 개발했다. 마이크의 격려 덕분에 나는 프레임워크 내의 C++ 기능 상당수를 사용하지 않도록 변경한 후 마침내 발표할 수 있었다(이는 CppUnit에게 커다란 문제였다. 거의 매일 사용자들로부터 템플릿, 예외, C++ 표준 라이브러리를 사용할 수 없다는 이메일을 받았다).

CppUnit과 CppUnitLite 모두 테스트 하네스로서 사용할 수 있지만, CppUnitLite를 이용하는 편이 좀 더 간단하므로 이 책에서는 C++ 예제를 설명할 때 CppUnitLite를 쓸 것이다.

NUnit

NUnit은 .NET 언어를 위한 테스트 프레임워크며, C#이나 VB.NET 코드 등 .NET 플랫폼 상에서 돌아가는 언어로 작성된 코드를 위한 테스트 루틴을 작성할 수 있다. NUnit의 동작은 JUnit과 매우 흡사하다. 한 가지 결정적인 차이점이라면, NUnit은 테스트 메소드와 테스트 클래스를 설정할 때 속성을 사용하는 것이다. 속성의 구문은 테스트 루틴을 작성하는 .NET 언어에 따라 다르다.

다음은 VB.NET으로 작성된 NUnit 테스트 루틴이다.

```
Imports Nunit.Framework

<TestFixture()> Public Class LogOnTest
  Inherits Assertion

  <Test()> Public Sub TestRunValid()
    Dim display As New MockDisplay()
    Dim reader As New MockATMReader()
    Dim logon As New LogOn(display, reader)
    logon.Run()
    AssertEquals("Please Enter Card", display.LastDisplayedText)
    AssertEquals("MainMenu",logon.GetNextTransaction().GetType.Name)
  End Sub

End Class
```

<TestFixture()>와 <Test()>는 LogonTest를 테스트 클래스로, TestRunValid를 테스트 메소드로 설정하는 속성이다.

기타 xUnit 프레임워크

xUnit은 다수의 언어나 플랫폼으로 이식됐다. 단위 테스트의 명세, 그룹화, 실행 등을 일반적으로 지원하며, 다른 플랫폼이나 언어로 이식된 xUnit 버전을 www.xprogramming. com의 Software 섹션에서 다운로드할 수 있다. 이 사이트는 론 제프리스^{Ron Jeffries}가 운영하고 있으며, 거의 모든 xUnit 버전을 저장 중인 사실상의 표준 저장소 역할을 하고 있다.

일반적인 테스트 하네스

앞 절에서 설명한 xUnit 프레임워크는 본래 단위 테스트용으로 사용하기 위해 설계됐다. 한 번에 여러 개의 클래스를 테스트할 수도 있지만, 이런 종류의 작업은 FIT나 피트니스를 이용하는 것이 좀 더 적합하다.

FIT

FIT^{Framework for Integrated Test}은 간결하고 정밀한 테스트 프레임워크며, 워드 커닝험^{Ward Cunningham}이 개발했다. FIT의 기본 개념은 단순하면서도 강력하다. 시스템과 관련된 문서를 작성할 수 있고, 그 문서 내에 입력 값과 출력 값을 기술한 테이블이 포함돼 있으며, 이 문서를 HTML 형식으로 저장할 수 있다면 FIT은 이 문서를 테스트 루틴으로서 실행할 수 있다.

FIT은 HTML 문서를 입력받아 HTML상에 테이블로 정의된 테스트 루틴을 실행하고, HTML로 결과를 출력해준다. 출력 값은 입력 값과 동일해 보일 것이고, 텍스트와 테이블도 변동이 없을 것이다. 하지만 테이블 내 셀의 색은 바뀐다. 테스트를 통과하면 녹색, 실패하면 빨간색으로 변할 것이다. 또한 테스트 요약 정보를 결과 HTML에 포함시킬 수 있다.

FIT을 활용하기 위해 사용자가 할 일은 코드를 어떻게 실행하고 이로부터 결과를 어떻게 추출할지 알기 쉽도록 테이블 처리 코드를 조금 커스터마이징하는 것뿐이다. FIT이 다양한 종류의 테이블 서식을 지원하는 코드를 제공하기 때문에 그다지 어려운 일이 아니다.

FIT의 강점 가운데 하나는 소프트웨어를 작성하는 사람과 소프트웨어가 무슨 일을 해야 하는지 요구 사항을 명시한 사람 간의 의사소통이 쉽다는 점이다. 요구 사항을 명시한 사람들은 문서를 작성하고, 이와 함께 실제적인 테스트 루틴을 삽입할 수 있다. 처음에 테스트 루틴을 실행할 때는 성공하지 못할 것이다. 이후 개발자가 기능을 추가함으로써 테스트를 통과하게 된다. 이런 과정을 통해 사용자와 개발자는 시스템의 최신 기능에 대해 공통의 관점을 가지게 된다.

FIT 관련 정보를 더 많이 확인하려면 http://fit.c2.com을 방문하길 바란다.

피트니스

피트니스Fitnesse는 기본적으로 위키상에 구축된 FIT을 가리키며, 대부분이 로버트 마틴Robert Martin과 미카 마틴Micah Martin에 의해 개발됐다. 나도 개발에 일부 참여했지만, 이 책을 저술하는 데 집중하기 위해 현재는 손을 뗀 상태다. 그러나 조만간 다시 참여할 수 있길 기대하고 있다.

피트니스는 FIT 테스트를 정의하는 계층적인 웹 페이지를 지원한다. 테스트용 테이블을 포함하는 페이지들은 개별적으로 실행될 수도 있고, 한꺼번에 실행될 수도 있다. 또한 다양한 옵션 기능들 덕분에 팀 단위의 협업 작업을 쉽게 수행할 수 있다. 피트니스에 대한 더 자세한 정보는 http://fitnesse.org에서 얻을 수 있다. 이 장에서 설명한 다른 모든 테스트 도구들처럼 피트니스 역시 무료로 제공되고 있으며, 개발자 커뮤니티로부터 유용한 지원도 받을 수 있다.

2

소프트웨어
변경

CHAPTER 6

고칠 것은 많고 시간은 없고

현실적인 이야기를 해보자. 이 책에서 설명하는 내용은 부가적인 작업이다. 아마도 여러분이 현재 하지 않는 작업일 가능성이 높고, 코드 변경에 많은 시간이 필요한 작업일 것이다. 그래서 이 책에서 소개하는 작업을 수행하는 것이 정말로 가치 있는 일인지 의문을 가질 수도 있다.

실제로, 코드 변경을 위해 의존 관계를 제거하고 테스트 루틴을 작성하는 작업은 개발자의 시간을 많이 빼앗는다. 하지만 대부분의 경우, 결국은 개발 시간과 시행착오를 줄여준다. 그런데 '결국'이란 대체 언제를 가리키는 것일까? 이것은 프로젝트에 따라 다르다. 변경하고자 하는 코드에 대한 테스트 루틴을 작성하는 데 2시간이 걸렸고, 이 코드를 변경하는 데 15분이 걸렸다고 하자. 나중에 이 상황을 되돌아보며 "2시간을 낭비했네. 그럴 만한 가치가 있었을까?"라는 의문을 가지게 될지 모른다. 하지만 꼭 그렇지는 않다. 테스트 루틴을 작성하지 않았다면 코드 변경에 더 많은 시간이 걸렸을 수 있고, 심지어 코드를 변경하는 과정에서 실수를 했다면 디버깅에 상당한 시간을 투입해야 했을 수도 있기 때문이다. 하지만 테스트 루틴이 준비돼 있었기 때문에 코드 변경에 드는 시간을 절약할 수 있었던 것이다. 여기서 말하는 시간 절약은 테스트 루틴이 오류를 포착함으로써 절약된 시간뿐 아니라, 오류 탐색에 드는 시간도 포함된다. 테스트 루틴 덕분에 소프트웨어 기능상의 문제를 파악하는 일이 훨씬 간단하게 해결될 때가 많다.

최악의 경우를 생각해보자. 간단한 코드 변경 작업이지만 변경 지점마다 빠짐없이 테스트 루틴을 작성하고 모든 변경 작업을 정확히 수행했다고 하자. 이때의 테스트는 가치가 있는 것일까? 이는 동일 부분의 코드를 다시 변경할 때까지 알 수 없다. 운이 좋다면, 빠른 시일 내에 해당 코드를 다시 변경할 일이 생겨서 테스트에 투자한 시간과 노력이 금세 회수된다. 하지만 최악의 경우에는 이 코드를 변경하는 것이 몇 년 후일 수도 있다. 또는 코드 변경을 그 위치에서 해야 할지, 아니면 다른 위치에서 해야 할지 조사하기 위한 목적으로만 코드를 반복적으로 검토해야 한다고 하자. 이럴 때 클래스 길이가 짧고 단위 테스트 루틴이 있다면, 아마도 이해하기는 어렵지 않을 것이다. 하지만 이 정도의 효과에 그치는 것은 변경 빈도가 낮은 최악의 경우다. 일반적으로, 코드가 변경되는 위치는 시스템의 특정 부분에 집중된다. 오늘 어떤 코드를 변경했다면, 가까운 시일 내에 그 코드의 바로 옆 코드도 변경하게 될 가능성이 높다.

나는 다른 팀과 협업을 시작하는 초기에, 어떤 실험에 참여해달라고 팀원들에게 요청한다. 그 실험의 핵심은 테스트 루틴을 작성하지 않고서는 코드를 변경하면 안 된다는 것이다. 만일 팀원 중 누군가 테스트 루틴을 작성할 수 없다고 말하면, 테스트 루틴 작성이 가능한지 검토하는 회의를 개최하는 것을 의무화했다. 초기에는 대부분의 팀원들이 이러한 과정을 거쳐야 하는 것을 힘들어하지만, 서서히 코드의 품질이 좋아지는 것을 체감하게 된다. 코드 변경이 점점 더 쉬워지고, 팀원들은 이러한 절차가 좀 더 나은 방향으로 가기 위해 꼭 필요한 과정임을 진심으로 깨닫게 된다. 하지만 이러한 고비를 극복하는 데는 시간이 걸린다. 이 어려운 과정을 극복 중인 전 세계의 개발 팀 팀원들에게 내가 할 수 있는 것이 있다면, 지금까지 공유된 경험을 들려주는 것이다. 이러한 경험을 한 사람들의 얼굴에는 "정말 좋아! 다시는 예전 방식으로는 돌아가지 않을 거야."라고 쓰여져 있다.

아직 이런 경험을 해보지 않았다면, 꼭 해보길 바란다.

결론적으로, 테스트 루틴의 사용은 개발 작업의 속도를 높이므로 대부분의 개발 팀에게 중요하다고 말할 수 있다. 하지만 솔직히 말한다면, 좌절하지 않으면서 개발 작업을 할 수 있다는 점만으로도 고마움을 느낀다.

난관을 극복한다고 해서 모든 것이 장밋빛으로 변하지는 않지만, 상황이 나아지는 것은 확실하다. 테스트의 가치를 깨닫고 테스트 루틴이 있을 때와 없을 때의 차이를 알고 나면,

남은 것은 개별 상황별로 테스트 루틴을 작성해야 할지 여부를 객관적으로, 그리고 비용을 고려하며 검토하는 것이다.

매일, 어디선가 일어나는 일

상사가 들어와서 "고객이 이 기능을 넣어달라고 난리야. 오늘 중에 가능하겠나?"라고 묻는다.

"잘 모르겠습니다."

개발자는 이것저것 생각해본다. 테스트 루틴이 준비돼 있는가? 없다.

개발자는 다시 상사에게 묻는다.

"그 기능이 없으면 얼마나 문제가 됩니까?"

변경해야 할 코드는 전부 열 곳이며, 모두 직접 변경 가능하므로 오후 5시까지는 완료할 수 있을 것이다. 이는 긴급 조치이므로, 내일 제대로 다시 변경하면 될 것이다.

하지만 명심하자. 코드는 여러분의 집과 같다. 그 안에서 살아가지 않으면 안 된다.

시간 압박이 주어진 상황에서 테스트 루틴 작성 여부를 판단하는 데 가장 문제가 되는 것은 기능 구현에 걸리는 시간을 알 수 없다는 점이다. 레거시 코드의 경우, 정밀하게 시간을 추정하는 것은 매우 어려운 일이다. 이럴 때 몇 가지 유용한 추정 기법을 사용할 수 있으며, 자세한 설명은 16장을 참고하자. 기능 추가에 시간이 얼마나 걸릴지 모르거나 주어진 시간이 많지 않을 때, 가급적 가장 빠른 방법을 사용해 일단 해당 기능을 구현하려는 유혹에 빠지기 쉽다. 나중에 충분한 시간이 생겼을 때 해당 코드로 돌아가서 테스트 및 리팩토링을 하면 된다고 생각하기 때문이다. 하지만 문제는 실제로 과거 작업으로 돌아가서 테스트와 리팩토링을 하지 않는 경우가 많다는 점이다. 난관을 극복한 경험을 해보지 않은 사람은 이런 작업을 기피하기 십상이다. 이는 의지의 문제이기도 하다. 건설적으로 이 문제에 접근하기 위한 방법에 대해서는 24장을 참고하자.

지금까지 설명한 내용은 현실 세계의 딜레마다. 지금 시간을 투자할 것인지, 아니면 나중에 시간을 투자할 것인지 선택해야 한다. 즉 코드를 변경할 때 테스트 루틴을 함께 작성할지, 아니면 시간이 지날수록 힘들어지는 현실을 받아들일지 선택해야 하는 것이다. 이것은 쉽지 않은 선택이지만, 가끔은 그렇지 않을 때도 있다.

당장 변경해야 할 클래스가 있다면, 우선 테스트 하네스 내에서 해당 클래스의 인스턴스 생성을 시도한다. 인스턴스 생성이 불가능하다면, 먼저 9장과 10장을 참조하자. 변경 대상 코드를 테스트 하네스에 생각보다 쉽게 추가할 수 있을지도 모른다. 9장과 10장을 읽어도 의존 관계를 제거할 수 없고 테스트 루틴을 준비하는 것이 불가능하다고 판단된다면, 현재 시도 중인 코드 변경을 자세히 조사하자. 완전히 새로운 코드를 작성함으로써 문제에 대처할 수 있는가? 많은 경우에 대처 가능하다는 사실을 알게 된다. 이번 장은 완전히 새로운 코드를 작성함으로써 코드 변경에 대처하는 몇 가지 기법들을 설명할 것이다.

지금부터 소개될 기법들을 읽고 실제 적용을 검토하되, 신중하게 사용해야 한다는 점도 잊지 말자. 이 기법들을 사용하면 테스트가 완료된 코드를 시스템에 추가할 수 있지만, 이 코드를 호출하는 코드까지 테스트하지 않으면 완벽한 테스트라고는 말할 수 없다. 주의가 필요하다.

발아 메소드

시스템에 새로운 기능을 추가해야 하는데 이 기능을 완전히 새로운 코드로 표현할 수 있다면, 새로운 메소드로서 이 기능을 구현한 후 이 메소드를 필요한 위치에서 호출하는 방법을 사용할 수 있다. 호출을 수행하는 코드를 테스트 루틴으로 보호하기는 어렵더라도, 최소한 새로운 코드에 대한 테스트 루틴은 작성할 수 있다. 다음의 예제를 보자.

```
public class TransactionGate
{
  public void postEntries(List entries) {
    for (Iterator it = entries.iterator(); it.hasNext(); ) {
      Entry entry = (Entry)it.next();
      entry.postDate();
    }
    transactionBundle.getListManager().add(entries);
  }
  ...
}
```

각 항목에 날짜를 설정하고 transactionBundle 클래스에 저장하는데, 이때 신규 항목인지 검사하는 코드를 추가할 필요가 있다. 코드를 보면, 반복문이 수행되기 전에 메소드의 첫 부분에 추가해야 한다. 하지만 실제로는 다음 코드처럼 반복문 내에서 추가할 수도 있다.

```java
public class TransactionGate
{
  public void postEntries(List entries) {
    List entriesToAdd = new LinkedList();
    for (Iterator it = entries.iterator(); it.hasNext(); ) {
      Entry entry = (Entry)it.next();
      if (!transactionBundle.getListManager().hasEntry(entry) {
        entry.postDate();
        entriesToAdd.add(entry);
      }
    }
    transactionBundle.getListManager().add(entriesToAdd);
  }
  ...
}
```

이는 단순한 변경처럼 보이지만, 상당히 무리가 있는 방법이다. 제대로 변경됐는지 여부를 어떻게 확인해야 할까? 새로 추가된 코드와 기존의 코드 사이에 구별이 없다. 더 나쁜 점은 코드가 더 불분명해졌다는 것이다. 날짜 설정과 중복 항목 검사라는 두 개의 동작이 섞여 있기 때문이다. 이 메소드는 그다지 길지 않음에도 불구하고, 벌써 이해하기 어려운 코드가 돼버렸다. 또 임시 변수를 새로 도입했는데, 임시 변수는 반드시 나쁘다고 할 수 없지만 새로운 코드를 불러들이기가 쉽다. 중복 항목이 아닌 모든 항목들에 대해 다음 변경 시 어떤 처리를 수행할 필요가 생긴다면, 이 임시 변수를 취급하는 코드, 즉 이 메소드가 해당 처리가 실행될 유일한 위치가 되며 이 메소드에 코드를 더 추가하고 싶어지기 때문이다. 좀 전의 변경 작업을 다른 방법으로 구현할 수는 없을까?

물론 가능하다. 중복 항목 제거를 완전히 다른 연산으로서 취급할 수 있다. 테스트 주도 개발에 의해 uniqueEntries 메소드를 새롭게 작성해보자.

```
public class TransactionGate
{
  ...
  List uniqueEntries(List entries) {
    List result = new ArrayList();
    for (Iterator it = entries.iterator(); it.hasNext(); ) {
      Entry entry = (Entry)it.next();
      if (!transactionBundle.getListManager().hasEntry(entry) {
        result.add(entry);
      }
    }
    return result;
  }
  ...
}
```

이 메소드의 테스트 루틴은 간단히 작성할 수 있다. 메소드를 작성한 후, 기존 코드에 이 메소드의 호출을 추가한다.

```
public class TransactionGate
{
  ...
  public void postEntries(List entries) {
    List entriesToAdd = uniqueEntries(entries);
    for (Iterator it = entriesToAdd.iterator(); it.hasNext(); ) {
      Entry entry = (Entry)it.next();
      entry.postDate();
    }
    transactionBundle.getListManager().add(entriesToAdd);
  }
  ...
}
```

여전히 임시 변수가 남아있지만 코드는 한결 정리됐다. 중복 항목이 아닌 항목을 위한 코드를 추가해야 한다면, 해당 코드를 위한 메소드를 작성하고 그 메소드를 여기서 호출하면 된다. 그리고 그것들과 연동하는 코드가 더 필요하다면, 새로 클래스를 하나 만들고 추가 메소드들을 이 클래스로 이동시키면 된다. 이렇게 함으로써 메소드의 길이가 비대해지는 것을 막을 수 있다. 그 결과, 메소드 전체가 짧고 이해하기 쉬워진다.

지금까지 설명한 것은 발아 메소드^{sprout method}의 예다. 발아 메소드의 작성 순서는 다음과 같다.

1. 어느 부분에 코드 변경이 필요한지 식별한다.
2. 메소드 내의 특정 위치에서 일련의 명령문으로서 구현할 수 있는 변경이라면, 필요한 처리를 수행하는 신규 메소드를 호출하는 코드를 작성한 후 주석 처리한다(메소드 호출이 실제 상황에서 어떤 식으로 이뤄지는지 확인할 수 있기 때문에 나는 이처럼 메소드 호출을 먼저 작성하는 스타일을 선호한다).
3. 호출되는 메소드가 필요로 하는 지역 변수를 확인하고, 이 변수들을 신규 메소드 호출의 인수로서 전달한다.
4. 호출하는 메소드에 값을 반환해야 하는지 여부를 결정한다. 값을 반환해야 한다면, 반환 값을 변수에 대입하도록 호출 코드를 변경한다.
5. 새롭게 추가되는 메소드를 테스트 주도 개발 방법을 사용해 작성한다.
6. 앞서 주석 처리했던 신규 메소드 호출 코드의 주석을 제거한다.

독립된 한 개의 기능으로서 코드를 추가하는 경우나 메소드의 테스트 루틴이 아직 준비되지 않은 경우에는 발아 메소드의 사용을 권장한다. 코드를 인라인 형태로 추가하는 것보다 훨씬 바람직한 결과로 이어지기 때문이다.

발아 메소드를 사용하고 싶어도 클래스의 의존 관계가 너무 복잡해서 많은 수의 생성자 인수를 모방하지 않으면 인스턴스를 생성할 수 없을 때가 있다. 이런 경우의 대안은 널^{Null} 값을 전달하는 것이다. 이 방법도 통하지 않는다면 발아 메소드를 `public static`으로 선언하는 것을 고려해보자. 원래 클래스의 인스턴스 변수를 인수로서 전달해야 하지만 코드 변경은 가능해진다. 이 목적을 달성하기 위해 정적^{static} 메소드를 작성하는 것이 이상하게 생각될지 모르지만 레거시 코드에서는 꽤 유용한 방법이다. 나는 정적 메소드를 준비 장소라는 관점에서 바라본다. 몇 개의 정적 메소드를 작성한 후 이 메소드들이 동일 변수를 공유 중임을 알게 되면, 이 메소드들을 인스턴스 메소드로서 포함하는 신규 클래스를 정의할 수 있을 때가 많다. 만일 기존 클래스의 인스턴스 메소드로 하는 편이 더 낫다고 판단되면, 최종적으로 테스트 환경이 준비된 후에 원래대로 되돌릴 수도 있다.

장점과 단점

발아 메소드는 장점과 단점을 모두 가진다. 먼저 단점부터 알아보자. 발아 메소드의 부정적인 면은 무엇일까? 무엇보다, 이 메소드를 사용하는 것은 원래의 메소드와 그 클래스를 잠시 포기하는 것과 같다. 원래의 메소드는 테스트 루틴으로 보호하는 것도 아니고, 개선하는 것도 아니다. 그저 신규 메소드로서 새로운 기능을 추가하는 것이다. 다소 유감스럽지만, 때로는 메소드나 클래스를 포기하는 것은 현실적인 선택이다. 이 때문에 코드는 허공에 뜬 것과 같은 상태에 놓인다. 기존의 메소드는 상당량의 복잡한 코드와 한 개의 신규 발아 메소드가 포함되는 형태가 될 수 있는데, 이처럼 일부 위치에 대해서만 작업하면 코드의 의도를 이해하기 힘들어지기 때문에 기존 메소드는 만들다 만 것 같은 상태가 돼버린다. 이는 적어도 원래의 클래스를 나중에 테스트 루틴으로 보호할 때 추가적인 작업을 해야 한다는 것을 의미한다.

이처럼 단점들이 있지만 장점도 있다. 무엇보다, 발아 메소드를 사용하면 기존 코드와 새로운 코드를 확실하게 구분할 수 있다. 기존 코드를 테스트 루틴으로 즉시 보호할 수 없더라도, 최소한 변경 부분을 개별적으로 이해할 수 있고 새 코드와 기존 코드 사이의 인터페이스도 분명해진다. 또한 영향을 받는 변수들을 모두 파악할 수 있기 때문에 코드의 정확성도 쉽게 판단할 수 있다.

발아 클래스

발아 메소드는 강력한 기법이지만, 복잡하게 얽힌 의존 관계에서는 충분히 효과적이라 할 수 없다.

다음과 같은 경우를 생각해보자. 어떤 클래스를 변경해야 하는데, 적절한 시간 내에 이 클래스의 객체를 테스트 하네스 내에서 생성할 방법이 없다. 따라서 이 클래스에 대해 발아 메소드를 적용해서 테스트 루틴을 작성할 수도 없다. 객체 생성과 관련된 의존 관계가 많이 존재하기 때문에 클래스의 인스턴스 생성이 어려운 것일 수도 있고, 많은 수의 의존 관계들이 숨겨져 있을 수도 있다. 이런 문제들을 해결하려면 광범위하게 리팩토링을 수행해 의존 관계를 제거함으로써 테스트 하네스 내에서 클래스를 컴파일할 수 있게 만들어야 한다.

이런 경우에는 변경에 필요한 기능을 별도의 클래스로서 추출한 후 이 클래스를 기존 클래스에서 이용하는 방법을 사용할 수 있다. 간단한 예를 살펴보자.

다음 코드는 QuarterlyReportGenerator라는 C++ 클래스에 포함된 매우 오래된 메소드다.

```cpp
std::string QuarterlyReportGenerator::generate()
{
  std::vector<Result> results = database.queryResults(beginDate, endDate);
  std::string pageText;
  pageText += "<html><head><title>"
    "Quarterly Report"
    "</title></head><body><table>";
  if (results.size() != 0) {
    for (std::vector<Result>::iterator it = results.begin();
        it != results.end();++it) {
      pageText += "<tr>";
      pageText += "<td>" + it->department + "</td>";
      pageText += "<td>" + it->manager + "</td>";
      char buffer [128];
      sprintf(buffer, "<td>$%d</td>", it->netProfit / 100);
      pageText += std::string(buffer);
      sprintf(buffer, "<td>$%d</td>", it->operatingExpense / 100);
      pageText += std::string(buffer);
      pageText += "</tr>";
    }
  } else {
    pageText += "No results for this period";
  }
  pageText += "</table>";
  pageText += "</body>";
  pageText += "</html>";
  return pageText;
}
```

이 코드가 생성하는 HTML 테이블에 헤더 행을 추가한다고 가정하자. 헤더 행은 다음과 같다.

```
"<tr><td>Department</td><td>Manager</td><td>Profit</td><td>Expenses</td></tr>"
```

또한 이 클래스는 무척 커서 클래스 전체를 테스트 하네스에 추가하는 데만 꼬박 하루가 걸리고, 현재 그럴 여유가 없다고 가정하자.

이 변경은 QuarterlyReportTableHeaderProducer라는 소규모 클래스로 구현할 수 있다. 테스트 주도 개발을 통해 클래스를 작성해보자.

```
using namespace std;
class QuarterlyReportTableHeaderProducer
{
public:
  string makeHeader();
};

string QuarterlyReportTableProducer::makeHeader()
{
  return "<tr><td>Department</td><td>Manager</td>"
    "<td>Profit</td><td>Expenses</td>";
}
```

QuarterlyReportGenerator::generate() 메소드 내에서 이 클래스를 인스턴스화해 직접 호출한다.

```
...
QuarterlyReportTableHeaderProducer producer;
pageText += producer.makeHeader();
...
```

이 코드를 보고 이렇게 말할지도 모른다. "겨우 이 정도의 변경을 위해 클래스를 새로 작성하다니 바보 같은 짓입니다. 설계상 아무런 도움도 되지 않는 작은 클래스에 불과합니다. 이런 설계를 도입하면 코드가 혼란스러워질 뿐입니다." 현시점에서는 확실히 옳은 말이다. 이 방법을 사용한 유일한 이유는 의존 관계의 복잡성에서 벗어나기 위한 것이다. 좀 더 자세히 살펴보자.

이 클래스를 QuarterlyReportTableHeaderGenerator라 명명하고, 다음과 같은 인터페이스를 갖게 하면 어떻게 될까?

```cpp
class QuarterlyReportTableHeaderGenerator
{
public:
  string generate();
};
```

이제 이 클래스는 우리가 잘 알고 있는 설계 개념의 일부가 됐다. QuarterlyReportTableHeaderGenerator 클래스는 QuarterlyReportGenerator와 마찬가지로 HTML을 생성한다. 둘 다 문자열 값을 반환하는 generate() 메소드를 포함하며, 인터페이스 클래스를 정의한 후 이 클래스들에 상속함으로써 공통의 코드를 활용할 수 있다.

```cpp
class HTMLGenerator
{
public:
  virtual ~HTMLGenerator() = 0;
  virtual string generate() = 0;
};

class QuarterlyReportTableHeaderGenerator : public HTMLGenerator
{
public:
  ...
  virtual string generate();
  ...
};

class QuarterlyReportGenerator : public HTMLGenerator
{
public:
```

```
    ...
    virtual string generate();
    ...
};
```

작업을 하다 보면, `QuarterlyReportGenerator`는 테스트 루틴으로 보호하고 대부분의 처리는 HTML 생성 클래스들이 수행하도록 코드를 변경할 수도 있을 것이다.

이 예제에서는 신규 클래스를 애플리케이션의 기존 구조 내에 쉽게 집어넣을 수 있었다. 이것이 불가능한 경우도 있지만, 그래도 망설이면 안 된다. 발아 클래스를 애플리케이션의 기존 메커니즘에 도저히 집어넣을 수 없는 경우에는 발아 클래스가 새로운 메커니즘이 된다. 발아 클래스가 지금은 설계상 그리 중요하지 않다고 생각될지도 모른다. 하지만 나중에 어쩌면 동일한 작업을 별도의 위치에서 수행하면서 유사성을 느끼게 될 수도 있다. 신규 클래스 내에 중복 코드가 존재할 수도 있고 클래스의 이름을 변경해야 하는 경우도 자주 있지만, 두 가지가 동시에 발생할 것이라고는 기대하지 않는 편이 좋다.

처음 발아 클래스를 작성했을 때와 몇 달 후에 다시 검토할 때, 클래스를 바라보는 관점이 현저히 달라지는 경우가 자주 있다. 시스템에 존재하는 이 특이한 새로운 클래스는 많은 생각을 떠올리게 만든다. 이 클래스 주변을 변경해야 할 경우에는 그 변경이 새로운 설계 개념을 따르고 있는지, 아니면 개념을 조금 변경해야 하는지 고민하게 될 수도 있다. 이는 모두 진행 중인 설계 과정의 일부이기 때문이다.

발아 클래스를 작성하는 경우는 본질적으로 다음 두 가지다. 첫 번째는 어떤 클래스에 완전히 새로운 역할을 추가하고 싶을 경우다. 예를 들어 세금 확정 신고서를 작성하는 소프트웨어가 있을 때, 1년 중의 어떤 시기에는 확정된 공제액을 계산하지 못할 수 있다. 따라서 세금 계산을 수행하는 `TaxCalculator` 클래스에 날짜 검사 기능을 추가하려고 한다. 하지만 날짜 검사가 `TaxCalculator`의 주요 역할로부터 얼마나 동떨어진 기능인지 검토할 필요가 있다. 어쩌면 날짜 검사 기능은 새로운 클래스에 맡기는 편이 바람직할 수도 있기 때문이다. 두 번째 경우는 이번 장의 시작 부분에서 설명했던 내용이다. 다시 말해, 기존 클래스에 약간의 기능을 추가하고 싶지만 그 클래스를 테스트 하네스 내에서 테스트할 수 없는 경우다. 테스트 하네스에서 클래스를 컴파일할 수만 있다면 발아 메소드를 사용하면 되지만, 운이 없을 때가 있는 것이다.

이 두 가지 경우는 동기가 서로 다르지만 결과적으로는 뚜렷한 차이가 없다. 추가하려는 기능을 신규 클래스로서 작성해야 할지 여부는 사람마다 판단이 다를 수 있는 부분이다. 하지만 시간이 지나면 코드도 변하기 마련이므로, 발아 클래스를 사용하길 잘했다고 나중에 생각하게 될 때가 많다.

다음은 발아 클래스를 작성하는 순서다.

1. 어느 부분의 코드를 변경해야 하는지 식별한다.
2. 메소드 내의 특정 위치에서 일련의 명령문으로서 변경을 구현할 수 있다면, 변경을 구현할 클래스에 적합한 이름을 생각한다. 이어서 해당 위치에 그 클래스의 객체를 생성하는 코드를 삽입하고, 클래스 내의 메소드를 호출하는 코드를 작성한다. 그리고 이 코드를 주석 처리한다.
3. 호출 메소드의 지역 변수 중에 필요한 것을 결정하고, 이 변수들을 클래스의 생성자가 호출될 때의 인수로 만든다.
4. 발아 클래스가 호출 메소드에 결과 값을 반환해야 하는지 판단한다. 값을 반환해야 한다면 그 값을 제공할 메소드를 클래스에 추가하고, 이 메소드를 호출해 반환 값을 받아오는 코드를 호출 메소드에 추가한다.
5. 새로운 클래스를 테스트 주도 개발로 작성한다.
6. 앞서 주석 처리했던 주석을 제거하고, 객체 생성과 호출을 활성화한다.

장점과 단점

발아 클래스의 가장 큰 장점은 코드를 직접 재작성하는 경우보다 확신을 갖고 변경 작업을 진행할 수 있다는 것이다. C++라면 기존 헤더 파일을 건드리지 않고도 변경 작업을 수행할 수 있다는 장점도 있다. 신규 클래스의 헤더 파일은 기존 클래스의 구현 파일에 포함include시킬 수 있다. 게다가 프로젝트에 새로운 헤더 파일을 추가하는 것은 바람직한 일이다. 기존 클래스의 헤더 파일에 추가됐을 선언들이 신규 헤더 파일에 포함되며, 이는 기존 클래스의 컴파일 부담을 줄여주기 때문이다. 최소한 이미 좋지 않은 상황을 악화시키지는 않는다. 시간이 조금 지난 후에 기존 클래스를 재검토하고 테스트 루틴 내로 집어넣을 수도 있을 것이다.

발아 클래스의 단점은 메커니즘이 복잡하다는 것이다. 개발자가 새로운 코드베이스를 배울 때는 주요 클래스들이 어떻게 관련되는지에 중점을 두면서 이해를 높여나가는 것이 일반적이다. 하지만 발아 클래스는 추상적인 처리 부분과 다른 클래스 내의 처리 부분으로 이뤄지기 때문에 이해하기가 어렵다. 이런 구조를 적용하는 것이 올바른 경우도 있지만, 어쩔 수 없이 이런 구조를 사용하게 된 경우도 있다. 이런 경우에는 원래 하나의 클래스에서 변경을 수행했어야 할 것을 안전한 변경 작업을 위해 여러 개의 클래스로 쪼갠 것으로 봐야 한다.

포장 메소드

기존 메소드에 동작을 추가하는 것은 간단한 일이지만, 이것이 옳지 않은 접근법일 때가 자주 있다. 처음 메소드가 작성될 때의 의도는 하나의 동작만을 제공하기 위한 것이 대부분이다. 따라서 나중에 추가되는 코드들은 어떤 의미에서는 의심스러운 것들이다. 개발자가 그런 코드를 추가하는 이유가 단지 추가 코드가 기존 코드와 동시에 실행되기 때문일 때가 있는데, 이는 과거에 일시적 결합temporal coupling이라 불리던 현상으로서 과도하게 사용되면 코드의 품질을 저하시킨다. 단지 동시에 실행된다는 이유로 동일 메소드 내에 들어있는 코드 간의 관계는 그다지 강하지 않다. 나중에 상황이 바뀌어서 두 개의 코드 중 하나를 별도로 수행하고 싶어도, 이미 코드가 너무 복잡해져서 봉합 기법을 사용하지 않으면 분리하기가 힘들다.

따라서 동작을 추가해야 할 때 그리 복잡하지 않은 기법들을 사용할 필요가 있다. 발아 메소드도 그중 하나지만, 매우 유용한 방법이 하나 더 있다. 나는 이 기법을 포장 메소드wrap method라고 부른다. 다음의 간단한 예를 살펴보자.

```
public class Employee
{
    ...
```

```
public void pay() {
  Money amount = new Money();
  for (Iterator it = timecards.iterator(); it.hasNext(); ) {
    Timecard card = (Timecard)it.next();
    if (payPeriod.contains(date)) {
      amount.add(card.getHours() * payRate);
    }
  }
  payDispatcher.pay(this, date, amount);
}
}
```

이 메소드는 직원의 타임카드(근무시간기록표)를 집계하고 급여 정보를 PayDispatcher 객체로 보낸다. 여기에 새로운 요구 사항이 생겼다고 가정하자. 직원에게 급여를 지급할 때 직원 이름으로 파일을 갱신해 별도의 보고서 작성 소프트웨어로 보내야 한다.

코드를 추가하기 가장 쉬운 곳은 pay 메소드다. 결국 파일 처리는 pay 메소드와 동시에 일어나야 하기 때문이다. 이를 다음 코드로 구현하면 어떻게 될까?

```
public class Employee
{
  private void dispatchPayment() {
    Money amount = new Money();
    for (Iterator it = timecards.iterator(); it.hasNext(); ) {
      Timecard card = (Timecard)it.next();
      if (payPeriod.contains(date)) {
        amount.add(card.getHours() * payRate);
      }
    }
    payDispatcher.pay(this, date, amount);
  }

  public void pay() {
    logPayment();
    dispatchPayment();
  }

  private void logPayment() {
```

```
    ...
  }
}
```

pay( ) 메소드의 이름을 dispatchPayment( )로 변경하고 가시성을 private으로 만들었다. 그다음에 dispatchPayment( )를 호출하는 새로운 pay 메소드를 작성했다. 새로운 pay( ) 메소드는 지불 금액을 기록하고 지불 정보를 다른 클래스로 보낸다. pay( ) 메소드 호출에 익숙한 기존 고객은 이러한 변경을 알지 못해도 된다. 평소대로 호출하면 모든 것이 잘 동작할 것이다.

지금 설명한 것이 포장 메소드의 한 가지 형태다. 기존 메소드와 이름이 같은 메소드를 새로 생성하고 기존 코드에 처리를 위임한다. 이 포장 메소드는 기존 메소드의 전후에 새로운 동작을 추가하고자 할 때 사용한다. pay( )가 호출될 때마다 기록이 이뤄져야 한다면 이 기법은 매우 유용하다.

다음은 포장 메소드의 또 다른 형태며, 아직 호출된 적이 없는 새로운 메소드를 추가하고자 할 때 사용할 수 있다. 좀 전의 예제에서 기록 작업을 명시적으로 표현하고 싶다면 makeLoggedPayment 메소드를 Employee 클래스에 다음과 같이 추가할 수 있다.

```
public class Employee
{
  public void makeLoggedPayment() {
    logPayment();
    pay();
  }

  public void pay() {
    ...
  }

  private void logPayment() {
    ...
  }
}
```

이제 Employee 클래스의 사용자는 어느 방법으로 지불을 수행할지 선택할 수 있다. 이 기법은 켄트 벡의 『Smalltalk Patterns: Best Practices』(Pearson Eduvation, 1996)에 소개돼 있다.

포장 메소드는 새로운 기능을 추가하면서 봉합부를 도입할 수 있는 좋은 방법이다. 그러나 이 기법에도 단점은 있다. 무엇보다, 새로 추가하려는 기능의 로직이 기존 기능의 로직과 통합될 수 없다. 새로운 기능은 기존 기능의 이전이나 이후에 수행돼야 한다. 하지만 이는 반드시 부정적이지 않으며, 가능하다면 이 기법을 적용하는 것이 좋다. 두 번째 단점(좀 더 실질적인 문제점)은 기존 메소드 내의 코드를 위해 새로운 이름을 고안해야 한다는 점이다. 위 예제에서는 pay( ) 메소드 내의 코드를 dispatchPayment( )라고 명명했다. 이 이름은 솔직히 바람직하지 않은데, dispatchPayment( ) 메소드는 급여 정보를 보내는 것뿐 아니라 급여액을 계산하는 일도 수행하기 때문이다. 테스트 환경이 준비된 상황이라면 dispatchPayment( )의 앞부분을 calculatePay( )라는 별도의 메소드로 분리하고, pay( ) 메소드는 다음과 같이 만드는 것이 바람직하다.

```
public void pay( ) {
  logPayment( );
  Money amount = calculatePay( );
  dispatchPayment(amount);
}
```

이제 모든 책임이 적절히 분리된 것으로 보인다.

첫 번째 형태의 포장 메소드를 작성하는 단계는 다음과 같다.

1. 변경해야 할 메소드를 식별한다.
2. 변경이 메소드 내의 특정 위치에서 일련의 명령문으로 구현 가능하다면, 메소드 이름을 바꾸고 기존 메소드와 동일한 이름과 시그니처를 갖는 메소드를 새로 작성한다. 이때 시그니처를 그대로 유지하는 것을 잊지 말자.
3. 새로운 메소드에서 기존 메소드를 호출하도록 한다.
4. 새로운 기능을 위한 메소드를 테스트 주도 개발을 통해 작성하고, 이 메소드를 단계 2에서 작성한 신규 메소드에서 호출한다.

포장 메소드의 두 번째 형태, 즉 기존 메소드와 동일한 이름을 사용하지 않아도 되는 경우의 작성 단계는 다음과 같다.

1. 변경하고자 하는 메소드를 식별한다.
2. 변경이 메소드 내의 특정 위치에서 일련의 명령문으로 구현 가능하다면, 변경을 구현할 메소드를 테스트 주도 개발에 의해 새로 작성한다.
3. 새 메소드와 기존 메소드를 호출하는 별도의 메소드를 작성한다.

장점과 단점

호출을 수행하는 코드에 대한 테스트 루틴을 작성하기가 쉽지 않을 때, 포장 메소드는 테스트가 끝난 신규 기능을 애플리케이션에 추가할 수 있는 좋은 방법이다. 발아 메소드나 발아 클래스는 기존 메소드에 코드가 추가되기 때문에 코드의 길이가 최소한 한 줄이라도 늘어나지만, 포장 메소드는 기존 메소드의 길이가 변하지 않는다.

또한 신규 기능이 기존 기능과 분명히 독립적으로 만들어진다는 것도 장점이다. 하나의 목적을 가진 코드가 별도의 목적을 가진 코드와 섞이지 않는다.

반면에 포장 메소드의 가장 큰 단점은 다소 부적절한 이름을 붙이기 쉽다는 것이다. 앞서의 예제에서는 기존 메소드 내의 코드와 다른 이름이 필요하다는 이유 때문에 pay() 메소드를 dispatchPay()로 변경해야 했다. 코드가 그리 복잡하지 않거나 메소드 추출을 안전하게 수행하는 리팩토링 도구를 사용하고 있다면, 코드 추출을 좀 더 세부적으로 수행함으로써 좀 더 적합한 이름을 붙일 수 있다. 하지만 테스트 환경이 준비되지 않았다는 이유로 포장 메소드를 적용하는 경우가 많기 때문에 코드 기반은 불완전하고 리팩토링 도구를 사용할 수 없을 것이다.

포장 클래스

포장 메소드를 클래스 수준으로 확장한 것이 포장 클래스다. 포장 클래스는 포장 메소드와 거의 같은 개념을 사용한다. 시스템에 동작을 추가해야 할 때, 그 동작을 기존의 메소드에 추가할 수도 있지만 그 메소드를 사용하는 '다른 것'에 추가할 수도 있다. 포장 클래스의 경우, 이 '다른 것'은 바로 클래스다.

최초의 Employee 클래스 코드를 다시 살펴보자.

```
class Employee
{
  public void pay() {
    Money amount = new Money();
    for (Iterator it = timecards.iterator(); it.hasNext(); ) {
      Timecard card = (Timecard)it.next();
      if (payPeriod.contains(date)) {
        amount.add(card.getHours() * payRate);
      }
    }
    payDispatcher.pay(this, date, amount);
  }
  ...
}
```

특정 직원에게 급여를 지급한 사실을 기록하고 싶다고 하자. 이때 사용할 수 있는 한 가지 방법은 pay() 메소드를 갖는 별도의 클래스를 작성하는 것이다. 그 클래스의 객체는 Employee 객체를 갖고 pay() 메소드로 기록을 수행하며, 지불을 수행하기 위해 Employee 클래스의 객체에 처리를 위임한다. 테스트 하네스 내에서 기존 클래스를 인스턴스화할 수 없다면, 가장 간단한 방법은 구현체 추출 혹은 인터페이스 추출 기법을 사용해 포장 클래스가 인터페이스를 구현하는 것이다.

다음 코드는 Employee 클래스를 인터페이스로 바꾸기 위해 구현체 추출 기법을 사용한다. 그리고 새로운 클래스 LoggingEmployee는 이 인터페이스를 구현한다. 모든 Employee 객체를 LoggingEmployee로 전달할 수 있으며, LoggingEmployee 클래스는 지불과 기록을 동시에 수행할 수 있다.

```
class LoggingEmployee extends Employee
{
  public LoggingEmployee(Employee e) {
```

```
    employee = e;
  }
  public void pay() {
    logPayment();
    employee.pay();
  }
  private void logPayment() {
    ...
  }
  ...
}
```

이런 기법을 데코레이터^{decorator} 패턴이라고 부른다. 다른 클래스를 포장하는 객체들을 생성한 후, 이 객체들을 차례대로 전달하는 것이다. 포장 클래스는 내부에 포장되는 클래스와 동일한 인터페이스를 가져야 한다. 따라서 포장 클래스를 호출하는 쪽은 기존과 동일한 방법으로 호출할 수 있다.

데코레이터 패턴

데코레이터 패턴을 사용하면 프로그램 실행 중에 객체들을 생성해 복잡한 동작을 구축할 수 있다. 예를 들어 산업용 공정제어 시스템에 raise(), lower(), step(), on(), off() 메소드를 포함하는 ToolController라는 이름의 클래스가 있다고 하자. raise()나 lower()가 호출될 때마다 추가적인 동작(예를 들면, 대피를 알리는 경보음을 울린다.)이 수행돼야 할 경우, ToolController 클래스의 해당 메소드에 직접 추가 기능을 넣을 수도 있다. 하지만 기능 확장은 이후에도 계속 일어날 수 있다. 제어기를 얼마나 많이 켜고(on) 껐는지(off) 기록해야 할 수도 있고, 제어기를 옆으로 이동할 경우(step) 근처의 다른 제어기가 동시에 이동하지 않도록 알릴 필요도 있다. 다섯 개의 단순 조작(raise, lower, step, on, off)으로 가능한 동작은 무한히 많기 때문에 가능한 조합마다 일일이 서브클래스를 작성하는 것은 해결책이 될 수 없다.

데코레이터 패턴은 이런 종류의 문제에 이상적인 해결책이다. 데코레이터 패턴을 사용할 때는 일련의 동작을 정의하는 추상 클래스를 정의한 후에 그 추상 클래스를 상속받는 서브클래스를 작성하고, 생성자에서는 추상 클래스의 인스턴스를 받아서 각 메소드의 본문을 제공한다. 다음은 ToolController 문제를 해결하기 위한 클래스의 예다.

```
abstract class ToolControllerDecorator extends ToolController
{
    protected ToolController controller;
```

```java
    public ToolControllerDecorator(ToolController controller) {
        this.controller = controller;
    }
    public void raise() { controller.raise(); }
    public void lower() { controller.lower(); }
    public void step() { controller.step(); }
    public void on() { controller.on(); }
    public void off() { controller.off(); }
}
```

언뜻 보면 이 클래스가 그리 유용해 보이지 않을지 모르지만, 실제로는 매우 쓸모가 많다. 이 클래스의 서브클래스를 정의한 후 메소드의 일부 혹은 전부를 오버라이딩해 새로운 동작을 추가할 수 있기 때문이다. 예를 들어 제어기의 이동을 다른 제어기에 알려야 한다면, 다음과 같이 StepNotifyingController 클래스를 작성하면 된다.

```java
public class StepNotifyingController extends ToolControllerDecorator
{
    private List notifyees;
    public StepNotifyingController(ToolController controller, List notifyees) {
        super(controller);
        this.notifyees = notifyees;
    }
    public void step() {
        // 여기서 모든 notifyee들에게 알림
        ...
        controller.step();
    }
}
```

게다가 ToolControllerDecorator의 서브클래스들을 중첩시킬 수도 있다.

```java
ToolController controller = new StepNotifyingController(new AlarmingController(
                new ACMEController()), notifyees);
```

이 제어기에 대해 step() 동작을 실행하면, 제어기는 모든 notifyee에게 이 사실을 알리고 경보를 발령한 후 실제로 옆으로 이동한다. 이동 동작은 ToolControllerDecorator가 아니라, ToolController의 서브클래스인 ACMEController가 수행한다. 이 클래스는 책임을 다른 클래스에 넘기지 않고, 각각의 제어기로서 필요한 동작을 할 뿐이다. 데코레이터 패턴을 사용하는 경우, 포장 대상인 클래스 중에서 적어도 한 개의 기초 클래스가 존재해야 한다.

데코레이터 패턴은 매우 유용하지만 지나친 사용은 자제하자. 데코레이터 내에 데코레이터가 포함된 코드를 참조하는 것은 양파 껍질을 벗기는 것과 비슷하다. 필요한 작업이지만, 눈물날 정도로 힘들다.

pay( ) 메소드처럼 코드 내의 많은 위치에서 호출되는 메소드일 경우, 데코레이터 패턴은 신규 기능을 추가하기 좋은 방법이다. 그러나 데코레이터 패턴과는 다소 다른 포장 기법도 존재한다. pay( ) 메소드 대한 호출 내역을 단 한 곳에 기록하는 경우를 생각해보자. 이 기능을 데코레이터로서 포장하는 대신, 별도의 클래스에 두고 여기서 Employee 객체를 전달받아 급여를 지급한 후 지급 정보를 기록할 수도 있다.

다음은 이와 같이 작업을 수행하는 클래스다.

```
class LoggingPayDispatcher
{
  private Employee e;
  public LoggingPayDispatcher(Employee e) {
    this.e = e;
  }
  public void pay() {
    employee.pay();
    logPayment();
  }
  private void logPayment() {
    ...
  }
  ...
}
```

지불 기록이 필요한 위치에서 LoggingPayDispatcher 객체를 생성할 수 있게 됐다.

포장 클래스의 핵심은 신규 동작을 기존 클래스에 추가하지 않으면서 시스템에 추가할 수 있다는 점이다. 포장 대상 코드에 대한 기존 호출이 많을 경우 데코레이터 패턴이 효과적이다. 데코레이터 패턴을 사용하면, pay( ) 메소드의 예처럼 다수의 기존 호출에 대해 새로운 기능을 투명하게 추가할 수 있기 때문이다. 반면에 신규 동작이 사용되는 위치가 많지 않을 경우 데코레이터 패턴이 아닌 포장 클래스가 효과적이다. 단, 포장 클래스의 책임에 지속적으로 주의를 기울이고 이 포장 클래스를 시스템의 상위 수준 개념으로 만들 수 있는지 확인할 필요가 있다.

포장 클래스를 적용하는 순서는 다음과 같다.

1. 어느 부분의 코드를 변경해야 하는지 식별한다.

2. 변경이 특정 위치에서 일련의 명령문으로 구현될 수 있다면, 포장 대상 클래스를 작성자의 인수로서 받는 클래스를 작성한다. 기존 클래스를 포장하는 클래스를 테스트 하네스 내에서 생성하기 어려울 경우 구현체 추출 혹은 인터페이스 추출 기법을 사용한다.

3. 테스트 주도 개발 방법을 사용해서 포장 클래스에 새로운 처리를 수행하는 메소드를 작성한다. 또 메소드를 한 개 더 작성한 후, 이 메소드에서 신규 메소드 및 포장된 클래스 내의 기존 메소드를 호출한다.

4. 새로운 동작이 수행될 위치에서 포장 클래스의 인스턴스를 생성한다.

발아 메소드와 포장 메소드의 차이는 미묘하다. 기존 메소드로부터 신규 메소드를 호출하고 싶을 때는 발아 메소드를 사용한다. 반면에 기존 메소드의 이름을 변경하고, 이 메소드의 호출과 새로운 처리를 하는 신규 메소드를 호출하고 싶을 때는 포장 메소드를 사용한다. 나는 일반적으로 기존 메소드의 알고리즘이 분명히 이해될 때는 발아 메소드를 사용하고, 추가될 신규 기능이 기존 기능과 동등한 수준으로 중요할 때는 포장 메소드를 사용한다. 이때 메소드를 포장한 후에 다음과 같이 상위 수준의 개념적 알고리즘으로 정리할 때가 많다.

```
public void pay() {
  logPayment();
  Money amount = calculatePay();
  dispatchPayment(amount);
}
```

포장 클래스를 사용할지 여부는 전혀 별개의 문제다. 포장 클래스는 엄격한 조건하에서 적용해야 한다. 일반적으로 나는 다음의 두 가지 경우에 포장 클래스의 사용을 고려한다.

1. 추가하려는 동작이 완전히 독립적이며, 구현에 의존적인 동작이나 관련 없는 동작으로 기존 클래스를 오염시키고 싶지 않을 경우

2. 클래스가 비대해져서 더 이상 키우고 싶지 않은 경우. 이럴 경우 나는 향후의 변경을 대비하기 위한 목적으로만 클래스를 포장한다.

두 번째 경우는 작업을 수행하기도, 익숙해지기도 매우 어렵다. 열 개 심지어 15개의 책임을 갖는 거대한 클래스일 경우, 사소한 기능을 추가하기 위해 클래스를 포장하는 것은 이상하게 생각될 수 있다. 실제로, 포장 작업의 불가피성을 동료에게 제대로 설명하지 못한다면, 인적이 드문 곳에서 그 동료에게 몇 대 맞을 수도 있고 혹은 회사에서 동료들로부터 무시당할지도 모른다. 이렇게 되지 않으려면 다음 내용을 참고하자.

대규모 코드베이스를 개선할 때 가장 큰 걸림돌은 기존 코드다. '당연하지 않습니까?'라고 생각할 것이다. 하지만 나는 어려운 코드를 다루는 것이 힘든 일이라고 말하는 것이 아니다. 대규모 코드가 사람을 어떤 생각을 하게 만드는지를 말하는 것이다. 하루 일과의 상당 시간을 지저분한 코드를 들여다보는 데 쓰다 보면, 언제나 지저분한 상태인 코드를 개선하기 위한 노력은 무가치한 일이라 여기기 쉽다. 아마 다음과 같이 생각할 것이다. "내 시간의 90퍼센트를 혼탁한 점액처럼 지저분한 코드와 일하고 있는데, 이 코드의 일부분을 개선하는 일이 중요할까? 물론 나는 이 코드를 개선할 수 있어. 하지만 그것이 오늘 오후 혹은 내일의 나에게 어떤 도움이 될까?" 당신이 이렇게 생각한다면 나도 그 의견에 어느 정도 동의할 수밖에 없다. 하지만 일관성을 갖고 조금씩이라도 코드 개선을 꾸준히 계속한다면, 몇 달 후에 시스템은 현저히 달라져 있을 것이다. 어느 날 아침, 회사에 출근해서 코드를 들여다보고는 "와, 이 코드 매우 훌륭한데? 마치 누군가가 최근에 리팩토링을 한 것 같네."라고 말하게 된다. 이 시점, 즉 좋은 코드와 나쁜 코드의 차이를 직감적으로 이해하게 된 순간이야말로 사람들이 변하는 시점이다. 당장 주어진 업무를 마치는 데 필요한 것을 넘어서 인생을 즐겁게 만들기 위해 리팩토링을 하고 싶다는 열정이 넘치는 자기 자신을 발견하게 된다. 이런 경험을 해보지 않은 사람에게 이런 이야기는 바보처럼 들릴지도 모른다. 하지만 나는 개발 팀이 이런 느낌을 경험하는 것을 수없이 목격해왔다. 가장 힘든 것은 초기 단계다. 가끔 이런 작업이 미련해 보이기 때문이다. "뭐? 이 단순한 기능 때문에 클래스를 포장하라고? 전보다 더 나빠 보이는데? 더 복잡하잖아." 적어도 처음에는 맞는 말이다. 하지만 포장된 클래스 내의 열 개 혹은 15개의 책임이 시야에서 보이지 않게 되면, 포장하기를 잘했다고 생각하게 될 것이다.

요약

이번 장에서는 기존 클래스를 테스트 루틴 안에 넣지 않으면서 변경을 수행하기 위한 몇 가지 기법을 설명했다. 설계 관점에서는 이해하기 어려운 부분도 있지만, 많은 경우에 이런 기법들을 사용함으로써 새로운 책임과 기존의 책임을 분리할 수 있다. 다시 말하면, 더 나은 설계에 가까워진다. 그러나 테스트를 포함한 신규 코드를 작성하고 싶지만 기존 클래스를 테스트 루틴 안에 넣을 시간적 여유가 없다는 이유만으로 신규 클래스를 작성하는 경우도 있다.

실제로, 이런 상황은 현실에서 자주 발생한다. 프로젝트 수행 과정에서 이런 일이 반복되면, 오래되고 거대한 클래스의 잔해 주위에 새로운 클래스와 메소드들이 널려 있는 결과로 이어진다. 하지만 그다음에 재미있는 현상이 일어난다. 얼마 후에 개발자들은 오래된 클래스의 잔해를 회피하는 것을 멈추고, 테스트 루틴 안으로 넣기 시작할 것이다. 개발자들이 그렇게 하는 이유는 익숙해졌기 때문이다. 새로운 기능을 어디에 추가해야 할지 파악하기 위해 테스트로 보호받지 않는 거대한 클래스를 반복 조사하다 보면, 그 클래스에 대한 이해도가 향상되고 결국은 두려움 없이 그 클래스를 다룰 수 있게 된다. 또 다른 이유는 단순히 피곤함이다. 거실에 쓰레기 더미가 계속 쌓이면 언젠가는 쓰레기를 버리러 일어나기 마련이다. 9장과 20장을 참고하자.

CHAPTER 7

코드 하나 바꾸는 데
왜 이리 오래 걸리지?

코드를 변경하는 데 얼마나 시간이 걸릴까? 이 질문에는 여러 대답이 나올 수 있다. 매우 불명확한 코드를 가지고 작업하는 프로젝트에서 다수의 변경을 수행하려면 오랜 시간이 걸린다. 코드를 자세히 살피고 모든 분기를 이해하지 않으면 변경 작업을 수행할 수 없기 때문이다. 코드 중 명확한 부분에 대한 변경 작업은 매우 빨리 진행되지만, 복잡하게 얽혀 있는 부분은 해결에 많은 시간이 걸릴 것이다. 더욱 어려운 상황에 놓인 팀들도 있다. 이런 개발 팀에게는 사소한 코드 변경도 오랜 시간이 걸린다. 추가될 기능을 이해하고, 변경을 가할 위치를 정확히 찾아내고, 코드를 자세히 검토한 후 코드를 변경하는 작업까지 5분 이내에 끝냈음에도 몇 시간이 지난 뒤까지 릴리스하지 못하고 있을지도 모른다.

왜 이런 일이 일어나는 것일까? 가능한 해결책으로는 어떤 것들이 있을까?

코드 이해하기

프로젝트에 포함된 코드의 양이 늘어나면 점차 코드 전체를 이해하는 데 한계를 느끼기 시작한다. 무엇을 변경해야 할지 이해하는 데 걸리는 시간이 계속 증가한다.

이는 어느 정도 불가피한 현상이다. 시스템에 코드를 추가할 때는 기존의 클래스, 메소드, 함수에 코드를 추가할 수도 있고, 신규 클래스, 메소드, 함수를 새로 만들 수도 있다.

어느 경우든, 상황을 제대로 이해하고 있지 않으면 변경 방법을 파악하는 데 오랜 시간이 걸린다.

하지만 꾸준히 관리되는 시스템과 레거시 시스템 간에는 중요한 차이점이 있다. 적절히 관리되는 시스템도 변경 방법을 파악하는 데 오랜 시간이 걸릴 수 있다. 하지만 일단 파악되고 나면 변경 작업 자체는 간단하기 때문에 시스템을 쉽게 다룰 수 있다. 하지만 레거시 시스템의 경우 무엇을 해야 할지 이해하는 데도 오랜 시간이 걸리고 변경 작업 자체도 힘들다. 또한 변경 작업을 위해 이해해야 할 범위의 일부분만 이해하고 끝나는 경우가 많다. 최악의 경우에는 아무리 많은 시간을 들여도 변경 작업에 필요한 것을 이해하기에 부족하다고 느끼는 나머지, 무작정 코드 내부를 방황하며 작업을 시작하고 작업 과정에서 맞닥뜨릴 문제들에 대처할 수 있도록 하늘에 기도할 뿐이다.

적절한 크기를 유지하고, 이름이 제대로 붙여져 있으며, 이해하기 쉬운 부분들로 나뉘어 있는 시스템이라면 코드 변경 작업을 신속하게 수행할 수 있다. 프로젝트 중에 코드 이해가 커다란 문제점이 되고 있다면 16장과 17장을 읽어보자. 프로젝트 진행에 대한 아이디어를 얻을 수 있을 것이다.

지연 시간

코드 변경 작업은 지연 시간이라는 매우 흔한 이유로 인해 오랜 시간이 걸릴 때가 많다. 지연 시간은 변경을 수행한 시점과 그 변경에 대한 실질적인 피드백을 받을 때까지의 시간을 말한다. 이 책을 쓰는 지금, 화성 탐사 로봇인 스피릿은 화성 표면을 다니며 사진을 찍고 있는데, 지구에서 화성까지 신호가 전달되려면 약 7분이 소요된다. 스피릿은 이동 제어용 소프트웨어를 내장하고 있는데, 지구에서 이 소프트웨어를 이용해 스피릿을 수동으로 조작한다고 가정하자. 조작을 수행한 후, 스피릿이 얼마나 이동했는지 알기 위해서는 14분이 지나야 한다. 그다음에 스피릿이 무슨 동작을 할지 결정하고, 명령을 내린 후 어떤 일이 있어났는지 확인하려면 다시 14분을 기다려야 한다. 이런 방식이 매우 비효율적인 것처럼 보이지만, 사실 우리들 대다수는 이런 방식으로 소프트웨어를 개발한다. 코드 변경을 수행하고, 빌드를 시작하며, 결과를 확인한다. 불행히도, 빌드 과정에서 발생한 테스트 실패 등의 문제점을 해결하는 방법을 알려주는 소프트웨어는 없다. 그 대신에 우리는 빌드 횟수를 줄이기 위해 변경 대상들을 묶어서 함께 빌드를 수행한다. 그렇게 하면 자주 빌드하지 않아도 되기 때문이다. 변경 내용에 문제가 없다면, 스피릿처럼 천천히 앞으로 전진한다. 만일 문제가 발생한다면 전진 속도는 더 느려질 것이다.

안타까운 것은 이와 같은 작업 방식이 대부분의 프로그래밍 언어에서 불필요하다는 점이다. 이는 그저 시간 낭비다. 어떤 코드든 간에 대부분의 주요 프로그래밍 언어에서 재컴파일과 테스트를 10초 이내에 실행해 의존 관계를 제거할 수 있다. 유능한 개발 팀이라면 5초 내에 끝낼 수도 있다. 이렇게 하기 위한 조건은 시스템 내의 모든 클래스 및 모듈을 다른 클래스 및 모듈과는 독립적으로 별도의 테스트 하네스에서 컴파일할 수 있어야 한다는 것이다. 이것이 가능하면 매우 빠르게 피드백을 얻을 수 있기 때문에 개발 속도가 크게 향상된다.

사람의 심리는 재미있는 특징이 있다. 짧은 업무(5~10초 정도 걸리는)를 수행해야 하는데 1분에 한 단계만 진행할 수 있다면, 대부분의 경우 한 단계를 수행한 후 쉰다. 다음 단계에 무엇을 할지 판단해야 한다면 계획을 시작하고, 계획이 끝나면 다음 단계의 시작이 가능할 때까지 그냥 딴 생각을 할 것이다. 하지만 다음 단계를 시작하기까지의 시간이 1분에서 몇 초 정도로 줄어든다면 접근법이 달라진다. 피드백을 활용해서 다양한 방법을 시험할 수 있으며, 버스 정류장에서 버스가 오기를 기다리는 것보다는 직접 차를 몰고 운전하는 것과 비슷해진다. 마냥 기다리고만 있을 필요가 없어지므로 집중력이 크게 향상된다. 무엇보다 잘못된 점을 발견하고 그것을 수정하는 데 드는 시간이 훨씬 줄어든다는 점이 중요하다.

그렇다면 우리는 왜 항상 이런 방식으로 일하지 못하는 것일까? 일부 사람들은 이런 방식으로 일한다. 인터프리터 언어로 프로그래밍을 하면 거의 즉시 피드백을 얻을 수 있다. 그러나 컴파일 언어를 사용할 때는 의존 관계가 걸림돌이 된다. 작업 대상 코드를 컴파일하기 위해 관심이 없는 다른 코드도 함께 컴파일해야 하기 때문이다.

의존 관계 제거

의존 관계는 문제를 일으킬 수 있지만 다행히도 제거될 수 있다. 일반적으로 객체 지향 코드에서 가장 먼저 할 일은 테스트 하네스 내에서 클래스의 인스턴스를 생성하는 것인데, 간단한 경우는 의존 중인 클래스를 임포트import하거나 인클루드include하는 것으로 충분하다. 이것만으로는 어렵다면 9장에 나오는 기법들을 시도할 수 있다. 테스트 하네스 내에서 클래스의 객체를 생성할 수 있지만, 메소드를 개별적으로 테스트하기 위해 의존 관계를 제거해야 할 때는 10장을 참조한다.

일반적으로 변경 대상 클래스를 테스트 하네스 내에 넣을 수 있다면 '편집-컴파일-링크-테스트'에 걸리는 시간을 크게 단축할 수 있다. 대부분의 경우, 어떤 메소드 실행에 드는 비용은 이 메소드가 다시 호출하는 외부 자원(데이터베이스, 하드웨어, 통신 인프라 등) 호출 비용보다 적다. 집중적인 계산 작업을 수행하는 메소드의 경우는 조금 다른데, 22장에 관련 기법들이 상세히 설명돼 있다.

많은 경우에 이와 같이 간단하게 변경 작업을 할 수 있지만, 레거시 코드일 경우 클래스를 테스트 하네스에 집어넣는 것부터 막힐 수 있다. 시스템에 따라서는 이것이 상당한 노력을 요구한다. 지나치게 거대한 클래스거나 의존 관계가 너무 많아서 변경 대상 기능을 압도할지도 모른다. 이런 경우에는 대규모 코드의 일부를 잘라내서 테스트 루틴 안으로 넣을 수 있는지 조사할 필요가 있다. 이와 관련해서는 12장을 읽어보길 바란다. 12장에는 테스트를 간단히 기술할 수 있는 위치를 의미하는 조임 지점pinch point을 찾는 데 유용한 기법들이 소개돼 있다.

이번 장의 후반에서는 빌드하기 편리하도록 코드의 구조를 바꾸는 방법을 설명할 것이다.

빌드 의존 관계

객체 지향 시스템에서 신속히 빌드하고 싶은 클래스 집합이 있을 경우, 가장 먼저 할 일은 어떤 종류의 의존 관계가 걸림돌인지 알아내는 것이다. 일반적으로 이는 그다지 어렵지 않다. 테스트 하네스 내에서 이 클래스들을 사용해보면 된다. 문제가 드러난다면, 거의 틀림없이 의존 관계로 인한 것이다. 문제를 해결해 테스트 하네스에서 정상적으로 실행되더라도, 컴파일 시간에 영향을 주는 의존 관계는 여전히 남아있으므로 이 클래스들에 의존하는 다른 클래스들을 파악해야 한다. 시스템을 다시 빌드할 때 반드시 재컴파일돼야 하는 것들이기 때문이다. 그렇다면, 재컴파일돼야 하는 클래스를 어떻게 최소화할 수 있을까?

이 문제를 해결하려면, 클래스 집합 외부의 클래스가 사용하는 클래스 집합 내부의 클래스에 대한 인터페이스를 추출해야 한다. 많은 IDE가 이 기능을 지원하는데, 우리가 클래스를 선택한 후 클래스 내의 메소드 목록을 보고 그중에서 새로운 인터페이스에 포함시키고 싶은 것을 선택할 수 있도록 지원하는 메뉴를 제공한다. 그러고 나서 새로운 인터페이스에 이름을 지정할 수 있다. 심지어 클래스에 대한 참조를 새로 만든 인터페이스에 대한 참조로 자동으로 바꿔주는 기능도 제공한다. 이는 매우 유용하며, C++의 경우 구현체 추출 기법이 인터페이스 추출 기법보다 좀 더 쉽다. 코드베이스 내의 모든 참조명을 변경할 필요는 없지만, 예전 클래스의 인스턴스를 생성하는 곳만큼은 반드시 변경해야 한다. 자세한 내용은 구현체 추출을 참고하자.

클래스 집합을 테스트 루틴으로 보호한 후에 빌드하기 쉽도록 프로젝트의 물리적 구조를 변경하는 방법도 생각할 수 있다. 클래스 집합을 새 패키지나 라이브러리로 이동함으로써 구조를 변경할 수 있다. 이렇게 하면 빌드가 복잡해질 수 있으나 그럴 만한 중요한 이유가 있다. 의존 관계를 제거하고 클래스들을 새로운 패키지나 라이브러리로 이동할수록 시스템 전체의 재빌드 비용은 조금 늘어나지만, 개별 빌드에 걸리는 평균 시간은 감소한다.

예를 들어보자. 그림 7.1은 하나의 패키지 내에서 서로 연관된 클래스 집합이다.

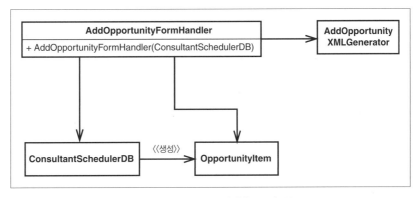

그림 7.1 Opportunity를 처리하는 클래스들

AddOpportunityFormHandler 클래스를 변경하고 싶은데, 빌드 속도도 높일 수 있다면 금상첨화일 것이다. 가장 먼저 할 일은 AddOpportunityFormHandler의 인스턴스 생성을 시도하는 것이다. 하지만 불행히도, 의존 중인 클래스들이 모두 (추상 클래스가 아니라) 실체 클래스다. AddOpportunityFormHandler 클래스는 ConsultantSchedulerDB 클래스와 AddOpportunityXMLGenerator 클래스를 필요로 한다. 게다가 이 두 개의 클래스는 그림에 보이지 않는 다른 클래스에 의존하고 있을 수도 있다.

AddOpportunityFormHandler를 인스턴스화할 때 얼마나 많은 클래스들이 관련될지 아무도 알 수 없다. 이런 상황은 의존 관계를 하나씩 제거해가면서 해결할 수 있다. 우선 ConsultantSchedulerDB에 대한 의존 관계를 보자. AddOpportunityFormHandler 생성자의 인수로서 ConsultantSchedulerDB의 인스턴스를 생성해 전달할 필요가 있다. 이 클래스는 데이터베이스에 연결하기 때문에 다루기가 까다롭고 테스트 중에는 데이터베이스에 연결하고 싶지도 않다. 이 클래스에 대한 의존 관계는 그림 7.2처럼 구현체 추출 기법을 사용할 수 있다.

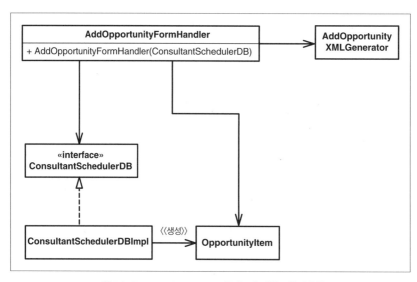

그림 7.2 ConsultantSchedulerDB 클래스에 대한 구현체 추출

ConsultantSchedulerDB가 이제 인터페이스가 됐으므로, ConsultantSchedulerDB 인터페이스를 구현하는 가짜 객체를 사용해 AddOpportunityFormHandler를 생성할 수 있다.

흥미롭게도 의존 관계를 제거함으로써 빌드 속도가 빨라지는 경우가 있다. Consultant SchedulerDBImpl을 다시 변경하게 되더라도 AddOpportunityFormHandler를 재컴파일할 필요는 없다. 왜 그럴까? 이 클래스가 이제 ConsultantSchedulerDBImpl에 직접 의존하지 않기 때문이다. ConsultantSchedulerDBImpl을 아무리 많이 변경하더라도, ConsultantSchedulerDB 인터페이스를 변경하지 않는다면 AddOpportunityFormHandler 클래스를 재빌드할 필요가 없다.

게다가 그림 7.3처럼 클래스 구조를 변경함으로써 어쩔 수 없는 재컴파일 가능성을 더욱 낮출 수 있다. 이는 OpportunityItem 클래스에 구현체 추출 기법을 적용함으로써 얻을 수 있는 또 다른 시스템 설계의 예다.

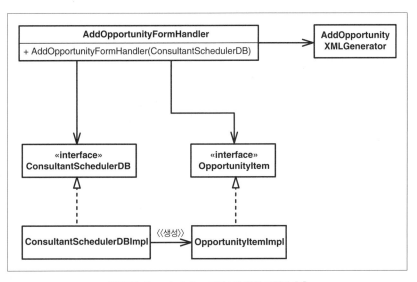

그림 7.3 OpportunityItem 클래스에 대한 구현체 추출

이제 AddOpportunityFormHandler 클래스는 OpportunityItem 내의 원래 코드에 전혀 의존하지 않는다. 어떻게 보면 이는 코드에 '컴파일 방화벽'을 설치한 것이라고 말할 수 있다. ConsultantSchedulerDBImpl 클래스와 OpportunityItemImpl 클래스를 아무리 변경해도 AddOpportunityFormHandler의 재컴파일을 요구하지 않기 때문이다. 이 사실을 애플리케이션의 구조에 명시하고 싶다면 그림 7.4처럼 몇 개의 패키지로 분할할 수 있다.

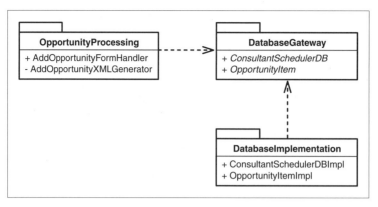

그림 7.4 리팩토링 후의 패키지 구조

OpportunityProcessing 패키지는 데이터베이스와 관련된 구현에 어떠한 의존 관계도 가지지 않는다. 패키지 내에 어떤 테스트 루틴을 작성하든 컴파일은 빠른 속도로 진행된다. 또한 데이터베이스와 관련된 구현 클래스를 변경해도 이 패키지 자체를 재컴파일할 필요가 없다.

 의존 관계 역전 원칙

인터페이스에 대한 의존 관계는 경미한 수준이므로 눈에 잘 띄지 않는다. 인터페이스가 변하지 않는 한, 코드를 변경할 필요가 없다. 또 인터페이스들은 그 아래의 구현 코드에 비해 변경 빈도가 낮다. 인터페이스가 있으면 그 인터페이스를 사용하는 코드에 영향을 주지 않으면서 인터페이스를 구현하는 클래스들을 편집하거나 새로운 클래스들을 추가할 수 있다.

따라서 실체 클래스보다는 인터페이스나 추상 클래스에 의존하는 것이 바람직하다. 덜 변하는 것에 의존하기 때문에 특정 변경으로 인한 대규모 재컴파일의 위험을 최소화할 수 있다.

지금까지 AddOpportunityFormHandler가 의존하는 클래스를 변경할 때 AddOpportunity FormHandler를 재컴파일하지 않아도 되도록 몇 가지 조치를 취했다. 덕분에 빌드 속도가 빨라지지만, 이는 문제의 절반을 해결한 것에 불과하다. AddOpportunityFormHandler 클래스에 의존하는 코드들의 빌드 속도도 높일 수 있기 때문이다. 그림 7.5의 패키지 설계를 보자.

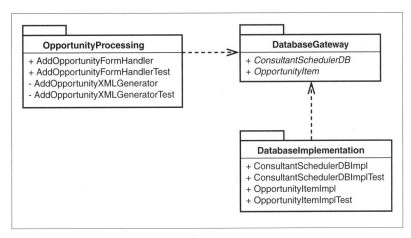

그림 7.5 패키지 구조

AddOpportunityFormHandler는 (테스트용이 아닌) 제품 클래스로서 OpportunityProcessing 패키지 내에서 유일하게 공개^{public} 클래스다. 이 클래스가 변경되면, 이 클래스에 의존하는 다른 패키지 내의 클래스들은 모두 재컴파일돼야 한다. AddOpportunityFormHandler에 구현체 추출 기법이나 인터페이스 추출 기법을 적용해 이러한 의존 관계를 제거할 수 있으며, 그러면 다른 패키지 내의 클래스들은 (클래스가 아니라) 인터페이스에 의존하게 된다. 따라서 대부분의 변경에 대해 이 패키지를 사용하는 코드를 재컴파일하지 않아도 된다.

의존 관계를 제거하고, 클래스를 다수의 패키지로 분산시킴으로써 빌드 시간을 줄일 수 있다. 이는 매우 큰 의미가 있다. 테스트 루틴의 재빌드 및 실행 속도를 높이면 개발 과정에서 더 많은 피드백을 얻을 수 있기 때문이다. 이는 곧 더 적은 오류와 장애를 의미한다. 그러나 공짜는 아니다. 인터페이스와 패키지 개수가 늘어나므로 개념적으로 부담이 늘기 때문이다. 그럼에도 이런 기법들을 시도할 가치가 있을까? 물론이다. 패키지와 인터페이스 개수가 늘어나서 코드를 조사하는 시간이 늘어날 수도 있지만, 변경 작업은 훨씬 쉬워질 것이다.

 의존 관계를 제거하기 위해 시스템 내의 인터페이스 및 패키지 수가 늘어나면, 전체 시스템의 재빌드에 걸리는 시간이 조금 늘어나고 컴파일 대상 파일 수도 증가한다. 하지만 필요한 것만 재컴파일할 때의 빌드 시간은 크게 단축된다.

평균 빌드 시간의 최적화는 작업하기 쉬운 코드의 증가로 이어진다. 소규모 클래스 집합을 별도로 컴파일하고 테스트 루틴 밑에 두는 작업이 힘들지도 모른다. 하지만 특정 클래스 집합에 대해 이런 작업을 단 한 번만 수행하면 된다는 것이 중요하다. 그 이후부터는 언제나 득을 볼 수 있다.

요약

이 장에서 보여준 기법들은 소규모 클래스 집합의 빌드 시간을 줄이는 데 사용될 수 있다. 하지만 이는 인터페이스와 패키지를 사용해 의존 관계를 관리함으로써 얻을 수 있는 편리함의 일부분에 지나지 않는다. 로버트 마틴의 『Agile Software Development: Principles, Patterns, and Practices』(Pearson Education, 2002)는 이와 관련된 더 많은 기법들을 설명하며, 모든 소프트웨어 개발자들이 알아야 할 내용을 담고 있다.

CHAPTER 8

어떻게 기능을 추가할까?

이 질문은 이 책에서 가장 추상적인 질문이며, 문제 영역에 따라 대답이 달라진다. 이 때문에 이 질문을 취급하지 않을까도 생각했지만, 실제로는 설계 방식이나 제약 조건과 무관하게 기능 추가에 도움이 되는 몇 가지 기법들이 존재한다.

레거시 코드를 다룰 때의 상황에 맞춰 생각해보자. 레거시 코드를 다룰 때 가장 중요한 고려 사항은 대부분의 코드가 테스트 코드를 갖고 있지 않다는 점이다. 심지어 테스트 코드를 적절한 위치에 추가하기가 어려운 상황도 있다. 이런 경우, 많은 사람들이 6장에서 소개된 기법들을 활용하고 싶은 유혹에 빠질 것이다. 6장에서 설명한 기법(발아 메소드와 포장메소드)들은 기존 코드에 대한 테스트 루틴 없이 코드를 추가할 수 있지만 몇 개의 위험 요소가 있다. 무엇보다, 발아 또는 포장 기법은 기존 코드를 많이 수정하지 않기 때문에 당장은 코드 개선 효과를 보기 어렵다. 또 다른 위험 요소는 중복이다. 추가 코드가 테스트되지 않은 코드와 중복되는 부분이 있을 경우, 이 중복 코드는 계속 존재하게 되며 코드베이스를 부패시킨다. 설상가상으로 코드 변경을 상당히 진행한 후에 비로소 중복 코드를 발견하게 되기도 한다. 마지막 위험 요소는 두려움과 체념이다. 코드의 일부분을 변경해도그다지 편리해지지 않을 것이라는 두려움, 그리고 결국 전체적인 개선 효과가 없을 것이라는 체념을 의미한다. 두려움은 좋은 의사 결정을 하는 데 방해가 되며, 코드에 남아있는발아 혹은 포장 부분들은 두려움을 새삼 느끼게 한다.

일반적으로 맹수를 만났을 때는 피하기보다 맞서는 편이 낫다. 코드를 테스트 루틴으로 보호할 수 있다면 이번 장의 기법들을 사용해 올바른 방향으로 나아갈 수 있다. 적절한 위치에 테스트 코드를 두는 방법은 13장을 참조하고, 의존 관계가 걸림돌이라면 9장과 10장이 도움이 될 것이다.

적절한 위치에 테스트 루틴이 존재하게 되면 기능을 추가하기 편리한 상황이 된다. 즉 테스트 루틴은 단단한 기반이 된다.

테스트 주도 개발

테스트 주도 개발TDD, Test Driven Development은 내가 아는 가장 강력한 기능 추가 기법이다. 이 기법을 간단히 설명하면, 문제를 해결할 수 있는 메소드를 상상하고 이에 대해 실패하는 테스트 케이스를 작성하는 것이다. 문제를 해결할 수 있는 메소드가 아직 완성되지 않았지만 테스트 루틴을 먼저 작성함으로써, 앞으로 작성할 코드가 무엇을 구현할지 명쾌히 이해할 수 있게 된다.

테스트 주도 개발은 다음과 같이 간단한 알고리즘을 사용한다.

1. 실패하는 테스트 케이스를 작성한다.
2. 컴파일한다.
3. 테스트를 통과한다.
4. 중복을 제거한다.
5. 반복한다.

예를 들어 금융 관련 애플리케이션을 작성하고 있다고 해보자. 어떤 상품이 거래돼야 할지 검증하는 고수준의 수학 계산을 수행하는 클래스가 필요하다. 이를 위해 1차 적률이라는 것을 계산하는 자바 클래스를 작성해야 한다. 이 계산을 수행하는 메소드는 아직 존재하지 않지만, 이 메소드를 테스트할 수 있는 테스트 케이스는 작성할 수 있다. 테스트에 사용되는 값을 사용한 계산 결과가 -0.5가 돼야 한다는 것은 미리 알고 있기 때문이다.

실패 테스트 케이스 작성

지금 필요로 하는 기능을 위한 테스트 케이스는 다음과 같다.

```
public void testFirstMoment( ) {
  InstrumentCalculator calculator = new InstrumentCalculator( );
  calculator.addElement(1.0);
  calculator.addElement(2.0);

  assertEquals(-0.5, calculator.firstMomentAbout(2.0), TOLERANCE);
}
```

컴파일

좀 전의 테스트 루틴은 훌륭하지만 컴파일되지는 않는다. InstrumentCalculator 클래스 안에 firstMomentAbout이라는 이름의 메소드가 없기 때문이다. 이 메소드를 내용이 비어있는 공백 메소드로서 추가한다. 테스트가 실패하도록, 결과 값으로 -0.5가 아니라 NaN 이 반환되게 한다.

```
public class InstrumentCalculator
{
  double firstMomentAbout(double point) {
    return Double.NaN;
  }
  ...
}
```

테스트 통과시키기

테스트를 실행할 수 있으니, 이제 테스트를 통과하는 코드를 작성한다.

```
public double firstMomentAbout(double point) {
  double numerator = 0.0;
```

```
  for (Iterator it = elements.iterator(); it.hasNext(); ) {
    double element = ((Double)(it.next())).doubleValue();
    numerator += element - point;
  }
  return numerator / elements.size();
}
```

 이 예제는 TDD 테스트를 따르는 코드 치고는 비정상적으로 길다. 테스트를 성공시키기 위한 코드는 일반적으로 이것보다 짧은 코드면 충분하다. 다만 알고리즘을 확실히 이해하고 있는 경우에는 길이가 늘어날 수 있다.

중복 제거

이 예제에 중복 부분은 없다. 따라서 다음 단계로 넘어가자.

실패 테스트 케이스 작성

좀 전의 코드는 앞서 말한 테스트를 통과하겠지만 모든 테스트 케이스를 통과하는 것은 아니다. 반환문에서 의도치 않게 0으로 나누기를 수행할 수 있다. 그런 경우에는 어떻게 해야 할까? 만일 인수로서 전달받은 element가 하나도 없을 때는 무엇을 반환해야 할까? 이런 경우 예외가 발생돼야 할 것이다. element 리스트에 데이터가 하나도 없다면 결과는 무의미하기 때문이다.

다음 테스트 루틴은 특별하다. InvalidBasisException 예외가 발생한 경우에는 테스트를 통과하고, 다른 예외가 발생하면 테스트에 실패한다. 다음의 경우 firstMomentAbout에서 0으로 나누기 때문에 ArithmeticException이 발생하면서 테스트에 실패한다.

```
public void testFirstMoment() {
  try {
    new InstrumentCalculator().firstMomentAbout(0.0);
    fail("expected InvalidBasisException");
  }
```

146

```
  catch (InvalidBasisException e) {
  }
}
```

컴파일

InvalidBasisException 예외를 발생시키도록 firstMomentAbout 선언을 수정해야 한다.

```
public double firstMomentAbout(double point)
    throws InvalidBasisException {
  double numerator = 0.0;
  for (Iterator it = elements.iterator(); it.hasNext(); ) {
    double element = ((Double)(it.next())).doubleValue();
    numerator += element - point;
  }
  return numerator / elements.size();
}
```

하지만 이렇게 해도 컴파일되지는 않는다. 컴파일러는 firstMomentAbout 예외를 실제로 발생시켜야 한다고 컴파일러가 알려줄 것이다. 따라서 다음 코드를 추가한다.

```
public double firstMomentAbout(double point)
    throws InvalidBasisException {
  if (element.size() == 0)
    throw new InvalidBasisException("no elements");

  double numerator = 0.0;
  for (Iterator it = elements.iterator(); it.hasNext(); ) {
    double element = ((Double)(it.next())).doubleValue();
    numerator += element - point;
  }
  return numerator / elements.size();
}
```

테스트 통과시키기

이제 문제없이 테스트 루틴을 통과한다.

중복 제거

이번에도 중복 부분은 없다.

테스트 실패 케이스 작성

그다음으로, 2차 적률을 계산하는 메소드를 작성해야 한다. 2차 적률은 확률 변수의 분산 값을 의미한다. 다음 테스트 루틴은 앞으로 작성할 코드의 기반이 된다. 이번 경우, 예상 값은 -0.5가 아니라 0.5다. 아직 존재하시 않는 메소드 secondMomentAbout에 대한 테스트 루틴을 다음과 같이 작성한다.

```
public void testSecondMoment() throws Exception {
  InstrumentCalculator calculator = new InstrumentCalculator();
  calculator.addElement(1.0);
  calculator.addElement(2.0);

  assertEquals(0.5, calculator.secondMomentAbout(2.0), TOLERANCE);
}
```

컴파일

컴파일을 위해서는 secondMomentAbout의 정의를 추가해야 한다. firstMomentAbout에서 사용했던 방법을 그대로 사용하자. 평균값을 구하는 코드를 조금 변형하면 분산값을 구할 수 있다.

FirstMoment의 다음 문장을

```
numerator += element - point;
```

다음과 같이 수정한다.

```
numerator += Math.pow(element - point, 2.0);
```

다음과 같이 n차 적률을 계산하는 일반적인 수식을 사용할 수 있다.

```
numerator += Math.pow(element - point, N);
```

---

element - point는 Math.pow(element - point, 1.0)과 같은 값을 가지기 때문에 first MomentAbout의 코드가 제대로 동작할 것이다.

이 시점에서 몇 개의 선택지가 주어진다. 우선 point 값과 N 값을 입력받는 일반화된 메소드를 작성하고 firstMomentAbout(double) 호출들을 전부 일반화된 메소드 호출로 바꿀 수 있다. 다만 이렇게 할 경우 메소드를 호출할 때 N 값을 전달해야만 하며, 임의의 N 값이 전달되는 것을 원치 않을 수도 있다. 하지만 이 문제를 고민하는 것은 잠시 미뤄두고, 지금 하던 일을 일단 마무리하자. 현재 해야 할 일은 컴파일되도록 만드는 것이다. 일반화 작업은 나중에 해도 늦지 않다.

컴파일되도록 firstMomentAbout을 복사한 후 secondMomentAbout으로 이름을 바꾼다.

```
public double secondMomentAbout(double point)
    throws InvalidBasisException {

  if (elements.size() == 0)
    throw new InvalidBasisException("no elements");

  double numerator = 0.0;
  for (Iterator it = elements.iterator(); it.hasNext(); ) {
    double element = ((Double)(it.next())).doubleValue();
    numerator += element - point;
  }
  return numerator / elements.size();
}
```

테스트 통과시키기

좀 전 코드는 테스트에 실패한다. 다음과 같이 다시 변경하면 테스트를 통과할 수 있다.

```
public double secondMomentAbout(double point)
    throws InvalidBasisException {

  if (elements.size() == 0)
    throw new InvalidBasisException("no elements");

  double numerator = 0.0;
  for (Iterator it = elements.iterator(); it.hasNext(); ) {
    double element = ((Double)(it.next())).doubleValue();
    numerator += Math.pow(element - point, 2.0);
  }
  return numerator / elements.size();
}
```

이와 같은 복사 및 붙여넣기 작업에 놀랐을지도 모르지만, 복사한 부분을 바로 삭제하면 코드 중복을 걱정할 필요는 없다. 지금 작성 중인 코드는 신규 코드인 것이다. 하지만 이처럼 필요한 코드를 복사해 새로운 메소드를 작성하는 것은 레거시 코드를 변경할 때 매우 강력한 기법이다. 특히 상태가 좋지 않은 코드에 새로운 기능을 추가할 경우, 복사한 코드를 신규 위치에 붙여넣기하고 기존 코드와 나란히 비교하면서 작업하면 좀 더 이해도를 높일 수 있다. 신규 코드를 클래스 내에 집어넣은 후 중복을 제거할 수도 있고, 기존 코드를 남겨둔 채로 신규 코드를 다시 제거하고 새로운 방법을 시도할 수도 있을 것이다.

중복 제거

두 개의 테스트를 통과했으니 다음 단계인 중복 제거로 넘어가자. 어떻게 중복을 제거할 수 있을까?

한 가지 방법은 secondMomentAbout의 본문 전체를 추출해서 nthMomentAbout을 작성한 후 매개변수 N을 전달하는 것이다.

```
public double secondMomentAbout(double point)
    throws InvalidBasisException {
  return nthMomentAbout(point, 2.0);
}

private double nthMomentAbout(double point, double n)
    throws InvalidBasisException {

  if (elements.size() == 0)
    throw new InvalidBasisException("no elements");

  double numerator = 0.0;
  for (Iterator it = elements.iterator(); it.hasNext(); ) {
    double element = ((Double)(it.next())).doubleValue();
    numerator += Math.pow(element - point, n);
  }
  return numerator / elements.size();
}
```

테스트 루틴을 실행하면 문제없이 통과한다. firstMomentAbout에서도 nthMomentAbout
을 호출하도록 변경할 수 있다.

```
public double firstMomentAbout(double point)
    throws InvalidBasisException {
  return nthMomentAbout(point, 1.0);
}
```

이와 같은 마지막 중복 제거 단계는 매우 중요하다. 코드를 복사 및 붙여넣기함으로써 신
속하게 기능을 추가할 수 있지만, 복사로 인한 중복 코드를 제거하지 않으면 문제가 일어
날 수 있으며 유지하는 데도 부담이 커진다. 한편으로, 적절한 위치에 테스트 루틴이 존재
하면 쉽게 중복 부분을 제거할 수 있다. 앞서 예제를 통해 살펴봤지만, 테스트 루틴이 존
재했던 것은 처음부터 TDD를 따랐기 때문이다. 레거시 코드에 대해 TDD를 사용할 때
는 기존 코드 주위에 테스트 루틴을 작성하는 것이 매우 중요하다. 적절한 위치에 테스트
코드가 존재하면 신규 기능을 쉽게 작성할 수 있고, 상황을 악화시키지 않으면서 기존 코

드에 추가할 수 있다.

레거시 코드에서 TDD 알고리즘은 다음과 같이 확장될 수 있다.

0. 변경 대상 클래스를 테스트 루틴으로 보호한다.

1. 실패 테스트 케이스를 작성한다.

2. 컴파일

3. 테스트 통과시키기(이때 가능한 기존 코드를 변경하지 않는다.)

4. 중복 제거

5. 반복

차이에 의한 프로그래밍

TDD를 객체 지향 프로그래밍에서만 사용할 수 있는 것은 아니다. 실제로, 아까의 예제는 단지 클래스로 포장됐을 뿐 절차적 프로그래밍 코드였다. 객체 지향 프로그래밍의 경우에는 또 다른 선택지가 존재한다. 상속을 이용함으로써 클래스를 직접 수정하지 않으면서 기능을 추가하는 것이다. 기능을 일단 추가한 후에 그 기능을 어떻게 통합할지 파악해도 된다.

이렇게 하기 위한 핵심적 기법을 차이에 의한 프로그래밍Programming by Difference이라고 부른다. 이 기법은 다소 오래된 기법으로서 1980년대에 많이 사용됐으나, 1990년대 들어 상속의 남용으로 인한 문제들이 객체 지향 커뮤니티에서 폭넓게 받아들여지면서 인기가 많이 줄어들었다. 하지만 처음에 상속을 사용했다고 해서 반드시 상속을 계속해야 하는 것은 아니다. 상속이 문제가 된다면, 테스트 루틴을 활용해 다른 구조로 코드를 쉽게 바꿀 수 있기 때문이다.

이 기법이 어떻게 동작하는지 예제를 통해 살펴보자. 테스트 루틴을 포함하는 MailForwarder라는 자바 클래스가 있다고 하자. 이 클래스는 메일링 리스트를 관리하는 자바 프로그램의 일부분이다. 이 클래스의 getFromAddress 메소드 정의를 살펴보면 다음과 같다.

```
private InternetAddress getFromAddress(Message message)
    throws MessagingException {

  Address [] from = message.getFrom ();
  if (from != null && from.length > 0)
    return new InternetAddress (from [0].toString ());
  return new InternetAddress (getDefaultFrom());
}
```

이 메소드는 수신 메일에서 '보낸 사람'의 이메일 주소를 추출해 반환한다. 이렇게 반환된 주소는 메일링 리스트의 등록자들에게 포워딩되는 메시지의 '보낸 사람' 주소로서 사용될 수 있다.

이 메소드가 사용되는 곳은 forwardMessage 메소드 내의 다음 위치 한 곳뿐이다.

```
MimeMessage forward = new MimeMessage (session);
forward.setFrom (getFromAddress (message));
```

이 상황에서 새로운 요구 사항이 발생했다고 하자. 메일링 리스트에 익명 수신자 기능을 추가하려면 어떻게 해야 할까? MessageFowarder 클래스의 인스턴스 변수인 domain에 설정된 특정 이메일 주소를 메시지의 '보낸 사람' 주소에 설정할 수 있어야 한다. 이러한 변경 작업에 사용되는 실패 테스트 케이스는 다음과 같다. 이 테스트 루틴을 실행하면 MessageForwarder가 포워딩하는 메시지가 expectedMessage 변수에 설정된다.

```
public void testAnonymous () throws Exception {
  MessageForwarder forwarder = new MessageForwarder();
  forwarder.forwardMessage (makeFakeMessage());
  assertEquals ("anon-members@" + forwarder.getDomain(),
    expectedMessage.getFrom ()[0].toString());
}
```

이 기능을 추가하기 위해 MessageForwarder를 수정해야 할까? 그렇지 않다. 단지 Message
Forwarder의 서브클래스로서 AnonymousMessageForwarder라는 클래스를 작성한 후, 이
클래스를 테스트에 사용하면 된다.

```
public void testAnonymous () throws Exception {
  MessageForwarder forwarder = new AnonymousMessageForwarder();
  forwarder.forwardMessage (makeFakeMessage());
  assertEquals ("anon-members@" + forwarder.getDomain(),
    expectedMessage.getFrom ()[0].toString());
}
```

그리고 그림 8.1처럼 서브클래스를 작성한다.

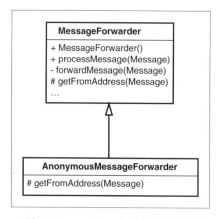

그림 8.1 MessageForwarder의 서브클래스 생성

MessageForwarder 클래스의 getFromAddress 메소드는 private이 아니라 protected로
선언됐으므로, AnonymousMessageForwarder에서 재정의(오버라이딩)할 수 있다. Anonymous

154

MessageForwarder 클래스에서의 getFromAddress 메소드는 다음과 같다.

```
protected InternetAddress getFromAddress(Message message)
    throws MessagingException {
  String anonymousAddress = "anon-" + listAddress;
  return new InternetAddress(anonymousAddress);
}
```

이렇게 문제를 해결할 수 있었다. 하지만 매우 간단한 동작을 추가하기 위해 신규 클래스를 시스템에 추가했다. 보낸 사람의 주소를 변경하는 단순 동작 때문에 MessageForwarder 클래스 전체를 상속한 것이 바람직할까? 장기적으로는 그렇지 않다. 하지만 일단 테스트를 빨리 통과할 수 있다는 것은 좋은 일이다. 테스트 통과 이후에 코드 설계를 변경하기로 의사 결정을 내리는 경우에도, 새로 추가된 동작이 바뀌지 않도록 테스트 루틴을 통해 보장할 수 있다.

```
public void testAnonymous ( ) throws Exception {
  MessageForwarder forwarder = new AnonymousMessageForwarder( );
  forwarder.forwardMessage (makeFakeMessage( ));
  assertEquals ("anon-members@" + forwarder.getDomain( ),
  expectedMessage.getFrom ( )[0].toString( ));
}
```

이러한 작업 방식은 상당히 간단해 보인다. 무언가 숨어있는 문제는 없을까? 설계에 충분히 주의를 기울이지 않은 채로 이 기법을 반복 사용하다 보면, 코드의 설계 품질이 급속도로 저하된다. 실제로 어떻게 되는지 알기 위해 또 다른 변경을 수행한다고 하자. 메일링 리스트에 등록되지 않은 사람에게도 메시지를 숨은 참조(bcc) 형태로 보내는 기능을 추가하고 싶다. 숨은 참조로 보내지는 수신자들은 오프리스트off-list 수신자라고 부르자.

작업 자체는 간단해 보인다. 그림 8.2처럼 MessageForwarder 클래스를 다시 상속하고 processMessage 메소드를 재정의하는 것이다. 그럼 서브클래스는 오프리스트 수신자에게 메시지를 보낼 수 있다.

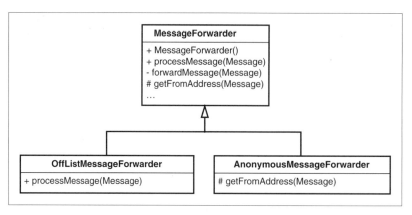

그림 8.2 두 개의 서로 다른 서브클래스 생성

이렇게 하면 대부분의 경우 제대로 동작하지만, 한 개의 예외가 있다. 오프리스트 수신자에게 모든 메시지를 보내는 기능과 모든 메시지를 익명 포워딩하는 기능이 MessageForwarder 클래스에 둘 다 필요하다면 어떻게 해야 할까?

이는 상속을 너무 많이 사용할 경우에 나타나기 쉬운 문제다. 기능들을 서로 다른 서브클래스에 나눠서 추가할 경우 한 번에 한 개의 기능만 사용할 수 있기 때문이다.

이러한 문제를 어떻게 해결할 수 있을까? 무엇보다, 오프리스트 수신자와 관련된 기능을 추가하기 전으로 돌아간 후에 문제없이 기능을 추가할 수 있는 리팩토링을 수행하는 방법이 있다. 다행히도 앞서 작성했던 테스트 루틴이 있으므로, 다른 형태로 변경하더라도 기존 동작이 유지되는지 확인할 수 있다.

익명 포워딩 기능의 경우에는 상속을 이용하지 않고도 구현할 수 있다. 익명 포워딩을 선택하는 옵션 설정을 만드는 것이다. 이를 위해 생성자의 인수로서 속성 값 컬렉션을 전달받도록 코드를 변경하자.

```
Properties configuration = new Properties();
configuration.setProperty("anonymous", "true");
MessageForwarder forwarder = new MessageForwarder(configuration);
```

이렇게 하면 테스트를 성공적으로 통과할 수 있을까? 테스트 루틴을 다시 한 번 살펴보자.

```
public void testAnonymous ( ) throws Exception {
  MessageForwarder forwarder = new AnonymousMessageForwarder( );
  forwarder.forwardMessage (makeFakeMessage( ));
  assertEquals ("anon-members@" + forwarder.getDomain( ),
    expectedMessage.getFrom ( )[0].toString( ));
}
```

현재 테스트 루틴을 통과할 수 있다. AnonymousMessageForwarder의 getFromAddress 메소드는 MessageForwarder 클래스의 getFroAddress 메소드를 재정의한다. 만일 Message Forwarder 클래스의 getFromAddress 메소드를 다음과 같이 바꾸면 어떻게 될까?

```
private InternetAddress getFromAddress(Message message)
    throws MessagingException {

  String fromAddress = getDefaultFrom( );
  if (configuration.getProperty("anonymous").equals("true")) {
    fromAddress = "anon-members@" + domain;
  }
  else {
    Address [] from = message.getFrom ( );
    if (from != null && from.length > 0) {
      fromAddress = from [0].toString ( );
    }
  }
  return new InternetAddress (fromAddress);
}
```

이제 MessageForwarder 클래스의 getFromAddress 메소드는 익명 사용자와 일반 사용자를 모두 처리할 수 있다. AnonymousForwarder 클래스의 재정의된 getFromAddress 메소드를 주석 처리하고 테스트를 실행함으로써 이를 확인할 수 있다.

```
public class AnonymousMessageForwarder extends MessageForwarder
{
/*
  protected InternetAddress getFromAddress(Message message)
```

```
        throws MessagingException {
    String anonymousAddress = "anon-" + listAddress;
    return new InternetAddress(anonymousAddress);
        }
*/
}
```

당연하게도 테스트를 통과한다.

AnonymousMessageForwarder 클래스는 이제 필요 없으니 삭제해도 된다. 그리고 코드 내
에서 AnonymousMessageForwarder 클래스를 작성하는 위치를 모두 찾아서 속성 값 컬렉
션을 입력받는 생성자 호출로 변경한다.

이 속성 값 컬렉션은 다른 신규 기능을 추가할 때도 사용될 수 있다. 또한 오프리스트 수
신자와 관련된 기능들을 구현하는 속성 값을 추가할 수도 있다.

그럼 이제 모두 끝난 것일까? 아니다. 지금까지 작성한 MessageForwarder의 getFrom
Address 메소드는 다소 지저분하다. 하지만 우리에게는 테스트 루틴이 있다. 이를 활용
하면 메소드를 신속히 추출해 메소드를 깨끗하게 정리할 수 있다. 현재 이 메소드의 코드
는 다음과 같다.

```
private InternetAddress getFromAddress(Message message)
    throws MessagingException {

  String fromAddress = getDefaultFrom();
  if (configuration.getProperty("anonymous").equals("true")) {
    fromAddress = "anon-members@" + domain;
  }
  else {
    Address [] from = message.getFrom ();
    if (from != null && from.length > 0)
      fromAddress = from [0].toString ();
  }
  return new InternetAddress (fromAddress);
}
```

리팩토링 후의 모습은 다음과 같을 것이다.

```
private InternetAddress getFromAddress(Message message)
   throws MessagingException {

  String fromAddress = getDefaultFrom();
  if (configuration.getProperty("anonymous").equals("true")) {
    from = getAnonymousFrom();
  }
  else {
    from = getFrom(Message);
  }
  return new InternetAddress (from);
}
```

조금은 깔끔해진 느낌이다. 하지만 익명 포워딩 기능과 오프리스트 수신자 기능이 여전히
MessageForwarder 내에 있다. 이는 단일 책임 원칙에 위배되지는 않을까? 물론 그럴 수
있다. 하지만 좋은지 나쁜지 여부는 한 개의 책임과 관련된 코드가 얼마나 커지는지, 그리
고 나머지 코드와 얼마나 얽혀 있는가에 따라 결정된다. 이번 예제의 경우, 익명 수신자 리
스트인지 판단하는 것은 그다지 중요하지 않다. 속성 값 컬렉션을 사용한 것은 바람직한
접근법이다. 하지만 속성 값의 개수가 늘어나서 MessageForwarder의 코드가 조건문 때문
에 지저분해지기 시작하면 어떻게 해야 할까? 한 가지 해결법은 속성 값 컬렉션이 아니라 클
래스를 사용하는 것이다. MailingConfiguration이라는 클래스를 정의하고, 이 클래스가
속성 값 컬렉션을 갖도록 해보자(그림 8.3).

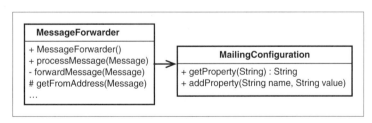

그림 8.3 MailingConfiguration 클래스로 위임

좋은 설계처럼 보이지만 다소 지나친 것은 아닐까? MailingConfiguration 클래스가 하는

일은 속성 값 컬렉션과 그리 달라 보이지 않는다.

그렇다면 GetFromAddress 메소드를 MailingConfiguration 클래스 안으로 옮기면 어떨까? MailingConfiguration 클래스는 메시지를 수신한 후 반환해야 할 '보낸 사람' 주소를 결정한다. 익명으로 설정돼 있으면 익명 사용자의 '보낸 사람' 주소를 반환하고, 그렇지 않으면 메시지의 첫 '보낸 사람' 주소를 추출한 후 반환할 것이다. 설계는 그림 8.4와 같다. 속성 값을 얻거나 설정하는 메소드가 필요하지 않다는 점에 주목하자. Mailing Configuration이 상위 수준의 기능을 지원하게 됐기 때문이다.

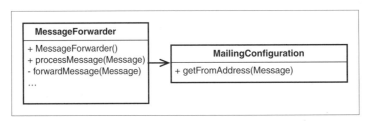

그림 8.4 MailingConfiguration 클래스로 동작을 이동하기

MailingConfiguration 클래스에 다른 메소드들을 추가할 수도 있다. 오프리스트 수신자 관련 기능을 구현하고 싶다면, 그림 8.5처럼 MailingConfiguration 클래스에 buildRecipientList라는 메소드를 추가하고 MessageForwarder 클래스에서 이 메소드를 사용할 수 있도록 한다(그림 8.5).

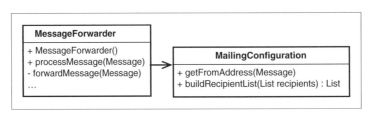

그림 8.5 MailingConfiguration 클래스로 동작을 추가로 이동하기

이렇게 변경하고 보니, 클래스 이름이 그다지 적절해 보이지 않는다. 원래 설정configuration이란 단어는 수동적인 의미를 갖는다. 하지만 이 클래스는 MessageForwarders로부터 요청이 있을 때 데이터를 능동적으로 생성하고 수정한다. 따라서 시스템 내에 이미 동일한 이름을 갖는 다른 클래스가 없다면 MailingList라는 이름을 쓰는 편이 적절할 것이

다. MessageForwarders 클래스는 MailingList 클래스에 대해 '보낸 사람' 주소를 추출하거나 수신자 목록을 생성하도록 요청만 한다. 메시지를 어떻게 변경할지 결정하는 것은 MailingList 클래스의 책임인 것이다. 그림 8.6은 이름을 바꾼 후의 설계를 보여준다.

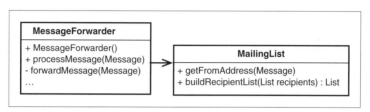

그림 8.6 MailingConfiguration을 MailingList로 이름 변경

 리팩토링 기법에는 여러 가지가 있지만, 그중에서 가장 강력한 것이 '클래스 이름 변경'이다. 이 기법은 코드를 바라보는 사람들의 관점을 변화시키며, 사람들이 이전에 고려하지 못했던 가능성을 볼 수 있게 도와준다.

차이에 의한 프로그래밍은 편리한 기법이다. 신속하게 원하는 변경을 가할 수 있고, 테스트 루틴을 사용해 깔끔한 설계도 가능하다. 하지만 이 기법에 숙달되려면 몇 개의 '구멍'을 찾아내야 한다. 그중 하나가 리스코프 대체 원칙의 위반이다.

 리스코프 대체 원칙(LSP)

상속 기법을 사용할 때는 알아차리기 힘든 오류들이 발생할 수 있다. 다음 코드를 살펴보자.

```
public class Rectangle
{
  ...
  public Rectangle(int x, int y, int width, int height) { ... }
  public void setWidth(int width) { ... }
  public void setHeight(int height) { ... }
  public int getArea() { ... }
}
```

Rectangle 클래스는 직사각형을 정의한다. 이 클래스의 서브클래스로서 Square(정사각형) 클래스를 만들 수 있을까?

```
public class Square extends Rectangle
{
    ...
    public Square(int x, int y, int width) { ... }
    ...
}
```

Square 클래스는 Rectangle 클래스의 setWidth와 setHeight 메소드를 상속받는다. 그렇다면 다음 코드를 실행할 때 넓이는 얼마가 돼야 할까?

```
Rectangle r = new Square();
r.setWidth(3);
r.setHeight(4);
```

넓이가 12라면, Square는 정사각형이 아니다. Square 클래스가 정사각형의 특성을 유지하도록 setWidth와 setHeight 메소드를 재정의할 수 있지만, 이렇게 하면 직관적이지 않은 결과를 반환하게 된다. 폭이 3, 높이가 4일 때 사람들은 넓이가 12일 것이라고 기대하지만, 계산된 값이 16이라면 이러한 기대에 어긋나게 되기 때문이다.

이는 LSP 위반의 고전적인 예다. 서브클래스의 객체는 어떤 경우든 슈퍼클래스의 객체 대신에 사용될 수 있어야 한다. 그렇지 않으면 코드는 암묵적으로 오류를 포함할 가능성이 있다.

LSP는 어떤 클래스가 사용될 때 그 객체가 서브클래스의 객체인지 여부를 알지 못하더라도 사용에 제한이 있어서는 안 된다는 것을 의미한다. LSP 위반을 완벽하게 피할 수 있는 기계적인 방법은 없다. 클래스가 LSP를 따르고 있는지 여부는 해당 클래스를 사용하는 쪽이 무엇을 기대하느냐에 따라 다르다. 하지만 LSP를 준수하는 데 도움이 되는 대략적인 규칙은 다음과 같다.

1. 가급적 (추상이 아닌) 실체 메소드를 재정의하지 않는다.
2. 불가피하게 실체 메소드를 재정의하는 경우, 그 메소드 내에서 재정의 대상 메소드를 호출할 수 있는지 확인한다.

여기서 잠깐! 아까 우리는 MessageForwarder에 대해 이런 규칙을 지키지 않았다. 실은 그 반대였다. 서브클래스(AnonymousMessageForwarder) 내의 실체 메소드를 재정의한 것이다. 무엇이 문제일까?

앞서 살펴본 AnonymousMessageForwarder 클래스 내에서 MessageForwarde 클래스의 get FromAddress 메소드를 재정의했던 예제처럼, 실체 메소드를 재정의하면 MessageForwarde 클래스를 사용하는 코드의 동작이 바뀌어버릴 수 있다. 애플리케이션 여기저기서 MessageForwarder 객체들이 참조되고 그중 하나로 AnonymousMessageForwarder 객체를 설정한 경우, 이 객체를 사용하는 사람은 그것이 MessageForwarder 객체로서 메시지로부터 '보낸 사람' 주소를 추출해 메시지를 처리할 때 그 주소를 사용할 것이라고 생각할 것이다. 이 클래스를 사용하는 사람에게, 이와 같은 처리를 하는지 아니면 별도의 특별한 주소를 사용하는지가 중요한 문제일까? 이는 애플리케이션에 따라 다르다. 일반적으로, 실체 메소드를 자주 재정의하면 코드가 혼란스러워진다. 어떤 사람은 코드 내의 MessageForwarder 참조를 발견하고 MessageForwarder 클래스를 살펴본 후 MessageForwarder의 getFromAddress 코드가 실행된다고 생각할 수 있다. 그 참조가 실제로는 AnonymousMessageForwarder 클래스를 가리키므로, AnonymousMessageForwarder 클래스의 getFromAddress 메소드가 사용된다는 사실을 알지 못하는 것이다. 상속 기능을 계속 사용하고 싶다면 MessageForwarder를 추상 클래스로 만들고 getFromAddress를 추상 메소드로 만든 후, 서브클래스의 실체 메소드에서 구현되도록 설계를 바꿀 필요가 있다. 그림 8.7은 이러한 변경이 있은 후의 구조를 보여준다.

나는 이러한 계층 구조를 정규화된 계층 구조라고 부른다. 정규화된 계층 구조에서는 어떤 클래스도 어떤 메소드의 구현을 두 개 이상 가질 수 없다. 다시 말하면, 어떤 클래스도 슈퍼클래스로부터 상속받은 실체 메소드를 재정의하는 메소드를 가질 수 없다. "이 클래스는 X라는 처리를 어떻게 구현하고 있을까?"라는 질문에 대한 답을 얻고 싶을 경우, 어떤 한 개의 클래스에서 답을 찾을 수 있다. 메소드가 그 클래스에 포함돼 있을 수도 있고, 또는 이 추상 메소드로부터 파생된 서브클래스에서 구현되고 있을 수도 있다. 정규화된 계층 구조에서는 슈퍼클래스에서 상속받은 동작을 서브클래스가 재정의하고 있는지 신경 쓸 필요가 없다.

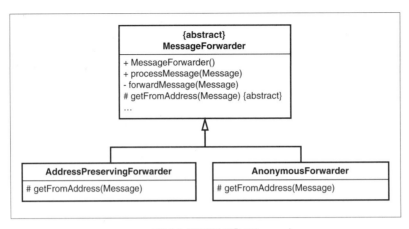

그림 8.7 정규화된 계층 구조

언제나 이런 작업을 수행해야만 할까? LSP 위반을 걱정할 필요가 없다면, 실체 메소드를 어느 정도 재정의하는 것은 그다지 문제를 일으키지 않는다. 하지만 클래스가 정규화 상태로부터 얼마나 멀어져 있는지 수시로 확인하고, 책임을 분리하는 작업을 할 때 가급적 정규화 상태에 근접하도록 노력하는 것이 좋다.

차이에 의한 프로그래밍을 통해 우리는 다양한 기능을 시스템에 신속히 도입할 수 있다. 테스트 루틴을 사용해 신규 동작을 분명히 할 수 있으며, 필요하다면 좀 더 적절한 구조로 변경할 수도 있다. 테스트 루틴은 이러한 코드 변경의 속도를 높일 수 있다.

요약

이번 장의 기법을 사용하면, 어떤 코드든 테스트 루틴으로 보호받기만 하면 신규 기능을 추가할 수 있다. 최근 몇 년간 TDD에 관한 좋은 책들이 많이 소개됐다. 특히 켄트 벡의 『Test-Driven Development by Example』(Addison-Wesley, 2002)과 데이브 애스텔Dave Astel의 『Test-Driven Development: A Practical Guide』(Prentice Hall, 2003)를 추천한다.

CHAPTER 9

뚝딱! 테스트 하네스에 클래스 제대로 넣기

클래스를 테스트 하네스에 넣는 작업은 어려운 일이다. 만약 쉬웠다면 이 책은 훨씬 얇은 책이 됐을 것이다. 하지만 불행히도 이 작업은 대체로 어려운 일이다.

다음은 가장 일반적으로 직면하는 네 가지 문제점이다.

1. 클래스의 객체를 쉽게 생성할 수 없다.
2. 클래스를 포함하는 테스트 하네스를 쉽게 빌드할 수 없다.
3. 반드시 사용해야 하는 생성자가 부작용을 일으킨다.
4. 생성자의 내부에서 상당량의 처리가 일어나며, 그 내용을 알아내야만 한다.

이번 장에서는 다양한 언어와 예제를 통해 이 문제점들을 짚어본다. 각각의 문제를 해결하는 방법이 꼭 하나만 있는 것은 아니다. 이번 장의 예제를 통해 의존 관계 제거 기법에 익숙해지고 특정 상황에 적합한 기법을 검토할 수 있게 될 것이다.

성가신 매개변수

레거시 코드를 변경하는 작업을 시작할 때 나는 매우 낙관적인 마음가짐을 갖는다. 왜 그러는지는 잘 모르겠다. 가급적 현실주의자가 되려고 노력하지만 이상하게도 항상 낙관적인 마음이 얼굴에 드러난다. 내 자신 혹은 동료에게 "이거 간단히 될 것 같은데. 이 클래스를 저렇게 하면 금방이야."라고 말한다. 말은 쉽다. 그 클래스를 직접 들여다보기까지는. "그래, 여기에 메소드를 하나 추가하고 저 메소드를 바꾸면 되겠네. 그리고 테스트 하네스에 넣으면 되겠군." 이쯤에서 약간 의심이 들기도 한다. "음, 이 클래스의 가장 간단한 생성자도 매개변수를 세 개나 받아야 하는군." 하지만 나는 다시 낙관적이 된다. "인스턴스 생성이 그다지 어렵지는 않겠지."

그럼 여기서 예제를 살펴보면서 나의 낙관적 태도가 적절했는지 아니면 자기중심적인 착각이었는지를 따져보자.

신용카드 청구 시스템을 구현한 코드에 테스트 루틴을 포함하지 않는 CreditValidator라는 이름의 자바 클래스가 있다.

```java
public class CreditValidator
{
  public CreditValidator(RGHConnection connection,
      CreditMaster master,
      String validatorID) {
    ...
  }
  Certificate validateCustomer(Customer customer)
      throws InvalidCredit {
    ...
  }
  ...
}
```

이 클래스는 몇 가지 책임을 지고 있는데, 그중 하나는 고객의 신용잔고(크레딧)가 유효한지 검증하는 것이다. 신용잔고가 유효하면 그 금액이 얼마인지 기록된 증명서를 반환하고, 그렇지 않으면 예외를 발생한다.

지금 (다른 선택의 여지없이) 이 클래스에 새로운 메소드를 추가해야만 한다고 하자. 이 메소드는 getValidationPercent라는 이름을 가지며, CreditValidator 객체가 존재하는 동안에 validateCustomer 메소드 호출이 성공했던 비율을 알려주는 역할을 한다.

어디서부터 시작하면 좋을까?

테스트 하네스에서 객체를 생성하는 가장 좋은 접근 방식은 일단 해보는 것이다. 이를 통해 객체 생성이 가능할지, 그리고 그것이 쉬운지 어려운지 분석하는 것이다. 이번 예제의 경우, JUnit 테스트 클래스를 만든 후 그 안에 다음 코드를 추가하고 컴파일하면 되는 간단한 작업이다.

```
public void testCreate() {
  CreditValidator validator = new CreditValidator();
}
```

 테스트 하네스 내에서 클래스 인스턴스 생성에 문제가 있을지 알아보는 가장 좋은 방법은 일단 시도하는 것이다. 테스트 케이스를 작성하고 객체 생성을 시도하자. 무엇이 필요할지 컴파일러가 알려줄 것이다.

이 테스트는 객체를 생성하는 테스트다. 생성 테스트는 다소 특이한 테스트며, 나는 생성 테스트 코드를 작성할 때 확증문^{assertion}을 넣지 않고 그냥 객체 생성을 시도한다. 나중에 테스트 하네스에서 객체 생성이 가능해지면 생성 테스트 루틴을 제거하거나 좀 더 실질적인 테스트 루틴이 되도록 이름을 변경한다.

다시 예제로 돌아가자.

아직 생성자에 인수를 추가하지 않았으므로 컴파일러는 CreditValidator에 기본 생성자가 없다는 메시지와 함께 컴파일 오류를 발생시킨다. 코드를 조사한 후 RGHConnection, CreditMaster, 패스워드가 필요한 것을 알게 됐다. 이 클래스들은 다음과 같이 생성자가 한 개만 존재한다.

```
public class RGHConnection
{
  public RGHConnection(int port, String Name, string passwd)
      throws IOException {
    ...
```

```
      }
}

public class CreditMaster
{
  public CreditMaster(String filename, boolean isLocal) {
    ...
  }
}
```

RGHConnection 객체는 생성된 후 서버에 연결한다. 이를 통해 고객의 신용을 검증하는 데 필요한 리포트들을 서버로부터 받는다.

CreditMaster 클래스는 고객의 신용잔고 결정에 사용되는 몇 가지 정책 정보를 제공한다. 이 클래스의 객체가 생성될 때 파일로부터 정보를 읽어온 후 메모리에 보관한다.

테스트 하네스에 이 클래스를 넣는 것은 쉬워 보인다. 하지만 정말 그럴까? 실제로는 그리 간단한 문제가 아니다. 테스트 루틴을 작성할 수는 있지만, 실제로 사용할 수 있을까?

```
public void testCreate() throws Exception {
  RGHConnection connection = new RGHConnection(DEFAULT_PORT,
                 "admin", "rii8ii9s");
  CreditMaster master = new CreditMaster("crm2.mas", true);
  CreditValidator validator = new CreditValidator(
          connection, master, "a");
}
```

테스트 단계에서 RGHConnections 객체가 서버와 실제로 연결되는 것은 좋은 생각이 아니다. 서버와의 연결에 오랜 시간이 걸릴 수도 있고 24시간 동작하는 서버가 아닐 수도 있기 때문이다. 반면에 CreditMaster 클래스는 특별히 문제 될 것이 없다. CreditMaster 객체는 생성될 때 파일을 신속히 불러올 수 있다. 게다가 읽기 전용 파일이기 때문에 테스트 과정에서 예상치 못한 손상을 염려하지 않아도 된다.

따라서 CreditValidator 객체 생성에 문제가 되는 것은 RGHConnection이다. 성가신 매개변수들 때문이다. 가짜 RGHConnection 객체를 생성한 후 CreditValidator가 이 가짜 객체를 진짜 객체로 믿게 하면, 서버 연결과 관련된 골치 아픈 일들을 우회할 수 있다. RGHConnection이 제공하는 메소드를 살펴보자(그림 9.1).

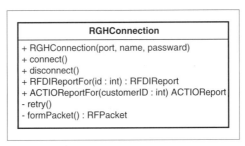

그림 9.1 RGHConnection

RGHConnection은 서버 연결을 관리하기 위해 connect, disconnect, retry 메소드를 갖고 있으며, 비즈니스 로직을 처리하기 위해 RFIDReporterFor, ACTIOReporter 메소드도 갖고 있다. CreditValidator에 신규 메소드를 추가할 때, 필요한 정보는 RFIDReporterFor를 호출해서 얻어야 한다. 원래는 서버로부터 필요한 정보를 얻어와야 하지만, 지금은 실제로 서버에 연결하지 않기 때문에 다른 방법으로 정보를 받아야 하기 때문이다.

이번 예제의 경우, 가짜 객체를 만드는 가장 좋은 방법은 RGHConnection 클래스에 인터페이스 추출 기법을 사용하는 것이다. 리팩토링 지원 도구들은 대체로 인터페이스 추출 기법을 지원할 가능성이 높다. 설령 지원하지 않더라도 수작업만으로 어렵지 않게 가능하다.

인터페이스 추출 기법을 적용하면 그림 9.2와 같은 구조가 된다.

테스트 루틴 작성은 필요한 리포트를 제공하는 가짜 클래스를 만드는 것부터 시작하자.

```
public class FakeConnection implements IRGHConnection
{
  public RFDIReport report;
  public void connect() {}
  public void disconnect() {}
  public RFDIReport RFDIReportFor(int id) { return report; }
  public ACTIOReport ACTIOReportFor(int customerID) { return null; }
}
```

이 클래스를 갖고 테스트 루틴을 다음과 같이 구현할 수 있다.

```
void testNoSuccess() throws Exception {
  CreditMaster master = new CreditMaster("crm2.mas", true);
  IRGHConnection connection = new FakeConnection();
  CreditValidator validator = new CreditValidator(connection, master, "a");
  connection.report = new RFDIReport(...);
  Certificate result = validator.validateCustomer(new Customer(...));
  assertEquals(Certificate.VALID, result.getStatus());
}
```

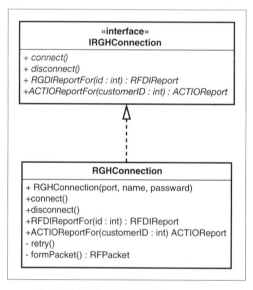

그림 9.2 인터페이스를 추출한 후의 RGHConnection

FakeConnection 클래스는 조금 이상하다. 본문이 비어있거나 단순히 널Null 값을 반환하는 메소드라니 이상하지 않은가? 심지어 누구든지 언제나 접근할 수 있는 public 변수를 가지고 있다. 이렇게 보면 이 클래스는 모든 규칙을 위반하는 것처럼 보이지만 실제로는 그렇지 않다. 테스트 수행을 위해 사용되는 클래스에 적용되는 규칙은 다르기 때문이다. FakeConnection 내의 코드는 최종 제품에 사용되지 않는다. 완전한 기능을 갖추고 동작하는 애플리케이션에서는 결코 실행될 일이 없으며, 오직 테스트 하네스에서만 사용된다.

이제 CreditValidator 객체를 생성할 수 있으므로 getValidationPercent 메소드를 작

성할 수 있다. 이 메소드에 대한 테스트 루틴은 다음과 같다.

```java
void testAllPassed100Percent() throws Exception {
  CreditMaster master = new CreditMaster("crm2.mas", true);
  IRGHConnection connection = new FakeConnection("admin", "rii8ii9s");
  CreditValidator validator = new CreditValidator(connection, master, "a");
  connection.report = new RFDIReport(...);
  Certificate result = validator.validateCustomer(new Customer(...));
  assertEquals(100.0, validator.getValidationPercent(), THRESHOLD);
}
```

테스트 코드 vs. 최종 배포 코드

테스트 코드에는 최종적으로 출시되는 배포 코드와 동일한 기준이 적용될 필요가 없다. 테스트 코드를 쉽게 작성하기 위해서라면 public 변수를 정의해서 캡슐화를 위반하는 일도 별 문제는 아니다. 그러나 테스트 코드는 명확해야 한다. 쉽게 이해되고 변경될 수 있어야 한다. 예제의 testNoSuccess와 testAllpassed100Percent 테스트를 비교해보자. 중복 코드가 보이는가? 그렇다. 처음 세 줄이 중복된다. 이 부분을 추출해서 공통의 공간인 setUp() 메소드 내에 두는 것이 바람직하다.

이 테스트 루틴은 한 개의 유효한 신용 증명서를 받았을 때 검증 가능한 비율이 100%인지 검사한다.

이 테스트 루틴은 잘 동작하지만, getValidationPercent 메소드를 위한 테스트 루틴을 작성하면서 흥미로운 사실을 깨닫게 된다. getValidationPercent는 CreditMaster를 전혀 사용하지 않는다. 그렇다면 CreditMaster를 CreditValidator에게 전달할 필요가 있을까? 사실, 그럴 필요는 없다. 따라서 테스트 루틴 내에서 다음과 같이 CreditValidator 객체를 생성할 수 있다.

```java
CreditValidator validator = new CreditValidator(connection, null, "a");
```

어이없는 코드라고 생각되는가?

이러한 코드에 대한 사람들의 반응은 그 사람이 평소에 어떤 시스템을 다루고 있는지 말해준다. 만일 "생성자에게 널 값을 전달하고 있군. 내가 자주 쓰는 방식이네."라고 반응한다면, 아마도 평소에 꽤 지저분한 시스템을 담당하고 있을 가능성이 높다. 코드 내의 여기저기서 널 값을 검사하고 관리되는 값을 파악한 후, 그 값으로 무슨 일이 가능한지 검사하기 위한 수많은 조건문들을 사용하고 있을 것이다. 반면에 "이게 뭐야? 시스템 내에서 널 값을 전달한다고? 아무것도 모르는 사람 아냐?"라고 반응한다면(그리고 계속 이 책을 읽어나갈 생각이라면), 나는 이렇게 강조하고 싶다. 이런 방식이 허용되는 것은 테스트 루틴 내에서만이라고. 최악의 경우를 가정해도, 어떤 코드가 이 변수를 사용하려고 시도하는 것 정도다. 이럴 경우 자바 런타임이 예외를 발생시켜줄 것이며, 테스트 하네스는 테스트 루틴 내의 모든 예외를 포착할 것이므로 매개변수가 실제로 사용되는지 여부는 금세 알 수 있다.

 널 값 전달하기

테스트 루틴을 작성할 때, 생성하기 어려운 매개변수를 필요로 하는 객체를 만날 경우 널 값을 전달하는 방법을 고려할 만하다. 이 매개변수가 테스트 수행 중에 사용된다면 코드가 예외를 발생시키므로 테스트 하네스가 포착할 수 있다. 그 객체를 이용하는 테스트가 실제로 필요해지는 시점이 되면, 해당 객체를 생성하고 매개변수로서 넘기도록 코드를 변경하면 된다.

널 값을 전달하는 것은 여러 언어에서 꽤 편리한 기법이다. 자바와 C# 등과 같이 실행 중의 널 값 참조에 대해 예외를 발생시키는 거의 모든 언어에서 활용할 수 있다. 이는 달리 말하면, 실행 중에 널 포인터 오류를 감지하지 못하는 C와 C++에서는 활용할 수 없다는 뜻이다. 오류를 감지하지 못하므로 테스트 루틴은 원인 불명의 이유로 중단될 수 있다. 운이 더 나쁘면 테스트 루틴은 중단 없이 계속 실행되고 결국 메모리가 엉망이 되지만 끝까지 원인은 알 수 없다.

나는 자바를 사용할 경우 일단은 다음과 같이 테스트 루틴을 작성한 후 필요에 따라 매개변수를 추가한다.

```
public void testCreate() {
  CreditValidator validator = new CreditValidator(null, null, "a");
}
```

불가피한 경우가 아니라면 최종 배포 코드에서는 널 값을 전달하면 안 된다는 것을 명심하

자. 일부 라이브러리는 널 값 전달을 요구하기도 하지만, (라이브러리를 사용하지 않고) 신규 코드를 작성할 경우 다른 대안들을 사용하는 것이 좋다. 배포 코드에서 널 값 전달을 사용하고 싶을 때는 널 값을 반환하거나 전달하는 곳들을 찾아서 다른 대안들을 모색하자. 다음의 널 객체 패턴은 좋은 대안의 하나다.

널 객체 패턴

널 객체 패턴은 프로그램에서 널 값 사용을 막을 수 있는 방법이다. 예를 들어, 사원 번호 (EmployeeID)를 받아 해당 사원 번호의 직원(Employee)을 반환하는 메소드가 있다고 하자. 전달받은 사원 번호를 갖는 직원이 존재할지 않을 경우 어떤 값을 반환해야 할까?

```
for(Iterator it = idList.iterator(); it.hasNext(); ) {
        EmployeeID id = (EmployeeID)it.next();
        Employee e = finder.getEmployeeForID(id);
        e.pay();
}
```

몇 가지 선택지가 있다. 무엇보다. 예외를 발생시켜 아무것도 반환하지 않을 수 있다. 하지만 이렇게 하면 호출을 수행한 코드에서 반드시 오류를 처리하도록 강제하는 것이 된다. 널 값을 반환할 수도 있지만, 이 경우에는 호출 코드에서 반드시 널 검사를 수행해야 한다.

세 번째 방법도 있다. 급여를 받을 직원의 존재 유무가 중요한가? 필수적으로 존재해야 하는가? 여기서 NullEmployee라는 이름의 클래스가 있다면 어떨까? NullEmployee의 인스턴스는 이름도 없고 주소도 없다. 그리고 급여를 처리할 때 아무 일도 하지 않는다.

널 객체를 사용하면 호출 코드에서 명시적으로 오류 처리를 하지 않아도 된다는 점에서 편리하다. 다만 널 객체는 편리하지만 유의할 점이 있다. 다음 예제와 같이 급여 대상 직원의 수를 계산하는 것은 좋지 않다.

```
int employeesPaid = 0;
for(Iterator it = idList.iterator(); it.hasNext(); ) {
  EmployeeID id = (EmployeeID)it.next();
  Employee e = finder.getEmployeeForID(id);
  e.pay();
  mployeesPaid++; // 버그!
}
```

반환되는 직원 중에 NullEmployee가 있으면 결과 값은 정확하지 않을 것이다.

널 객체는 특히 사용자가 연산이 성공했는지 아닌지를 신경 쓸 필요가 없을 때 유용하다. 이와 같이 많은 경우에 코드를 더욱 정교하게 설계할 수 있도록 해준다.

널 전달과 인터페이스 추출은 성가신 매개변수 문제를 해결할 수 있는 기법들이다. 그러나 다른 대안들도 사용할 수 있다. 매개변수와 관련된 의존 관계가 생성자 내에 하드코딩돼 있지 않다면, 서브클래스 생성과 메소드 재정의 기법을 사용해 의존 관계를 제거할 수 있다. 좀 전의 예제에서도 역시 가능하다. RGHConnection 클래스의 생성자는 connect 메소드를 이용해 서버 연결을 생성하므로, 테스트용 서브클래스 내에서 connect() 메소드를 재정의함으로써 의존 관계를 제거할 수 있다. 서브클래스 생성과 메소드 재정의는 의존 관계를 제거하는 유용한 방법이지만, 테스트 대상 동작이 변경되지 않는지 주의 깊게 확인해야 한다.

숨겨진 의존 관계

언뜻 보기에 별문제가 없는 클래스가 있다고 하자. 그런데 이 클래스의 생성자를 호출했더니 곧바로 장애물에 부딪혀서 놀라는 경우가 있다. 이런 장애물 중에서 가장 흔한 것이 숨겨진 의존 관계다. 이는 생성자를 처리할 때 테스트 하네스 내에서 쉽게 접근할 수 없는 자원을 사용하는 경우에 나타나기 쉽다. 다음 예제는 메일링 리스트를 관리하는 설계가 엉성한 C++ 클래스다.

```cpp
class mailing_list_dispatcher
{
public:
        mailing_list_dispatcher ();
        virtual ~mailing_list_dispatcher;

        void send_message(const std::string& message);
        void add_recipient(const mail_txm_id id, const mail_address& address);
        ...
private:
        mail_service *service;
        int status;
};
```

다음 코드는 이 클래스 생성자의 일부분이다. 생성자 초기화 목록에서 new를 사용해 mail_

service 객체를 할당하고 있는데, 이는 좋은 방법이 아니므로 더욱 상황을 악화시킨다. 생성자는 mail_service에 대해 몇 가지 작업을 수행하는 것 외에 의미를 알 수 없는 숫자 12도 사용하고 있다.

```
mailing_list_dispatcher::mailing_list_dispatcher()
: service(new mail_service), status(MAIL_OKAY)
{
  const int client_type = 12;
  service->connect();
  if (service->get_status() == MS_AVAILABLE) {
    service->register(this, client_type, MARK_MESSAGES_OFF);
    service->set_param(client_type, ML_NOBOUNCE | ML_REPEATOFF);
  }
  else
    status = MAIL_OFFLINE;
  ...
}
```

테스트 루틴 내에서 이 클래스의 인스턴스를 생성할 수는 있지만 테스트에 그다지 도움이 되지 않는다. 우선 메일 라이브러리에 연결해야 하고, 등록 처리를 위해 메일 시스템을 설정해야 한다. 테스트 중에 send_message 함수를 사용하면 실제로 메일이 전송돼버린다. 자동화된 테스트를 구현하려면 특정한 편지함을 설정하고 반복적으로 이 편지함에 연결해서 메시지가 수신되기를 기다려야 하는 것이다. 시스템을 종합적으로 테스트하고 싶다면 감수해야 하지만, 지금은 단지 테스트가 이미 끝난 신규 기능을 클래스에 추가하려는 것일 뿐이므로 이럴 필요까지는 없다. 그럼 신규 기능을 추가하기 위해 어떻게 객체를 간단히 만들 수 있을까?

여기서 근본적인 문제는 mail_service에 대한 의존 관계가 mailing_list_dispatcher의 생성자 내부에 숨어있다는 점이다. 가짜 mail_service 객체를 생성할 수 있다면, 클래스 변경 작업을 진행하면서 이 가짜 객체를 통해 어떤 식으로든 피드백을 받을 수 있다.

이때 사용할 수 있는 기법 중 하나가 생성자 매개변수화 기법이다. 이 기법을 사용해 mail_service 객체를 생성자에 전달함으로써 생성자 내부의 의존 관계를 밖으로 드러낼 수 있다.

생성자 매개변수화를 수행한 후의 생성자 코드는 다음과 같다.

```
mailing_list_dispatcher::mailing_list_dispatcher(mail_service *service)
: status(MAIL_OKAY)
{
  const int client_type = 12;
  service->connect();
  if (service->get_status() == MS_AVAILABLE) {
    service->register(this, client_type, MARK_MESSAGES_OFF);
    service->set_param(client_type, ML_NOBOUNCE | ML_REPEATOFF);
  }
  else
    status = MAIL_OFFLINE;
  ...
}
```

그전과 달라진 점은 mail_service 객체를 클래스 외부에서 생성한 후 전달한다는 것뿐이다. 큰 차이가 없다고 생각할지도 모르지만, 사실 이것은 상당한 효과를 가져다준다. 인터페이스 추출 기법을 사용해 mail_service의 인터페이스를 정의할 수 있게 됐기 때문이다. 이 인터페이스를 구현하는 클래스 중 하나는 실제로 메일을 보내는 배포 버전용 클래스로 하고, 다른 하나는 가짜 클래스로 함으로써 테스트 실행 결과를 조사하고 내용을 확실히 파악할 수 있다.

생성자 매개변수화 기법은 생성자의 의존 관계를 외부화하는 쉬운 방법임에도 불구하고 많은 사람들이 이 기법을 잊어버린다. 그 이유 중 하나는 새롭게 추가된 매개변수를 전달하기 위해 이 클래스를 호출하는 코드를 모두 변경해야 한다고 생각하기 때문이다. 하지만 실제로는 그렇지 않다. 다음과 같이 이 문제를 우회할 수 있는데, 우선 생성자의 본문을 initialize 등의 이름을 갖는 메소드로 이동한다. 대부분의 메소드 추출 기법과 달리 이것은 시그니처 유지 기법을 사용할 수 있으므로 테스트 없이도 안전하게 사용할 수 있다.

```
void mailing_list_dispatcher::initialize(mail_service *service)
{
```

```
  status = MAIL_OKAY;
  const int client_type = 12;
  service.connect();
  if (service->get_status() == MS_AVAILABLE) {
    service->register(this, client_type, MARK_MESSAGES_OFF);
    service->set_param(client_type, ML_NOBOUNCE | ML_REPEATOFF);
  }
  else
    status = MAIL_OFFLINE;
  ...
}

mailing_list_dispatcher::mailing_list_dispatcher(mail_service *service)
{
  initialize(service);
}
```

이제 원래의 시그니처를 갖는 생성자를 사용할 수 있다. 테스트할 때 mail_service를 인수로 갖는 생성자를 호출할 수 있고, 호출 코드는 이전의 생성자를 호출할 수 있다. 호출 코드는 무엇이 바뀌었는지 알 필요가 없는 것이다.

```
mailing_list_dispatcher::mailing_list_dispatcher()
{
  initialize(new mail_service);
}
```

C#이나 자바와 같은 언어에서는 이러한 리팩토링 작업이 훨씬 쉬운데, 생성자에서 다른 생성자를 호출할 수 있기 때문이다.

예를 들어 C#에서의 리팩토링 결과는 다음과 같을 것이다.

```
public class MailingListDispatcher
{
  public MailingListDispatcher()
  : this(new MailService())
  {}
```

```
  public MailingListDispatcher(MailService service) {
    ...
  }
}
```

생성자 내에 숨어있는 의존 관계는 여러 기법을 활용해 해결될 수 있다. get 메소드 추출과 재정의, 팩토리 메소드 추출과 재정의, 인스턴스 변수 대체 등의 기법도 사용할 수 있지만, 나는 가급적 생성자 매개변수화 기법을 선호한다. 생성자 내에서 생성되는 객체가 자체적으로 의존 관계를 갖지 않는 경우, 생성자 매개변수화는 매우 쉽게 적용할 수 있다.

복잡한 생성자

생성자 매개변수화는 생성자에 숨어있는 의존 관계를 제거하는 쉬운 방법이며, 내가 가장 선호하는 방법이기도 하다. 하지만 불행히도 항상 최선의 선택은 아니다. 생성자 내부에서 많은 수의 객체가 생성되거나 많은 수의 전역 변수에 접근하는 경우, 매개변수 목록의 크기가 지나치게 커질 수 있다. 심지어, 생성자 내부에서 몇 개의 객체를 생성한 후 이 객체들을 다시 다른 객체를 생성하는 데 사용하는 경우도 있다. 그러한 예는 다음과 같다.

```
class WatercolorPane
{
public:
  WatercolorPane(Form *border, WashBrush *brush, Pattern *backdrop)
  {
    ...
    anteriorPanel = new Panel(border);
    anteriorPanel->setBorderColor(brush->getForeColor());
    backgroundPanel = new Panel(border, backdrop);
    cursor = new FocusWidget(brush, backgroundPanel);
    ...
  }
  ...
}
```

cursor 변수를 통해 감지 작업을 수행하려고 하면 문제가 발생한다. cursor 변수에 들어 있는 FocusWidget 객체는 복잡한 객체 생성 코드 내에 포함돼 있다. 이 객체를 생성하는 코드를 전부 클래스 외부로 옮길 수 있다면, 호출 코드는 객체를 생성하고 이를 인수로서 전달할 수 있다. 그러나 테스트 루틴이 준비되지 않는 상황에서 이는 안전성을 보장할 수 없으며, 이 클래스를 호출해 사용하는 코드에게 큰 부담이 될 가능성이 높다.

안전하게 메소드를 추출하는 리팩토링 도구가 주어져 있다면 팩토리 메소드 추출과 재정의 기법을 생성자 코드에 적용할 수 있으나, 이 기법은 모든 언어에서 동작하지는 않는다. 자바와 C#에서는 가능하지만, C++에서는 생성자 내에서 파생 클래스 내의 가상 함수를 호출하는 것이 허용되지 않기 때문이다. 그리고 일반적으로도 바람직한 접근법이 아니다. 파생 클래스 안의 함수들은 기초 클래스로부터 받은 변수를 사용할 수 있음을 전제로 한다. 기초 클래스의 생성자 처리가 완전히 끝나기도 전에 생성자에서 재정의 함수를 호출하는 것은 아직 초기화되지 않은 변수에 접근할 위험성이 있는 것이다.

또 다른 선택지로는 인스턴스 변수 대체 기법이 있다. 객체를 생성한 후에 다른 인스턴스로 대체하기 위한 set 메소드를 클래스에 추가하는 기법이다.

```cpp
class WatercolorPane
{
public:
  WatercolorPane(Form *border, WashBrush *brush, Pattern *backdrop)
  {
    ...
    anteriorPanel = new Panel(border);
    anteriorPanel->setBorderColor(brush->getForeColor());
    backgroundPanel = new Panel(border, backdrop);
    cursor = new FocusWidget(brush, backgroundPanel);
    ...
  }

  void supersedeCursor(FocusWidget *newCursor)
  {
    delete cursor;
    cursor = newCursor;
  }
```

```
}
```

C++에서 이러한 리팩토링을 할 때는 조심해야 한다. 객체를 교체할 때는 기존 객체를 놓아줘야 한다. 대부분의 경우, 이는 delete 연산자를 사용해 소멸자를 호출하고 메모리로부터 제거하는 것을 의미한다. 이 과정에서 소멸자가 무슨 일을 하는지, 그리고 생성자로 전달됐던 객체들이 모두 제거되는지를 파악해야 한다. 메모리에서 어떻게 제거되는지 추적하지 않으면, 잡아내기 어려운 버그가 발생하기 쉽다.

그 밖의 언어에서는 대체로 인스턴스 변수 대체 기법을 쉽게 사용할 수 있다. 다음 예제는 자바 코드로서, 가비지 컬렉터가 언젠가 객체를 제거해주기 때문에 cursor에 들어있는 객체를 제거하기 위한 작업을 따로 할 필요가 없다. 하지만 배포 코드에서는 대체 메소드가 사용되지 않도록 주의해야 한다. 대체되는 객체가 다른 자원을 관리하는 경우, 해당 자원과 관련된 심각한 문제를 일으킬 가능성이 있다.

```
void supersedeCursor(FocusWidget newCursor) {
  cursor = newCursor;
}
```

이제 대체 메소드가 완성됐으니 WatercolorPane 클래스 외부에서 FocusWidget 객체를 생성하고, 이를 객체 생성 후에 전달하는 것을 시도할 수 있다. 그리고 인터페이스 추출 기법이나 구현체 추출 기법을 FocusWidget 클래스에 적용하고, 가짜 객체를 생성해 전달함으로써 감지 작업을 수행할 수 있다. 이 가짜 객체의 생성은 생성자 내에서 FocusWidget을 생성하는 것보다 훨씬 간단하다.

```
TEST(renderBorder, WatercolorPane)
{
  ...
  TestingFocusWidget *widget = new TestingFocusWidget;
  WatercolorPane pane(form, border, backdrop);

  pane.supersedeCursor(widget);
```

```
    LONGS_EQUAL(0, pane.getComponentCount( ));
}
```

나는 불가피한 경우가 아니면 인스턴스 변수 대체 기법을 선호하지 않는다. 자원 관리에 문제를 일으킬 가능성이 높기 때문이다. 그러나 C++에서는 이 기법을 때때로 사용한다. 팩토리 메소드 추출과 재정의 기법을 더 좋아하지만, C++의 생성자에서는 대체로 사용할 수 없기 때문에 인스턴스 변수 대체 기법을 사용하곤 한다.

까다로운 전역 의존 관계

소프트웨어 업계는 오랫동안 재사용 가능한 컴포넌트가 시장에 거의 존재하지 않는다는 사실을 안타까워했다. 최근에는 상황이 나아져서 다수의 상용 또는 오픈소스 프레임워크가 나타나고 있지만, 우리가 이 프레임워크들을 사용한다기보다는 이 프레임워크들이 우리의 코드를 사용한다고 말하는 것이 정확하다. 프레임워크가 애플리케이션의 생명 주기를 관리하고, 우리는 구멍을 메우는 코드를 작성할 뿐이다. 이런 현상은 ASP.NET이나 자바 스트럿츠 등 대부분의 프레임워크에서 공통적인 것이다. xUnit 프레임워크도 마찬가지다. 테스트 코드를 작성하는 것은 우리들이지만, 테스트 클래스를 호출하고 결과를 보여주는 것은 xUnit이다.

프레임워크는 여러 문제를 해결해주고 프로젝트 초반의 효율성을 제고하지만, 이것이 소프트웨어 업계 초기에 사람들이 기대했던 진정한 의미의 소프트웨어 재사용은 아니다. 고전적인 재사용의 경우, 쓸 만한 클래스를 발견하면 단순히 프로젝트에 클래스를 추가하는 것으로 끝이다. 이런 작업을 꾸준히 수행할 수 있다면 좋은 일이지만, 표준적인 애플리케이션에서 임의로 클래스를 추출해 그다지 수고를 들이지 않고 테스트 하네스에 집어넣은 후 컴파일하는 것이 가능하지 않는 한, 솔직히 말해 이런 방식의 재사용을 고려하는 것조차 자기 기만이나 다름없다고 생각한다.

테스트 프레임워크에서 클래스 생성 및 사용을 어렵게 만드는 다양한 의존 관계들이 있다. 그중에서도 가장 까다로운 것이 전역 변수의 사용이다. 간단한 경우에는 생성자 매개변수화, 메소드 매개변수화, 호출 추출과 재정의 등의 기법을 사용해 의존 관계 문제를 해결할 수 있지만, 전역 변수와 관련된 의존 관계는 너무 광범위하기 때문에 문제의 근원을 찾아서 해결하는 것이 오히려 쉬울 때가 많다. 다음 예제에서 이러한 상황을 다루고 있는데, 정부 기관이 사용하는 건축 허가 관리 자바 애플리케이션의 클래스다. 주요 클래스는 다음과 같다.

```java
public class Facility
{
  private Permit basePermit;

  public Facility(int facilityCode, String owner, PermitNotice notice)
              throws PermitViolation {
    Permit associatedPermit =
        PermitRepository.getInstance().findAssociatedPermit(notice);

    if (associatedPermit.isValid() && !notice.isValid()) {
        basePermit = associatedPermit;
    }
    else if (!notice.isValid()) {
        Permit permit = new Permit(notice);
        permit.validate();
        basePermit = permit;
    }
    else
        throw new PermitViolation(permit);
  }
  ...
}
```

테스트 하네스에서 Facility를 생성하고 싶으니 한번 시도해보자.

```java
public void testCreate() {
  PermitNotice notice = new PermitNotice(0, "a");
  Facility facility = new Facility(Facility.RESIDENCE, "b", notice);
}
```

컴파일은 통과했지만 추가로 테스트 코드를 작성하면서 문제점을 깨닫게 된다. 생성자는

PermitRepository 클래스를 사용하기 때문에 테스트를 제대로 수행하려면 일련의 허가(Permit 객체)들로 초기화해야 한다. 생성자 내에는 다음과 같이 말썽의 소지가 있는 문장이 숨어있기 때문이다.

```
Permit associatedPermit =
        PermitRepository.getInstance().findAssociatedPermit(notice);
```

생성자 매개변수화를 통해 이 문제를 넘어갈 수는 있지만, 애플리케이션 내에서 여기 말고도 열 곳이나 비슷한 코드들이 있다. 생성자, 일반 메소드, 정적 메소드 등 여기저기서 사용되고 있기 때문이다. 문제 해결을 위해 많은 시간이 걸릴 것이라고 쉽게 상상할 수 있다.

디자인 패턴을 공부한 적이 있다면, 이것이 싱글톤 패턴에 해당됨을 알 수 있다. Permit Repository 클래스의 getInstance 메소드는 애플리케이션 내에서 유일하게 PermitRepository의 인스턴스를 반환하는 정적 메소드다. 이 인스턴스를 저장하는 필드 역시 정적으로 선언됐고 PermitRepository 클래스 내에 존재한다.

싱글톤 패턴은 개발자가 자바에서 전역 변수를 사용하기 위한 방법 중 하나다. 일반적으로 전역 변수는 몇 가지 이유에서 바람직하지 않은 것으로 간주되는데, 첫 번째는 투명하지 않다는 점이다. 일반적으로 어떤 코드를 봤을 때 그 코드가 무엇에 영향을 미치는지 알 수 있는 것이 바람직하다. 예를 들어 다음의 자바 코드가 어디에 영향을 미치는지 알고 싶다면, 단 몇 곳만 살펴보면 된다.

```
Account example = new Account();
example.deposit(1);
int balance = example.getBalance();
```

Account 객체는 생성자로 전달되는 인수에 영향을 미칠 수 있지만, 위 코드에서는 아무것도 전달하지 않고 있다. 또 메소드에 전달되는 매개변수에도 영향을 미칠 수 있지만, 단순히 정숫값 1을 전달할 뿐 변경 가능한 것은 아무것도 전달하지 않고 있다. getBalance 메소드의 반환 값을 변수에 할당하고 있으며, 이것이 바로 유일하게 영향을 받는 값이다.

하지만 전역 변수를 사용하면 상황이 완전히 달라진다. Account 클래스가 프로그램의 다른 곳에서 선언된 변수에 접근하거나 그 변수를 변경하는지 알 수 없다. 말할 것도 없이 이는 프로그램을 이해하기 어렵게 만든다.

이는 클래스가 어느 전역 변수를 사용 중인지 제대로 이해한 후에 테스트에 적절한 상태로 설정해야 한다는 점에서 테스트를 더 어렵게 만든다. 설정해야 하는 상태가 서로 다르다면 테스트 케이스마다 상태 설정을 해야 하는데, 상당히 지루한 일이다. 나는 많은 시스템에서 이러한 작업을 해봤으며 전혀 유쾌한 경험은 아니었다.

앞서의 예제로 돌아가자.

PermitRepository는 싱글톤이다. 따라서 가짜 객체를 생성하기가 꽤 까다롭다. 싱글톤 패턴의 원래 목적은 애플리케이션 내에서 두 개 이상의 싱글톤 인스턴스 생성을 허용하지 않는 것이다. 배포 코드에서는 좋은 일이지만, 테스트 코드에서는 테스트 집합 내의 각 개별 테스트 루틴을 하나의 작은 애플리케이션으로 볼 수 있기 때문에 문제가 된다. 각각의 테스트 루틴은 다른 것과 완전히 독립돼야 한다. 따라서 테스트 하네스 내에서 싱글톤을 포함하는 코드를 실행하려면 싱글톤의 제약을 풀어줄 필요가 있다. 다음 코드는 이렇게 하는 방법을 보여준다.

먼저 싱글톤 클래스에 새로운 정적 메소드를 추가한다. 이 메소드는 싱글톤의 정적 인스턴스를 대체하는 역할을 한다. 이 메소드를 setTestingInstance라 부르자.

```
publc class PermitRepository
{
  private static PermitRepository instance = null;
  private PermitRepository() {}
  public static void setTestingInstance(PermitRepository newInstance)
  {
    instance = newInstance;
  }
  public static PermitRepository getInstance()
  {
    if (instance == null) {
        instance = new PermitRepository();
    }
```

```
    return instance;
  }
  public Permit findAssociatedPermit(PermitNotice notice) {
    ...
  }
  ...
}
```

set 메소드가 정의됐으니 이제 테스트에 쓰일 PermitRepository의 인스턴스를 생성하고 설정할 수 있다. 테스트 루틴의 setUp( ) 메소드에 다음과 같이 코드를 작성하려 한다.

```
public void setUp( ) {
  PermitRepository repository = new PermitRepository( );
  ...
  // 여기서 repository에 권한을 부여
  ...
  PermitRepository.setTestingInstance(repository);
}
```

정적 set 메소드 도입 기법만이 이 상황을 해결하는 유일한 방법은 아니다. 다음과 같이 싱글톤에 resetForTesting 메소드를 추가하는 방법도 있다.

```
public class PermitRepository
{
  ...
  public void resetForTesting( ) {
    instance = null;
  }
  ...
}
```

테스트 루틴의 setUp() 메소드 내에서 이 메소드를 호출함으로써(그리고 teardown()에서 다시 호출하는 것도 좋다.) 테스트할 때마다 새로운 싱글톤을 생성할 수 있다. 이 싱글톤은 테스트할 때마다 자기 자신을 초기화한다. 이 방법은 테스트 실행 중에 싱글톤의 public 메소드를 사용해서 필요한 상태를 설정할 수 있는 경우 효과적이다. 만일 싱글톤에 public 메소드가 없거나 싱글톤의 상태에 영향을 미치는 외부 자원을 사용하고 있다면, 정적 set 메소드 기법을 사용하는 편이 더 낫다. 또 싱글톤의 서브클래스를 작성하고 메소드를 재정의해서 이제 잘 동작할까? 아직 아니다. 싱글톤 디자인 패턴을 사용할 때는 대체로 싱글톤 클래스의 생성자를 private으로 선언하는데, 싱글톤의 또 다른 인스턴스를 클래스 외부에서 생성하지 못하도록 막기 위해서다.

여기서 두 개의 설계 목적 간에 충돌이 발생한다. PermitRepository의 인스턴스가 한 개만 존재하길 원하는 것과 동시에 시스템 내의 각 클래스들을 독립적으로 테스트할 수 있길 원하는 것이다. 이 두 개의 목적을 모두 만족시킬 수 있을까?

잠시 뒤를 돌아보자. 애당초 우리는 왜 시스템 내에 클래스의 인스턴스가 한 개만 생성되길 원하는 것일까? 시스템의 요구 조건에 따라 다소 달라질 수 있지만 일반적인 몇 가지 이유는 다음과 같다.

1. **현실 세계를 모델링한 결과, 현실 세계에 한 개만 존재하기 때문에.** 하드웨어 제어 시스템 중에 이런 경우에 해당되는 것들이 있다. 제어해야 할 회로 기판마다 한 개의 클래스를 작성하는데, 각 기판이 한 개씩만 존재하는 경우 싱글톤으로 구현할 때가 많다. 데이터베이스에도 동일한 경우가 있는데, 앞서 정부 기관의 자바 클래스 예제에서 허가^{permit} 집합은 한 개만 존재하기 때문에 이에 대한 접근을 제공하는 것도 싱글톤이어야 한다.

2. **두 개가 존재한다면 심각한 문제가 발생하는 경우.** 이 경우도 역시 하드웨어 제어 분야에서 자주 볼 수 있다. 두 개의 원자로 제어봉을 관리하는 프로그램이 우연히 두 개 생성되고, 두 개의 프로그램이 상대방의 존재를 모르는 상태에서 동일한 제어봉을 동작할 때 무슨 일이 일어나게 될지 상상해보자.

3. **두 개를 생성하면 자원 소모가 극심할 경우.** 자주 발생하는 경우로서, 자원은 디스크 공간, 메모리 사용 등과 같이 물리적인 것일 수도 있고 소프트웨어 라이선스와 같은 추상적인 것일 수도 있다.

이러한 이유들은 단 하나의 인스턴스만 사용하길 원하게 되는 주요 이유지만, 이것만이 싱글톤을 사용하는 주요 이유는 아니다. 많은 사람들이 전역 변수를 갖기 위해 싱글톤을 생성하곤 한다. 변수를 필요한 장소 여기저기로 전달하는 것을 힘들어하기 때문이다.

만일 전역 변수로서 이용하기 위해 싱글톤을 생성한 것이라면, 굳이 싱글톤의 특성을 유지하지 않아도 된다. 생성자를 protected, public, package 범위로 선언해도 멋지게 테스트 가능한 시스템으로 만들 수 있다. 그 밖의 다른 이유로 싱글톤을 사용하는 경우에도 다른 선택지를 검토할 필요가 있다. 필요하다면 다른 보호 기법을 적용할 수도 있기 때문이다. setTestingInstance가 배포 코드에서 호출되지 않는다는 것을 모든 소스 파일들을 검색해 확인하는 메커니즘을 도입할 수 있다. 동일한 것을 실행할 때 이를 검사할 수도 있다. 예를 들어 실행 중에 setTestingInstance가 호출된 경우, 경고 메시지를 나타내거나 시스템을 일시 중지하고 오퍼레이터에게 확인받도록 하는 것이다. 사실, 객체 지향 언어가 등장하기 이전의 프로그래밍 언어에서는 싱글톤의 특성을 보장하는 것이 불가능했음에도 불구하고 개발자들은 어떻게든 안전한 시스템을 작성해왔었다. 결국 이는 신뢰성 높은 설계 및 코딩의 역할이다.

싱글톤의 특성을 위반해도 그다지 심각한 문제가 발생하지 않는다면, 개발 팀의 규칙으로서 적용하는 것도 좋다. 예를 들어 애플리케이션 내에 데이터베이스의 인스턴스는 한 개만 가능하며 따로 존재해서는 안 된다고 팀원들에게 확실히 주지시키는 것이다.

PermitRepository의 싱글톤 특성을 완화하고 싶다면 생성자를 public으로 선언할 수 있다. PermitRepository의 public 메소드를 사용해서 테스트용 저장소 설정을 모두 수행할 수 있다면 효과적인 방법이라고 말할 수 있다. 예를 들어 PermitRepository에 테스트에 필요한 허가를 모두 추가할 수 있는 addPermit이라는 메소드가 있다면, 저장소를 만들고 이 메소드를 사용해 테스트를 수행해도 충분하다. 하지만 필요한 접근 권한이 없거나 심지어 (백그라운드 데이터베이스 통신처럼) 테스트 하네스 내에서 수행되길 원치 않는 일을 싱글톤이 수행하는 경우에는 서브클래스화와 메소드 재정의 기법을 사용해 파생 클래스를 작성함으로써 테스트 루틴을 단순화할 수 있다.

다음 코드는 허가 시스템의 예로서 PermitRepository를 싱글톤으로 만드는 메소드와 변수 외에도 다음의 메소드를 가지고 있다.

```
public class PermitRepository
{
    ...
    public Permit findAssociatedPermit (PermitNotice notice) {
    // permit 데이터베이스를 열고
    ...
    // 사용할 값을 선택하라
    ...
    // 단 하나의 알맞은 permit을 갖는지 확인하라. 아니라면 에러다
    ...
    // 일치하는 permit을 리턴하라
    ...
    }
}
```

데이터베이스 통신을 피하고 싶다면 PermitRepository를 다음과 같이 서브클래스화하면 된다.

```
public class TestingPermitRepository extends PermitRepository
{
    private Map permits = new HashMap();
    public void addAssociatedPermit(PermitNotice notice, permit) {
        permits.put(notice, permit);
    }

    public Permit findAssociatedPermit(PermitNotice notice) {
        return (Permit)permits.get(notice);
    }
}
```

이렇게 하면, 싱글톤의 일부 특성을 유지할 수 있다. PermitRepository의 서브클래스를 사용하므로 PermitRepository의 생성자를 public이 아닌 protected로 해도 된다. 이렇게 함으로써 PermitRepository를 두 개 이상 생성할 수 없다는 특성을 유지하면서 서브클래스의 객체를 두 개 이상 생성할 수 있다.

```
public class PermitRepository
{
  private static PermitRepository instance = null;
  protected PermitRepository() {}
  public static void setTestingInstance(PermitRepository newInstance)
  {
    instance = newInstance;
  }

  public static PermitRepository getInstance()
  {
    if (instance == null) {
      instance = new PermitRepository();
    }
    return instance;
  }

  public Permit findAssociatedPermit(PermitNotice notice)
  {
  ...
  }
  ...
}
```

이처럼 서브클래스화와 메소드 재정의 기법을 사용해서 가짜 싱글톤 객체를 생성할 수 있는 경우가 많다. 하지만 의존 관계가 매우 광범위할 경우에는 싱글톤에 인터페이스 추출 기법을 적용해 애플리케이션 내의 모든 참조를 인터페이스를 사용하도록 변경하는 편이 나을 수도 있다. 많은 작업이 필요하지만 컴파일러에게 맡기기 기법의 도움을 받을 수 있다. 인터페이스를 추출한 후 PermitRepository 클래스의 모습은 다음과 같다.

```
public class PermitRepository implements IPermitRepository
{
  private static IPermitRepository instance = null;
  protected PermitRepository() {}
  public static void setTestingInstance(IPermitRepository newInstance)
  {
    instance = newInstance;
```

```
    }
    public static IPermitRepository getInstance()
    {
      if (instance == null) {
        instance = new PermitRepository();
      }
      return instance;
    }
    public Permit findAssociatedPermit(PermitNotice notice)
    {
      ...
    }
    ...
}
```

IPermitRepository 인터페이스는 PermitRepository 클래스의 public이면서 static이 아닌 모든 메소드들의 시그니처를 가질 것이다.

```
public interface IPermitRepository
{
  Permit findAssociatedPermit(PermitNotice notice);
  ...
}
```

리팩토링 도구가 존재하는 언어를 사용 중이라면 인터페이스 추출을 자동으로 수행할 수 있다. 리팩토링 도구가 없는 언어를 사용 중이라면 구현체 추출 기법을 사용하면 어렵지 않다.

지금까지 설명한 리팩토링을 정적 set 메소드 도입 기법이라고 부른다. 이 기법은 광범위 하게 전역 의존 관계가 존재하는 경우에도 테스트 루틴을 적절한 위치에 배치할 수 있다. 하지만 불행히도 전역 의존 관계를 제거하는 데는 별 도움이 되지 않는다. 전역 의존 관계 를 제거하려면 메소드 매개변수화 또는 생성자 매개변수화 기법을 사용하자. 이 기법들을 사용하면 전역 참조를 임시 변수나 객체의 필드로 바꿀 수 있다. 메소드 매개변수화 기법 의 단점은 메소드들이 추가되기 때문에 클래스를 이해하는 데 방해가 된다는 점이고, 생성자 매개변수화 기법의 단점은 현재 전역 변수를 사용 중인 모든 객체에 필드가 새로 추가된다는 점이다. 생성자를 통해 이 필드에 객체가 전달돼야 하므로, 호출하는 클래스도 역시 객체를 생성할 수 있어야 한다. 따라서 만일 다수의 객체가 이 필드를 필요로 할 경우 애플리케이션의 메모리 사용량 증가로 인해 부정적인 영향을 미칠 수 있지만, 대부분의 경우 이는 설계상 다른 문제가 있음을 의미한다.

최악의 경우를 생각해보자. 실행 중에 수천 개의 객체를 생성하는 클래스를 수백 개씩 가지며 모든 객체들이 데이터베이스에 접근하는 애플리케이션이 있다고 하자. 이러한 애플리케이션 설계를 듣는다면 나는 코드를 조사하기도 전에 "왜 그렇게 처리하나요?"라고 질문할 것이다. 시스템이 데이터베이스 접근 외에 다른 작업을 수행한다면, 데이터 저장 및 조회 작업과 그 외의 다른 작업을 서로 다른 클래스들이 맡도록 분리할 수 있기 때문이다. 애플리케이션의 책임들을 분리하기 위한 모든 노력을 기울인다면, 의존 관계를 점진적으로 지역화할 수 있다. 모든 객체가 데이터베이스에 접근할 필요도 없어지고, 데이터베이스로부터 조회된 데이터는 특정 객체들에 저장하고 다른 객체들은 생성자를 통해 전달받은 데이터를 갖고 계산 작업을 수행하면 된다.

실제로 대규모 애플리케이션 내의 전역 변수를 선택한 후 조사해보면, 전역 변수는 전역적으로 접근될 수 있지만 실제로 어디서든 사용되는 것이 아니라 비교적 제한적인 위치에서 사용되는 것이 대부분이다. 만일 전역 변수를 사용할 수 없다면 그 객체를 필요로 하는 객체에 어떤 방법으로 전달할 수 있을까? 어떻게 이런 애플리케이션을 리팩토링할 수 있을까? 전역 변수의 스코프scope를 좁히기 위해 관련 클래스들로부터 책임을 분리해낼 수는 없을까?

만일 코드 내의 광범위한 위치에서 사용되는 전역 변수가 존재한다면, 이는 코드가 적절히 계층화되지 않았음을 의미한다. 이런 경우에 대해서는 15장과 17장을 참고하자.

공포스러운 인클루드 의존 관계

C++는 내가 처음 접한 객체 지향 언어였다. C++의 상세 사양과 복잡함을 자세히 알고 있다는 것은 내게 자부심을 안겨줬다. C++는 당시의 어려운 문제들을 해결할 수 있는 현

실적인 언어였기 때문에 소프트웨어 업계에서 널리 사용됐다. PC의 속도가 너무 느린 경우에도 C++는 언어의 모든 기능을 선택적으로 사용할 수 있기 때문에 순수 C 언어가 제공하는 기능만 사용함으로써 C 언어의 효율성을 그대로 활용할 수 있다. 개발 팀 전원이 객체 지향 언어에 익숙하지 않은 상황이라도, 일단 처음에는 C 언어의 기능만을 사용하고 점진적으로 객체 지향을 배워나가면 충분했다.

C++는 한동안 꽤 인기가 있었지만 결국에는 자바 등의 언어에 밀리게 됐다. C와 호환성을 유지할 수 있다는 장점에도 불구하고 좀 더 사용하기 쉬운 언어를 사용하는 편이 낫다는 의견이 다수가 됐기 때문이다. C++를 사용하던 개발 팀들은 C++ 언어의 표준 사양이 지속적인 유지 보수에 적합하지 않으며, 빠르고 쉬운 시스템 변경을 위해서는 추가로 해야 할 일들이 있다는 것을 알게 됐다.

C++가 C로부터 물려받은 골칫거리 중 하나는 프로그램의 한 부분이 다른 부분을 알아야만 한다는 점이다. 자바나 C#에서 한 파일이 다른 파일에 있는 클래스를 사용할 필요가 있는 경우, 해당 클래스의 정의를 사용하고 싶으면 import나 using이라는 문장을 사용하면 된다. 그러면 컴파일러는 그 클래스를 찾고 이미 컴파일된 클래스인지 검사한다. 아직 컴파일되지 않았다면 컴파일하고, 이미 컴파일된 클래스라면 컴파일된 파일로부터 정보를 읽어서 필요한 정보가 모두 들어있는지 확인한다.

C++ 컴파일러는 일반적으로 이렇게 최적화된 메커니즘이 없다. C++에서 한 클래스가 다른 클래스에 대해 알고 싶다면, 다른 파일에 들어있는 클래스 선언문을 텍스트 형태로 호출 측 파일에 인클루드해야 한다. 이 방식은 시간이 오래 걸릴 수밖에 없다. 컴파일러는 이 선언문을 발견할 때마다 파싱을 다시 수행하고 빌드해야 하기 때문이다. 더욱 문제가 되는 것은 인클루드가 과도하게 사용되는 경향이 있다는 점이다. 한 파일은 다른 파일을 인클루드하고, 그 파일은 다시 다른 파일을 인클루드하는 식으로 연쇄적으로 인클루드가 사용되기 쉽다. 인클루드 사용에 특별히 주의를 기울이지 않은 프로젝트에서는 작은 파일이 결과적으로 수만 줄의 코드를 포함하게 되는 경우도 어렵지 않게 볼 수 있다. 빌드 시간을 단축하고 싶어도 인클루드 구문이 시스템 여기저기에 분산돼 있기 때문에 특정 파일을 원인으로 지목하기가 매우 어렵다.

이렇게 말하면 마치 내가 C++를 싫어하는 것 같지만 그렇지 않다. C++는 중요한 언어

중 하나며, 세상에는 엄청난 양의 C++ 코드가 있다. 다만 C++로 제대로 작업하려면 특별한 주의가 필요하다는 뜻이다.

C++ 레거시 코드를 다룰 때는 테스트 하네스 내에서 C++ 클래스의 인스턴스를 생성하기가 어렵다는 점이 문제가 된다. 따라서 무엇보다, 헤더 의존 관계를 해결해야 한다. 테스트 하네스 내에서 클래스를 생성하는 데 필요한 헤더 파일은 어떤 것들이 있을까?

다음 코드는 Scheduler라는 이름을 가진 매우 큰 C++ 클래스의 선언 일부다. Scheduler 클래스는 200개 이상의 메소드를 포함하는데, 여기서는 다섯 개만 보여준다. 이 Scheduler 클래스는 크기가 클 뿐 아니라, 많은 수의 다른 클래스들과 복잡하게 얽힌 의존 관계를 갖고 있다. 어떻게 테스트 루틴 내에서 Scheduler를 생성할 수 있을까?

```
#ifndef SCHEDULER_H
#define SCHEDULER_H

#include "Meeting.h"
#include "MailDaemon.h"
...
#include "SchedulerDisplay.h"
#include "DayTime.h"
class Scheduler
{
public:
    Scheduler(const string& owner);
    ~Scheduler();
  void addEvent(Event *event);
  bool hasEvents(Date date);
  bool performConsistencyCheck(string& message);
  ...
};
#endif
```

Scheduler 클래스는 Meeting, MailDaemon, Event, SchedulerDisplay, Date 등의 클래스를 사용한다. Scheduler에 대한 테스트 루틴을 작성하는 가장 손쉬운 방법은 동일 디렉터리에 SchedulerTests라는 이름의 다른 파일을 생성한 후 빌드해보는 것이다. 왜 동일 디렉터리에 테스트 루틴을 두는 것일까? 전처리기가 존재하는 경우 이렇게 하는 것이 가장 쉽기 때문이다. 프로젝트에서 인클루드 파일의 경로를 일관된 방식으로 사용하고 있지 않을 경우, 다른 디렉터리에 테스트 루틴을 작성하려면 많은 부가적인 작업이 필요하다.

```
#include "TestHarness.h"
#include "Scheduler.h"

TEST(create,Scheduler)
{
  Scheduler scheduler("fred");
}
```

파일을 생성하고 테스트 루틴 안에 객체를 선언하니 인클루드 문제가 발생한다. Scheduler를 컴파일하려면 Scheduler가 필요로 하는 것들 전부, 그리고 이것들이 필요로 하는 것 전부를 컴파일러와 링커에게 분명히 알려줘야만 한다. 다행인 것은 빌드 시스템이 오류 메시지들을 보여주기 때문에 오류 원인을 자세히 알 수 있다는 점이다.

간단한 경우라면 Scheduler 클래스를 생성하는 데 필요한 모든 정보를 Scheduler.h 파일에 인클루드할 수도 있지만, 한 개의 헤더 파일로 모든 것을 인클루드하기에는 어려울 때가 더 많다. 따라서 객체를 생성하고 사용하려면 추가적으로 인클루드 구문을 작성해야 한다.

Scheduler 클래스의 소스 파일에서 모든 #include문을 복사하는 방법도 있지만, 사실 그것들이 전부 필요하지는 않다. 최선의 방법은 한 번에 한 개씩만 추가하면서 특정 의존 관계가 정말로 필요한지 확인하는 것이다. 대부분의 경우 전방 참조를 추가함으로써 이를 피할 수 있다.

이처럼 빌드 오류가 발생하지 않을 때까지 파일들을 하나씩 점진적으로 인클루드하는 것은 이론적으로 간단하지만, 실제로는 혼란을 일으키기 쉽다. 의존 관계들이 연쇄적으로 이어지는 경우, 실제 필요한 것보다 훨씬 많은 것을 인클루드해야 하기 때문이다. 의존 관계가 그리 길지 않더라도 테스트 하네스에서 다루기 어려운 것에 의존하는 경우도 있다. 이 예제의 SchedulerDisplay 클래스가 그런 예며, 여기서 보여주지는 않았지만

SchedulerDisplay 클래스는 Scheduler 생성자로부터 접근되고 있다. 이 의존 관계를 다음과 같은 방법으로 제거할 수 있다.

```
#include "TestHarness.h"
#include "Scheduler.h"

void SchedulerDisplay::displayEntry(const string& entyDescription)
{
}

TEST(create,Scheduler)
{
  Scheduler scheduler("fred");
}
```

여기서는 schedulerDisplay::displayEntry의 또 다른 정의를 추가했다. 다만 이렇게 할 때는 이 파일의 테스트 케이스를 별도로 빌드해야 한다. SchedulerDisplay의 각 메소드에 대해 한 개의 프로그램은 한 개의 정의만 가질 수 있기 때문이다. 따라서 Scheduler를 테스트하기 위해 프로그램을 분리시켜야 한다.

다행히 이렇게 만들어진 가짜 객체는 재사용될 수 있다. 테스트 파일 내에 Scheduler Display 등의 클래스 정의를 직접 작성하지 않고 별도의 인클루드 파일에 작성한 후, 다른 테스트 파일에서 이 인클루드 파일을 사용할 수 있다.

```
#include "TestHarness.h"
#include "Scheduler.h"
#include "Fakes.h"

TEST(create,Scheduler)
{
  Scheduler scheduler("fred");
}
```

이런 작업을 반복하다 보면 테스트 하네스 내에서 C++ 클래스를 작성하는 작업을 기계적으로 간단하게 수행할 수 있다. 하지만 몇 가지 심각한 단점들이 있다. 프로그램을 분리시켜야만 하고, 언어 수준에서는 실제로 의존 관계로 제거되지 않았다. 다시 말해, 의존 관계를 제거하기 위해 코드를 깔끔하게 만든 것이 아니다. 게다가 이렇게 테스트 파일에 포함된 중복 정의(이번 예제의 `SchedulerDisplay::displayEntry`)는 일련의 테스트를 사용하는 한 계속 유지돼야 한다.

내가 이 기법을 사용하는 것은 크기가 매우 크면서 의존 관계 문제가 심각한 클래스를 만났을 때뿐이다. 가벼운 마음으로 자주 사용할 만한 기법은 아니다. 혹시 이 클래스가 시간이 지남에 따라 다수의 작은 클래스들로 분할된다면, 각각의 클래스들에 대해 개별적으로 테스트 프로그램을 작성하는 것이 유용할 수 있다. 많은 리팩토링 작업 시에 테스트 지점의 역할을 할 수 있기 때문이다. 시간이 흐르면서 더 많은 클래스들이 테스트 루틴 안으로 들어오게 됨에 따라 이러한 개별 테스트 프로그램들은 사라지게 될 것이다.

양파껍질 매개변수

나는 간결한 생성자를 좋아한다. 정말로 그렇다. 클래스를 작성하고 단순히 생성자 호출 코드를 입력하는 것만으로 제대로 동작하는 쓸 만한 객체를 얻는 것은 멋진 일이다. 하지만 많은 경우에 객체 생성은 어려운 일이다. 모든 객체는 이후의 처리를 제대로 처리할 수 있도록 적절한 상태로 설정돼 있어야 한다. 이렇게 되려면 적절히 설정된 별도의 객체를 전달받아야 할 때가 많다. 그리고 이 객체의 설정을 위해 또 다른 객체가 필요하다. 따라서 테스트 대상 클래스의 생성자에 전달될 매개변수를 생성하기 위해 객체를 생성하고, 그 객체를 생성하기 위해 다른 객체를 생성하고, 또 그 객체를 위해 다른 객체를 생성해야 하는 일이 빈번히 일어난다. 객체 내에 또 다른 객체는 이른바 양파껍질 벗기기와 비슷하다. 이런 종류의 문제를 보여주는 예제를 살펴보자.

다음 클래스는 `SchedulingTask`를 화면에 보여준다.

```
public class SchedulingTaskPane extends SchedulerPane
{
    public SchedulingTaskPane(SchedulingTask task) {
```

```
  ...
  }
}
```

이 클래스를 작성하려면 SchedulingTask 객체를 전달해야 한다. 그런데 SchedulingTask
에 사용되는 생성자는 다음의 코드가 유일하다.

```
public class SchedulingTask extends SerialTask
{
  public SchedulingTask(Scheduler scheduler, MeetingResolver resolver)
  {
    ...
  }
}
```

Scheduler와 MeetingResolvers를 생성하기 위해서도 또 다른 객체들이 필요하다는 것을
알게 되면, 머리카락을 쥐어뜯고 싶어질 것이다. 그런데 우리에게 위안이 되는 한 가지 사
실은 다른 클래스의 객체를 인수로서 필요로 하지 않는 클래스가 최소한 하나는 존재할 것
이라는 점이다. 그렇지 않으면 시스템은 애당초 컴파일될 수 없기 때문이다.

이 상황에 대처하는 방법은 우리가 하고자 하는 바를 자세히 검토하는 것이다. 지금 작
성 중인 테스트 루틴의 관점에서 생성자에게 전달되는 매개변수 중 정말로 필요한 것은
무엇인가? 매개변수 중에서 테스트에 불필요한 것은 널^{Null} 전달 기법을 사용할 수 있다.
몇 개의 기본적인 동작만 필요하다면, 직접 의존 관계를 갖는 것에 인터페이스 추출이나
구현제 추출 기법을 사용해 인터페이스를 통한 가짜 개체를 생성할 수 있을 것이다. 이
번 예제에서 SchedulingTaskPane 클래스와 가장 직접적인 의존 관계가 있는 클래스는
SchedulingTask다. 가짜 SchedulingTask를 생성할 수 있다면 SchedulingTaskPane 클래
스를 생성할 수 있다.

하지만 불행히도 SchedulingTask는 SerialTask라는 클래스를 상속하는데, 몇 개의
protected 메소드를 재정의할 뿐이며 모든 public 메소드들은 SerialTask 내에 존재한
다. 이때 SchedulingTask 클래스에 인터페이스 추출 기법을 사용할 수 있을까? 아니면

SerialTask에 사용해야 할까? 둘 다 아니다. 자바의 경우, SerialTask의 메소드도 포함하는 SchedulingTask용의 인터페이스를 작성할 수 있기 때문이다.

그 결과, 계층 구조는 그림 9.3과 같다.

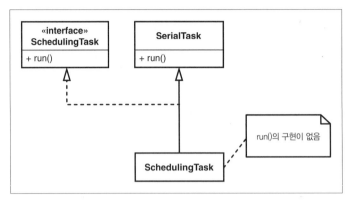

그림 9.3 SchedulingTask

이때 자바를 사용할 수 있는 것은 행운이다. C++는 불행히도 이런 처리가 불가능하다. 인터페이스를 언어 차원에서 지원하지 않기 때문이다. C++에서 인터페이스는 순수 가상 함수만 갖는 클래스로서 구현된다. 따라서 이 예제를 C++로 이식하면, SchedulingTask는 SchedulingTask로부터 순수 가상 함수를 상속받으므로 추상 클래스가 된다. Scheduling Task를 인스턴스화하려면 SchedulingTask의 run( ) 메소드의 본문을 작성하고, 여기서 SerialTask의 run( ) 메소드에 처리를 위임해야 한다. 다행히 이 작업은 그다지 어렵지 않다. 어떤 코드가 되는지 다음에서 확인할 수 있다.

```
class SerialTask
{
public:
  virtual void run();
  ...
};

class ISchedulingTask
{
public:
  virtual void run() = 0;
```

```
    ...
};

class SchedulingTask : public SerialTask, public ISchedulingTask
{
public:
  virtual void run() { SerialTask::run(); }
};
```

인터페이스나 인터페이스처럼 동작하는 클래스를 작성할 수 있는 모든 프로그래밍 언어
에서는 이런 방식으로 의존 관계를 체계적으로 제거할 수 있다.

별명을 갖는 매개변수

생성자의 매개변수가 문제가 되는 경우에는 대체로 인터페이스 추출이나 구현체 추출 기
법을 사용해 문제를 우회할 수 있다. 그러나 가끔 이것이 실용적인 해결법이 되지 못할 때
가 있다. 앞에서 다뤘던 허가 시스템을 구성하는 다른 클래스를 예제로 살펴보자.

```
public class IndustrialFacility extends Facility
{
  Permit basePermit;

  public IndustrialFacility(int facilityCode, String owner,
      OriginationPermit permit) throws PermitViolation {
    Permit associatedPermit =
      PermitRepository.GetInstance()
        .findAssociatedFromOrigination(permit);

    if (associatedPermit.isValid() && !permit.isValid()) {
      basePermit = associatedPermit;
    }
    else if (!permit.isValid()) {
      permit.validate();
      basePermit = permit;
    }
    else
```

```
        throw new PermitViolation(permit);
    }
    ...
}
```

테스트 하네스에서 이 클래스의 인스턴스를 생성하는 데는 몇 가지 문제가 있다. 우선, 싱글톤 클래스인 PermitRepository에 접근하고 있다. 이 문제는 앞서 '까다로운 전역 의존 관계' 절에서 설명한 기법을 사용해 이 문제를 해결할 수 있다. 하지만 이 문제에 도달하기 전에 해결해야 하는 다른 문제가 있는데, 바로 생성자에게 전달해야 하는 OriginationPermit 객체를 생성하기가 어렵다는 점이다. OriginationPermits는 복잡한 의존 관계를 갖고 있기 때문이다. 곧바로 이런 생각이 들 수 있다. "OriginationPermit 클래스에 인터페이스 추출을 적용해서 의존 관계를 제거하면 되겠구나." 하지만 그리 간단한 문제가 아니다. 그림 9.4는 Permit의 계층 구조를 보여준다.

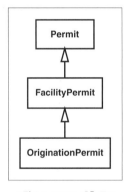

그림 9.4 Permit 계층 구조

IndustrialFacility 생성자는 OriginationPermit을 받아서 PermitRepository로부터 관련 Permit을 얻기 위해 PermitRepository의 메소드를 사용한다. 관련 Permit을 발견하면 이를 basePermit 변수에 저장하고, 찾지 못하면 OriginationPermit을 basePermit 필드에 저장한다. OriginationPermit의 인터페이스를 생성할 수도 있지만 그다지 도움이 되지는 않는다. IOriginationPermit 인터페이스 타입을 Permit 타입 필드에 대입해야 하는데, 자바에서는 인터페이스가 클래스를 상속할 수 없으므로 제대로 동작하지 않을 것이기 때문이다. 가장 확실한 해결책은 인터페이스들로만 이뤄진 계층 구조를 생성한 후

Permit 필드를 IPermit 필드로 변환하는 것이다. 그림 9.5를 참조하자.

이는 상당량의 작업을 수반하며, 나는 코드가 이렇게 되는 것을 선호하지 않는다. 인터페이스는 의존 관계 제거에는 효과적이지만, 클래스와 인터페이스 간의 일대일 관계는 전체 설계에 혼란을 가져온다. 오해하지 말자. 다급한 상황이라면 이런 설계도 검토할 가치는 있다. 하지만 다른 선택지가 있다면 일단 그것부터 검토하는 것이 바람직하다. 그리고 다행히 다른 선택지가 있다.

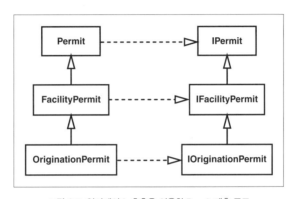

그림 9.5 인터페이스 추출을 이용한 Permit 계층 구조

인터페이스 추출 기법은 매개변수의 의존 관계 제거 기법의 하나일 뿐이다. 가끔은 왜 의존 관계가 나쁜지 생각해보는 것도 좋다. 객체를 생성하기 어려워지는 것이 나쁜 것일 수도 있고, 매개변수가 파일시스템이나 데이터베이스 등에 접근하는 부작용이 있는 것도 의존 관계를 제거하고 싶은 이유일 수도 있다. 혹은 코드 실행에 오랜 시간이 걸리는 원인이 되기도 한다. 인터페이스 추출 기법을 사용해 이런 문제점들을 해결해나갈 수도 있지만, 해당 클래스와의 연결을 그냥 제거하면 될 때도 있다. 클래스 일부와의 연결이 문제라면 그 부분만 제거하기 위해 다른 방법을 사용할 수도 있다.

그럼 OriginationPermit 클래스를 자세히 살펴보자. 테스트 과정에서는 이 클래스를 사용하고 싶지 않은데, 이 클래스의 validate( ) 메소드가 내부적으로 데이터베이스에 접속하기 때문이다.

```
public class OriginationPermit extends FacilityPermil
{
    ...
    public void validate() {
        // 데이터베이스 연결
        ...
        // 정보 검증 질의
        ...
        // 확인 플래그 설정
        ...
        // 데이터베이스 연결 해제
        ...
    }
}
```

테스트 중에 이 메소드를 실행시키고 싶지는 않다. 자칫하면 데이터베이스에 가짜 항목들이 저장돼서 데이터베이스 관리자가 분노하게 만들 수도 있기 때문이다. 데이터베이스 관리자에게 이 사실을 들키면 아마도 점심밥을 사야 할 것이며, 그렇게 해도 관리자가 화를 풀 것이라 장담할 수 없다. 데이터베이스 관리자의 직무는 그만큼 힘든 일이다.

이 상황에서는 서브클래스화와 메소드 재정의 기법의 사용을 고려할 만하다. FakeOrigination Permit이라는 클래스를 만들어서 검증 플래그를 쉽게 변경할 수 있는 메소드를 제공한 후, 서브클래스에서 재정의된 validate 메소드를 IndustrialFacility 클래스를 테스트하는 동안에 사용함으로써 검증 플래그를 변경할 수 있다. 이 기법을 사용한 테스트 루틴은 다음과 같다.

```
public void testHasPermits() {
    class AlwaysValidPermit extends FakeOriginationPermit
    {
        public void validate() {
            // 확인 플래그 설정
            becomeValid();
        }
    };
```

```
Facility facility = new IndustrialFacility(Facility.HT_1, "b",
        new AlwaysValidPermit());
assertTrue(facility.hasPermits());
}
```

많은 언어들이 이 메소드처럼 '즉석에서' 클래스를 작성할 수 있다. 나는 배포 코드에서 이 기법을 자주 사용하는 것이 바람직하지 않다고 보지만, 테스트할 때 매우 편리한 것은 사실이다. 특별한 테스트 케이스를 매우 쉽게 만들 수 있기 때문이다.

서브클래스화와 메소드 재정의 기법은 매개변수에 대한 의존 관계를 제거하는 데 효과적이지만, 클래스 내의 메소드를 분리하는 것이 바람직하지 않을 때도 있다. 이번 예제의 경우 다행히도 부정적인 의존 관계들이 validate 메소드 내에 고립돼 있지만, 의존 관계들이 로직과 뒤죽박죽 섞여 있을 때는 메소드 추출을 먼저 수행해야 한다. 리팩토링 도구가 있다면 어렵지 않은 일이며, 도구가 없을 경우에는 22장의 기법들이 도움이 될 것이다.

CHAPTER 10

테스트 하네스에서
이 메소드를 실행할 수 없다

코드 변경을 위해 테스트 루틴을 적절한 위치에 배치하는 것이 문제가 될 때가 있다. 테스트 하네스 내에서 독립적으로 클래스를 작성할 수 있었다면, 운이 좋았다고 생각해도 된다. 그렇지 않은 경우가 많기 때문이다. 이런 어려움을 해결하려면 9장을 참조하자.

대부분의 경우, 클래스 생성은 단지 전쟁의 서곡에 불과하다. 그다음 단계는 변경 대상 메소드를 위한 테스트 루틴의 작성이다. 가끔, 클래스를 인스턴스화하지 않고도 테스트 루틴을 작성할 수 있을 때가 있다. 메소드가 그다지 많은 인스턴스를 사용하지 않는다면 정적 메소드 드러내기 기법을 사용해 코드에 접근할 수 있고, 메소드가 너무 길어서 다루기 어렵다면 인스턴스 생성이 좀 더 쉬운 클래스로 코드를 이동시키는 메소드 객체 추출 기법을 사용할 수 있다.

다행히도 대체로 메소드에 대한 테스트 루틴을 작성하기 위해 필요한 작업량은 그리 많지 않다. 이 과정에서 부딪칠 수 있는 문제들은 다음과 같다.

- 메소드를 테스트 루틴에서 접근할 수 없는 경우. 메소드가 private으로 선언됐거나 그 밖의 가시성 문제가 있는 경우다.
- 메소드 호출에 필요한 매개변수를 생성하기 어려워서 메소드를 호출하기 어려운 경우
- 메소드에 부정적인 부작용(데이터베이스 변경, 크루즈 미사일의 발사 등) 때문에 테스트

하네스 안에서 실행 불가능한 경우

- 메소드가 사용하는 객체들을 사전에 감지해야 하는 경우

이번 장에서는 이런 문제들을 해결하는 기법들의 구체적인 사례와 더불어 각 기법의 장단점을 설명한다.

숨어있는 메소드

클래스 내의 메소드를 변경해야 하는데 그 메소드가 private 메소드일 경우 어떻게 해야 할까?

우선 public 메소드를 통해 테스트 가능할지 검토해봐야 하는데, 만일 가능할 것 같다면 시도해볼 가치가 있다. 고생해서 private 메소드에 접근할 필요가 없으며, public 메소드를 통해 테스트하기 때문에 실제 코드와 동일한 방법에 의한 테스트가 보장된다는 장점도 있다. 또 작업량이 약간 줄어드는 것도 장점이다. 레거시 코드에는 품질이 의심스러운 코드들이 여기저기에 흩어져 있는데, 모든 호출에 대해 유용한 private 메소드를 리팩토링하기 위한 작업량은 상당히 불어나기 쉽다. 많은 호출 코드에서 공통으로 사용할 수 있는 일반화된 메소드가 있으면 좋겠지만, 실제로는 각각의 메소드별로 호출 코드를 지원하기 위한 기능을 가지면서 이해 및 변경이 용이하도록 분명한 코드를 포함해야 한다. private 메소드의 테스트를 public 메소드를 통해 수행하면 메소드를 지나치게 일반화할 위험은 거의 없다. 나중에 이 private 메소드를 public 메소드로 바꿔야 하게 되면, 클래스 외부에서 이 메소드를 처음으로 사용하는 개발자는 메소드의 정확한 기능과 호출 방법들을 분명히 설명하는 테스트 케이스를 작성해야 할 것이다.

지금까지의 설명은 모두 좋은 이야기들이지만, 어떤 경우에는 단순히 클래스 내 깊숙이 위치하는 메소드의 테스트 루틴을 작성하고 싶을 때도 있다. 구체적인 피드백을 얻고 싶거나 메소드의 사용법을 보여주는 테스트 루틴을 남기고 싶기 때문이다. 또 public 메소드를 이용한 테스트가 어려울 경우도 있다.

그렇다면 private 메소드를 위한 테스트 루틴은 어떻게 작성하는 것이 좋을까? 이는 테

스트와 관련해 자주 질문하는 문제 중 하나다. 다행히 이에 대한 직접적인 해답이 있다. private 메소드를 테스트해야 한다면 그 메소드를 public으로 만들어야 한다는 것이다. public으로 만드는 것이 꺼려진다면 이는 곧 클래스가 너무 많은 책임을 갖고 있음을 의미하며, 따라서 클래스를 수정해야 함을 뜻한다. 실제 사례들을 살펴보자. private 메소드를 public으로 만드는 것이 왜 우리를 고민하게 만들까? 다음과 같은 이유들이 있다.

1. 이 메소드는 단지 유틸리티다. 즉, 호출 코드는 이 메소드를 신경 쓰지 않는다.
2. 호출 코드에서 이 메소드를 직접 사용하는 경우, 클래스의 다른 메소드의 결과 값에 영향을 미칠 수 있다.

첫 번째 이유는 그다지 심각하지 않다. 이 메소드를 다른 클래스로 옮기는 것이 나을지 검토할 필요는 있겠지만, 클래스의 인터페이스에 추가적인 public 메소드의 존재를 허용할 수 있기 때문이다. 두 번째 이유는 다소 심각하지만 다행히도 해결책이 있다. private 메소드를 신규 클래스로 옮기는 것이다. 신규 클래스로 이동한 후에 이 메소드를 public으로 선언함으로써 기존 클래스에서 신규 클래스의 인스턴스를 생성할 수 있다. 이렇게 하면 이 메소드의 테스트가 가능해지고 설계도 개선된다.

이러한 조언들이 귀에 거슬릴 수 있지만, 매우 긍정적인 효과가 있다. 좋은 설계는 테스트 가능한 설계며, 테스트 불가능한 설계는 나쁜 설계다. 신규 클래스로 메소드를 옮기는 것과 관련해서는 20장의 기법들이 도움이 될 것이다. 하지만 적절한 테스트 루틴들이 충분히 존재하지 않는 상황에서는 신중을 기해야 하며, 본격적으로 메소드를 옮기기 전에 몇 가지 추가적인 작업들이 필요하다.

그럼 예제를 통해 이 문제를 어떻게 해결할 수 있을지 살펴보자. 다음 코드는 C++ 클래스의 선언 중 일부다.

```cpp
class CCAImage
{
private:
  void setSnapRegion(int x, int y, int dx, int dy);
  ...
public:
  void snap();
```

```
    ...
};
```

이 CCAImage 클래스는 보안 시스템에서 사진을 찍을 때 사용된다. 왜 이미지 클래스가 사진을 찍는지 의문을 가질 수 있지만 이것이 레거시 코드라는 사실을 기억하자. 이 클래스는 카메라를 제어하고 저수준의 C 언어 API를 사용해 사진을 찍는 snap( )이라는 메소드를 갖고 있다. 사진은 특별한 유형의 이미지로서 저장된다. snap( ) 메소드 호출은 몇 가지의 서로 다른 카메라 동작을 일으키는데, 그때마다 사진을 찍은 후 클래스 내 이미지 버퍼의 여러 부분에 저장한다. 사진을 어디에 저장할지는 동적으로 결정된다. 이 결정은 사진이 촬영되는 대상의 움직임에 따른다. 피사체의 움직임에 따라 snap( ) 메소드는 setSnapRegion( )을 반복 호출해 사진을 버퍼의 어느 곳에 저장할지 결정한다. 그런데 카메라의 API가 변경돼서 setSnapRegion( ) 메소드도 변경해야 하는 상황이라면 우리는 어떻게 해야 할까?

한 가지 가능한 방법은 setSnapRegion( )을 그냥 public으로 선언하는 것이다. 하지만 이는 부정적인 결과를 초래할 수 있다. CCAImage 클래스는 현재의 snap 사진 위치를 결정하기 위한 몇 개의 변수들을 가지고 있다. 그런데 snap( ) 메소드 외부에서 setSnapRegion( ) 메소드를 호출할 수 있다면 카메라의 기록 시스템에 심각한 문제를 일으킬 수 있다.

이는 분명히 문제다. 해결책을 살펴보기 전에 왜 이렇게 돼버렸는지 이야기해보자. 이미지 클래스를 제대로 테스트할 수 없는 이유는 바로 이 클래스가 너무 많은 책임을 갖고 있기 때문이다. 이상적으로는 20장의 기법들을 이용해 이 클래스를 작은 클래스들로 나누는 것이 좋지만, 지금 당장 대규모 리팩토링을 해야 하는지는 신중한 검토가 필요하다. 리팩토링은 좋은 일이지만 전체 프로젝트 단계 중 어느 단계인지, 제품 출시 기한이 얼마나 남아있는지, 관련 위험 요소는 어떤 것들인지 등을 따져봐야 한다.

지금 당장 클래스의 책임을 분할할 수 없는 경우에도 변경 대상 메소드에 대한 테스트 루틴을 작성할 수 있을까? 다행히도 '그렇다.' 그럼 어떻게 해야 하는지 살펴보자.

우선 setSnapRegion을 protected로 변경한다.

```
class CCAImage
{
protected:
  void setSnapRegion(int x, int y, int dx, int dy);
  ...
public:
  void snap();
  ...
};
```

이어서 이 메소드에 접근하기 위한 서브클래스를 만든다.

```
class TestingCCAImage : public CCAImage
{
public:
  void setSnapRegion(int x, int y, int dx, int dy)
  {
    // 상위 클래스의 setSnapRegion 호출
    CCAImage::setSnapRegion(x, y, dx, dy);
  }
};
```

 최근의 C++ 컴파일러 대부분은 테스트용 서브클래스 내에서 using 선언을 사용해 자동으로 위임할 수 있다.

```
class TestingCCAImage : public CCAImage
{
public:
  // setSnapRegion의 모든 CCAImage 구현을 드러낸다
  // public 인터페이스의 한 부분으로, 모든 호출을 CCAImage로 위임한다
  using CCAImage::setSnapRegion;
}
```

이렇게 하면, 테스트 루틴 내에서 CCAImage에 있는 setSnapRegion을 간접적으로 호출할
수 있게 된다. 하지만 이것이 좋은 아이디어일까? 메소드를 public으로 만들고 싶지 않

아서 사용한 방법인데, 결국은 비슷한 측면이 있다. 메소드를 protected로 만들어서 접근 가능하게 했을 뿐이다.

나는 개인적으로 이것이 별문제가 아니라고 생각한다. 테스트를 가능하게 해준다는 점에서 충분히 이점이 있기 때문이다. 물론 캡슐화를 위반한 것은 사실이며, 코드의 동작에 대해 조사할 때는 setSnapRegion 메소드가 서브클래스 내에서 호출될 수 있음을 고려해야 한다. 하지만 이는 사소한 문제일 뿐이다. 이 protected 메소드는 언젠가 이 클래스를 수정할 때 전체적인 리팩토링을 하기로 결정하게 만드는 계기가 될 수 있다. 이때 CCAImage의 책임을 여러 클래스로 분리한 후 각각을 테스트 루틴으로 보호하면 된다.

접근 보호 파괴

C++ 이후에 나온 객체 지향 언어들은 실행 중에 리플렉션이나 특별한 권한을 통해 private 변수에 접근할 수 있다. 이는 편리하지만 사실은 속임수에 가깝다. 의존 관계 제거에 매우 효과적이지만, 프로젝트의 어디서나 이런 식으로 private 변수에 접근하는 테스트를 실행하는 것은 그다지 권장하지 않는다. 이런 종류의 속임수는 코드 품질의 저하를 팀 차원에서 알아차리기 어렵게 만들기 때문이다. 레거시 코드로 작업할 때 느끼는 고통은 코드 개선을 자극하는 긍정적인 효과가 있다. 그런데 속임수를 쓰면 당장은 일이 진행될지 모르지만, 과도한 책임을 가진 클래스와 뒤엉킨 의존 관계라는 근본 원인을 해결하지 않고 뒤로 미루게 된다. 코드가 얼마나 조악한지 모든 사람들이 알게 됐을 때는 이미 코드 개선에 드는 비용이 천문학적으로 커져 있을 수도 있다.

언어의 편리한 기능

프로그래밍 언어의 설계자들은 개발자가 더 편해지게 하려고 최대한 노력하지만 쉬운 일은 아니다. 프로그래밍의 단순함과 보안성 및 안정성 간에 균형을 유지해야 하기 때문이다. 처음에는 이러한 여러 측면들 간의 균형을 완벽하게 유지하는 것처럼 보이는 기능들도 실제 이를 사용해 테스트 코드를 작성해보면 잔인한 현실에 마주치게 되곤 한다.

다음 코드는 웹 클라이언트로부터 업로드된 파일들의 컬렉션을 얻어오는 C# 프로그램의 일부분이다. 이 코드는 컬렉션 내의 모든 파일을 순회하면서 특별한 특성을 갖는 파일과 관련된 스트림 목록을 반환한다.

```
public void IList getKSRStreams(HttpFileCollection files) {
  ArrayList list = new ArrayList();
  foreach(string name in files) {
    HttpPostedFile file = files[name];
    if (file.FileName.EndsWith(".ksr") ||
      (file.FileName.EndsWith(".txt")
        && file.ContentLength > MIN_LEN)) {
      ...
      list.Add(file.InputStream);
    }
  }
  return list;
}
```

이 코드에 변경을 가하면서 약간의 리팩토링을 하고 싶지만, 테스트 루틴 작성은 어려울 것 같다. HttpFileCollection 객체를 생성하고 HttpPostedFile 객체를 전달하고 싶지만, 이는 불가능하다. 우선 HttpPostedFile 클래스는 public 생성자를 가지고 있지 않으며, 게다가 이 클래스는 sealed 클래스이기 때문이다. C#의 sealed 클래스는 서브클래스를 정의할 수 없는 클래스이므로, HttpPostedFile의 인스턴스를 생성할 수 없을 뿐 아니라 서브클래스화도 불가능하다. HttpPostedFile은 .NET 라이브러리의 일부로서 실행 중에 다른 클래스가 이 클래스의 인스턴스를 생성할 수 있지만 우리는 이 클래스에 접근할 수 없다. HttpFileCollection 클래스를 조사한 결과 역시 동일한 문제(public 생성자가 없고 서브클래스들을 만들 수 없다.)를 갖고 있음을 알게 된다.

빌 게이츠는 왜 이런 짓을 했을까? 우리가 항상 최신 버전을 구입하고 갱신해왔음에도 불구하고 말이다. 사실 그가 우리를 미워하는 것은 아니다. 만일 그렇게 생각한다면, 스캇 맥닐리도 마찬가지일 것이다. 이는 단지 마이크로소프트의 언어만 가지는 문제점이 아니다. 썬 마이크로시스템즈 역시 서브클래스화를 방지하는 구문을 제공한다. 바로 자바 언어의 final 예약어로서, 보안에 민감한 클래스를 보호하는 역할을 한다. HttpPostedFile이나 String과 같은 클래스의 서브클래스를 마음대로 생성할 수 있다면 누군가가 악의적인 코드를 만들어서 이 클래스들을 사용하는 코드 내로 퍼뜨릴 수 있으며, sealed와 final 덕분에 이런 위험은 예방되지만 어쨌든 지금 우리는 이것들 때문에 곤란한 상황에 처했다.

getKSRStreams 메소드를 위한 테스트 루틴은 어떻게 작성해야 할까? 인터페이스 추출이나 구현체 추출은 사용할 수 없다. 즉 HttpPostedFile과 HttpFileCollection 클래스는 라이브러리 클래스이므로 마음대로 제어할 수 없으며 변경할 수도 없다. 따라서 유일하게 가능한 기법은 매개변수 적합 기법이다.

이번 예제는 운 좋게도 컬렉션에 대해 수행되는 것이 컬렉션 내부를 순회하는 것뿐이다. 다행히도 코드에서 사용되는 sealed 클래스인 HttpFileCollection은 sealed 클래스가 아닌 NameObjectCollectionBase라는 이름의 슈퍼클래스를 가지고 있다. 따라서 이 클래스를 서브클래스화하고 그 서브클래스의 객체를 getKSRStreams 메소드에 전달할 수 있다. 컴파일러에게 맡기기 기법을 사용하면 쉽고 안전하게 변경할 수 있다.

```
public void LList getKSRStreams(OurHttpFileCollection files) {
  ArrayList list = new ArrayList();
  foreach(string name in files) {
    HttpPostedFile file = files[name];
    if (file.FileName.EndsWith(".ksr") ||
      (file.FileName.EndsWith(".txt")
        && file.ContentLength > MAX_LEN)) {
      ...
      list.Add(file.InputStream);
    }
  }
  return list;
}
```

OurHttpFilecollection은 NameObjectCollectionBase의 서브클래스며, NameObjectCollectionBase는 문자열을 객체와 연결하는 추상 클래스다.

이렇게 하나의 문제를 극복했지만, 더 어려운 문제가 남아있다. 테스트 루틴에서 getKSRStreams를 실행하려면 HttpPostedFiles 객체가 필요한데 이 객체를 생성할 수 없기 때문이다. HttpPostedFiles 객체에서 우리가 실제로 필요한 것은 무엇일까? FileName과 ContentLength, 이 두 개의 속성을 제공하는 클래스가 필요한 것 같다. HttpPostedFile 클래스를 분리하기 위해 API 포장 기법을 사용할 수 있다. 이를 위해 인터페이스(IHttp

PostedFile)를 추출하고 래퍼(HttpPostedFilewrapper)를 작성해보자.

```
public class HttpPostedFileWrapper : IHttpPostedFile
{
  public HttpPostedFileWrapper(HttpPostedFile file) {
    this.file = file;
  }
  public int ContentLength {
    get { return file.ContentLength; }
  }
  ...
}
```

인터페이스가 준비됐으니 테스트용의 가짜 클래스도 작성할 수 있다.

```
public class FakeHttpPostedFile : IHttpPostedFile
{
  public FakeHttpPostedFile(int length, Stream stream, ...) { ... }
  public int ContentLength {
    get { return length; }
  }
}
```

컴파일러에게 맡기기 기법을 사용해 배포 코드를 변경하면 HttpPostedFileWrapper 객체
와 FakeHttpPostedFile 객체 중 어느 것인지 신경 쓰지 않고도 IHttpPostedFile 인터페
이스를 사용할 수 있다.

```
public IList getKSRStreams(OurHttpFileCollection) {
  ArrayList list = new ArrayList();
  foreach(string name in files) {
    IHttpPostedFile file = files[name];
    if (file.FileName.EndsWith(".ksr") ||
      (file.FileName.EndsWith(".txt"))
        && file.ContentLength > MAX_LEN)) {
      ...
      list.Add(file.InputStream);
```

```
        }
    }
    return list;
}
```

이 방법의 유일한 단점은 배포 코드에 원래의 `HttpFileCollection` 코드를 순회하면서 그 안에 포함된 각각의 `HttpPostedFile`을 포장한 후, 그것을 `getKSRStreams` 메소드에 전달 되는 컬렉션에 추가해야 한다는 점이다. 이는 보안을 위해 치러야 하는 불가피한 대가라고 할 수 있다.

`sealed`와 `final` 클래스는 프로그래밍 언어에 존재하면 안 되는 기능이 아니며, 사실 잘못은 개발자 쪽에 있다. 제어 범위를 벗어난 라이브러리에 직접 의존함으로써 스스로 어려움을 초래한 것이다.

언젠가 프로그래밍 언어 차원에서 테스트를 위한 특별한 접근 권한을 제공하는 날이 올지도 모른다. 하지만 그때까지 `sealed` 및 `final` 클래스의 사용은 가급적 자제하는 편이 좋다. 또 라이브러리에 포함된 `sealed` 및 `final` 클래스가 필요할 때는 향후 수월하게 변경하기 위해 래퍼로 분리해두는 것이 바람직하다. 이 문제에 대한 좀 더 자세한 토의와 기법들을 알고 싶으면 14장과 15장을 참조하자.

탐지 불가능한 부작용

한 개의 기능을 위해 테스트 루틴을 작성하는 것이 이론적으로 나쁘지는 않다. 클래스를 인스턴스화하고, 메소드를 호출해 결과를 확인할 뿐이다. 뭐가 문제가 되겠는가? 음, 이 객체가 다른 객체와 아무것도 주고받지 않는다면 확실히 그렇다. 다른 객체로부터 이용되더라도 다른 객체를 사용하지만 않는다면 테스트 역시 다른 프로그램과 똑같이 실행할 수 있다. 하지만 문제는 다른 객체를 사용하지 않는 객체가 거의 없다는 점이다.

프로그램은 자체적인 기반 위에서 구축된다. 가끔 값을 반환하지 않는 메소드를 갖는 객체들이 있는데, 이런 메소드를 호출하면 어떤 작업이 수행되겠지만 우리(호출 코드)는 구체적인 작업 내용을 결코 알 수 없다. 객체가 다른 객체의 메소드를 호출했지만 어떤 결과가 나왔는지 알 길이 없는 것이다.

다음 코드는 이런 문제를 가진 클래스의 예다.

```
public class AccountDetailFrame extends Frame
      implements ActionListener, WindowListener
{
  private TextField display = new TextField(10);
  ...
  public AccountDetailFrame(...) { ... }

  public void actionPerformed(ActionEvent event) {
    String source = (String)event.getActionCommand();
    if (source.equals("project activity")) {
      detailDisplay = new DetailFrame();
      detailDisplay.setDescription(
        getDetailText() + " " + getProjectionText());
      detailDisplay.show();
      String accountDescription
        = detailDisplay.getAccountSymbol();
      accountDescription += ": ";
      ...
      display.setText(accountDescription);
      ...
    }
  }
  ...
}
```

이 자바 클래스는 다양한 일을 한다. GUI 컴포넌트들을 생성하고 actionPerformed 핸들러를 통해 결과를 수신하며, 화면에 표시될 값을 계산한 후 그 결과를 표시한다. 이 모든 작업을 매우 특이한 방식으로 수행한다. 상세 텍스트를 생성한 후, 다른 윈도우를 생성하고 화면에 표시한다. 이 윈도우가 임무를 마치면 직접 정보를 수집한 후 약간의 처리를 하고 나서 텍스트 필드에 결과를 저장한다.

테스트 하네스 내에서 이 메소드의 실행을 시도할 수는 있지만 별 의미가 없다. 이 메소드는 윈도우를 생성하고 이를 화면에 띄우며, 입력 값을 요구하는 프롬프트를 보여주고 다른 윈도우에 무언가를 표시한다. 그중에서 코드가 무슨 일을 하는지 탐지할 수 있는 부분은 없다.

그럼 어떻게 해야 할까? 먼저 GUI로부터 독립적인 부분과 GUI에 의존적인 부분을 분리하는 것부터 시작하자. 자바 언어이므로 리팩토링 도구들을 사용할 수 있다. 첫 번째 단계로 메소드 추출 기법을 통해 리팩토링을 수행함으로써 메소드의 처리 내용을 분리해야 한다.

어디서부터 시작해야 할까?

이 메소드 자체는 윈도우 프레임워크로부터 받은 통지에 대한 훅hook 함수다. 가장 먼저 할 일은 전달받은 ActionEvent로부터 명령의 이름을 얻는 것이다. 메소드 본문 전체를 추출하면 ActionEvent 클래스에 대한 의존을 전부 분리할 수 있다.

```java
public class AccountDetailFrame extends Frame
    implements ActionListener, WindowListener
{
  private TextField display = new TextField(10);
  ...
  public AccountDetailFrame(...) { ... }

  public void actionPerformed(ActionEvent event) {
    String source = (String)event.getActionCommand();
    performCommand(source);
  }

  public void performCommand(String source) {
    if (source.equals("project activity")) {
      detailDisplay = new DetailFrame();
      detailDisplay.setDescription(
        getDetailText() + " " + getProjectionText());
      detailDisplay.show();
      String accountDescription
        = detailDisplay.getAccountSymbol();
      accountDescription += ": ";
      ...
      display.setText(accountDescription);
      ...
```

```
        }
    }
    ...
}
```

하지만 아직 이 코드는 테스트 가능한 코드로서는 충분하지 않다. 그다음 할 일은 다른 프
레임에 접근하는 코드 부분을 메소드로 추출하는 것이다. 이를 위해서는 detailDisplay
변수를 이 클래스의 인스턴스 변수로 만드는 것이 좋다.

```
public class AccountDetailFrame extends Frame
    implements ActionListener, WindowListener
{
  private TextField display = new TextField(10);
  private DetailFrame detailDisplay;
  ...
  public AccountDetailFrame(...) { .. }
  public void actionPerformed(ActionEvent event) {
    String source = (String)event.getActionCommand();
    performCommand(source);
  }

  public void performCommand(String source) {
    if (source.equals("project activity")) {
      detailDisplay = new DetailFrame();
      detailDisplay.setDescription(
        getDetailText() + " " + getProjectionText());
      detailDisplay.show();
      String accountDescription
        = detailDisplay.getAccountSymbol();
      accountDescription += ": ";
      ...
      display.setText(accountDescription);
      ...
    }
  }
  ...
}
```

이제 프레임을 사용하는 코드를 일련의 메소드들로 추출할 수 있게 됐다. 이 메소드들에 어떤 이름을 붙여야 할까? 좋은 이름을 정하기 위해 클래스의 관점에서 각 코드가 무엇을 하고 클래스를 위해 무엇을 계산하는지 주의 깊게 관찰하자. 또한 화면 표시 컴포넌트를 처리하는 듯한 이름은 피하는 것이 좋다. 추출된 코드는 화면 표시 컴포넌트를 사용하고 있지만, 그 사실을 이름으로 드러낼 필요는 없다. 이런 점들을 명심하면서 각 코드마다 명령 메소드 혹은 쿼리 메소드를 작성한다.

명령과 쿼리의 분리

명령/쿼리 분리는 버트란드 메이어(Bertrand Meyer)가 처음 제시한 설계 원칙이며, 간단히 말하면 다음과 같다. 하나의 메소드는 명령이거나 쿼리여야 하며 두 가지 기능을 모두 가져서는 안 된다. 명령은 객체의 상태를 변경할 수 있지만 값은 반환하지 않으며, 쿼리는 값을 반환하지만 객체를 변경하지 않는다.

왜 이 원칙이 중요할까? 여러 가지 이유가 있지만 가장 중요한 것은 의사소통이다. 어떤 메소드가 쿼리 메소드라면, 연속적으로 이 메소드를 호출해도 부작용이 발생하지 않는다는 것을 메소드 본문을 확인하지 않고도 알 수 있다.

다음 코드는 몇 번의 추출이 있은 후에 `performcommand` 메소드의 모습을 보여준다.

```
public class AccountDetailFrame extends Frame
    implements ActionListener, WindowListener
{
  public void performCommand(String source) {
    if (source.equals("project activity")) {
      setDescription(getDetailText() + " " + getProjectionText());
      ...
      String accountDescription = getAccountSymbol();
      accountDescription += ": ";
      ...
      display.setText(accountDescription);
      ...
    }
  }

  void setDescription(String description) {
    detailDisplay = new DetailFrame();
```

```
      detailDisplay.setDescription(description);
      detailDisplay.show();
  }

  String getAccountSymbol() {
      return detailDisplay.getAccountSymbol();
  }
  ...
}
```

detailDisplay 프레임과 연관된 모든 코드를 추출했으니 이제 AccountDetailFrame의 컴포넌트에 접근하는 코드를 추출할 수 있다.

```
public class AccountDetailFrame extends Frame
    implements ActionListener, WindowListener {
    public void performCommand(String source) {
      if (source.equals("project activity")) {
        setDescription(getDetailText() + " " + getProjectionText());
        ...
        String accountDescription
          = detailDisplay.getAccountSymbol();
        accountDescription += ": ";
        ...
        setDisplayText(accountDescription);
        ...
    }
  }

  void setDescription(String description) {
    detailDisplay = new DetailFrame();
    detailDisplay.setDescription(description);
    detailDisplay.show();
  }

  String getAccountSymbol() {
    return detailDisplay.getAccountSymbol();
  }

  void setDisplayText(String description) {
```

```
    display.setText(description);
  }
  ...
}
```

이러한 추출이 모두 끝나고 나서야 비로소 서브클래스화와 메소드 재정의 기법을 적용해 performCommand 메소드 내에 남아있는 코드를 테스트할 수 있다. 예를 들어 Account DetailFrame을 다음과 같이 서브클래스화하면 project activity 명령이 입력됐을 때 화면에 적절한 텍스트가 표시되는지 검증할 수 있다.

```
public class TestingAccountDetailFrame extends AccountDetailFrame
{
  String displayText = "";
  String accountSymbol = "";

  void setDescription(String description) {
  }

  String getAccountSymbol() {
    return accountSymbol;
  }

  void setDisplayText(String text) {
    displayText = text;
  }
}
```

다음 코드는 performCommand 메소드를 실행하는 테스트 코드다.

```
public void testPerformCommand() {
  TestingAccountDetailFrame frame = new TestingAccountDetailFrame();
  frame.accountSymbol = "SYM";
  frame.performCommand("project activity");
  assertEquals("SYM: basic account", frame.displayText);
}
```

220

이런 방법으로 메소드를 자동으로 추출하는 리팩토링 도구를 사용해 얻어진 코드는 남에게 보여주기에 부족한 품질의 코드가 될 수 있다. 예를 들어 내부적으로 DetailFrame을 생성하고 화면에 표시하는 setDescription 메소드는 한심하다. 이 메소드를 두 번 호출하면 어떤 일이 일어날까? 이 문제를 해결할 필요는 있지만, 어쨌든 지금까지 수행한 개략적인 추출은 나름 적절한 작업이었다. 이 DetailFrame 생성 작업을 더 적절한 위치로 옮길 수 있을지는 나중에 알게 될 것이다.

지금 어디까지 진도가 나간 것일까? 최초에는 performAction이라는 중요한 메소드를 포함하는 하나의 클래스가 있었으며, 지금은 그림 10.1과 같은 구조가 됐다.

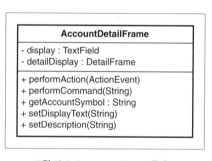

그림 10.1 AccoutDetailFrame 클래스

이 UML 다이어그램만 보고는 알기 힘들지만, getAccountSymbol 메소드와 setDescription 메소드는 detailDisplay 변수만을 사용한다. 그리고 setDisplayText 메소드는 display라는 이름의 TextField 클래스만 사용한다. 이 메소드들은 별도의 책임을 갖고 있는 것이다. 여기서 다시 리팩토링하면 그림 10.2와 같은 구조를 얻을 수 있다.

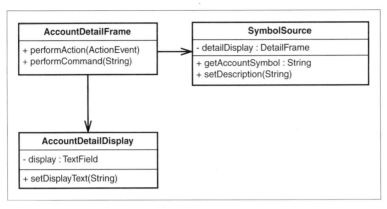

그림 10.2 리팩토링된 AccountDetailFrame 클래스

지금까지 상당히 투박하게 리팩토링을 수행했지만, 최소한 책임은 어느 정도 분리시켰다. AccountDetailFrame은 (Frame의 서브클래스인) GUI와 밀접한 관계가 있고 비즈니스 로직도 포함하고 있다. 리팩토링을 통해 추가적인 개선도 가능하지만, 지금 상태로도 테스트케이스 내에서 비즈니스 로직을 포함한 메소드를 실행할 수 있다. 이는 확실히 발전했다고 말할 수 있다.

SymbolSource 클래스는 다른 Frame 클래스를 작성하고 그로부터 정보를 얻어오는 실체클래스다. SymbolSource라는 이름을 사용한 이유는 AccountDetailFrame 관점에서는 필요한 심볼 정보를 얻어오는 것이 중요하기 때문이다. 심볼 정보를 얻어오는 방법이 나중에 바뀌게 되면 SymbolSource가 인터페이스로 바뀌어도 놀랄 일은 아니다.

이번 예제에서 보여준 기법과 절차는 매우 일반적인 것이다. 리팩토링 도구가 주어진다면 클래스로부터 메소드를 쉽게 추출할 수 있고 신규 클래스들로 이동 가능한 메소드들을 구분할 수 있다. 좋은 리팩토링 도구는 안전한 경우에만 메소드 자동 추출을 허용한다. 그러나 이는 도구를 사용하지 않고 수행하는 편집이 매우 위험한 작업임을 의미한다. 조잡한 이름과 구조로 메소드를 추출해도 테스트할 수 있다는 것을 기억하자. 안전이 최우선이다. 일단 테스트가 끝난 후에 코드를 깔끔하게 다듬어도 늦지 않다.

CHAPTER 11

코드를 변경해야 한다.
어느 메소드를 테스트해야 할까?

코드를 변경해야 하는데, 기존 동작을 명확히 하기 위해 문서화 테스트^{characterization test}를 작성해야 한다고 하자. 이 테스트를 어디에 작성해야 할까? 가장 간단한 답은 변경 대상 메소드마다 테스트 코드를 작성하는 것이다. 하지만 이것으로 충분할까? 코드가 간단하고 이해하기 쉽다면 충분하지만, 레거시 코드는 우리 생각대로 일이 풀리지 않을 때가 더 많다. 어떤 위치의 코드를 변경했을 때 다른 위치의 동작이 변경될 수 있다. 따라서 테스트 루틴이 적절히 위치하지 않으면 어떤 영향을 미칠지 알 길이 없다.

나는 복잡도가 매우 높은 레거시 코드를 변경할 때는 테스트 코드의 위치를 결정하는 데 많은 시간을 들인다. 어떠한 변경을 수행하려는지, 어떤 영향을 미칠지, 영향받은 것이 또 다른 것에 영향을 미치는지 등을 충분히 조사한다. 이런 과정은 그다지 새로운 것이 아니며 개발자들이 컴퓨터 초창기부터 계속해서 해오던 일이다.

프로그래머는 책상 앞에서 자기가 작성한 프로그램에 대해 다양한 영향 요인들을 추론한다. 재미있는 것은 프로그래머들이 이에 대해 그다지 말하지 않는다는 점이다. 추론 방법은 굳이 말하지 않아도 누구나 알고 있으며, '프로그래머의 일부일 뿐'이라고 생각하기 때문이다. 하지만 우리의 능력을 벗어날 정도로 심하게 복잡한 코드에 대해서는 이런 방식이 도움이 되지 않는다. 복잡한 코드를 이해하기 쉽도록 리팩토링해야 함은 알고 있지만, 여기서 다시 테스트가 문제가 된다. 테스트 코드가 존재하지 않는다면 리팩토링을 정확히 하고 있는지 어떻게 알 수 있을까?

이번 장은 이러한 간극을 메우기 위한 기법들을 설명한다. 테스트 코드의 최적 위치를 찾기 위해서는 다양한 영향들에 대해 제대로 추론해야 할 때가 많다.

영향 추론

소프트웨어 업계는 이 주제를 자주 논의하지 않지만, 소프트웨어 내의 기능적 변경은 반드시 어떤 식으로든 연쇄적인 영향을 미친다. 예를 들어 다음의 C# 코드에서 3을 4로 변경하면, 이 메소드를 호출했을 때의 반환 값이 달라진다. 이는 이 메소드를 호출한 다른 메소드의 결과 값도 바꾸며, 연쇄적으로 이어지면 결국 시스템의 경계까지 영향을 미칠 수도 있다. 이런 영향에도 불구하고 코드의 대부분은 기존 동작이 달라지지 않는다. 대부분의 코드는 getBalancePoint()를 직접적이든 간접적이든 호출하지 않기 때문에 결과도 달라지지 않기 때문이다.

```
int getBalancePoint() {
  const int SCALE_FACTOR = 3;
  int result = startingLoad + (LOAD_FACTOR * residual * SCALE_FACTOR);
  foreach(Load load in loads) {
    result += load.getPointWeight() * SCALE_FACTOR;
  }
  return result;
}
```

 영향 분석에 대한 IDE 지원

가끔 나는 레거시 코드 내의 영향들을 한눈에 보여주는 IDE가 있으면 좋겠다고 생각하곤 한다. 코드의 특정 부분을 선택하고 어떤 키를 누르면, 해당 코드를 변경했을 때 영향을 받는 변수와 메소드의 목록을 보여주는 기능이 있었으면 하는 것이다.

언젠가는 이러한 도구가 개발될 것이다. 하지만 그때까지는 도구 없이 우리가 직접 영향들을 추론하면서 작업해야만 한다. 이 추론 능력은 학습 가능한 것이지만, 제대로 학습했는지 알기가 어려운 능력이다.

영향 추론이 어떤 것인지 감을 잡는 가장 좋은 방법은 예제를 살펴보는 것이다. 다음의 자바 클래스는 C++ 소스 코드를 해석하는 애플리케이션의 일부다. 상당히 전문 지식이 필요할 것처럼 보이는가? 그렇지 않다. 코드 변경의 영향을 추론하는 데 전문 지식은 문제가 되지 않는다.

약간의 연습을 해보자. 다음의 CppClass 객체를 생성한 후에 수행 가능한 변경 중에서, CppClass 객체 내 메소드들의 반환 값에 영향을 미칠 수 있는 것의 목록을 만들어보자.

```java
public class CppClass {
  private String name;
  private List declarations;

  public CppClass(String name, List declarations) {
    this.name = name;
    this.declarations = declarations;
  }

  public int getDeclarationCount() {
    return declarations.size();
  }

  public String getName() {
    return name;
  }

  public Declaration getDeclaration(int index) {
    return ((Declaration)declarations.get(index));
  }

  public String getInterface(String interfaceName, int [] indices) {
    String result = "class " + interfaceName + " {\npublic:\n";
    for (int n = 0; n < indices.length; n++) {
      Declaration virtualFunction
        = (Declaration)(declarations.get(indices[n]));
      result += "\t" + virtualFunction.asAbstract() + "\n";
    }
    result += "};\n";
    return result;
```

```
    }
}
```

이 목록은 다음과 같을 것이다.

1. 생성자에게 declarations 인수로 선언문 리스트를 전달한 후, 나중에 신규 요소가 이 리스트에 추가될 수 있다. 이 리스트는 참조에 의해 전달되므로 getInterface, getDeclaration, getDeclarationCount 메소드의 결과 값이 바뀌는 영향을 미칠 수 있다.

2. 선언문 리스트 내의 객체 중 하나가 변경되거나 대체되면 역시 좀 전에 언급한 메소드들에 영향을 미칠 수 있다.

 getName 메소드의 경우, name 문자열이 바뀌면 이 메소드가 다른 값을 반환할 것이라고 생각하는 독자가 있을지 모른다. 하지만 자바에서 String 객체는 불변 객체다. 일단 생성되고 나면 이후에 값을 바꿀 수 없는 것이다. 따라서 CppClass 객체가 생성된 후에 getName 메소드는 언제나 동일한 문자열 값을 반환한다.

선언문 리스트의 변경이 getDeclarationCount( )에 미치는 영향은 그림 11.1과 같이 나타낼 수 있다.

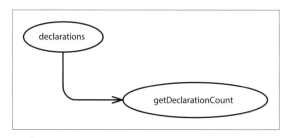

그림 11.1 declarations는 getDeclarationCount 메소드에 영향을 미침

226

이 그림은 declarations에 포함된 요소의 개수가 증가하는 등의 변경이 일어나면 get DeclarationCount가 다른 값을 반환할 수 있음을 보여준다.

getDeclaration(int index) 메소드에 대해서도 마찬가지로 그릴 수 있다(그림 11.2).

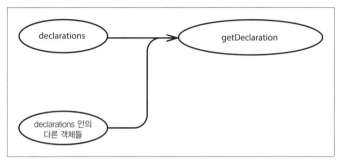

그림 11.2 declarations 및 그 안에 포함된 객체가 getDeclaration에 영향을 미침

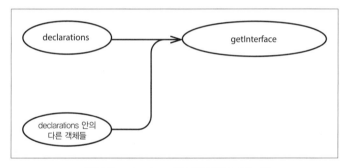

그림 11.3 getInterface 메소드에 영향을 미치는 것

declarations를 변경하거나 그 안에 포함된 요소가 변경되면 getDeclaration(int in dex) 메소드의 반환 값이 바뀔 수 있다.

마찬가지로 그림 11.3은 getInterface 메소드에 영향을 주는 것을 보여준다. 지금까지의 그림들을 종합하면 그림 11.4와 같다.

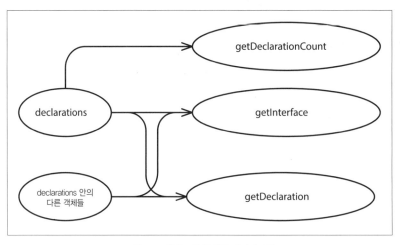

그림 11.4 하나로 합친 영향 다이어그램

이 다이어그램을 그리는 규칙은 간단하다. 나는 이 다이어그램을 영향 스케치라고 부르는데, 핵심은 영향을 받는 변수와 반환 값이 바뀔 수 있는 메소드를 타원으로 나타내는 것이다. 변수는 동일 객체 내에 있을 수도 있고 다른 객체 내에 존재할 수도 있지만, 어느 경우든 중요하지 않다. 값이 바뀔 변수를 타원으로 그린 후, 변수 값의 변경으로 인해 반환 값이 바뀔 수 있는 메소드를 향해 화살표를 그린다.

 코드가 잘 구조화돼 있다면, 대부분의 메소드는 영향 다이어그램이 간단한 모습을 가질 것이다. 실제로 소프트웨어의 품질 평가 기준 중 하나는 외부 세계의 복잡한 영향들이 코드 내에서 간단한 영향 집합으로 잘 단순화됐는지 여부다. 영향 스케치를 단순화하기 위한 모든 작업은 코드를 좀 더 쉽게 이해하고 유지 보수하도록 만든다.

좀 전의 클래스를 포함하는 시스템에 대해 좀 더 대규모로 영향을 살펴보자. CppClass 객체는 ClassReader라는 클래스 내에서 생성된다. 사실, CppClass 객체는 ClassReader 안에서만 생성될 수 있다.

```
public class ClassReader {
  private boolean inPublicSection = false;
  private CppClass parsedClass;
  private List declarations = new ArrayList();
```

```
  private Reader reader;
  public ClassReader(Reader reader) {
    this.reader = reader;
  }
  public void parse() throws Exception {
    TokenReader source = new TokenReader(reader);
    Token classToken = source.readToken();
    Token className = source.readToken();
    Token lbrace = source.readToken();
    matchBody(source);
    Token rbrace = source.readToken();
    Token semicolon = source.readToken();
    if (classToken.getType() == Token.CLASS
        && className.getType() == Token.IDENT
        && lbrace.getType() == Token.LBRACE
        && rbrace.getType() == Token.RBRACE
        && semicolon.getType() == Token.SEMIC) {
      parsedClass = new CppClass(className.getText(),
                     declarations);
    }
  }
  ...
}
```

앞서 CppClass에 대해 조사했던 내용을 기억하는가? CppClass가 생성된 후에는 declara
tions 변수가 관리하는 선언문 리스트가 절대로 바뀌지 않는다고 알고 있는가? CppClass
에 대해 지금까지 조사한 것만으로는 확실히 알 수 없다. 이를 위해서는 선언문 리스트
에 신규 항목이 어떻게 추가되는지 알아볼 필요가 있다. 클래스를 더 자세히 살펴보면,
CppClass 내의 한 곳에서만 선언문 리스트에 항목이 추가된다는 것을 알 수 있다. 그곳은
바로 matchBody로부터 호출되는 matchVirtualDeclaration 메소드다.

```
private void matchVirtualDeclaration(TokenReader source)
      throws IOException {
  if (!source.peekToken().getType() == Token.VIRTUAL)
    return;
  List declarationTokens = new ArrayList();
  declarationTokens.add(source.readToken());
```

```
while(source.peekToken().getType() != Token.SEMIC) {
  declarationTokens.add(source.readToken());
}
declarationTokens.add(source.readToken());
if (inPublicSection)
  declarations.add(new Declaration(declarationTokens));
}
```

선언문 리스트의 변경은 모두 CppClass 객체가 생성되기 전에 일어나는 것 같다. 또한 리스트에 신규 선언문을 추가한 후에는 이 선언문들에 대한 참조를 유지하지 않기 때문에 이 선언문들 역시 변경되지 않는다.

선언문 리스트에 들어있는 것들에 대해 살펴보자. TokenReader 클래스의 readToken 메소드는 token 객체를 반환하는데, 이 객체는 결코 변경되지 않는 문자열과 정숫값을 갖고 있다. 여기서는 보여주지 않고 있지만, Declaration 클래스를 살펴보면 객체가 생성된 후에 상태가 변경되지 않는 것을 알 수 있다. 따라서 CppClass 객체가 생성된 후에는 선언문 리스트와 그 내용이 바뀌지 않을 것이다.

이런 지식을 어떻게 활용할 수 있을까? CppClass가 예상치 못한 값을 갖고 있을 때 어디를 조사해야 할지 알 수 있다. 일반적으로는 CppClass의 하위 객체가 생성된 곳부터 살펴보면서 무슨 일이 일어나고 있는지 파악할 수 있다. CppClass 내의 상수에 대한 참조를 자바의 final 키워드를 사용해 구별함으로써 코드를 깔끔하게 다듬을 수도 있다.

품질이 떨어지는 프로그램에서는 결과 값이 왜 이렇게 나오는지 파악하기 매우 어려울 때가 많다. 이럴 때는 디버깅도 어려우므로, 문제에서 원인까지 역으로 추적해야만 한다. 레거시 코드를 다룰 때는 수시로 다음 질문에도 대답해야 한다. "어떤 변경을 수행하면, 그 변경이 프로그램의 나머지 부분에 어떤 영향을 미칠까?"

이 질문에 답하려면 변경 지점을 기준으로 전방 추론reasoning forward을 해야 한다. 전방 추론을 능숙하게 하는 것은 곧 테스트 루틴의 최적 위치를 찾는 기법의 기초를 닦는 것이다.

전방 추론

앞의 예제에서는 코드의 특정 위치에 있는 값에 대해 어떤 객체들이 영향을 미치는지 추론했다. 하지만 문서화 테스트를 작성할 때는 이와 반대로 추론한다. 즉, 먼저 객체들을 조사하고 이 객체들이 제대로 동작하지 않을 경우 어떤 영향을 미치게 되는지 추론한다. 예제를 들어보자. 다음 클래스는 인메모리 파일시스템의 일부다. 이 클래스에 대한 테스트 루틴이 존재하지 않지만 이 클래스에 대한 변경을 수행해야 하는 상황이다.

```java
public class InMemoryDirectory {
  private List elements = new ArrayList();
  public void addElement(Element newElement) {
    elements.add(newElement);
  }
  public void generateIndex() {
    Element index = new Element("index");
    for (Iterator it = elements.iterator(); it.hasNext(); ) {
      Element current = (Element)it.next();
      index.addText(current.getName() + "\n");
    }
    addElement(index);
  }
  public int getElementCount() {
    return elements.size();
  }
  public Element getElement(String name) {
    for (Iterator it = elements.iterator(); it.hasNext(); ) {
      Element current = (Element)it.next();
      if (current.getName().equals(name)) {
        return current;
      }
    }
    return null;
  }
}
```

InMemoryDirectory는 자바 클래스며, InMemoryDirectory 객체를 생성한 후 요소element를

추가하고 인덱스를 생성해 요소에 접근할 수 있다. 여기서 Element는 파일과 마찬가지로 텍스트를 포함하는 객체다. 요소에 대한 인덱스를 생성할 때는 index라는 이름의 Element 객체를 생성하고 index의 텍스트에 다른 모든 요소들의 이름을 추가한다.

InMemoryDirectory의 특이한 점 중 하나는 generateIndex를 두 번 호출하면 인덱스가 엉망이 된다는 점이다. generateIndex를 두 번 호출하면 두 개의 인덱스가 생기게 되며, 나중에 생성된 인덱스는 처음 생성된 인덱스를 요소로서 포함하게 된다.

다행히 애플리케이션 내에서 InMemoryDirectory는 매우 제한적으로만 사용된다. 디렉터리를 생성하고, 요소를 디렉터리에 추가하며, generateIndex를 호출한 후 이 디렉터리를 다른 클래스들에 전달함으로써 애플리케이션의 다른 부분에서 이 디렉터리의 요소들에 접근할 수 있게 해준다. 현재 이렇게 잘 돌아가고 있지만 이를 변경할 필요가 생겼다고 하자. 디렉터리가 존재하는 동안에는 언제든지 요소 추가가 가능하도록 소프트웨어를 변경해야 하는 것이다.

이상적으로는 요소 추가와 동시에 인덱스를 생성하고 유지 보수하는 것이 바람직하다. 요소를 처음 추가할 때는 추가된 요소의 이름을 갖는 인덱스가 생성돼야 하고, 그다음에 요소를 추가할 때는 처음 만들어진 것과 동일한 인덱스에 추가된 요소의 이름을 저장한 후 갱신해야 한다. 신규 동작을 위해 테스트 루틴을 작성하는 것과 테스트를 만족시키기 위해 코드를 작성하는 것은 매우 간단하지만, 현재의 동작에 대한 테스트 루틴은 어디에도 없다. 이 테스트 루틴을 어느 곳에 작성해야 할지 어떻게 알 수 있을까?

이번 예제의 경우 답은 분명하다. 다양한 방식으로 addElement를 호출하고 인덱스를 생성하며 요소들이 제대로 저장됐는지 확인하는 일련의 테스트 루틴이 필요하다. 대상이 되는 메소드가 사용되고 있음을 어떻게 알 수 있을까? 이번 예제의 경우는 간단한데, 테스트 루틴은 단지 디렉터리의 사용 방법을 기술한 것에 지나지 않기 때문이다. 디렉터리가 어떤 것인지 이미 알고 있으므로, 디렉터리 코드를 확인하지 않고도 테스트 루틴들을 작성할 수 있을 것이다. 하지만 테스트 루틴의 위치를 결정하는 문제는 그리 간단하지 않다. 여기서 레거시 시스템에서 흔히 볼 법한 복잡하고 거대한 클래스를 예제로 사용할 수도 있었지만, 그랬다면 많은 독자들이 이 책을 덮어버렸을지도 모른다. 비록 이번 예제의 클래스는 그리 복잡하지 않지만, 복잡한 클래스라는 가정하에 코드를 조사함으로써 무엇을 테스트할지 알아내는 방법을 살펴보자. 이런 식의 추론은 좀 더 까다로운 문제에도 사용할 수 있다.

이번 예제에서 가장 먼저 할 일은 변경해야 할 위치를 판단하는 것이다. 여기서는 gene rateIndex 메소드에서 기능을 제거하고 addElement에 기능을 추가해야 한다. 이렇게 변경 대상의 위치를 결정하고 나면, 영향 다이어그램을 그릴 수 있다.

먼저 generateIndex부터 시작하자. 무엇이 이 메소드를 호출하는가? 클래스 내의 다른 메소드는 아무것도 이 메소드를 호출하지 않는다. 다른 클래스에 의해서만 호출될 뿐이다. 우리는 generateIndex에 대해 무엇을 변경하려는 것일까? 신규 요소를 생성하고 디렉터리에 이 요소를 추가할 것이므로 generateIndex는 클래스의 elements 변수가 참조하는 컬렉션에 영향을 미친다(그림 11.5).

이제 elements 컬렉션에 주목하고 이것이 무엇에 영향을 미치는지 조사할 필요가 있다. 이 컬렉션은 그 밖에 어느 곳에서 사용될까? getElementCount와 getElement 메소드에서 사용되는 것 같다. elements 컬렉션은 addElement에서도 사용되고 있다. 하지만 addElement 메소드는 elements 컬렉션의 상태와 관계없이 동작하기 때문에 대상에서 제외할 수 있다. elements 컬렉션에 무슨 일을 하든 addElement를 호출한 코드는 영향을 받지 않는다(그림 11.6).

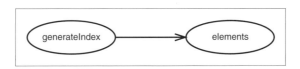

그림 11.5 generateIndex는 elements에 영향을 미침

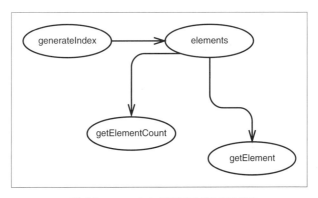

그림 11.6 generateIndex의 변경에 의한 여러 영향

이제 다 됐을까? 아직 아니다. 변경 지점이 generateIndex와 addElement 메소드이므로 addElement 메소드가 주변 소프트웨어에 어떻게 영향을 미치는지도 살펴봐야 한다. addElement는 elements 컬렉션에 영향을 미치는 것 같다(그림 11.7).

다음으로 elements가 어떻게 영향을 받는지 조사해야 하는데, generateIndex 메소드가 elements에 영향을 미치는 것은 이미 알고 있다.

전체 영향 스케치는 그림 11.8과 같다.

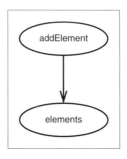

그림 11.7 addElement가 elements에 영향을 미침

따라서 InMemoryDirectory 클래스의 사용자가 이러한 변경에 의한 영향을 감지하려면 getElementCount와 getElement 메소드를 통해 확인해야 한다. 이 두 개의 메소드에 대한 테스트 루틴을 작성할 수 있다면, 변경에 의한 영향을 모두 아우를 수 있을 것 같다.

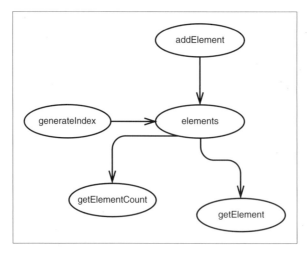

그림 11.8 InMemoryDirectory 클래스의 영향 스케치

하지만 무언가 빠뜨린 것이 있지는 않을까? 슈퍼클래스나 서브클래스는 어떻게 될까? InMemoryDirectory 내에 public, protected, package로 선언된 데이터가 있을 경우, 우리가 모르는 사이에 서브클래스 혹은 동일 패키지 내의 다른 메소드에서 이 데이터를 변경할 수 있다. 하지만 이번 예제의 InMemoryDirect의 인스턴스 변수는 private으로 선언됐으므로 그런 걱정은 하지 않아도 된다.

 영향 스케치를 그릴 때는 대상 클래스를 이용하는 다른 클래스를 빠짐없이 파악하자. 특히 슈퍼클래스나 서브클래스가 있을 경우 조사 대상에서 빠진 클래스가 남아있을 수 있다.

이제 끝난 것일까? 지금까지 완전히 놓친 것이 하나 있다. 디렉터리 내에서 Element 클래스를 사용하고 있음에도 영향 스케치에 나타나지 않는 것이다. 좀 더 자세히 살펴보자.

generateIndex를 호출하면 Element 객체가 생성되고 이 객체의 addText 메소드가 반복 호출된다. Element 클래스의 코드를 살펴보자.

```java
public class Element {
  private String name;
  private String text = "";
  public Element(String name) {
    this.name = name;
  }

  public String getName() {
    return name;
  }

  public void addText(String newText) {
    text += newText;
  }

  public String getText() {
    return text;
  }
}
```

다행히 코드가 무척 간단하다. generateIndex가 생성하는 신규 요소를 타원으로 나타내보자(그림 11.9).

텍스트가 있는 하나의 새로운 요소를 가질 때, generateIndex는 그것을 컬렉션에 추가하기 때문에 새로운 요소는 컬렉션(그림 11.10)에 영향을 미친다.

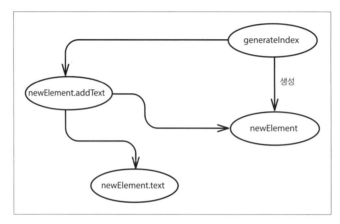

그림 11.9 Element 클래스를 통한 영향

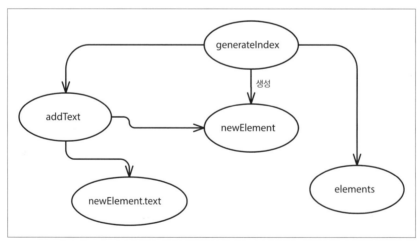

그림 11.10 elements 컬렉션에 영향을 미치는 generateIndex

지금까지의 작업을 통해 addText 메소드가 elements 컬렉션에 영향을 미치고, 이후 getElement와 getElementCount의 반환 값에 영향을 준다는 것을 확인했다. 텍스트가 제대로 생성됐는지 확인하고 싶으면 getElement 메소드가 반환한 요소에 getText 메소드를

호출하면 된다. 따라서 getElement와 getElementCount 메소드는 변경 영향을 감지하는 테스트 루틴을 작성하기 위한 최적의 위치다.

앞에서도 언급했듯이 이번 예제는 크기는 작지만 레거시 코드에서 변경 영향을 평가할 때 어떤 식으로 추론해야 하는지 잘 보여준다. 테스트 위치를 찾아야 할 때 가장 먼저 할 일은 어디서 변경을 탐지할 수 있는지, 즉 변경의 영향이 무엇인지 파악하는 것이다. 어디서 영향을 탐지할 수 있는지 알아내면, 그중 하나를 골라서 그곳에 테스트 루틴을 작성하면 된다.

영향 전파

영향이 전파되는 과정을 찾기는 그다지 어렵지 않다. 앞선 예제에서 다룬 InMemoryDirectory 클래스의 경우, 호출 코드에게 값을 반환하는 메소드들을 찾을 수 있었다. 이때 변경 지점에서부터 영향 추적을 시작했지만, 일반적으로는 반환 값을 갖는 메소드를 먼저 주목하는 경우가 많다. 반환 값이 무시되지 않는 한, 반환 값은 호출 코드에 영향을 미치기 때문이다.

변경에 의한 영향이 조용히, 그리고 은밀히 전파되기도 한다. 다른 객체를 매개변수로서 받는 객체는 그 객체의 상태를 변경할 수 있으며, 이 변경이 애플리케이션의 나머지 부분에 영향을 미치게 된다.

 프로그래밍 언어마다 메소드의 매개변수를 처리하는 방법에 대한 규칙이 정해져 있다. 대체로, 별도로 지정되지 않았다면 객체에 대한 참조를 전달하며 자바와 C#에서 기본으로 사용되는 방식이다. 객체가 메소드에 전달되는 것이 아니고, 대신에 그 객체의 '핸들'이 전달되는 것이다. 따라서 메소드는 이 핸들을 통해 해당 객체의 상태를 변경할 수 있다. 일부 언어들은 전달받은 객체의 상태를 변경하지 못하도록 막는 키워드를 제공하는데, C++의 경우 메소드의 매개변수 선언에 const 키워드를 사용하면 된다.

가장 은밀한 전파는 전역 변수 또는 정적 변수에 의해 일어난다. 다음 예제를 보자.

```
public class Element {
  private String name;
  private String text = "";

  public Element(String name) {
    this.name = name;
  }

  public String getName() {
    return name;
  }

  public void addText(String newText) {
    text += newText;
    View.getCurrentDisplay().addText(newText);
  }

  public String getText() {
    return text;
  }
}
```

이 클래스는 InMemoryDirectory 예제에서 사용했던 것과 거의 똑같다. 다른 점은 addText
의 두 번째 줄뿐이다. Element 클래스 내 메소드의 시그니처만 봐서는 Element가 View 객
체에 영향을 미치는지 알 수 없다. 정보 은닉이 필요할 수는 있지만, 알 필요가 없는 정보
에만 적용하는 것이 바람직하다.

코드 내에서의 영향 전파는 기본적으로 다음의 세 가지 방법으로 이뤄진다.

1. 호출 코드가 사용하는 반환 값
2. 매개변수로 전달된 객체를 변경
3. 정적 또는 전역 변수를 변경

이 외의 방법을 제공하는 언어도 있다. 예를 들면 관점 지향 언어를 사용하는 프로그래머는
관점이라 부르는 구조를 작성할 수 있는데, 이는 시스템의 다른 곳에 있는 코드의 동작에 영
향을 미친다.

다음은 내가 경험적으로 변경 영향을 탐색할 때 사용하는 방법이다.

1. 변경 대상 메소드를 식별한다.
2. 메소드가 반환 값을 가진다면, 이 메소드를 호출하는 코드를 살펴본다.
3. 메소드가 어떤 값을 변경하는지 여부를 살펴본다. 변경하는 값이 있다면, 그 값을 사용하는 메소드와 다시 이 메소드를 사용하는 메소드를 살펴본다.
4. 인스턴스 변수 및 메소드 사용자가 될 수 있는 슈퍼클래스와 서브클래스도 잊지 말고 살펴본다.
5. 메소드에 전달되는 매개변수를 살펴본다. 변경하고자 하는 코드가 매개변수나 반환 값인 객체를 변경하지 않는지 살펴본다.
6. 식별된 메소드 중에서 전역 변수나 정적 변수를 변경하는 것이 있는지 살펴본다.

영향 추론을 위한 도구

우리가 갖고 있는 무기 중에서 가장 중요한 것은 바로 프로그래밍 언어에 대한 지식이다. 어떤 언어든 영향 전파를 막기 위한 '방화벽'이 존재한다. 그 방화벽이 무엇인지 알고 있다면, 굳이 사용하지 않을 이유는 없다.

다음과 같은 Coordinate 클래스의 내부 구현을 변경하고 싶다고 하자. 3차원 및 4차원 좌표를 나타낼 수 있도록 Coordinate 클래스를 일반화하고, 벡터를 사용해 x 값과 y 값을 유지하도록 변경하려고 한다. 다음의 자바 코드에서는 이러한 변경으로 인한 영향을 이해하기 위해 Coordinate 클래스 이외의 다른 것을 살펴볼 필요가 없다.

```
public class Coordinate {
  private double x = 0;
  private double y = 0;

  public Coordinate() {}
  public Coordinate(double x, double y) {
    this.x = x; this.y = x;
  }
```

```
  public double distance(Coordinate other) {
    return Math.sqrt(Math.pow(other.x - x, 2.0) + Math.pow(other.y - y, 2.0));
  }
}
```

하지만 다음 코드의 경우는 클래스 외에도 살펴볼 것들이 있다.

```
public class Coordinate {
  double x = 0;
  double y = 0;

  public Coordinate() {}
  public Coordinate(double x, double y) {
    this.x = x; this.y = x;
  }

  public double distance(Coordinate other) {
    return Math.sqrt(Math.pow(other.x - x, 2.0) + Math.pow(other.y - y, 2.0));
  }
}
```

왜 차이가 나는지 알겠는가? 첫 번째 버전에서는 변수 x와 y가 private으로 선언됐고, 두 번째 버전에서는 package로 선언됐다. 첫 번째 버전에서 변수 x와 y의 값을 어떤 식으로 변경하든, Coordinate 클래스를 호출하는 코드에는 distance 함수를 통해서만 영향을 미칠 수 있다. 반면에 두 번째 버전에서 동일 패키지 내의 코드는 변수 x와 y에 직접 접근할 수 있다. 따라서 직접 접근하는 코드를 찾거나, 직접 접근하지 못하도록 private으로 바꿔야 한다. Coordinate의 서브클래스 역시 인스턴스 변수에 접근할 수 있으므로, 인스턴스 변수들이 서브클래스 내의 메소드에서 사용되고 있는지도 확인해야 한다.

언어의 미묘한 규칙이 원인이 돼서 오류를 범할 가능성이 있으므로, 사용 중인 언어를 정확히 아는 것이 중요하다. 다음의 C++ 코드를 보자.

```
class PolarCoordinate : public Coordinate {
public:
  PolarCoordinate();
  double getRho() const;
  double getTheta() const;
};
```

C++에서 const 키워드가 메소드 선언문 뒤에 오면, 이 메소드는 객체의 인스턴스 변수를 변경할 수 없다. 하지만 PolarCoordinate의 슈퍼클래스가 다음과 같다고 가정해보자.

```
class Coordinate {
protected:
  mutable double first, second;
};
```

C++에서 mutable 키워드가 변수 선언에 사용되면, const 메소드도 수정할 수 있는 변수임을 의미한다. 여기서 mutable이 사용된 것이 이상하긴 하지만, 우리가 잘 모르는 프로그램에서 변경 가능한 것과 변경 불가능한 것을 조사할 때는 아무리 이상한 경우라도 빠짐없이 영향을 찾아야 한다. 확인도 하지 않고 const 키워드가 붙어있으니 const 메소드라고 생각해버리면 안 된다. 다른 언어들도 이처럼 주의해야 할 기능들이 있다.

 그러므로 프로그래밍 언어를 정확히 알아두자.

영향 분석을 통한 학습

기회가 있을 때마다 영향을 분석해보는 것이 좋다. 코드베이스에 익숙해지면, 어떤 것은 찾지 않아도 된다고 느낄 수 있다. 이런 느낌이 든다면, 코드베이스의 '기본 품질'을 발견한 것이다. 좋은 코드에는 '구멍'이 거의 없다. 명시적이든 아니든 코드베이스에 여러 '규칙'들이 포함돼 있기 때문에 발생 가능한 영향을 찾느라 신경질적이 되지 않아도 된다. 이러한 규칙을 발견하는 최상의 방법은 소프트웨어의 한 부분이 우리가 한 번도 본 적이 없는 방식으로 다른 부분에 영향을 미칠 수 있음을 발견하는 것이다. 그러면 '이런 바보 같은'이라는 말이 나도 모르게 나오게 된다. 이러한 규칙을 많이 포함하는 코드베이스는 다루기가 훨씬 쉽다. 나쁜 코드일 경우, 사람들은 규칙이 무엇인지 모르거나 규칙이 예외로 가득하다.

코드의 '규칙'은 'protected 변수를 사용하면 안 된다.'와 같이 꼭 프로그래밍의 대원칙일 필요는 없다. 그보다는 대체로 앞뒤 맥락과 관련된 것이 많다. 우리는 앞서 CppClass 예제를 논의하면서 CppClass 객체가 생성된 후 이 객체를 호출하는 코드에 미치는 영향을 파악하기 위해 노력했었다. 다음은 CppClass 코드의 일부다.

```
public class CppClass {
  private String name;
  private List declarations;
  public CppClass(String name, List declarations) {
    this.name = name;
    this.declarations = declarations;
  }
  ...
}
```

앞서 우리는 선언문 리스트를 생성자에게 전달한 후에 누군가 이.리스트를 변경할 가능성을 언급했었다. 이는 '어리석은 방식'의 좋은 사례다. CppClass에 전달되는 리스트가 값이 변경되지 않는 리스트임을 처음부터 알고 있다면 추론하기가 훨씬 쉬워지기 때문이다.

일반적으로 프로그램 내의 영향을 줄일수록 프로그래밍이 쉬워진다. 코드를 이해하기 위해 알아야 하는 것이 감소하기 때문이다. 이런 사상은 궁극적으로 스킴Scheme이나 하스켈Haskell 같은 함수형 프로그래밍 언어로 이어지며, 실제로 함수형 언어로 작성된 프로그램은 이해하기가 매우 쉽지만 아직은 널리 사용되지 않고 있다. 그렇지만 객체 지향 언어에서도 영향을 제한함으로써 테스트를 단순화할 수 있으며 그리 어려운 일도 아니다.

영향 스케치의 단순화

이 책의 목적은 레거시 코드를 작업하기 쉽도록 돕는 것이며, 이 때문에 예제의 상당수는 품질이 형편없는 코드를 포함하고 있다. 하지만 나는 영향 스케치를 사용하면 매우 유용한 것이 눈에 들어온다는 사실을 독자들에게 전할 기회를 갖고 싶었다. 이는 여러분이 앞으로 코드를 작성하는 방식에 영향을 미칠 수 있다.

CppClass의 영향 스케치를 다시 살펴보자(그림 11.11).

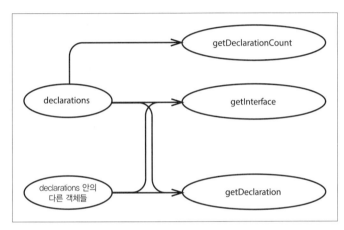

그림 11.11 CppClass의 영향 스케치

영향이 확산되는 모습을 볼 수 있다. 두 개의 데이터, 즉 declarations 변수와 declarations 내의 항목이 서로 다른 메소드들에 영향을 미치고 있다. 우리는 테스트에 사용될 메소드를 선택할 수 있다. 가장 적합한 것은 getInnterface 메소드인데, 다른 메소드보다 많은 데이터를 처리하기 때문이다. getDeclaration과 getDeclarationCount를 통해서는 쉽게 감지할 수 없는 것을 getInterface 메소드를 이용해 감지할 수 있다. CppClass의 사양을 분명히 드러내고 싶다면 getInterface만을 위한 테스트 루틴을 작성해도 좋겠지만, getDeclaration과 getDeclarationCount 메소드가 포함되지 않는 점이 마음에 걸린다. 하지만 getInterface가 다음과 같다면 어떻게 될까?

```
public String getInterface(String interfaceName, int [] indices) {
  String result = "class " + interfaceName + " {\npublic:\n";
```

```
  for (int n = 0; n < indices.length; n++) {
    Declaration virtualFunction = getDeclaration(indices[n]);
    result += "\t" + virtualFunction.asAbstract() + "\n";
  }
  result += "};\n";
  return result;
}
```

사소한 부분이 달라졌다. getDeclaration 메소드가 내부적으로 사용되도록 바뀌었다. 따라서 영향 스케치는 그림 11.12의 형태에서 그림 11.13의 형태로 바뀐다.

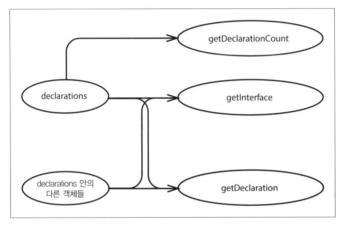

그림 11.12 CppClass를 위한 영향 스케치

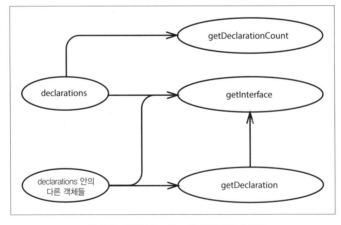

그림 11.13 변경된 CppClass를 위한 영향 스케치

244

이는 작지만 매우 중요한 변화다. getInterface 메소드가 getDeclaration 메소드를 내부적으로 사용하므로, getInterface를 테스트할 때 getDeclaration도 테스트할 수 있다.

중복 부분을 제거하면 대체로 영향 스케치의 종점endpoint 수가 줄어든다. 일반적으로 테스트 구별이 좀 더 간단해짐을 의미하는 변화다.

 영향과 캡슐화

객체 지향의 장점으로 자주 언급되는 특징 중 하나가 캡슐화다. 내가 이 책에서 설명하는 의존 관계 제거 기법을 설명하면 많은 사람들이 캡슐화에 위반된다고 지적한다. 옳은 말이다. 많은 의존 관계 제거 기법이 캡슐화에 위반된다.

캡슐화는 물론 중요한 기능이지만, 왜 중요한지 아는 것이 더 중요하다. 캡슐화는 우리가 코드에 대해 추론하는 것을 도와준다. 캡슐화가 잘된 코드를 이해하기 위해서는 적은 수의 경로만 따라가면 된다. 예를 들어 의존 관계를 제거하기 위해 생성자에 매개변수를 추가하는 생성자 매개변수화 리팩토링을 수행한다면, 영향을 추론할 때 한 개의 경로를 더 추적해야 한다. 하지만 캡슐화 위반으로 코드 추론이 어려워지겠지만, 충분히 서술적인 테스트 루틴이 생기므로 결국은 일하기가 더 쉬워진다. 클래스에 대한 테스트 케이스가 존재한다면 이 테스트 케이스를 통해 코드를 좀 더 직접적으로 추론할 수 있기 때문이다. 코드의 동작에 대한 의문을 해소하기 위해 신규로 테스트 루틴을 작성할 수도 있다.

캡슐화와 테스트 범위가 항상 대립적인 것은 아니지만, 대립한다면 나는 테스트 범위를 주로 선택한다. 오히려 나중에 캡슐화를 수행하는 데 도움이 되기 때문이다.

캡슐화는 그 자체가 목적이 아니다. 단지 이해를 돕기 위한 도구일 뿐이다.

테스트 루틴을 작성할 위치를 찾을 때는 변경에 의해 무엇이 영향을 받을지 아는 것이 중요하다. 영향에 대해 추론하지 않으면 안 된다. 약식으로 추론할 수도 있고, 영향 스케치를 사용해 엄밀하게 추론할 수도 있다. 하지만 가급적 영향 스케치를 배워두면 좋을 것이다. 매우 복잡한 코드를 대상으로 작업할 때, 테스트 루틴의 위치를 발견하는 과정에서 우리가 의지할 만한 몇 안 되는 기법 중 하나이기 때문이다.

CHAPTER 12

클래스 의존 관계,
반드시 없애야 할까?

클래스에 대한 테스트 루틴을 쉽게 작성할 수 있을 때도 있다. 하지만 이 말은 레거시 코드에는 해당되지 않는다. 의존 관계 제거가 까다롭기 때문이다. 클래스를 테스트 하네스에 넣고자 할 때 가장 골치 아픈 것은 변경 지점들이 좁은 범위 내에서 여기저기 흩어져 있는 경우다. 신규 기능을 시스템에 추가하고자 서너 개의 밀접하게 연관된 클래스를 변경해야 할 경우, 이 클래스들에 대한 테스트 코드를 작성하려면 각 클래스마다 2~3시간씩 걸리기도 한다. 물론 이렇게 함으로써 코드가 개선될 수도 있지만, 밀접하게 연관된 클래스들의 모든 의존 관계를 일일이 제거해야 할 필요가 있을까? 아마도 아닐 것이다.

다수의 변경을 모아서 한 번에 테스트 루틴을 작성할 수 있는 위치를 찾으려면 '한 걸음 물러서서(즉, 상위 수준에서)' 테스트할 필요가 있다. 예를 들어 다수의 private 메소드 변경에 대한 테스트를 한 개의 public 메소드에 대한 테스트 루틴으로 수행하거나, 다수 객체 간의 협업 동작에 대한 테스트를 한 개 객체의 인터페이스에 테스트 루틴으로 수행하는 것이다. 이렇게 하면 변경 작업을 위한 테스트뿐 아니라 개별 위치별로 추가적인 리팩토링을 수행하기 위한 테스트 코드도 얻을 수 있다. 테스트 루틴으로 인해 동작이 고정되므로 코드의 구조를 근본적으로 변경할 수 있게 된다.

상위 수준에서의 테스트는 리팩토링에 유용하다. 개발자들은 변경 대상 인터페이스에 대해 다수의 소규모 테스트 루틴들이 존재하면 변경 작업이 어려워진다고 생각하기 쉽다. 따라서 세부 수준에서 클래스마다 테스트 루틴을 작성하기보다는 상위 수준의 테스트를 선호한다. 하지만 실제로는 대부분의 변경이 생각만큼 어렵지 않다. 테스트 루틴 변경 후에 코드를 변경함으로써 안전하고 점진적인 방식으로 작업을 진행할 수 있기 때문이다.

상위 수준 테스트가 중요한 도구이기는 하지만, 단위 테스트를 대체하면 안 된다. 상위 수준 테스트는 단위 테스트를 작성하기 위한 첫 단계로 간주하는 것이 좋다.

상위 수준의 테스트 루틴을 어떻게 작성하면 좋을까? 일단 어느 위치에 작성해야 할지부터 결정해야 한다. 아직 11장을 읽지 않았다면 지금 읽어보자. 11장은 테스트 루틴을 어디에 작성해야 하는지 알려주는 강력한 도구인 영향 스케치를 다루고 있다. 이번 장에서는 교차 지점interception point의 개념을 알아보고, 그러한 지점들을 어떻게 찾는지 살펴보며, 코드 내에서 교차 지점으로서 가장 좋은 위치인 조임 지점pinch point에 대해서도 알아본다. 그리고 조임 지점을 찾는 방법과 더불어 변경 대상 코드에 대한 테스트 루틴을 작성할 때 이것이 얼마나 유용한지 설명한다.

교차 지점

교차 지점은 특정 변경에 의한 영향을 감지할 수 있는 프로그램 내의 위치를 말한다. 애플리케이션 중에는 교차 지점을 찾기가 매우 어려운 것이 있다. 자연스러운 봉합부가 거의 없고 밀접하게 엮여 있는 애플리케이션이라면 적절한 교차 지점을 찾아내기가 무척 어렵다. 심도 있는 추론 및 다수의 의존 관계 제거가 필요하다. 그럼 어떻게 시작해야 할까?

우선 변경이 필요한 위치들을 확인한 후, 이 지점들이 외부에 미치는 영향을 추적하면 된다. 영향이 탐지되는 모든 위치가 교차 지점이 되지만, 이 위치들이 모두 최상의 교차 지점인 것은 아니다. 전체적인 과정을 통해 최상의 교차 지점을 판단해야 한다.

간단한 경우

금액 계산 방법을 변경하기 위해 Invoice라는 자바 클래스를 변경하고 싶다고 하자. 모든 비용을 계산하는 것은 getValue 메소드다.

```java
public class Invoice
{
  ...
  public Money getValue() {
    Money total = itemsSum();
    if (billingDate.after(Date.yearEnd(openingDate))) {
      if (originator.getState().equals("FL") ||
          originator.getState().equals("NY"))
        total.add(getLocalShipping());
      else
        total.add(getDefaultShipping());
    }
    else
      total.add(getSpanningShipping());
    total.add(getTax());
    return total;
  }
  ...
}
```

뉴욕으로 보내지는 운송 비용의 계산 방법을 변경해야 하는 상황이다. 세법 변경으로 세금이 추가됐고 이로 인해 증가된 화물 출하 비용을 고객에게 청구할 수밖에 없기 때문이다. 이를 반영하기 위해 출하 비용의 계산 로직을 추출해서 신규 클래스인 ShippingPricer를 작성했다. 그러고 난 후의 코드는 다음과 같다.

```java
public class Invoice
{
  public Money getValue() {
    Money total = itemsSum();
    total.add(shippingPricer.getPrice());
    total.add(getTax());
    return total;
  }
}
```

원래 getValue 메소드가 수행했던 작업 대부분이 ShippingPricer로 넘어갔다. 송장 날짜를 알고 있는 ShippingPricer 클래스 객체를 생성하기 위해 Invoice 클래스의 생성자도 변경해야 한다.

교차 지점을 찾으려면 변경 위치에서부터 영향 추적을 시작해야 한다. 좀 전의 변경으로 인해 getValue 메소드는 다른 결과를 만들게 됐다. getValue 메소드는 invoice 클래스 내에서는 전혀 사용되지 않고, BillingStatement 클래스 내의 makeStatement 메소드에서 사용된다. 그림 12.1에서 볼 수 있다.

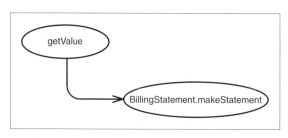

그림 12.1 getValue는 BillingStatement.makeStatement에 영향을 미친다.

생성자도 수정해야 하므로 생성자에 의존하는 코드도 살펴봐야 한다. 생성자 내에서 ShippingPricer 객체를 생성하는데, 이 객체는 자신을 사용하는 메소드를 제외하고 아무것에도 영향을 미치지 않는다. 그리고 이 객체를 사용하는 메소드는 getValue가 유일하다. 그림 12.2가 이를 보여준다.

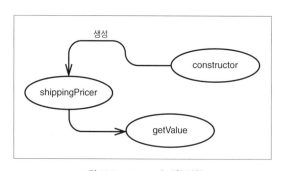

그림 12.2 getValue에 대한 영향

지금까지 설명한 내용을 종합하면 그림 12.3과 같다.

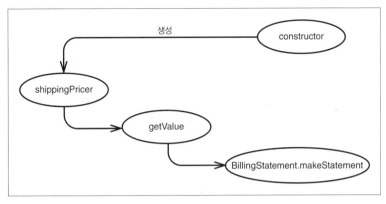

그림 12.3 연쇄적인 영향

그럼 교차 지점은 어디일까? 사실, 이 그림에서 타원으로 표시된 것들은 우리가 접근할 수만 있다면 모두 교차 지점으로서 사용될 수 있다. shippingPricer 변수를 통한 테스트를 시도할 수 있지만, 이 변수는 Invoice 클래스 내의 private 변수이므로 우리가 접근할 수 없다. 설령 접근 가능하더라도, shippingPricer의 교차 지점은 매우 좁다. 생성자가 한 일(shippingPricer 생성)을 감지하고 shippingPricer가 제대로 동작하는지 확인할 수 있지만, getValue 메소드가 잘못 변경되지 않았는지 확인하는 데 사용할 수는 없기 때문이다.

Billingstatement의 makestatement 메소드를 실행해 그 반환 값을 검사함으로써 변경이 제대로 이뤄졌는지 확인하는 테스트 루틴을 작성할 수는 있다. 하지만 더 나은 방법은 Invoice의 getValue를 실행하고 그 반환 값을 검사하는 테스트 루틴을 작성하는 것이다. 이렇게 하면 작업량을 줄일 수 있다. 물론 Billingstatement를 테스트 루틴에 넣으면 좋지만 지금 당장 할 필요는 없다. 나중에 BillingStatement를 변경할 때가 오면 그때 해도 된다.

일반적으로, 변경 지점과 가장 가까운 교차 지점을 선택하는 것이 몇 가지 이유에서 바람직하다. 첫 번째 이유는 안전성이다. 변경 지점과 교차 지점 간의 단계들은 논리적인 토론 단계와 비슷하다. 마치 다음과 같이 말하는 것으로 생각할 수 있기 때문이다. "우리는 이 부분을 테스트할 수 있다. 이 부분은 다른 부분에 영향을 미치는데, 그 부분은 또 다른 부분에 영향을 미치며 그 영향이 결국 테스트 대상에까지 미치기 때문이다." 단계가 많으면 많아질수록 점점 무슨 말인지 이해하기가 어려워진다. 반드시 효과적인 것은 아니지만, 그래도 유일한 확인 방법은 교차 지점의 테스트 코드를 작성한 후 변경 지점으로 돌아가서 코드를 조금 변경하고 테스트가 실패하는지 확인하는 것이다. 이렇게 변경 지점으로 돌아가는 방법을 사용할 수밖에 없을 때도 있지만, 이 기법이 항상 유효하지는 않다. 교차 지점과 변경 지점의 거리가 떨어지면 좋지 않은 또 다른 이유는 테스트 설정이 어렵다는 점이다. 이는 항상 그런 것은 아니고 코드에 따라 다르다. 테스트 설정이 어려운 이유는 역시 변경 지점과 교차 지점 간의 단계가 많기 때문이며, 많은 수의 단계를 거친 후의 기능을 테스트 루틴이 제대로 테스트하는지 확인하려면 마치 컴퓨터처럼 두뇌를 회전해야 할 수 있다.

좀 전 예제의 경우 Invoice 클래스의 변경은 아마도 getValue 메소드로 테스트하면 가장 좋을 것이다. 테스트 하네스 내에 Invoice 객체를 생성하고, 다양한 조건으로 설정을 변경해가며 getValue를 호출함으로써 변경을 수행하는 동안에 동작을 고정할 수 있다.

상위 수준의 교차 지점

대부분의 경우, 변경 작업을 위한 가장 좋은 교차 지점은 변경 대상 클래스의 public 메소드 중 하나다. 이럴 경우에는 교차 지점을 찾아서 사용하기 쉽지만, 간혹 public 메소드가 최선의 선택이 아닐 때가 있다. Invoice 예제를 조금 확장하면 이런 경우를 살펴볼 수 있다.

Invoice 클래스에서 운송 비용의 계산 방법을 변경하고, 운송 업체를 관리하기 위한 필드를 포함하도록 Item이라는 이름의 클래스를 변경해야 한다고 하자. 또 BillingStatement 클래스의 처리를 운송 업체별로 구분할 필요도 있다. 그림 12.4는 현재의 설계를 UML로 보여준다.

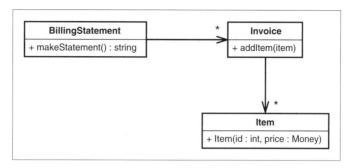

그림 12.4 확장된 청구 시스템

이 클래스들에 대한 테스트 루틴이 없다면, 각 클래스마다 개별적으로 테스트 루틴을 작성하고 필요한 변경을 수행하는 방법을 생각할 수 있다. 물론 이렇게 해도 되지만, 상위 수준의 교차 지점이 발견된다면 변경 작업을 좀 더 효율적으로 진행할 수 있다. 이렇게 할 때크게 두 가지 장점이 있다. 하나는 의존 관계를 그리 많이 제거하지 않아도 된다는 점이고, 다른 하나는 코드를 묶음 단위로 취급할 수 있다는 점이다. 게다가 이 클래스들의 사양을분명히 드러내는 테스트 루틴에 의해 좀 더 대규모의 리팩토링을 보장할 수 있다. 이번 예제의 경우 BillingStatement 클래스의 테스트를 불변 조건으로서 이용하고, Invoice와Item 클래스의 구조를 바꿀 수 있다. BillingStatement, Invoice, Item을 전부 문서화하는 초기 테스트 루틴의 코드는 다음과 같다.

```
void testSimpleStatement( ) {
  Invoice invoice = new Invoice( );
  invoice.addItem(new Item(0,new Money(10));
  BillingStatement statement = new BillingStatement( );
  statement.addInvoice(invoice);
  assertEquals("", statement.makeStatement( ));
}
```

이 테스트 루틴에 의해 BillingStatement가 한 개의 품목item을 갖는 송장Invoice에 대해 어떤 텍스트를 생성하는지 확인한 후, 실제로 이 텍스트를 사용하도록 테스트 루틴을 변경할 수 있다. 그리고 나서 다수의 테스트 루틴을 추가하고, 송장과 품목의 서로 다른 조합에의해 송장이 어떻게 영향을 받는지 살펴볼 수 있다. 특히 나중에 봉합을 도입할 코드 영역을 실행하는 테스트 케이스를 작성하도록 주의해야 한다.

여기서 BillingStatement가 이상적인 교차 지점인 이유는 무엇일까? 클래스들의 변경에 의한 영향을 검출하는 데 사용될 수 있는 유일한 곳이기 때문이다. 그림 12.5는 현재 수행 중인 변경에 대응되는 영향 스케치다.

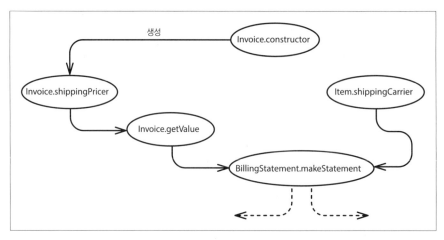

그림 12.5 청구 시스템의 영향 스케치

모든 영향을 makeStatement를 통해 검출할 수 있다는 점에 주목하자. makeStatement를 통해 검출하는 것이 쉽지 않을 수도 있지만, 적어도 모든 영향을 검출할 수 있는 지점인 것은 사실이다. 나는 코드 설계에서 이러한 곳을 가리켜 조임 지점이라고 부른다. 조임 지점은 영향 스케치에서 영향이 집중되는 곳이며, 광범위한 변경에 대한 테스트 루틴을 작성할 수 있는 지점이다. 조임 지점을 찾을 수 있다면, 변경 작업은 매우 쉬워진다.

하지만 조임 지점은 변경 지점에 의해 결정된다는 것을 명심해야 한다. 여러 곳에서 호출되는 클래스일지라도, 이 클래스의 다수 변경에 대한 조임 지점은 한 개뿐일 수 있다. 그림 12.6에서 좀 더 범위를 넓혀 송장 시스템을 살펴보자.

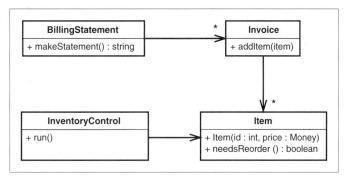

그림 12.6 재고 관리 기능이 추가된 청구 시스템

지금까지 논의된 적이 없었지만 Item 클래스는 needsReorder라는 메소드도 가지고 있다. 이 메소드는 InventoryControl 객체가 발주 여부를 판단할 때 호출된다. 이 변경 때문에 영향 스케치를 수정해야 할까? 그렇지 않다. Item에 shippingCarrier 필드를 추가하더라도 needsReorder 메소드에 아무 영향도 미치지 못한다. 그러므로 BillingStatement는 여전히 조임 지점으로서 테스트에 적합한 곳이다.

좀 더 시나리오를 변형해보자. Item 클래스에 공급자supplier를 얻어오고 설정하는 메소드를 추가해야 한다고 가정하자. InventoryControl과 BillingStatement 클래스는 공급자의 이름을 사용한다. 그림 12.7은 영향 스케치에 이를 반영한 것이다.

지금 당장은 이 구조가 그다지 좋아 보이지 않는다. 변경의 영향은 BillingStatement의 makeStatement 메소드와 InventoryControl의 run 메소드의 영향을 받는 변수를 통해 검출할 수 있지만, 교차 지점은 더 이상 한 개가 아니다. 하지만 run 메소드와 makeStatement 메소드를 묶어서 보면 한 개의 교차 지점으로 볼 수 있다. 전부 두 개의 메소드일 뿐이며, 여덟 개의 메소드와 변수를 건드리는 것보다 훨씬 범위가 좁아진다. 여기에 적절한 테스트 루틴이 작성되면 상당히 많은 변경에 대해 테스트할 수 있다.

 조임 지점

조임 지점이란 영향 스케치 내에서 영향이 집중되는 곳이며, 소수 메소드에 대응하는 테스트 루틴으로 다수 메소드의 변경을 검출할 수 있는 곳이다.

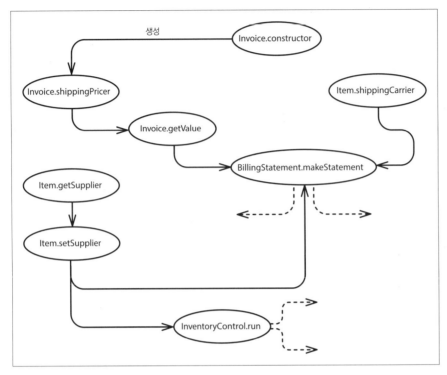

그림 12.7 전체 청구 시스템 시나리오

간혹 조임 지점이 금세 발견되는 소프트웨어도 있지만, 대부분의 경우는 그렇지 않다. 한 개의 클래스나 메소드에 직접 영향을 미치는 것이 매우 많이 존재할 경우, 영향 스케치의 모습은 마치 가지가 복잡하게 얽힌 거대한 나무처럼 보일 것이다. 이 상태에서 어떻게 해야 할까? 한 가지 방법은 변경 지점으로 다시 돌아가는 것이다. 어쩌면 한 번에 너무 많은 변경을 시도하는 것일지 모르니, 한 번에 한 개나 두 개의 변경만 고려하면서 조임 지점을 찾는 것이다. 조임 지점을 도저히 찾지 못하겠다면, 가급적 개별 변경 지점의 근처에 테스트 루틴을 작성하려고 노력한다.

조임 지점을 찾는 또 다른 방법은 영향 스케치 내에서 공통적인 사용 방법을 찾는 것이다. 예를 들어 한 개의 메소드나 변수가 세 곳에 사용된다고 해서, 이것이 반드시 세 가지 방법으로 사용되고 있음을 의미하지는 않는다. 앞서의 예제에서 Item 클래스의 needsReorder 메소드에 리팩토링이 필요하다고 가정하자. 여기서 코드를 보여주지는 않지만, 영향 스케치를 그려보면 InventoryControl 클래스의 run 메소드와 BillingStatement 클래스의

makeStatement 메소드를 포함하는 조임 지점이 발견됐다. 하지만 더 이상은 범위를 좁힐 수 없다. 이 두 개의 클래스 중에 한 곳에만 테스트 루틴을 작성해도 괜찮을까? 여기서 중요한 것은 "이 메소드를 분리하면 이곳에서 변경을 감지할 수 있는가?"라고 질문하는 것이다. 이 질문의 답은 메소드가 어떻게 사용되느냐에 따라 달라진다. 메소드가 비교 가능한 값을 갖는 객체와 동일한 방법으로 사용된다면 한 곳에서만 테스트해도 문제없다. 다른 팀원들과 함께 영향 스케치를 그려가며 분석해보길 바란다.

조임 지점을 이용한 설계 판단

앞 절에서는 조임 지점이 테스트에 얼마나 유용하게 사용되는지 살펴봤다. 하지만 조임 지점은 다른 용도로도 사용된다. 조임 지점이 어디에 있는지 주목하면 코드를 개선하는 방법에 대한 힌트를 얻을 수 있다.

조임 지점이란 실제로 무엇일까? 조임 지점은 자연적인 캡슐화의 경계다. 조임 지점을 찾았다면, 코드의 상당 부분과 관련이 있는 모든 영향이 통과하는 곳을 발견한 것과 같다. BillingStatement 클래스의 makeStatement 메소드가 송장invoice과 품목item에 대한 조임 지점이라면, makeStatement 메소드의 결과가 예상과 다를 경우 어느 곳을 확인해야 할지 알 수 있다. 문제의 원인은 BillingStatement 클래스 혹은 송장이나 품목 객체에 있을 것이기 때문이다. makeStatement를 호출하기 위해 송장이나 항목 객체를 알아야 할 필요도 없다. 이는 바로 캡슐화의 정의와 거의 같다. 클래스 내부에 관심을 둘 필요가 없으며, 관심을 두더라도 내부를 이해하기 위해 외부를 조사할 필요가 없다. 조임 지점을 고려하면, 클래스 간에 책임을 어떻게 분배해야 더 나은 캡슐화가 될지 파악할 수 있다.

조임 지점에 테스트 루틴을 작성하는 것은 어려운 프로그램 변경 작업을 시작하기에 이상적인 방법이다. 클래스들을 추출해 테스트 하네스 내에서 인스턴스화 가능하도록 만드는 것은 미래를 위해 투자하는 것과 같다. 문서화 테스트 루틴을 작성함으로써 안전하게 변경을 수행할 수 있게 되고, 이는 작업을 편하게 만드는 작은 오아시스를 사막에 지은 것과 같다. 하지만 주의해야 한다. 함정일지도 모르기 때문이다.

조임 지점의 함정

단위 테스트를 작성할 때 곤란한 상황에 처하는 경우가 있다. 그중 하나는 단위 테스트가 점점 소규모 통합 테스트로 커지는 것이다. 어떤 클래스를 테스트하기 위해 여러 개의 협업 객체를 생성하고 이것들을 테스트 대상 클래스로 전달한다고 하자. 몇 개의 값을 점검하고, 객체들이 전체적으로 정확히 동작하는 것을 확인하면 된다. 이 방법의 단점은 지나치게 수행할 경우 테스트 규모가 비대해져서 단위 테스트에 걸리는 시간이 너무 길어진다는 점이다.

새로운 코드를 위한 단위 테스트를 작성할 때의 핵심은 가급적 독립적으로 클래스를 테스트하는 것이다. 테스트 루틴이 너무 큰 것 같으면, 테스트 대상 클래스를 다시 조사해서 좀 더 작은 단위로 분리하는 것이 바람직하다. 단위 테스트의 목적은 객체들이 전체적으로 올바르게 동작하는지 확인하는 것이 아니라 하나의 객체가 어떻게 동작하는지 확인하는 것이다. 따라서 필요하다면 협업 클래스를 위장해 가짜 클래스를 사용할 필요도 있다. 가짜 클래스를 사용함으로써 단위 테스트를 단순화할 수 있기 때문이다.

기존 코드를 위한 테스트 루틴을 작성할 경우에는 좀 다르다. 애플리케이션의 일부를 추출해서 그 부분에 대한 테스트 루틴을 작성하는 것이 이득일 수 있다. 그러고 나서 각각의 관련 클래스에 특화된 단위 테스트를 쉽게 작성할 수 있다. 마지막에는 조임 지점의 테스트 루틴을 제거할 수 있다.

조임 지점의 테스트 루틴은 숲에 걸어 들어가서 줄을 그은 다음 '이 구역은 전부 내 것'이라고 말하는 것과 비슷하다. 해당 구역을 완벽히 숙지한 후에 비로소 리팩토링 및 테스트 루틴을 작성함으로써 더욱 발전시킬 수 있는 것이다. 마침내 조임 지점의 테스트 루틴을 삭제하고 각각의 클래스에 대한 단위 테스트를 사용해 개발을 진행할 수 있게 된다.

CHAPTER 13

변경해야 하는데,
어떤 테스트를 작성해야 할지 모르겠다

사람들이 테스트를 수행한다고 말할 때는 일반적으로 버그를 찾기 위한 테스트를 의미한다. 이런 테스트는 수동 테스트일 경우가 많다. 레거시 코드에서 버그를 찾기 위해 자동화된 테스트를 작성한다는 것은 그냥 코드를 실행하는 것만큼이나 비효율적이라 느껴진다. 수동으로 레거시 코드를 실행하는 방법이 있다면 버그를 매우 빨리 찾을 수 있을 것이다. 하지만 코드를 변경할 때마다 매번 수동으로 반복 수행해야 한다는 단점이 있다. 그리고 사람들은 실제로 이 일을 하지 않는다. 내가 함께 일했던 개발 팀 중에서 수동 테스트에 의존해 변경을 수행했던 대부분의 팀들이 당초 개발 일정을 지키지 못했다. 충분한 확신을 갖고 작업을 진행하지 못했기 때문이다.

일반적으로, 레거시 코드에서 버그를 찾는 것 자체는 문제가 아니다. 하지만 전략적 관점에서 보면, 잘못된 방향의 노력일 가능성이 높다. 그것보다는 개발 팀이 일관되게 올바른 코드를 작성할 수 있도록 도울 수 있는 일을 하는 것이 더 낫다. 애당초 코드에 버그가 생기지 않는 것이 바람직하기 때문이다.

자동화 테스트는 매우 중요한 도구지만 직접적으로 버그를 찾기 위한 것은 아니다. 일반적으로 자동화 테스트는 달성 목적을 명시적으로 드러내거나 기존 동작을 유지하는 것이어야 한다. 개발이 진행되면서, 달성 목적을 드러내기 위한 테스트는 자연스럽게 기존 동작을 유지하는 테스트로 바뀐다. 버그를 찾게 되더라도 그것은 테스트를 처음 실행할 때가 아니며, 나중에 예상치 못한 변경이 일어날 때일 것이다.

그럼 레거시 코드를 취급할 때는 어떻게 해야 할까? 레거시 코드에 변경에 대한 테스트 루틴이 전혀 없을지도 모른다. 따라서 변경을 수행할 때 기존 동작이 유지되는지 검증할 방법이 없다. 그러므로 변경 작업을 수행하기 위한 최선의 방법은 일종의 안전망을 제공하는 테스트 루틴을 사용해 변경 대상 코드 부분을 받쳐주는 것이다. 그 과정에서 버그가 발견되고 이를 수정할 필요가 있을지도 모른다. 하지만 레거시 코드의 모든 버그를 찾아서 수정하는 것을 목표로 삼는다면 언제까지도 끝을 볼 수 없을 것이다.

문서화 테스트

자, 우리에게는 테스트 루틴이 필요하다. 그런데 그 테스트 루틴은 어떻게 작성해야 할까? 한 가지 방법은 소프트웨어가 해야 하는 일을 찾은 후 이에 기반한 테스트 루틴을 작성하는 것이다. 과거의 요구 사항 문서와 프로젝트 메모들을 찾아서 일단 테스트 루틴 작성을 시작할 수 있을 것이다. 하지만 이것도 한 가지 방법이 될 수 있지만 좋은 접근법은 아니다. 거의 모든 레거시 시스템에서는 시스템이 '어떻게 동작해야 하는지'보다 '실제로 어떻게 동작하고 있는지'가 더 중요하다. 시스템이 해야 하는 일을 바탕으로 테스트 루틴을 작성하는 것은 버그 찾기로 돌아가는 것과 다를 바 없다. 버그 찾기도 중요하지만, 현재 우리의 목표는 변경 작업을 명확히 하기 위한 테스트 루틴을 정확한 위치에 작성하는 것이다.

기존 동작 유지에 필요한 테스트를 나는 문서화 테스트characterization test라고 부른다. 문서화 테스트는 코드 실제 동작의 특징을 나타내는 테스트다. '시스템이 이 작업을 수행해야 한다.'거나 '이 작업을 수행하는 것 같다.'라고 확인하는 테스트가 아니라, 시스템의 현재 동작을 그대로 문서화하는 테스트다.

문서화 테스트를 작성하는 순서는 다음과 같다.

1. 테스트 하네스 내에서 대상 코드를 호출한다.
2. 실패할 것임을 알고 있는 확증문assertion을 작성한다.
3. 실패 결과로부터 실제 동작을 확인한다.
4. 코드가 구현할 동작을 기대할 수 있도록 테스트 루틴을 변경한다.

5. 위 과정을 반복한다.

다음 예제에서 PageGenerator 클래스가 "fred"라는 문자열을 생성하지 않을 것임을 알고 있다고 하자.

```
void testGenerator() {
  PageGenerator generator = new PageGenerator();
  assertEquals("fred", generator.generate());
}
```

테스트를 실행하면 당연히 실패할 것이다. 이로부터 코드의 실제 동작이 어떨지 분명히 나타낼 수 있다. 예를 들어 신규 생성 클래스인 PageGenerator는 generate 메소드가 호출되면 공백 문자열을 생성한다.

```
.F
Time: 0.01
There was 1 failure:
1) testGenerator(PageGeneratorTest)
junit.framework.ComparisonFailure: expected:<fred> but was:<>
  at PageGeneratorTest.testGenerator
    (PageGeneratorTest.java:9)
  at sun.reflect.NativeMethodAccessorImpl.invoke0
    (Native Method)
  at sun.reflect.NativeMethodAccessorImpl.invoke
    (NativeMethodAccessorImpl.java:39)
  at sun.reflect.DelegatingMethodAccessorImpl.invoke
    (DelegatingMethodAccessorImpl.java:25)

FAILURES!!!
Tests run: 1, Failures: 1, Errors: 0
```

해당 테스트를 수정해서 실패하지 않고 통과되게 만들자.

```
void testGenerator() {
  PageGenerator generator = new PageGenerator();
```

```
    assertEquals("", generator.generate());
}
```

이제 테스트를 통과한다. 테스트가 성공했을 뿐 아니라 PageGenerator 클래스에 대한 가장 기본적인 사실 중 하나를 문서화한 것이기도 하다. 그것은 PageGenerator 객체를 생성하고 곧바로 generate 메소드를 호출하면 공백 문자열이 반환된다는 점이다.

다른 데이터를 제공하면 어떻게 동작할지 알아내기 위해 동일한 방법을 사용할 수 있다.

```
void testGenerator() {
  PageGenerator generator = new PageGenerator();
  generator.assoc(RowMappings.getRow(Page.BASE_ROW));
  assertEquals("fred", generator.generate());
}
```

테스트 하네스의 오류 메시지로부터 결과 문자열이 "<node><carry>1.1 vectrai</carry></node>"임을 알 수 있으므로, 테스트 루틴에서 기대하는 결과 값으로 이 문자열을 설정한다.

```
void testGenerator() {
  PageGenerator generator = new PageGenerator();
  assertEquals("<node><carry>1.1 vectrai</carry></node>",
    generator.generate());
}
```

이러한 테스트에 익숙하지 않은 사람들에게 이 방식은 기본적으로 이상하다고 생각될 수 있다. 그저 소프트웨어가 산출하는 값을 테스트 루틴에 집어넣기만 하는 것이 진정한 테스트라고 말할 수 있을까? 소프트웨어에 버그가 있다면 어떻게 될까? 테스트 루틴에 기대되는 결과 값이 처음부터 잘못된 값일 수도 있지 않은가?

하지만 다른 관점에서 테스트를 바라보면 이는 문제가 되지 않는다. 이러한 테스트는 소프트웨어가 반드시 따라야 할 규칙에 따라 작성된 것이 아니다. 지금은 버그를 찾는 것이 목적이 아니고, 시스템의 현재 동작과의 차이라는 형태로 나타나는 버그를 나중에 발견하기 위한 구조를 만드는 것이 목적이다. 이러한 관점에서 바라보면 테스트에 대한 견해도 바뀌게 된다. 테스트는 당위론을 따르는 것이 아니라, 시스템의 실제 동작을 그대로 문서화한 것이 된다. 시스템 한 부분의 동작을 이해할 수 있다면, 그 지식과 시스템에 새롭게 기대되는 동작에 관한 지식을 함께 사용해 변경 작업을 수행할 수 있게 된다. 솔직히 말해, 시스템의 실제 동작에 관한 지식은 매우 중요하다. 일반적으로 다른 사람과의 대화나 약간의 계산을 통해 우리가 추가해야 할 동작을 분명히 파악할 수 있다. 하지만 테스트 루틴이 존재하지 않으면, 시스템의 실제 동작을 파악하기 위해서는 어느 시점에서 어떤 변수의 값이 얼마일지 직접 손으로 추적하는 수밖에 없다. 이런 추론에 익숙한 사람도 있지만, 아무리 빨리 추론하더라도 반복 수행을 해야 한다면 효율은 계속 떨어질 것이다.

 문서화 테스트는 코드의 실제 동작을 기록한다. 문서화 테스트 코드를 작성해서 예상치 못한 것을 발견했다면, 발견한 내용을 명확히 했다는 것 자체에 의미가 있다. 그것은 버그일 수도 있다. 하지만 테스트 집합에 이 테스트를 포함할 수 없다는 의미는 아니다. 의심스러운 것으로 구별해두고, 그 부분을 수정하면 무슨 영향이 있을지 주의 깊게 관찰해야 한다.

문서화 테스트 작성의 의미는 지금까지 설명한 내용뿐만이 아니다. PageGenerator 예제의 경우, 코드에 적당히 값을 넣고, 확증문에서 얻은 결과를 바탕으로 테스트에 사용될 설정 값을 결정했었다. 예상되는 동작을 어느 정도 알고 있다면 이런 방법을 사용할 수 있다. 복잡한 조건을 설정하지 않고 메소드의 반환 값만 확인하는 테스트 케이스는 금세 작성할 수 있으며 테스트를 실행할 가치도 있다. 하지만 그다음에는 어떻게 하는 것이 좋을까? PageGenerator와 같은 클래스에 적용 가능한 테스트 케이스는 무한히 많다. 이 클래스의 테스트 케이스들을 작성하느라 인생을 바칠 수는 없는 일이다. 그렇다면 어느 시점에서 중지해야 할까? 어느 테스트 케이스가 다른 케이스보다 중요한지 알 수 있는 방법이 있을까?

중요한 것은 지금 우리가 블랙박스 테스트를 작성하고 있지 않다는 점이다. 우리는 문서화 테스트를 작성할 때 코드를 조사할 수 있다. 코드 그 자체가 동작에 관한 지식을 우리에게 알려주며, 모르는 것이 있을 때는 테스트가 이상적인 조사 방법이다. 문서화의 첫 번째 단계는 코드 동작에 대해 호기심을 갖는 것이다. 그리고 나서, 코드의 동작을 완전히 이해할 때까지 테스트 코드를 끊임없이 작성해보자. 이렇게 작성된 테스트 루틴이 모든 코드를 포괄하지는 못할 것이다. 그래도 다음 단계로 넘어간다. 코드에 추가하고자 하는 변경에 대해 생각해보고, 변경으로 인해 발생 가능한 여러 문제점들을 지금까지 작성한 테스트 루틴으로 전부 감지할 수 있을지 조사한다. 전부 감지하지 못할 것 같다면, 확신이 들 때까지 테스트 코드를 계속 추가한다. 그래도 확신이 들지 않는다면, 그때는 소프트웨어를 다른 방법으로 변경하는 것을 고려하는 편이 안전하다. 아마도 맨 처음 고려했던 방식, 즉 각종 문서들을 토대로 처음부터 테스트 루틴을 작성하는 방법을 사용할 수 있을 것이다.

 메소드 사용 규칙

레거시 시스템 내의 메소드를 사용하기 전에 그 메소드를 위한 테스트 루틴이 있는지 먼저 확인하자. 테스트 루틴이 없다면 테스트 루틴을 먼저 작성한다. 이 규칙을 일관되게 지키면, 테스트 루틴을 의사소통 수단으로서 사용할 수 있게 된다. 다른 개발자가 이 테스트 루틴을 보고 해당 메소드가 할 수 있는 것과 그렇지 않은 것을 예상할 수 있기 때문이다. 대체로 클래스를 테스트 가능하게 만드는 것만으로도 코드의 품질은 향상된다. 무엇이 어떻게 동작하는지 알 수 있으므로, 코드를 변경하고 버그를 수정하면서 앞으로 나아갈 수 있다.

클래스 문서화

어떤 클래스를 대상으로 무엇을 테스트해야 할지 결정하고 싶다고 하다. 어떻게 해야 할까? 가장 먼저 해야 할 일은 상위 수준에서 클래스의 동작을 파악하는 것이다. 상상할 수 있는 가장 간단한 동작에 대한 테스트 루틴부터 시작해서 이를 바탕으로 클래스에 대한 호기심을 넓히는 것이다. 경험적으로 다음의 기준을 따르는 것이 좋다.

1. 로직이 엉켜 있는 부분을 찾는다. 코드에 이해할 수 없는 부분이 있다면, 감지 변수를 사용해 해당 부분을 문서화할 것을 검토한다. 코드의 특정 부분이 실행되는지 확인하기 위해 감지 변수를 사용한다.

2. 클래스나 메소드의 책임을 파악했으면, 일단 작업을 멈춘 후 실패를 일으킬 수 있는 것들의 목록을 만든다. 그리고 그러한 실패를 일으키는 테스트 루틴을 작성할 수 있는지 고려한다.

3. 테스트 루틴에 전달되는 입력 값을 검토한다. 극단적인 값이 주어질 경우 어떤 일

이 벌어질지 확인해야 한다.

4. 객체가 살아있는 동안 항상 참이어야 하는 조건이 있는지 확인한다. 이런 조건을 불변 조건이라고 부른다. 불변 조건을 검증하기 위한 테스트 루틴을 작성해보자. 불변 조건을 발견하기 위해 클래스를 리팩토링해야 할 수도 있다. 리팩토링을 통해 코드의 바람직한 모습에 대한 새로운 지식을 얻게 되기도 한다.

코드 문서화를 위해 작성되는 테스트 루틴들은 매우 중요하다. 시스템의 실제 동작을 문서화한 것으로서, 어떤 문서를 작성하든 마찬가지지만 문서를 읽을 사람에게 중요한 것이 무엇인지에 집중해야 한다. 문서를 읽는 사람의 입장이 돼보자. 처음 보는 클래스를 갖고 작업해야 한다면, 그 클래스에 대해 무엇을 알아야 할까? 그리고 그 정보를 어떤 순서로 배열하는 것이 좋을까? xUnit 프레임워크를 사용하는 경우, 테스트 루틴은 그저 파일 내의 단순한 메소드이므로, 코드를 배우려는 사람이 이해하기 쉽도록 테스트 순서를 배열할 수 있다. 즉, 클래스의 주된 의도를 보여주는 간단한 테스트 케이스부터 시작해서 그 클래스의 특징을 강조하는 테스트 케이스의 순서로 배열할 필요가 있다. 발견된 중요 사항은 테스트 루틴으로서 문서화해두자. 나중에 변경을 수행할 때, 예전에 작성했던 테스트 루틴이 큰 도움이 됨을 깨닫게 될 것이다. 우리가 의식하든 의식하지 않든, 변경 작업을 시작하면 호기심이 일어난다.

 버그를 발견했을 때

레거시 코드의 문서화 테스트를 작성하다 보면 그 과정에서 계속 버그가 발견될 것이다. 모든 레거시 코드에는 버그가 있으며, 버그의 수는 코드를 이해하기 어려울수록 많다. 버그가 발견되면 무엇을 해야 할까?

상황에 따라 다르다는 것이 정답이다. 시스템이 아직 가동되지 않았다면 버그를 그냥 수정하면 된다. 시스템이 이미 가동을 시작한 상태라면, 설령 버그가 보이더라도 이 동작에 의존하는 다른 코드가 있는지 먼저 확인할 필요가 있다. 파급 효과를 일으키지 않으면서 버그를 수정하는 방법을 알아내기 위해서는 어느 정도 분석이 필요할 수 있다.

나는 버그 발견 즉시 수정하는 방식을 선호한다. 명백히 올바르지 않은 동작이라면 버그를 수정하는 것이 바람직하다. 어떤 동작이 잘못된 것으로 의심된다면, 테스트 코드에 이를 표시하고 다른 개발자에게 알린다. 그것이 버그인지 아닌지, 그리고 어떻게 처리하는 것이 가장 좋을지 가급적 빨리 조사한다.

정해진 목표가 있는 테스트

코드의 특정 부분을 이해하기 위한 테스트 루틴을 작성했으면, 변경 대상의 범위를 살펴보고 테스트 루틴이 그 범위를 포함하고 있는지 조사해야 한다. 다음의 자바 클래스 메소드는 탱크 내의 연료량을 계산한다.

```
public class FuelShare
{
  private long cost = 0;
  private double corpBase = 12.0;
  private ZonedHawthorneLease lease;
  ...
  public void addReading(int gallons, Date readingDate){
    if (lease.isMonthly()) {
      if (gallons < Lease.CORP_MIN)
        cost += corpBase;
      else
        cost += 1.2 * priceForGallons(gallons);
    }
    ...
    lease.postReading(readingDate, gallons);
  }
  ...
}
```

FuelShare 클래스를 직접 변경하고 싶다고 하자. 이 클래스를 위한 테스트 루틴을 이미 작성해뒀기 때문에 변경 작업을 시작할 준비는 돼 있다. 변경 사항은 다음과 같다. 최상위 if 문 전체를 새로운 메소드로 추출한 후 ZonedHawthorneLease 클래스로 옮긴다. lease 변수는 ZonedHawthorneLease 클래스의 인스턴스다.

리팩토링 후의 코드는 다음과 같다.

```
public class FuelShare
{
  public void addReading(int gallons, Date readingDate){
```

```
      cost += lease.computeValue(gallons,
          priceForGallons(gallons));
      ...
      lease.postReading(readingDate, gallons);
    }
    ...
}

public class ZonedHawthorneLease extends Lease
{
  public long computeValue(int gallons, long totalPrice) {
    long cost = 0;
    if (lease.isMonthly()) {
      if (gallons < Lease.CORP_MIN)
        cost += corpBase;
      else
        cost += 1.2 * totalPrice;
    }
    return cost;
  }
  ...
}
```

이러한 리팩토링이 제대로 이뤄졌는지 확인하려면 어떤 테스트가 필요할까? 확실한 점이 하나 있다. 다음의 로직은 전혀 변경하지 않을 것이라는 점이다.

```
if (gallons < Lease.CORP_MIN)
  cost += corpBase;
```

Lease.CORP_MIN 상수보다 작은 값일 경우 어떻게 계산되는지 확인하는 테스트 루틴이 있으면 좋겠지만 꼭 필요하지는 않다. 한편 기존 코드 내의 다음 else문은 변경돼야 한다.

```
else
  valueInCents += 1.2 * priceForGallons(gallons);
```

신규 메소드에서는 다음과 같이 바뀐다.

```
else
  valueInCents += 1.2 * totalPrice;
```

작은 변경이지만, 어쨌든 변경이다. 이 else문은 어딘가의 테스트 루틴에서 실행돼야 한다. 기존 메소드를 다시 한 번 살펴보자.

```
public class FuelShare
{
  public void addReading(int gallons, Date readingDate){
    if (lease.isMonthly()) {
      if (gallons < CORP_MIN)
        cost += corpBase;
      else
        cost += 1.2 * priceForGallons(gallons);
    }
    ...
    lease.postReading(readingDate, gallons);
  }
  ...
}
```

월 단위 임대로 FuelShare 클래스를 작성하고 Lease.CORP_MIN보다 큰 값을 addReading 메소드의 인수에 전달함으로써 else문을 실행할 수 있다.

```
public void testValueForGallonsMoreThanCorpMin() {
  StandardLease lease = new StandardLease(Lease.MONTHLY);
  FuelShare share = new FuelShare(lease);

  share.addReading(FuelShare.CORP_MIN +1, new Date());
  assertEquals(12, share.getCost());
}
```

조건 분기를 위한 테스트 루틴을 작성할 때는 해당 분기를 실행하지 않고 테스트가 통과될 가능성이 없는지 주의 깊게 관찰해야 한다. 확신이 서지 않는다면, 감지 변수나 디버거를 사용해 해당 분기가 테스트되는지 확인한다.

이처럼 조건 분기를 문서화할 때는 자신이 입력한 값이 코드의 특이한 동작을 일으켜서 원래 실패해야 할 테스트가 성공하는 일이 없는지 파악하는 것이 중요하다. 다음은 그런 예를 보여준다. 금액 표시에 int가 아닌 double형이 사용된다고 가정하자.

```
public class FuelShare
{
  private double cost = 0.0;
  ...
  public void addReading(int gallons, Date readingDate){
    if (lease.isMonthly()) {
      if (gallons < CORP_MIN)
        cost += corpBase;
      else
        cost += 1.2 * priceForGallons(gallons);
    }
    ...
    lease.postReading(readingDate, gallons);
  }
  ...
}
```

여기서 심각한 문제가 발생한다. 부동소수점의 반올림 오차 때문에 애플리케이션 전반에서 미묘하게 값이 달라지는 현상을 말하는 것이 아니다. 입력 값을 신중히 선택하지 않을 경우, 메소드를 추출할 때 잘못해도 이를 인지하지 못하는 것을 말하는 것이다. 메소드를 추출할 때 인수 중 하나를 double형이 아닌 int형으로 한 경우에도 오류가 일어날 수 있다. 자바를 비롯한 여러 언어에서 double형을 int형으로 자동 변환하므로 실행 시간에 값이 절삭될 수 있는 것이다. 이런 오류를 명시적으로 확인할 수 있도록 입력 값을 신중히 고민하지 않으면, 실수를 그냥 지나치는 경우가 발생할 수 있다.

예를 들어보자. 앞서 살펴본 코드에서 Lease.CORP_MIN 상수의 값이 10이고 corpBase의 값이 12.0이라면, 다음의 테스트 실행 결과에 어떤 영향을 미치게 될까?

```
public void testValue () {
  StandardLease lease = new StandardLease(Lease.MONTHLY);
  FuelShare share = new FuelShare(lease);

  share.addReading(1, new Date());
  assertEquals(12, share.getCost());
}
```

1은 10보다 작으므로 cost의 초깃값 0에 12.0을 더하게 된다. 따라서 cost의 결과 값은 12.0이 된다. 이 값에는 전혀 문제가 없다. 하지만 다음과 같이 메소드를 추출할 때 cost 변수를 double이 아닌 int형으로 선언하면 어떻게 될까?

```
public class ZonedHawthorneLease
{
  public long computeValue(int gallons, long totalPrice) {
    long cost = 0;
    if (lease.isMonthly()) {

      if (gallons < CORP_MIN)
        cost += corpBase;
      else
        cost += 1.2 * totalPrice;
    }
    return cost;
  }
}
```

cost의 값을 반환할 때 암묵적으로 값이 절삭되지만 테스트는 문제없이 통과한다. double 형에서 int형으로 형 변환이 일어나지만, 반드시 실행되는 것은 아니다. 만일 형 변환이 일어나지 않는다면 int 값을 int형에 대입하는 경우와 동일하게 동작한다.

리팩토링을 할 때는 일반적으로 두 가지를 확인해야 한다. 리팩토링 후에 기존 동작이 유지되는지와 다른 코드와의 관계가 올바른지 여부다.

문서화 테스트는 대체로 '화창한 날' 테스트다. 특별한 조건을 테스트하지 않고, 특정 동작이 유지되는지 검증할 뿐이다. 문서화 테스트를 통해 코드를 이동하거나 추출한 리팩토링이 기존 동작을 유지한다고 유추할 수 있다.

그럼 어떻게 이 문제를 해결할 수 있을까? 몇 가지 일반적인 전략들이 있다. 그중 하나는 예상 값을 순수 계산하는 것이다. 형 변환이 있을 때마다 값이 절삭되는지 확인할 수 있을 것이다. 또 다른 방법은 디버거를 사용해 매 단계별로 입력 값의 형 변환을 추적하는 것이다. 그리고 세 번째 방법은 감지 변수를 사용해 특정 경로가 실행되고 형 변환이 일어나는지 검증하는 것이다.

 가장 가치 있는 문서화 테스트는 특정 경로를 실행하고 그 경로를 따라 모든 변환 사항을 검사하는 것이다.

네 번째 선택지도 있다. 좀 더 작은 크기의 코드 단위로 문서화하는 것이다. 메소드를 안전하게 추출하는 리팩토링 도구를 사용할 수 있다면, computeValue 메소드를 더 작은 메소드들로 쪼갠 후 이 메소드 조각마다 테스트 루틴을 작성한다. 하지만 불행히도 모든 언어가 리팩토링 도구를 제공하지는 않는다. 또한 도구가 있더라도 기대만큼 메소드를 추출하지 못하기도 한다.

리팩토링 도구의 별난 점

훌륭한 리팩토링 도구의 가치는 값으로 매길 수 없다. 하지만 때때로 이러한 리팩토링 도구가 있음에도 불구하고 수작업으로 리팩토링해야 할 때가 있다. 다음 예를 보자. A라는 클래스의 b라는 메소드 내에 있는 코드를 추출하고 싶다.

```
public class A
{
  int x = 1;
  public void b() {
    int y = 0;
    int c = x + y;
  }
};
```

b 메소드 내의 x + y 계산식을 추출해 add라는 메소드를 작성하는 경우, 상용 리팩토링 도구 중 일부는 add(x,y)가 아니라 add(y)로 추출한다. 왜 그럴까? x가 인스턴스 변수이므로, 추출된 메소드라면 어느 것이든 x를 사용할 수 있기 때문이다.

문서화 테스트를 작성하기 위한 경험칙

1. 변경 대상 부분을 위한 테스트 루틴을 작성한다. 코드의 동작을 이해하는 데 필요해 보이는 테스트 케이스를 가급적 많이 작성한다.

2. 테스트 루틴을 작성한 후, 변경하려는 구체적인 코드들을 조사하고 이에 관련된 테스트 루틴을 작성한다.

3. 기능을 추출하거나 이동할 경우, 기존의 동작이나 동작 간의 관계를 검증하는 테스트를 개별적으로 작성한다. 이를 통해 이동 대상 코드가 실행되는지, 그리고 적절히 관계를 유지하는지 검증한다. 검증이 끝난 후에 코드를 이동한다.

CHAPTER 14

나를 미치게 하는
라이브러리 의존 관계

코드 재사용은 실제로 개발할 때 큰 도움이 되는 것 중 하나다. 현재 직면한 문제를 해결해
주는 라이브러리를 구입하고 사용 방법을 배울 수 있다면 프로젝트 개발 기간을 대폭 단축
할 수 있다. 하지만 라이브러리에 대한 의존도가 지나치게 높아지는 문제가 생길 수 있다.
코드 전반에 걸쳐 무분별하게 라이브러리를 사용해버리면 상당히 곤란한 상황이 될 것이
다. 내가 참여했던 개발 팀 중에도 라이브러리에 지나치게 의존한 탓에 매우 고생한 팀들
이 있었다. 또 라이브러리 벤더가 사용료를 크게 인상하는 바람에 애플리케이션을 시장에
팔고도 이윤을 남길 수 없었던 회사도 있었다. 이 개발 팀들은 다른 벤더의 라이브러리로
쉽게 옮겨갈 수 없었다. 사용 중인 기존 라이브러리를 호출하는 코드를 분리하는 것이 코
드를 통째로 새로 작성하는 것이나 다름없을 정도로 복잡했기 때문이다.

 라이브러리 내의 클래스를 직접 호출하는 코드를 여러 곳에 분산시키면 안 된다. 현재 사용
중인 라이브러리 코드가 나중에 바뀔 일이 결코 없을 것이라 생각한다면, 단순히 근거 없는
예측에 지나지 않는다고 강조하고 싶다.

이 책을 저술하는 현재, 시스템 개발 환경은 자바와 .NET으로 양분돼 있다. 마이크로소프
트와 썬 마이크로시스템즈 모두 시장 점유율을 최대한 높이고 개발자들이 자사의 제품을
지속적으로 사용하게끔 유도하기 위해 수많은 라이브러리들을 제공한다. 두 회사의 이런

노력은 프로젝트에 많은 도움을 주고 있지만, 특정 라이브러리에 대한 의존도를 높이는 상황을 만들고 있다. 라이브러리 클래스를 직접 호출하는 곳은 어디든 봉합부가 될 수 있었던 곳이다. 모든 실체 클래스에 대해 인터페이스를 정의하고 있는 매우 쓰기 편리한 라이브러리도 있지만, 실체 클래스만 제공하면서 final 또는 sealed로 정의돼 있거나 중요 함수가 virtual로 정의돼 있지 않아서 테스트할 때 가짜 객체를 사용할 방법이 없는 라이브러리도 있다. 이런 경우에 최선의 방법은 분리하려는 라이브러리 클래스들을 포장하는 포장 클래스를 작성하는 것이다. 이때 라이브러리 벤더에 개발의 어려움에 대해 유감을 표시하는 메일을 보내는 것도 잊지 말자.

 라이브러리 설계자들은 설계에 제약을 걸 수 있는 언어의 기능을 사용하다가 실수를 범하곤 한다. 좋은 코드는 배포 환경이든 테스트 환경이든 동작해야 한다는 사실을 잊는 것이다. 배포 환경에 대한 제약이 테스트 환경에서 하고자 하는 작업을 거의 불가능하게 만들 수 있다.

좋은 설계를 강제하는 언어 기능과 테스트 코드를 작성하기 위해 수행해야 하는 것 사이에는 근본적인 대립 관계가 존재한다. 가장 널리 알려진 것은 '일회성의 딜레마'다. 시스템 내에 어떤 클래스의 인스턴스가 한 개만 존재한다고 라이브러리가 가정할 경우, 가짜 객체를 사용하기는 어렵다. 싱글톤을 다루기 위해 이용할 수 있는 정적 set 메소드 도입 기법이나 그 외 의존 관계 제거 기법들을 사용하지 못할 수도 있다. 어떤 경우에는 싱글톤 클래스를 포장하는 방법만이 유일한 해결책일 수 있다.

관련된 문제 중에는 '제한적 재정의override 딜레마'도 있다. 일부 객체 지향 언어에서는 모든 메소드가 가상 함수다. 혹은 기본적으로는 가상 함수지만 가상 함수가 아니게 만들 수 있는 언어도 있다. 또한 가상 함수로 만들려면 명시적으로 선언해야 하는 언어도 있다. 설계 관점에서는 일부 메소드를 가상 함수가 아닌 것으로 정의하는 데 이점이 있다. 지금까지 소프트웨어 업계의 많은 사람들이 가급적 많은 메소드를 가상 함수가 아닌 함수로 만들도록 권장해왔다. 이러한 권장은 타당한 면이 있지만, 코드베이스에 감지와 분리를 적용하는 것을 어렵게 만든다. 이런 권장을 따르는 것이 불가능한 스몰토크나 일반적이지 않은 자바, 그리고 이런 권장을 따르지 않고 작성되는 많은 C++ 코드 중에도 훌륭한 코드들이 많은 것도 사실이다. 이 문제는 public 메소드의 실제 코드는 가상 함수로 정의하되 배포 환경에서는 가상 함수가 아닌 것처럼 만드는 방법으로 해결할 수 있다. 이렇게 하면 테스트 환경에서만 메소드를 재정의할 수 있기 때문에 배포 코드와 테스트 코드의 작성에 모두 대응할 수 있다.

 코딩 관행을 따르는 것이 제한적인 언어 기능을 사용하는 것만큼 효과적일 때가 있다. 테스트할 때 필요한 것이 무엇인지 생각해보길 바란다.

CHAPTER 15

애플리케이션에
API 호출이 너무 많다

우리는 소프트웨어를 개발할 때 직접 만들거나 구입하거나 아니면 빌려 써야 한다. 애플리케이션을 개발하는 시간과 노력을 절약하기 위해 상용 라이브러리를 구매하거나 오픈 소스 사용을 고려하거나 플랫폼(J2EE, .NET 등)과 함께 제공되는 번들 라이브러리의 코드를 그대로 가져와서 사용하는 것을 고민한다. 하지만 우리가 직접 변경할 수 없는 코드를 가져와서 사용하려면 고려할 것이 많다. 라이브러리가 얼마나 안정적인지, 충분한 기능을 제공하는지, 사용 편의성은 어떤지 파악해야 한다. 이런 고민 끝에 라이브러리를 사용하기로 결정하고 나면, 또 다른 문제가 나타날 수 있다. 애플리케이션이 다른 누군가가 작성한 라이브러리를 반복 호출하기만 하는 것처럼 보일 수 있는데, 이런 코드를 어떻게 변경해야 할까?

라이브러리를 사용하면 테스트가 필요 없다고 오해하기 쉽다. 실제로 의미 있는 코드를 새로 작성하지 않기 때문이다. 단지 라이브러리 내의 메소드를 호출할 뿐이므로 코드는 단순하다. 실제로 그렇다. 이런 상황에서 잘못될 만한 것이 있을까?

대체로 레거시 프로젝트의 출발은 이처럼 단순하다. 하지만 시간이 지날수록 코드는 계속 커져가고 일은 더 이상 단순하지 않게 된다. API와 관계없는 코드를 여전히 볼 수 있더라도 테스트 불가능한 코드 묶음 내에 내장돼 있다. 무언가 변경하려면 매번 애플리케이션을 실행해 정상적으로 동작 중임을 확인해야 한다. 그리고 레거시 시스템의 프로그래머가 갖고 있는 딜레마의 핵심을 마주하게 된다. 자신이 모든 코드를 작성한 것이 아님에도 불구하고 시스템을 유지해야 하기 때문에 변경 작업을 확신을 갖고 진행할 수 없다는 점이다.

라이브러리 호출로 지저분해진 시스템은 자신이 직접 작성한 시스템에 비해 여러 가지 면에서 다루기 힘들다. 첫 번째 이유는 시스템 구조를 개선할 방법을 알기 어렵다는 점이다. 단지 API 호출만 볼 수 있기 때문이다. 설계에 도움이 될 만한 힌트가 전혀 없다. 두 번째 이유는 API를 직접 소유하지 않기 때문이다. 따라서 인터페이스, 클래스, 메소드의 이름을 바꿀 수 없고, 코드의 다른 부분에서도 이용할 수 있도록 클래스에 메소드를 추가할 수도 없다.

예를 들어보자. 다음 코드는 메일링 리스트 서버로서 매우 엉성하게 작성됐으며, 실제로 동작할지 여부를 알 수 없다.

```
import java.io.IOException;
import java.util.Properties;

import javax.mail.*;
import javax.mail.internet.*;

public class MailingListServer
{
  public static final String SUBJECT_MARKER = "[list]";
  public static final String LOOP_HEADER = "X-Loop";

  public static void main (String [] args) {
    if (args.length != 8) {
      System.err.println ("Usage: java MailingList <popHost> " +
          "<smtpHost> <pop3user> <pop3password> " +
          "<smtpuser> <smtppassword> <listname> " +
          "<relayinterval>");
      return;
    }

    HostInformation host = new HostInformation (
        args [0], args [1], args [2], args [3],
        args [4], args [5]);
    String listAddress = args[6];
```

```
int interval = new Integer (args [7]).intValue ();
Roster roster = null;
try {
  roster = new FileRoster("roster.txt");
} catch (Exception e) {
  System.err.println ("unable to open roster.txt");
  return;
}
try {
  do {
    try {
      Properties properties = System.getProperties ();
      Session session = Session.getDefaultInstance (
          properties, null);
      Store store = session.getStore ("pop3");
      store.connect (host.pop3Host, -1,
          host.pop3User, host.pop3Password);
      Folder defaultFolder = store.getDefaultFolder();
      if (defaultFolder == null) {
        System.err.println("Unable to open default folder");
        return;
      }
      Folder folder = defaultFolder.getFolder ("INBOX");
      if (folder == null) {
        System.err.println("Unable to get: "
            + defaultFolder);
        return;
      }
      folder.open (Folder.READ_WRITE);
      process(host, listAddress, roster, session,
          store, folder);
    } catch (Exception e) {
      System.err.println(e);
      System.err.println ("(retrying mail check)");
    }
    System.err.print (".");
    try { Thread.sleep (interval * 1000); }
    catch (InterruptedException e) {}
  } while (true);
}
catch (Exception e) {
```

```
        e.printStackTrace ();
      }
    }
    private static void process(
        HostInformation host, String listAddress, Roster roster,
        Session session,Store store, Folder folder)
          throws MessagingException {
      try {
        if (folder.getMessageCount() != 0) {
          Message[] messages = folder.getMessages ();
          doMessage(host, listAddress, roster, session,
              folder, messages);
        }
      } catch (Exception e) {
        System.err.println ("message handling error");
        e.printStackTrace (System.err);
      }
      finally {
        folder.close (true);
        store.close ();
      }
    }
    private static void doMessage(
        HostInformation host,
        String listAddress,
        Roster roster,
        Session session,
        Folder folder,
        Message[] messages) throws
        MessagingException, AddressException, IOException,
        NoSuchProviderException {
      FetchProfile fp = new FetchProfile ();
      fp.add (FetchProfile.Item.ENVELOPE);
      fp.add (FetchProfile.Item.FLAGS);
      fp.add ("X-Mailer");
      folder.fetch (messages, fp);
      for (int i = 0; i < messages.length; i++) {
        Message message = messages [i];
        if (message.getFlags ().contains (Flags.Flag.DELETED))
          continue;
        System.out.println("message received: "
```

```
          + message.getSubject ());
      if (!roster.containsOneOf (message.getFrom ()))
        continue;
      MimeMessage forward = new MimeMessage (session);
      InternetAddress result = null;
      Address [] fromAddress = message.getFrom ();
      if (fromAddress != null && fromAddress.length > 0)
        result =
          new InternetAddress (fromAddress [0].toString ());
      InternetAddress from = result;
      forward.setFrom (from);
      forward.setReplyTo (new Address [] {
          new InternetAddress (listAddress) });
      forward.addRecipients (Message.RecipientType.TO,
          listAddress);
      forward.addRecipients (Message.RecipientType.BCC,
          roster.getAddresses ());
      String subject = message.getSubject();
      if (-1 == message.getSubject().indexOf (SUBJECT_MARKER))
        subject = SUBJECT_MARKER + " " + message.getSubject();
      forward.setSubject (subject);
      forward.setSentDate (message.getSentDate ());
      forward.addHeader (LOOP_HEADER, listAddress);
      Object content = message.getContent ();
      if (content instanceof Multipart)
        forward.setContent ((Multipart)content);
      else
        forward.setText ((String)content);
      Properties props = new Properties ();
      props.put ("mail.smtp.host", host.smtpHost);
      Session smtpSession =
        Session.getDefaultInstance (props, null);
      Transport transport = smtpSession.getTransport ("smtp");
      transport.connect (host.smtpHost,
          host.smtpUser, host.smtpPassword);
      transport.sendMessage (forward, roster.getAddresses ());
      message.setFlag (Flags.Flag.DELETED, true);
    }
  }
}
```

그다지 길지 않은 코드지만 쉽게 이해할 수 있다고 말하기는 어렵다. API와 관련 없는 코드가 거의 없기 때문이다. 이 코드의 구조를 개선할 수 있을까? 변경 작업을 쉽게 해주는 구조로 바꿀 수 있을까?

물론 바꿀 수 있다.

첫 번째 단계로 코드의 핵심 연산을 식별해야 한다. 이 코드 덩어리는 실제로 무슨 일을 수행하는가?

다음과 같이 간단한 설명을 작성하면 도움이 된다.

> 이 코드는 명령행에서 설정 정보를 읽고, 파일로부터 이메일 주소 목록을 읽는다. 이메일을 주기적으로 확인한다. 수신 메일을 발견하면, 파일 내의 이메일 주소 각각에 해당 메일을 전달한다.

이 프로그램은 주로 입출력을 수행하는 것처럼 보이지만 그 외에도 하는 일이 있다. 코드 내에서 스레드를 실행하고 있는 것이다. 이 스레드는 메일 확인을 위해 주기적으로 잠들고(휴면 상태) 깨기를 반복한다. 또 수신 메일을 그대로 전달하는 것이 아니라, 수신 메일에 기반해 새로운 메시지를 만든다. 이때 메일링 리스트로부터 보내진 메일임을 드러내기 위해 모든 필드를 설정하고 제목을 수정한다. 즉, 실질적인 작업을 수행하는 것이다.

이 코드의 책임을 구분해서 정리하면 다음과 같다.

1. 수신 메시지를 받아서 시스템에 전달한다.
2. 메일 메시지를 발송한다.
3. 수신 메시지와 수신자 목록을 바탕으로 새로운 메시지를 작성한다.
4. 대부분의 시간은 휴면 상태로 있다가 수신 메일을 확인하기 위해 주기적으로 깨어난다.

이 책임들을 살펴보면 자바 메일 API에 대한 의존도가 다양한 것을 알 수 있다. 책임 1과 책임 2는 전적으로 메일 API에 묶여 있다. 책임 3은 다소 애매한데, 메시지를 표현하는 클래스는 메일 API의 일부지만, 가짜 수신 메시지를 생성함으로써 이 책임을 독립적으로 테스트할 수 있다. 책임 4는 메일 처리와는 관계없다. 일정 간격으로 깨어나는 스레드가 필요할 뿐이다.

그림 15.1은 이처럼 책임들을 분리한 설계를 보여준다.

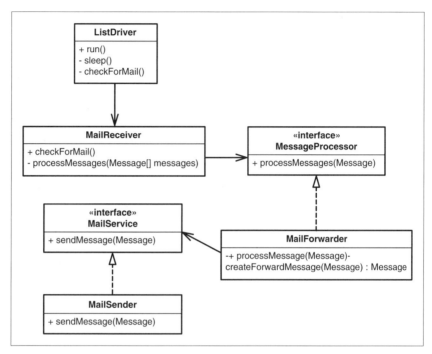

그림 15.1 개선된 메일링 리스트 서버

ListDriver 클래스는 시스템을 구동한다. 이 클래스는 대부분의 시간을 휴면 상태로 있다가 가끔 깨어나 메일을 확인하는 스레드를 가지고 있다. MailReceiver 클래스에 게 메일을 확인하라고 지시하며, MailReceiver 클래스는 메일을 읽고 메시지를 하나씩 MessageForwarder 클래스에 보낸다. MessageForwarder 클래스는 메일링 리스트 내의 수 신자마다 메시지를 작성한 후 MailSender를 통해 메일을 보낸다.

이 설계는 매우 훌륭하다. MessageProcessor와 MailService 인터페이스 덕분에 클래스 를 독립적으로 테스트할 수 있기 때문이다. 특히, 실제로 메일을 발송하지 않고도 테스트 하네스 내에서 MailService 클래스를 테스트할 수 있다. MailService 인터페이스를 구현 하는 FakeMailSender 클래스를 만들면 된다.

거의 대부분의 시스템은 API 호출로부터 분리할 수 있는 핵심 로직을 가지고 있다. 이번 예제는 규모가 작지만 상황은 더 좋지 않다. MessageForwarder는 메일 수신 및 발신과 가장 독립적인 책임을 지닌 부분이지만, 자바 메일 API의 메시지를 처리하는 클래스들을 여전히 사용하고 있다. 또한 단순한 POJO^{Plain Old Java Object} 클래스를 사용하는 곳도 그리 많지 않다. 그럼에도 불구하고 그림 15.1처럼 시스템을 네 개의 클래스와 두 개의 인터페이스로 나눠서 계층 구조를 만들 수 있었다. 메일링 리스트의 주된 로직은 MessageForwarder 클래스 안에 존재하므로 테스트 범위에 넣을 수 있다. 기존 코드에서는 이 클래스가 감춰져 있어서 접근할 수 없었다. 이처럼 시스템을 분할하면 거의 틀림없이 다른 것보다 '상위 수준'에 있는 부분이 생겨난다.

API 호출로만 이뤄진 것처럼 보이는 시스템은 전체 시스템을 하나의 큰 객체로 보고 20장에서 설명하는 책임 분리를 위한 경험칙을 적용하면 도움이 된다. 당장 설계가 개선되지는 않더라도 책임을 식별해둠으로써 이후에 적절한 판단을 내리는 데 기여할 수 있다.

지금까지는 좋은 설계가 어떤 것인지 보여줬다. 설계를 개선할 수 있음을 아는 것은 좋은 일이다. 하지만 현실에서 실제로 어떻게 나아가야 할까? 기본적으로 두 가지 접근 방법이 있다.

1. API를 포장한다.
2. 책임을 기반으로 추출한다.

API 포장 기법은 가급적 API에 가깝게 모방한 인터페이스를 만들고 이 API의 래퍼를 작성한다. 오류를 최소화하기 위해 시그니처 유지 기법을 사용할 수 있다. API 포장의 장점 중 하나는 최종적으로는 API 코드에 의존하지 않아도 된다는 점이다. 래퍼를 사용하기 때문에 배포 코드에서는 API에 처리를 위임하고 테스트 코드에서는 가짜 객체를 이용할 수 있다.

이 기법을 메일링 리스트 예제에 어떻게 적용할 수 있을까?

다음은 실제로 메일 메시지를 보내는 메일링 리스트 서버의 코드다.

```
...
Session smtpSession = Session.getDefaultInstance (props, null);
Transport transport = smtpSession.getTransport ("smtp");
```

```
transport.connect (host.smtpHost, host.smtpUser,
  host.smtpPassword);
transport.sendMessage (forward, roster.getAddresses ());
...
```

여기서 Transport 클래스에 대한 의존 관계를 제거하고 싶은 경우 래퍼를 만들면 된다고 생각할 것이다. 하지만 이 코드에서는 Transport 객체를 생성하지 않고, Session 객체로부터 가져왔다. 그럼 Session 클래스에 대한 래퍼를 작성할 수 있을까? 불가능하다. Session 클래스는 final 클래스며, 자바는 final 클래스의 서브클래스화를 허용하지 않기 때문이다.

이 메일링 리스트 예제는 API 래퍼를 적용하기에는 적합하지 않다. API가 비교적 복잡하기 때문이다. 그러나 리팩토링 도구를 사용할 수 없다면 API 포장이 가장 안전한 기법일 수 있다.

다행히 자바용 리팩토링 도구가 있으므로 책임 기반 추출 기법을 사용할 수 있다. 책임 기반 추출에서는 코드의 책임들을 식별하고 책임 단위로 메소드 추출을 시작한다.

앞서 살펴봤던 코드에는 어떤 책임들이 있었을까? 코드의 전체적인 목적은 메시지를 전송하는 것이었다. 이 목적을 달성하기 위해 필요한 것은 무엇일까? SMTP 세션 및 전송 계층 연결이 필요하다. 다음 코드는 메시지 전송 책임을 별도의 메소드로 추출하고 신규 클래스인 MailSender 클래스에 이를 추가했다.

```
import javax.mail.*;
import javax.mail.internet.InternetAddress;
import java.util.Properties;

public class MailSender
{
  private HostInformation host;
  private Roster roster;
  public MailSender (HostInformation host, Roster roster) {
    this.host = host;
    this.roster = roster;
  }
```

```
public void sendMessage (Message message) throws Exception {
  Transport transport
    = getSMTPSession ().getTransport ("smtp");
  transport.connect (host.smtpHost,
      host.smtpUser, host.smtpPassword);
  transport.sendMessage (message, roster.getAddresses ());
}

private Session getSMTPSession () {
  Properties props = new Properties ();
  props.put ("mail.smtp.host", host.smtpHost);
  return Session.getDefaultInstance (props, null);
}
}
```

API 포장과 책임 기반 추출 가운데 어느 것을 선택해야 할까? 이 선택은 다음과 같은 상충 관계가 있다.

API 포장은 다음과 같은 상황에 사용하면 좋다.

- API의 크기가 상대적으로 작은 경우
- 서드파티 라이브러리에 대한 의존 관계를 완전히 분리하고 싶은 경우
- 현재 테스트 루틴이 없고 API를 통해 테스트할 수 없는 탓에 테스트 루틴을 작성할 수 없는 경우

API 포장 기법의 경우, 래퍼로부터 실제 API 클래스로 위임을 수행하는 얇은 계층을 제외한 모든 코드를 테스트 루틴 안에 둘 수 있다.

책임 기반 추출은 다음과 같은 상황에 사용하면 좋다.

- API가 복잡한 경우
- 안전하게 메소드를 추출하는 도구를 가지고 있거나, 수동으로 추출할 수 있다는 확신이 드는 경우

이 기법들의 장단점을 균형 있게 사용하는 것은 쉬운 일이 아니다. API 포장은 작업량이

좀 많지만, 서드파티 라이브러리에 대한 의존 관계에서 벗어나고 싶을 때 매우 유용하며 가끔 사용할 필요성이 생기곤 한다. 자세한 설명은 14장을 참조하자. 책임 기반 추출을 사용할 때는 상위 수준의 이름을 가진 메소드를 추출함으로써 API 코드와 직접 작성된 로직이 함께 추출될 수 있다. 이를 통해 코드를 하위 수준의 API 호출이 아니라 상위 수준의 인터페이스에 의존되도록 만들 수 있다. 하지만 추출된 코드는 테스트 루틴 아래에 두지 못할 수도 있다.

많은 개발 팀이 이 두 개의 기법을 동시에 사용한다. 테스트에는 얇은 래퍼를 사용하고, 애플리케이션에 적절한 인터페이스를 제공하려면 상위 수준의 래퍼를 사용한다.

CHAPTER 16

변경이 가능할 만큼
코드를 이해하지 못하는 경우

잘 모르는 코드, 특히 레거시 코드처럼 익숙하지 않은 코드에 발을 들이는 것은 두렵게 느껴질 수 있다. 어떤 사람들은 시간이 지나면 두려움에 면역이 생기기도 한다. 코드 내의 괴물과 몇 번이나 대결하고 승리하면서 확신을 갖기 때문이지만, 그렇다고 해도 두려움을 완전히 떨쳐버리기는 어렵다. 가끔은 누구도 제거할 수 없는 악마를 만나기도 한다. 코드 조사를 시작하기 전에 이런 고민을 과도하게 하면 상황은 더욱 악화된다. 어떤 변경 건이 단순한 작업일지, 아니면 머리를 쥐어짜고 싶은 과정이 일주일 이상 지속되고 시스템, 상황, 주변 환경에 저주를 퍼붓게 만드는 작업일지 결코 알 수 없기 때문이다. 변경 작업을 하기 위해 알아야 할 것을 모두 이해하고 있다면 일은 쉽게 풀릴 수 있다. 어떻게 해야 그런 것들을 이해할 수 있을까?

전형적인 상황을 예로 들자. 시스템에 어떤 기능을 추가하고 싶어졌다고 하자. 당신은 컴퓨터 앞에 앉아서 코드를 들추기 시작한다. 경우에 따라서는 알아야 할 것들을 금세 찾을 수도 있고, 복잡한 레거시 코드라면 시간이 더 걸릴 수도 있다. 그러면서 해야 할 일들을 머릿속에서 정리하고, 각각의 접근 방법별로 장단점을 따진다. 어떤 시점이 되면 진척이 있는 것처럼 느껴지고, 작업을 시작해도 된다는 확신이 생길 수 있다. 반대로, 잘 이해되지 않아서 현기증을 느낄 수도 있다. 이럴 경우는 코드를 읽어도 아무 도움이 되지 않는 것 같고, 그저 잘되길 빌면서 일단 작업을 시작할 것이다.

코드를 이해하는 방법은 다양하지만, 대부분의 사람은 가장 직접적인 방법에만 사로잡혀서 다른 방법들은 사용하지 않는다. 그 결과, 코드 이해에 많은 시간을 들여봤자 별 효과가 없다고 생각하게 된다. 그러고는 코드 이해에 드는 시간을 줄이면 업무 효율이 올라갈 것이라고 생각한다. 바보 같은 말처럼 들리는가? 실제로 그렇다. 하지만 많은 사람들이 이렇게 행동한다. 그리고 이는 불행한 일이다. 간단하면서 그리 복잡하지 않은 몇 가지 작업을 통해 확고한 기반을 쌓을 수 있기 때문이다.

노트/스케치

코드를 읽는 것만으로는 헛갈린다면, 그림을 그리거나 노트에 메모하는 것이 효과적이다. 가장 마지막으로 봤던 중요 사항의 이름을 쓰고, 그다음으로 중요 사항의 이름을 적어나간다. 그들 사이에 어떤 관계가 있다면 선을 긋는다. 이 스케치가 완벽한 UML 다이어그램이거나 특정 표기법을 따르는 함수 호출 그래프일 필요는 없다. 다만, 그림이 복잡해질수록 효율적인 표현을 위해 좀 더 정형화된 표기법을 사용하고 싶어질 것이다. 이렇게 스케치를 그려봄으로써 기존과는 다른 각도로 사물을 바라볼 수 있다. 또한 매우 복잡한 것을 이해하려고 노력할 때 자신의 심리 상태를 유지하는 훌륭한 방법이기도 하다.

그림 16.1은 얼마 전에 내가 다른 프로그래머와 함께 코드를 보면서 그린 스케치다. 우리는 이것을 메모지의 뒷장에 그렸다(스케치 내의 이름들은 모두 변경된 것이다).

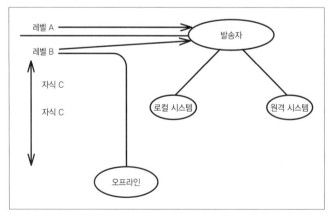

그림 16.1 스케치

지금 보니 이 스케치는 그리 세련돼 보이지 않는다. 하지만 당시에는 의사소통에 많은 도움이 됐다. 덕분에 우리는 이해도를 높이고 어떤 식으로 작업을 진행할지 접근법을 확립할 수 있었다.

모든 개발자들이 이런 방식으로 작업하고 있을까? 답은 그렇기도 하고 아니기도 한다. 이 방법을 자주 사용하는 사람은 많지 않다. 나는 이런 종류의 스케치를 설명하는 지침이 없는 것이 그 이유라고 생각한다. 또한 종이와 펜을 사용할 때는 코드 조각을 작성하거나 UML 구문을 사용해야 한다고 생각하는 사람이 많은 것도 이유일 수 있다. UML은 유용하지만, UML 다이어그램의 선과 도형은 다이어그램을 그릴 때 그 자리에 함께 있지 않던 사람이 이해하기가 쉽지 않다. 종이에 표현할 때는 정확성이 꼭 요구되지는 않는다. 종이는 의사소통을 도와주며 토의하고 학습했던 개념을 생각나게 해주는 도구일 뿐이다.

코드 설계를 이해하고자 노력할 때 스케치를 봄으로써 얻을 수 있는 장점은 형식에 얽매이지 않는 영향력이 있다는 것이다. 이 기법이 유용하다고 생각한다고 해서 꼭 개발 프로세스의 일부분에 포함시키고 팀원에게 강요할 필요는 없다. 그저 어떤 코드를 이해하려는 동료 개발자와 함께 회의하면서 종이에 간단히 스케치하기만 하면 된다. 동료 개발자가 정말로 해당 코드를 이해하고 싶어 한다면, 여러분이 작성한 스케치와 실제 코드를 오가면서 열심히 코드를 살펴볼 것이다.

시스템의 일부에 대한 스케치를 그리다 보면 좀 더 시간을 들여서 전체 그림을 이해하고 싶어진다. 대규모 코드를 이해하기 쉽도록 도와주는 기법에 대해서는 17장을 참조한다.

표시 나열

스케치만이 이해를 돕는 방법은 아니다. 나는 표시 나열이라는 기법도 자주 사용한다. 이 방법은 매우 규모가 큰 메소드일 때 특히 유용하다. 단순한 아이디어로서 많은 사람들이 이미 사용하고 있지만, 내가 보기에는 충분히 사용되고 있지 않다.

표시 나열 기법은 이해하려는 대상에 따라 달라진다. 먼저 작업 대상 코드를 프린터로 출력한다. 그러고 나서 다음과 같은 용도별로 표시 나열 기법을 사용할 수 있다.

책임 분리

책임을 분리할 때는 대상을 그룹별로 나누기 위해 표시를 사용한다. 몇 개의 대상이 동일 그룹에 속한다면, 이것들을 식별할 수 있도록 각각에 특별한 기호를 표시한다. 가능하다면 다양한 색을 사용하라.

메소드 구조의 이해

코드의 길이가 긴 대규모 메소드의 구조를 이해하고 싶을 때는 코드 블록에 선을 긋는다. 코드의 길이가 긴 대규모 메소드는 들여쓰기를 해도 여전히 읽기 힘들 때가 많다. 이런 메소드에 대해서는 코드 블록의 처음 부분과 끝부분에 선을 긋거나 블록의 끝부분에 그 블록이 시작된 반복문이나 분기문의 문자열을 적어두면 좋을 것이다.

코드 블록에 선을 긋는 가장 쉬운 방법은 안쪽에서 바깥쪽으로 하는 것이다. 예를 들어 C 계열 언어일 경우 리스트의 처음부터 시작 중괄호 {를 무시하고, 최초의 종료 중괄호 }가 나올 때까지 계속 긋는다. 여기에 기호를 표시하고, 다시 앞으로 돌아가서 이 중괄호에 대응되는 중괄호에도 기호를 표시한다. 이어서 그다음 종료 중괄호가 나올 때까지 계속 긋고, 이에 대응되는 시작 중괄호가 나올 때까지 앞으로 돌아간다. 이 작업을 계속 반복한다.

메소드 추출

코드의 길이가 긴 대규모 메소드를 분리하고 싶을 때는 추출하려는 코드 주변을 원으로 표시한다. 그리고 결합 카운트를 주석으로 달아둔다. 결합 카운트에 대해서는 22장을 참조한다.

변경 영향의 이해

앞으로 수행하려는 변경의 영향을 이해하고 싶을 때는 영향 스케치를 작성하는 대신에 변경하려는 코드에 표시한다. 그리고 나서, 변경으로 인해 값이 바뀔 가능성이 있는 변수와 영향을 받을 가능성이 있는 메소드 호출에 모두 표시한다. 그다음에는 지금 막 표시한 곳으로부터 다시 영향을 받는 변수와 메소드에 표시한다. 필요에 따라 이러한 변경을 몇 번이든 반복함으로써, 변경으로 인한 영향이 어떻게 전파되는지 이해한다. 이는 무엇을 테스트해야 할지 이해하는 데도 도움이 된다.

스크래치 리팩토링

코드를 배우는 최선의 기법 가운데 하나가 리팩토링이다. 코드에 뛰어들어 이리저리 손대면서 깔끔하게 만드는 것이다. 리팩토링의 유일한 문제점은 테스트 루틴이 준비돼 있지 않을 경우 위험한 작업이 될 수 있다는 것이다. 코드를 이해하기 위해 다양한 리팩토링을 했을 때, 무언가 잘못되지 않았는지 어떻게 확인할 수 있을까? 실제로는 이런 걱정을 할 필요가 없는 작업 방법이 있다. 먼저 버전 관리 시스템에서 코드를 체크아웃한다. 테스트 루틴 작성은 잊어버리자. 메소드 추출이든 변수 이동이든 다양한 방법으로 마음껏 리팩토링을 하자. 단, 그 코드는 다시 체크인하지 말고 그냥 버린다. 이를 스크래치 리팩토링 기법이라고 한다.

이 방법을 함께 일하던 사람에게 처음 이야기했을 때, 시간 낭비라는 반응이 돌아왔다. 하지만 이리저리 리팩토링하면서 30분 만에 코드를 상당히 높은 수준으로 이해할 수 있게 된 것을 보고 나자 그 사람은 이 기법의 열렬한 팬이 됐다.

스크래치 리팩토링은 본질을 발견하고 코드의 동작을 이해할 수 있는 훌륭한 방법이지만, 몇 가지 위험 요소도 존재한다. 첫 번째 위험 요소는 리팩토링 중에 무언가 착각해서 시스템이 실제로는 하지 않는 일을 하고 있다고 잘못 믿어버리는 것이다. 이 경우 시스템에 대한 잘못된 관점을 가지게 되고 나중에 실질적인 리팩토링을 시작할 때 주저하게 된다. 두 번째 위험 요소는 첫 번째 위험 요소와 관련이 있다. 리팩토링을 한 결과에 집착하게 돼 항상 그 결과에 맞춰서 생각하게 되는 것이다. 얼핏 이는 그다지 나쁜 것 같지 않아 보이지만, 큰 문제를 일으킬 가능성이 있다. 실제 리팩토링을 수행하면 몇 가지 이유에서 동일한 구조로 되지 않을 수 있다. 나중에 더 훌륭하게 구조화하는 방법이 발견될 수도 있고, 코드를 바라보는 자기 자신의 관점이 변할 수도 있기 때문이다. 하지만 스크래치 리팩토링의 결과에 너무 집착하면 이러한 관점 변화를 깨닫지 못할 수 있다.

스크래치 리팩토링은 코드의 중요한 부분을 이해하고 확신할 수 있는 좋은 방법이며, 이

후의 변경 작업을 수월하게 해준다. 모퉁이 저편에 언제나 무서운 괴물이 숨어있는 것만은 아니라는 확신을 얻을 수 있다. 혹시 그러한 것이 있더라도, 최소한 미리 간파할 수 있다.

미사용 코드 삭제

혼란스럽고 사용하지 않는 것으로 판단되는 코드는 삭제한다. 방해만 될 뿐 아무것도 하지 않는 코드이기 때문이다.

코드 삭제가 시간 낭비라고 생각하는 사람들도 있다. 그 코드를 작성하기 위해 누군가 시간을 들였고 어쩌면 이후에 다시 사용될 수도 있기 때문이다. 하지만 이는 버전 관리 시스템이 할 일이다. 그 코드는 초기 버전에 남아있으므로 다시 필요해지면 언제든 불러올 수 있다.

CHAPTER 17

내 애플리케이션은 뼈대가 약하다

오래된 애플리케이션은 무질서하게 확장되기 쉽다. 처음에는 잘 설계된 구조를 갖고 있었지만 시간이 지남에 따라 일정 압박에 시달리면서 결국 어느 누구도 그 완전한 구조를 쉽게 이해할 수 없는 지경에 이르게 된다. 하나의 프로젝트에서 수년간 일했던 개발자조차도 새로운 기능을 추가하기에 적합한 위치를 찾지 못할 때가 있다. 최근에 시스템 내에서 작업했던 부분만 알고 있는 것이다. 새로운 기능을 추가해야 할 때, 가장 잘 알고 있는 곳이 가장 최근에 건드렸던 곳이기 때문에 그 위치에 기능을 추가하려는 경향이 있다.

이런 종류의 문제에 대한 쉬운 해결책은 존재하지 않으며, 상황의 긴박함은 다양하다. 종종 프로그래머는 벽에 부딪치며, 새로운 기능을 추가하기 어렵기 때문에 시스템을 관리하는 조직 전체에 위기가 닥치기도 한다. 그러면 시스템의 설계를 변경하는 것과 전면적으로 재작성하는 것 중에서 어느 쪽이 나을지 판단해야 하는 어려운 상황에 처하게 된다. 어렵사리 몇 년 동안이나 시스템을 사용하고 있는 조직도 있다. 이런 시스템에 새로운 기능을 추가하려면 이상적인 경우보다 훨씬 오랜 시간이 걸리지만, 이 비용은 단지 사업을 영위하기 위한 운영비로 치부한다. 시스템이 얼마나 개선될 수 있었는지, 형편없는 구조 때문에 얼마나 비용 손실이 발생했는지 아무도 알지 못한다.

개발 팀이 아키텍처를 이해하고 있지 않다면 아키텍처는 계속 퇴보한다. 아키텍처 이해를 가로막는 요인에는 어떤 것들이 있을까?

- 시스템이 너무 복잡해서 전체 그림을 이해하는 데 오랜 시간이 걸린다.
- 시스템이 너무 복잡해서 전체 그림이 아예 없다.
- 전체 그림이 없다 보니 긴급 상황이 끊임없이 발생한다. 그리고 이를 처리하느라 땜질 처방에 급급하게 된다.

전통적으로 많은 조직들은 이런 문제를 풀기 위해 아키텍트라는 역할을 뒀다. 아키텍트는 대체로 전체 그림을 그리고, 전체 그림을 유지하기 위한 의사 결정을 책임지는 사람이다. 이런 방식이 잘 운영될 수도 있지만, 한 가지 주의할 점이 있다. 아키텍트가 개발 팀에 참여해 매일 함께 일해야 한다는 점이다. 그렇지 않으면 코드는 전체 그림에서 벗어나게 된다. 그렇게 되는 이유는 크게 두 가지다. 하나는 누군가가 코드에 부적절한 작업을 한 경우고, 다른 하나는 전체 그림 자체를 수정할 필요가 생긴 경우다. 내가 여러 개발 팀과 일하면서 겪었던 최악의 상황 중에는 그룹의 아키텍트가 시스템에 대해 프로그래머와 전혀 다른 관점을 가지고 있는 경우였다. 이는 아키텍트가 별도의 업무를 하느라 코드에 접근하지 못하거나 다른 팀원들과 의사소통을 제대로 하지 않아서 상황을 파악하지 못할 때 자주 발생한다. 결국 조직 전체의 의사소통이 제대로 이뤄지지 않게 된다.

하지만 아키텍처는 몇몇 사람에게만 맡겨지기에는 너무나 중요하다. 아키텍트가 있는 것은 좋지만, 아키텍처를 유지하려면 팀원 전체가 아키텍처가 무엇인지 알고 관심을 기울여야 한다. 코드와 관련 있는 모든 사람은 아키텍처를 알아야 하고, 아키텍처를 잘 아는 사람으로부터 학습을 받아야 한다. 팀원 전체가 동일한 개념을 갖고 일하면, 시스템 전반에 대한 지식이 확장될 것이다. 20명의 팀원 가운데 단지 세 명만이 아키텍처에 대해 상세히 알고 있다면, 이 세 명은 나머지 17명이 잘못된 길로 빠지지 않도록 많은 일을 해야 한다. 그러지 않으면 나머지 17명은 전체 그림을 잘 모르는 것이 원인이 돼서 실수를 저지르기 쉽다.

그럼 어떻게 해야 대규모 시스템의 전체 그림을 알 수 있을까? 여러 가지 방법이 있다. 서지 디메이어, 스테파니 듀카스, 오스카 니어스크라스가 함께 저술한 『Object—Oriented Reengineering Patterns』(Morgan Kaufmann, 2002)는 이러한 문제를 다루기 위한 기법들을 자세히 소개하고 있다. 이 책에서는 그 밖의 강력한 기법들을 몇 가지 소개한다. 이런 기법들을 자주 수행하면 팀원들이 아키텍처에 관한 관심을 유지하는 데 도움이 될 것이다. 그리고 이는 아키텍처를 유지하기 위해 가장 중요한 것이다. 자주 관심을 기울이지 않는 것은 잊혀지기 쉽기 때문이다.

시스템의 스토리텔링

나는 다른 개발 팀과 작업하면서 '시스템의 스토리텔링'이라는 기법을 종종 사용한다. 이 기법을 위해서는 최소한 두 사람이 필요하다. 먼저 한 사람이 다른 사람에게 다음과 같이 질문한다. "시스템의 아키텍처는 어떤가요?" 그러면 상대방은 최대 2~3개만의 개념을 갖고 시스템의 아키텍처를 설명하려고 노력한다. 설명하는 역할을 맡은 사람은 상대방이 시스템에 대해 전혀 모른다고 가정해야 한다. 단지 몇 개의 문장만 사용해서 어떤 부분의 설계가 어떻게 돼 있는지, 또 그 부분이 어떻게 상호작용하는지 설명해야 한다. 이 설명을 끝내면, 시스템에서 가장 핵심적이라고 생각되는 것을 명확하게 설명한 것이 된다. 그러고는 시스템에서 그다음으로 중요하다고 생각되는 것을 주제로 대화한다. 이런 과정을 시스템의 핵심 설계와 관련 있는 중요 사항이 모두 나올 때까지 반복한다.

처음에 이 기법을 해보면, 다소 이상한 느낌이 든다. 시스템의 아키텍처를 간결하게 전달하려면 단순화해야 하기 때문이다. 예를 들어 여러분이 "게이트웨이는 운영 중인 데이터베이스로부터 룰셋ruleset을 가져옵니다."라고 말했다고 하자. 하지만 마음속으로는 "아니야. 게이트웨이는 운영 중인 데이터베이스로부터 룰셋을 가져오지만, 최신의 워킹셋working set 으로부터도 룰셋을 가져온다고!"라고 외칠지도 모른다. 간략하게 말하는 것이 마치 거짓말을 하는 것처럼 느껴지는데, 사실은 단지 전체 스토리를 말하지 않았을 뿐이다. 하지만 이는 좀 더 이해하기 쉬운 아키텍처를 기술하는 간결한 스토리를 말하고 있는 것이라고도 볼 수 있다. 예를 들어, 왜 게이트웨이는 둘 이상의 위치로부터 룰셋을 가져와야 할까? 하나로 통합되면 더 간단하지 않을까?

현실적인 고려 사항들로 인해 실제로 단순화하기 힘들지 몰라도, 단순화된 견해를 명료하게 표현하는 것은 가치 있는 일이다. 최소한 무엇이 이상적이고 편의적인지 팀원 전체가 이해할 수 있기 때문이다. 이 기법이 중요한 또 다른 이유는 시스템에서 무엇이 중요한지 생각하게 만든다는 것이다. 전달해야 할 가장 중요한 것이 무엇인지에 대해 말이다.

현재 작업 중인 시스템을 미스터리처럼 바라보는 개발 팀은 낮은 수준의 작업밖에 할 수 없을 것이다. 시스템이 어떻게 동작하는지 설명하는 간결한 스토리는 로드맵 역할을 한다. 기능을 추가하기에 적합한 장소를 찾을 때, 자기 자신의 위치를 확신할 수 있게 된다. 그리고 시스템에 대해 느끼는 두려움을 줄여준다.

팀 차원의 의견 공유를 목적으로 시스템의 스토리를 자주 이야기하도록 격려하자. 스토리를 다양한 방법으로 이야기하고, 어떤 개념이 다른 개념보다 중요한지 비교해보자. 시스템 변경을 검토할 때, 어떤 변경이 스토리와 좀 더 잘 어울린다는 것을 느끼게 되고, 간결한 스토리가 거짓말이 아니라는 생각이 들 것이다. 두 개의 변경 방법 중에서 하나를 선택해야 할 때, 어느 것을 선택해야 이해하기 쉬운 시스템이 되는지 판단하는 데 도움이 될 것이다.

이와 같은 스토리텔링의 사례를 들어보자. 주제는 JUnit으로서 여러분이 JUnit의 아키텍처에 대해 조금은 알고 있는 것으로 가정한다. JUnit을 잘 모르는 독자라면 JUnit의 소스 코드를 잠시 살펴보고 오자. 소스 코드는 www.junit.org에서 얻을 수 있다.

JUnit의 아키텍처는 어떻게 구성돼 있는가?

JUnit은 두 개의 주요 클래스를 가진다. 하나는 Test고, 다른 하나는 TestResult다. 사용자는 테스트 케이스를 생성한 후 이를 TestResult에게 전달함으로써 테스트를 실행할 수 있다. 테스트에 실패한 경우 그 결과를 TestResult에게 알려준다. 따라서 TestResult를 통해 실패 원인을 알 수 있다.

단순화된 스토리를 열거해보자.

1. JUnit에는 그 밖에도 많은 클래스가 있다. Test와 TestResult가 중요 클래스라고 말한 것은 내가 그렇게 생각하기 때문일 뿐이다. 나는 이 두 개 클래스 간의 상호작용이 시스템의 핵심 상호작용이라고 생각한다. 다른 사람은 나와는 다르지만 여전히 유효한 아키텍처에 대한 관점을 갖고 있을 수 있다.

2. 사용자가 직접 Test 객체를 생성하지 않는다. Test 객체는 리플렉션을 통해 TestCase 클래스로부터 생성된다.

3. Test는 클래스가 아니라 인터페이스다. JUnit에서 실행되는 테스트는 일반적으로 Test 인터페이스를 구현한 TestCase라는 이름을 가진 클래스의 서브클래스로

서 생성된다.

4. 일반적으로 TestResults에 실패 여부를 묻지 않는다. TestResult에는 리스너가 등록돼 있으며, TestResult가 Test로부터 정보를 받을 때 리스너에게 알려준다.

5. Test는 실패 보고 외에 테스트 실행 횟수와 오류 개수도 보고한다(실패는 명시적인 검사에서 발생한 문제며, 오류는 명시적인 검사 이외에서 발생한 문제를 의미한다).

이와 같이 간결한 스토리를 통해 JUnit을 단순화할 수 있는 힌트를 얻을 수 있을까? 몇 가지 얻을 수 있을 것이다. 예를 들어 단순한 xUnit 테스팅 프레임워크 중에는 Test를 클래스로 만들고 TestCase는 완전히 제거한 것도 있다. 오류와 실패를 묶어서 동일한 범법으로 보고하는 프레임워크도 있다.

다시 아까의 스토리로 돌아가자.

지금까지의 내용이 전부일까?

그렇지 않다. Test는 TestSuite라는 객체로 묶을 수 있다. 하나의 Test를 실행한 것과 똑같은 방법으로 하나의 TestSuite를 실행해서 결과를 얻을 수 있다. TestSuite 내의 모든 테스트들이 실행되며 실패한 경우에는 TestResult에게 알려준다.

여기서는 무엇을 단순화하고 있을까?

1. TestSuite는 단순히 테스트 집합의 유지 및 실행 이상의 역할을 맡는다. 리플렉션을 통해 TestCase의 파생 클래스의 인스턴스를 생성한다.

2. 앞서 살펴본 단순화에서 생략된 내용이 있다. Test는 자신을 직접 실행하는 것이 아니라 TestResult 클래스로 자신을 전달하고, TestResult 클래스는 이를 받아서 Test 클래스 내의 테스트 실행 메소드를 호출한다. 이는 상당히 하위 수준에서 일어나는 일이기 때문에 단순화해서 생각하는 편이 이해하기 좋다. 이처럼 단순화한 표현은 다소 거짓이 포함돼 있지만, 사실 과거에 JUnit이 지금보다 단순하던 시절에는 실제로 이렇게 동작했다.

그럼 이것이 전부일까?

그렇지 않다. Test는 인터페이스다. 그리고 Test를 구현하는 TestCase 클래스가 존재한다. 사용자는 TestCase를 서브클래스화하고, test로 시작하는 이름의 메소드를 public void로 선언해 서브클래스 내에 작성한다. TestSuite 클래스는 리플렉션을 사용해 테스트 그룹을 만들고, run 메소드를 한 번만 호출해 테스트를 실행한다.

이 과정을 더 반복할 수도 있지만, 일단 지금까지 보여준 것만으로도 충분히 이 기법에 대한 감을 익힐 수 있다. 먼저 간결한 기술부터 시작한다. 시스템을 기술하기 위해 대상을 단순화하고 세부 사항을 제거함으로써 추상화할 수 있다. 시스템을 단순화해 의사소통하도록 강제하는 것이 새로운 추상화의 발견으로 이어지기도 한다.

가급적 간결한 스토리와 비교할 때 실제 시스템이 그만큼 단순하지 않다면 이는 시스템이 나쁘다는 것을 의미할까? 그렇지는 않다. 시스템은 확장됨에 따라 틀림없이 점점 더 복잡해진다. 스토리는 지침 역할을 하는 것이다.

JUnit에 기능을 새로 추가한다고 가정하자. 테스트를 실행할 때 assert 메소드를 호출하지 않는 테스트들에 대한 보고서를 작성하는 기능이다. JUnit 자체에 기능을 추가한다는 조건하에서 어떤 선택지들이 있을까?

한 가지 방법은 TestCase 클래스에 buildUsageReport라는 메소드를 추가하고, 테스트 실행과 assert 메소드 호출 책임을 이 클래스에게 맡기는 것이다. 이것이 좋은 방법일까? 스토리에 어떤 영향을 줄까? 이는 시스템에 대한 간결한 기술에 또 하나의 '생략에 의한 거짓'이 추가되는 결과를 낳는다.

> JUnit은 두 개의 중요 클래스를 갖고 있다. 하나는 Test고, 다른 하나는 TestResult다. 사용자는 Test를 생성하고 이를 TestResult에 전달함으로써 테스트를 실행한다. 테스트가 실패하면 TestResult에 결과가 보내진다. 따라서 TestResult를 통해 자세한 실패 원인을 알 수 있다.

지금 Test는 보고서 생성이라는 완전히 새로운 책임을 갖고 있지만, 이에 대해서는 전혀 언급하지 않고 있다.

다른 방법으로 기능을 추가한다면 어떨까? TestCase와 TestResult 간의 상호작용을 변경해서, 테스트가 실행될 때 TestResult가 assert 메소드의 호출 횟수를 얻을 수 있도록 하는 것이다. 그리고 보고서 생성 클래스를 만들고 TestResult에 리스너로 등록한다. 이것이 시스템의 스토리에 어떤 영향을 줄까? 스토리를 좀 더 일반화하는 좋은 이유가 될 것 같다. Test는 실패 건수뿐 아니라 오류 건수, 테스트 실행 횟수, assert 메소드 실행 횟수도 TestResult에게 알리게 된다. 이런 점을 반영해서 스토리를 다음과 같이 바꿀 수 있다.

> JUnit은 두 개의 중요 클래스를 갖고 있다. 하나는 Test고, 다른 하나는 TestResult다. 사용자는 Test를 생성하고 이를 TestResult에 전달함으로써 테스트를 실행한다. 테스트가 실행될 때, Test는 테스트 실행 정보를 TestResult에 전달한다. 따라서 TestResult를 통해 자세한 실패 원인을 알 수 있다.

더 나아 보이는가? 솔직히 나는 테스트 실패를 기술했던 첫 번째 버전을 더 좋아한다. 내가 보기에는 그것이 JUnit의 핵심 동작 가운데 하나이기 때문이다. TestResult가 assert 메소드의 실행 횟수를 기록하도록 코드를 변경하더라도 여전히 조금은 거짓말을 하는 셈이 된다. Test로부터 TestResult에 다른 정보들도 전달하고 있는데, 이에 관해서는 아무 말도 하지 않기 때문이다. 이 문제를 해결하기 위한 또 다른 대안이 있다. 테스트 케이스 실행과 보고서 작성을 TestCase의 책임으로 하는 방법을 선택한 경우에는 매우 대담한 거짓말을 하는 것이다. TestCase에 추가된 책임에 대해 전혀 말하고 있지 않기 때문이다. 따라서 실행 중에 assert 메소드의 실행 횟수만을 보고하는 방법을 선택하는 것이 바람직하다. 첫 번째 스토리는 다소 일반화돼 있지만 최소한 대체로 사실이기 때문이다. 이는 우리가 선택한 변경이 시스템 아키텍처와 잘 어울린다는 것을 의미한다.

네이키드 CRC

객체 지향 언어의 초창기에는 많은 사람들이 설계 문제 때문에 고민했다. 오랜 기간 절차적 프로그래밍 언어만 사용했던 사람이 객체 지향 언어에 익숙해지기는 쉽지 않다. 한마디로, 코드에 대한 사고방식이 다르기 때문이다. 나는 종이에 그려진 객체 지향 설계를 처음으로 봤던 때가 아직도 기억난다. 종이 위의 도형과 선을 바라보면서 설명을 들었는데, 정작 내가 계속 묻고 싶었던 질문은 "main( )은 어디에 있나요? 여기에 있는 신규 객체의 진입 지점은 어디인가요?"였다. 나는 다소 혼란스러웠으며, 어느 정도 시간이 흐른 후에야 이해할 수 있었다. 나만 그런 것은 아니었다. 소프트웨어 업계 대부분의 사람들이 같은 문제를 놓고 씨름하고 있었던 것 같다. 솔직히, 이 업계에 처음으로 발을 들인 사람은 객체 지향 코드를 처음 만날 때 항상 이 문제에 직면한다.

1980년에 워드 커닝험과 켄트 벡은 이 문제를 해결하고자 시도하고 있었다. 객체 지향 설계에 도전하는 사람들에게 도움이 되고 싶었던 것이다. 워드는 하이퍼카드라 불리는 것을 사용하고 있었는데, 이것은 컴퓨터 화면에 카드들을 생성하고 선으로 연결하는 도구였다. 그러던 어느 날 문득 이런 생각이 들었다. 실제의 카드를 사용해 클래스를 표현하면 좋지 않을까? 이렇게 하면 클래스는 형태를 갖게 되고 서로 토의하기도 쉬울 것으로 생각한 것이다. 예를 들면 이렇게 말이다. "Transaction 클래스에 대해 논의해야 될 것 같습니다." "알았습니다. 그럼 이 카드를 사용합시다. Transaction 클래스의 책임과 협업 클래스들이 이 카드에 그려져 있습니다."

CRC는 클래스class, 책임responsibility, 협력collaboration의 첫 글자를 따서 만든 용어다. 카드에는 클래스의 이름, 책임, 협업 클래스(이 클래스와 값을 주고받는 다른 클래스)가 기재된다. 카드에 기재된 책임이 해당 클래스에 속하지 않는다고 판단되면, 책임 위에 취소선을 긋고 다른 클래스 카드에 기재하거나 클래스 카드를 새로 만든다.

CRC는 한동안 인기를 끌었지만, 결국은 다이어그램을 사용하는 쪽으로 흐름이 바뀌었다. 당시에는 객체 지향을 가르치는 사람마다 저마다의 클래스 및 관계 표기법을 갖고 있었다. 수년에 걸쳐 많은 노력 끝에 표기법이 통합됐다. UML이 그러한 노력의 결과물이었고, 많은 사람들은 이제 시스템의 설계 방법에 대한 논의가 끝났다고 생각했다. 사람들은 UML이 방법론, 즉 시스템의 개발 방법이라고 생각했기 때문이다. 이것은 다수의 다이어그램을 그리고, 그 후에 코드를 작성하는 방법론이다. UML이 시스템 문서화에 유용한 표기법이지만, 시스템 개발의 유일한 방법이 아님을 사람들이 깨닫기까지는 다소 시간이 걸렸다. 현재 나는 설계에 대해 다른 팀원들과 논의할 때 더 나은 방법을 알고 있는데, 테스트에 관해 정통한 지인은 이 방법에 '네이키드 CRC'라는 이름을 붙였다. 이름을 이렇게 붙인 이유는 일반 CRC와 거의 비슷하지만 카드에 작성할 필요는 없기 때문이다. 아쉽게도 이 기법은 책으로 설명하기가 쉽지 않다. 지금부터 최대한 쉽게 설명해본다.

수년 전에 나는 어떤 콘퍼런스에서 론 제프리스Ron Jeffries를 만났다. 론은 카드를 이용해 아키텍처를 설명하고 상호작용을 기억하기 쉽게 만드는 방법을 알려주겠다고 약속했다. 그리고 론이 알려준 방법은 정말 그의 말대로였다. 방법은 다음과 같다. 시스템을 설명하는 사람은 아무것도 쓰여 있지 않은 카드를 한 장씩 테이블 위에 올려놓는다. 그러고 나서 시스템 내의 전형적인 객체가 무엇이고 객체들 간의 상호작용이 무엇인지 표현하기 위해 카드를 옮기거나 가리키거나 그 밖의 다양한 행위를 할 수 있다.

온라인 투표 시스템을 예로 들어보자.

"실시간 투표 시스템이 어떻게 동작하는지 설명하겠습니다. 이것은 클라이언트 측 세션입니다."(카드를 가리킨다.)

"각 세션은 수신과 발신, 두 개의 연결을 갖습니다."(각각의 카드를 원래 카드 위에 놓고 순차적으로 가리킨다.)

"시스템이 시작되면, 이쪽 서버에도 세션이 생성됩니다."(오른편에 카드 한 장을 놓는다.)

"서버 세션도 두 개의 연결을 갖습니다."(연결을 나타내는 두 장의 카드를 오른쪽 카드 위에 놓는다.)

"서버 세션이 시작되면 투표 관리자에 등록합니다."(서버 세션의 좌측 위에 투표 관리자 카드

를 놓는다.)

"서버는 다수의 세션을 가질 수 있습니다."(신규 서버 세션과 그 연결을 나타내는 카드들을 별도로 놓는다.)

"클라이언트가 투표하면, 이 표는 서버 측 세션으로 보내집니다."(클라이언트 측 세션 연결 중하나에서 서버 측 세션 연결로 손가락을 움직인다.)

"서버 세션은 수신 통지를 하고 투표 결과를 투표 관리자에 기록한다."(서버 세션에서 클라이언트 세션으로, 이어서 서버 세션에서 투표 관리자로 손가락을 가리킨다.)

"투표 관리자는 각 서버 세션에 대해 각각의 클라이언트 세션에 새로운 투표 수가 얼마인지 전달하도록 지시한다."(투표 관리자 카드로부터 각 서버 세션을 순서대로 가리킨다.)

이러한 설명은 완벽하지 않다. 실제로 테이블을 둘러싸고 직접 하는 것처럼 카드를 옮기거나 가리킬 수 없기 때문이다. 그럼에도 불구하고 이 기법은 매우 강력하다. 시스템의 다양한 부분을 명확하게 할 수 있기 때문이다. 꼭 카드일 필요는 없으므로 손쉽게 구할 수 있는 것이라면 무엇이든 이용해도 상관없다. 중요한 것은 손 동작과 카드 위치를 사용함으로써 시스템 여러 부분 간의 상호작용을 보여줄 수 있다는 점이다. 손 동작과 카드 위치 덕분에 복잡한 시나리오를 쉽게 이해할 수 있다. 또한 이렇게 카드를 사용해서 세션을 표현하고 나면 기억이 오래 남는 경향이 있다.

네이키드 CRC는 단 두 개의 지침만 있다.

1. 카드는 인스턴스를 나타내는 것이지 클래스를 나타내는 것이 아니다.
2. 카드를 겹쳐 놓음으로써 카드들의 컬렉션을 나타낸다.

대화 음미

레거시 코드를 다룰 때는 대체로 추상 클래스를 만드는 일을 회피하게 된다. 나는 수천 줄의 코드를 포함하는 4~5개의 클래스를 조사할 때, 변경 대상을 파악하는 데 들이는 노력만큼 신규 클래스 추가를 고려하지는 않는다.

변경 작업에 몰두하다 보면 다른 일에 신경 쓸 겨를이 없어서 다른 아이디어를 놓치기도 한다. 예를 들어보자. 내가 예전에 몇 명의 개발 팀 직원들과 함께 일했던 때의 일이다. 당시 이 개발 팀은 대규모의 코드 덩어리를 다수의 스레드로부터 실행 가능하도록 노력하고 있었다. 코드는 꽤 복잡했고, 교착 상태^{deadlock}에 빠질 가능성이 있었다. 특정 순서로 자원을 잠그고 풀 수 있다면 교착 상태를 피할 수 있다는 것은 알고 있었다. 그래서 이를 구현하기 위해 어떻게 코드를 수정하면 좋을지 살펴보기 시작했다. 이 새로운 잠금 정책에 대해 꾸준히 논의했고, 배열 내에 카운터를 유지하는 방법을 고안했다. 하지만 프로그래머 중 한 사람이 이 정책을 구현하는 코드를 인라인으로 작성하기 시작했을 때 나는 다음과 같이 말했다. "잠깐만요. 지금 우리는 잠금 정책에 대해 논의했잖아요? 그렇다면 LockingPolicy라는 클래스를 새로 만들고 이 클래스 안에서 카운터를 유지하면 어떨까요? 그렇게 하면 메소드 이름만 보고 메소드가 무슨 일을 하는지 쉽게 알 수 있으며, 배열 내에서 카운터를 관리하는 것보다 코드를 이해하기 쉬울 거예요."

놀라운 것은 이 개발 팀은 경험이 풍부한 팀이었다는 점이다. 코드를 추가하기에 적합한 다른 위치가 여럿 있음에도 불구하고, 절차적 코드 덩어리에는 프로그래머를 유혹하는 무언가가 있는 모양이다.

설계에 대한 대화에 귀를 기울이자. 대화에서 사용되는 개념이 코드 내의 개념과 동일한

가? 모두 같아야만 한다고 말하는 것은 아니다. 소프트웨어는 단순히 대화에 언급되는 것보다 강한 제약 조건을 만족해야 하기 때문이다. 하지만 대화와 코드가 상당 수준으로 유사하지 않다면 그 이유를 점검해야 한다. 일반적으로 다음 두 가지가 혼합된 상황이 그 이유가 된다. 개발 팀이 이해하는 바가 코드에 충분히 반영되지 않았거나, 개발 팀이 코드를 다르게 이해할 필요가 있는 것이다. 어느 경우든, 사람들이 설계를 설명할 때 자연스럽게 사용하는 개념과 가급적 일치시키는 것이 바람직하다. 다른 사람에게 설계에 대해 설명하는 것은 곧 다른 사람이 개념을 이해할 수 있도록 노력하는 것이다. 이러한 노력을 코드에도 포함시키자.

이번 장에서는 기존의 대규모 시스템의 아키텍처를 이해하고 다른 사람과 의사소통하기 위한 몇 가지 기법을 설명했다. 이 기법의 상당수는 신규 시스템을 설계할 때도 매우 효과적이다. 개발 주기의 어디서 이뤄지든, 설계는 설계다. 개발 팀이 저지를 수 있는 최악의 실수 가운데 하나는 개발 주기의 특정 시점에서 설계가 끝난다고 생각하는 것이다. 설계가 끝난 것으로 생각하면서 시스템을 변경하는 경우, 신규 코드가 부적절한 위치에 놓이고 클래스의 크기가 비대해지기 쉽다. 새로운 추상적 개념의 도입을 꺼리기 때문이다. 이것만큼 레거시 시스템의 품질을 확실히 떨어뜨리는 요인은 없다.

CHAPTER 18

테스트 코드가 방해를 한다

단위 테스트 코드를 처음으로 작성하는 사람은 부자연스러움을 느낄 수 있다. 테스트가 단순히 방해를 한다고 느끼는 것이다. 프로젝트의 소스 코드를 살펴볼 때, 테스트 코드인지 아니면 배포 코드인지 잊어버리는 경우도 있다. 이런 경우에는 기껏 많은 수의 테스트 코드를 작성했어도 그다지 도움이 되지는 못한다. 어떤 식으로든 규칙을 정해 작업하지 않으면 테스트 코드의 바다에 빠지게 되는 것이다.

클래스 명명 규칙

가장 먼저 정해야 할 것 중에 하나는 클래스 이름에 대한 규칙이다. 일반적으로, 각 클래스마다 적어도 한 개의 단위 테스트 클래스를 작성한다. 따라서 테스트 대상 클래스의 이름을 바탕으로 단위 테스트 클래스 이름을 만드는 것은 합리적인 생각이다. 다양한 규칙이 사용될 수 있는데, 가장 보편적인 것은 클래스 이름의 접두어나 접미어로서 Test를 붙이는 것이다. 예를 들어 DBEngine 클래스에 대한 단위 테스트 클래스는 TestDBEngine 또는 DBEngineTest가 된다. 둘 중에서 어느 것을 사용해도 좋지만 개인적으로는 접미어로서 Test를 붙이는 방식을 선호한다. IDE에서 클래스들을 알파벳순으로 정렬할 때 각 클래스와 테스트 클래스가 나란히 정렬되므로 확인 및 수정이 편리하기 때문이다.

테스트하려면 그 밖에 어떤 클래스가 필요할까? 패키지나 디렉터리 내의 협업 클래스를 모방하는 가짜 클래스가 필요할 수 있다. 나는 가짜 클래스의 이름에는 Fake를 접두어로 사용한다. 이렇게 하면 알파벳순으로 클래스들을 정렬할 때 패키지 내의 주요 클래스들과 떨어진 위치에 가짜 클래스들이 모이게 된다. 가짜 클래스는 대체로 다른 디렉터리 내에 있는 클래스의 서브클래스이므로 이렇게 하는 것이 편리하다.

또한 테스트용 서브클래스가 필요할 수 있다. 테스트용 서브클래스는 테스트 대상 클래스의 의존 관계를 분리하고 싶을 때 사용된다. 이것은 서브클래스화와 메소드 재정의 기법을 사용할 때 작성되는 서브클래스에 해당한다. 나는 테스트용 서브클래스의 이름에 Testing을 접두어로서 붙인다. 이렇게 하면 패키지나 디렉터리 내의 클래스들이 알파벳순으로 정렬될 때 테스트용 서브클래스들이 한 곳에 모이게 된다.

다음은 간단한 회계용 소프트웨어의 클래스 목록이다.

- CheckingAccount
- CheckingAccountTest
- FakeAccountOwner
- FakeTransaction
- SavingsAccount
- SavingsAccountTest
- TestingCheckingAccount
- TestingSavingsAccount

배포용 클래스 뒤에 바로 테스트 클래스가 위치한다는 점에 주목하자. 가짜 클래스와 테스트용 서브클래스들은 한 곳에 모여 있다.

나는 이런 정렬 규칙을 강요하지는 않는다. 많은 경우에 효과적이지만, 그 밖에도 다양한 방식이 가능하고 저마다 사용할 만한 이유가 있다. 여기서 인간공학적 접근이 중요하다는 점은 반드시 기억해야 한다. 얼마나 쉽게 배포 클래스와 테스트 클래스 사이를 오가며 작업할 수 있는지가 중요하다는 뜻이다.

테스트 코드의 배치

이번 장에서는 지금까지 테스트 코드와 배포 코드가 동일한 디렉터리 내에 있다고 가정했었다. 일반적으로 프로젝트의 디렉터리 구성으로서 가장 간단한 방법이지만, 이렇게 구성하기로 결정하기 전에 반드시 고려할 것들이 있다.

무엇보다, 애플리케이션의 파일 크기에 제한이 있는지 여부를 고려해야 한다. 직접 관리하는 서버에서 동작하는 애플리케이션이라면 파일 크기는 그다지 제약이 없을 것이다. 배포할 때 파일 크기가 (배포용 코드와 테스트 코드를 포함해서) 실제 크기의 두 배가 돼도 문제 없다면, 배포용 코드와 테스트 코드를 같은 디렉터리에 두고 모든 바이너리들을 배치해도 된다.

하지만 소프트웨어가 상용 제품이고 고객의 컴퓨터에서 실행되는 것이라면, 파일 크기가 문제가 될 수 있다. 테스트 코드를 배포용 코드에서 완전히 분리할 수도 있겠지만, 코드 참조에 얼마나 어려움을 안겨주는지 검토할 필요가 있다.

다음 예제처럼 테스트 코드를 완전히 분리해도 별 영향이 없을 수도 있다. 자바에서는 한 개의 패키지를 두 개의 서로 다른 디렉터리에서 관리할 수 있기 때문이다.

```
source
  com
    orderprocessing
      dailyorders
test
  com
    orderprocessing
      dailyorders
```

위와 같이 배포용 클래스는 source 디렉터리 아래의 dailyorders 디렉터리에 저장하고 테스트 클래스는 test 디렉터리 아래의 dailyorders 디렉터리에 저장한 후, 이것들을 동일 패키지 내에 둘 수 있다. 일부 IDE는 이 두 개의 디렉터리를 동일 패키지로서 보여주므로, 클래스의 물리적인 위치에 신경 쓸 필요가 없다.

프로그래밍 언어와 개발 환경에 따라 클래스 위치의 구성은 다를 수 있다. 배포 코드와 테스트 코드 사이를 오가기 위해 디렉터리 구조를 위아래로 옮겨 다녀야 한다면, 변경 작업을 하는 것이 마치 세금을 내는 기분이 들 것이다. 하지만 그렇다고 해서 테스트 코드를 작성하지 않으면 작업은 더욱 느려진다.

대안으로서 배포 코드와 테스트 코드를 동일한 위치에 두고, 배포할 때 테스트 코드를 제거하도록 스크립트나 빌드 설정을 사용하는 방법이 있다. 적절한 명명 규칙을 사용했다면 이 방법은 꽤 효과적으로 동작한다.

테스트 코드와 배포 코드를 분리하기 전에는 그 이유가 합당한지 분명히 확인하자. 상당수의 개발 팀들이 단지 보기 좋다는 이유만으로 배포 코드와 테스트 코드를 분리한다. 배포 코드와 테스트 코드가 같이 있어도 된다는 생각을 처음부터 하지 않는 것이다. 하지만 실제로 배포 코드와 테스트 코드를 같은 위치에 두고 개발 작업을 해보면, 프로젝트의 소스 코드들을 참조하기 쉽다는 장점에 익숙해지게 된다. 그리고 어느새 그것을 당연한 것처럼 받아들이게 된다.

CHAPTER 19

내 프로젝트는 객체 지향이 아니다.
어떻게 안전하게 변경할 수 있을까?

이 장의 제목은 약간 도발적이다. 기본적으로는 어떤 언어를 사용하든 안전하게 코드를 변경할 수 있기 때문이다. 하지만 어떤 언어가 다른 언어보다 안전하게 변경을 수행하기 쉬운 것은 사실이다. 객체 지향이 업계에 광범위하게 보급됐지만, 객체 지향 외에도 규칙 기반 언어, 함수형 프로그래밍 언어, 제약 기반 프로그래밍 언어 등 많은 언어와 프로그래밍 기법이 다양하게 존재한다. 그러나 이 언어들은 아직 C, 코볼, 포트란, 파스칼, 베이직 등의 고전적인 절차형 언어만큼 폭넓게 사용되지는 않는다.

절차형 언어는 레거시 환경에서 특히 까다롭다. 코드를 변경하기 전에 테스트 루틴을 만드는 것이 중요한데, 절차형 언어는 단위 테스트를 도입하기 위해 할 수 있는 일이 제한적이기 때문이다. 가장 순진한 방법은 지혜를 모으고, 시스템에 패치를 적용하고, 올바르게 변경이 이뤄지도록 기도하는 것이다.

이는 절차형 레거시 코드를 테스트하는 과정에서 보편적으로 일어나는 딜레마다. 절차형 언어들은 객체 지향(그리고 다수의 함수형) 프로그래밍 언어가 제공하는 봉합부를 갖지 않는 것이 대부분이다. 경험이 많은 개발자들은 봉합부가 없어도 의존 관계를 주의 깊게 관리하면서 작업한다(C로 작성된 훌륭한 코드가 얼마나 많은가?). 그러나 변경과 검증 주기의 점진적 진행이 여의치 않은 상황에 빠지기 쉽다.

절차형 코드는 의존 관계를 제거하기가 매우 어렵다. 따라서 최상의 전략은 변경을 수행하기 전에 먼저 대규모 코드 묶음을 테스트 루틴에 넣고 이를 이용해 개발 과정에서 피드백을 얻는 것이다. 12장에 소개된 기법들이 많은 도움이 된다. 이 기법들은 객체 지향 코드뿐 아니라 절차형 코드에도 적용할 수 있다. 간단하게 요약하면, 우선 조임 지점을 찾고 연결 봉합을 사용해 의존 관계를 필요한 만큼 제거한 후 테스트 하네스 안에 코드를 넣는 것이다. 전처리기를 제공하는 언어라면 전처리 봉합 기법을 사용할 수도 있다.

다만, 이 기법들이 표준적인 해결책인 것은 맞지만 그 밖에도 몇 가지 방법들이 있다. 이번 장에서는 절차형 프로그램에서 의존 관계를 지역적으로 제거하는 방법, 검증 가능한 변경을 간단하게 수행하는 기법, 객체 지향으로의 마이그레이션이 가능한 언어를 사용할 경우를 위한 방법 등을 살펴보자.

간단한 경우

절차형 코드라고 해서 항상 문제가 되는 것은 아니다. 다음은 리눅스에서 동작하는 C 함수의 예다. 이 함수를 조금 변경해야 할 경우, 이 함수를 위한 테스트 루틴을 작성하기가 어려울까?

```
void set_writetime(struct buffer_head * buf, int flag)
{
  int newtime;
  if (buffer_dirty(buf)) {
    /* Move buffer to dirty list if jiffies is clear */
    newtime = jiffies + (flag ? bdf_prm.b_un.age_super :
      bdf_prm.b_un.age_buffer);
    if(!buf->b_flushtime || buf->b_flushtime > newtime)
      buf->b_flushtime = newtime;
  } else {
    buf->b_flushtime = 0;
  }
}
```

이 함수를 테스트하기 위해 필요한 과정은 jiffies 변수 값을 설정하고, buffer_head를 생성해 이 함수에 전달하고, 호출 후에 buffer_head의 값을 검사하는 것뿐이다. 하지만 이렇게 운이 좋은 경우는 많지 않다. 함수 내에서 다른 함수를 호출하고 그 호출된 함수는 또 다른 함수를 호출하는 식으로 계속 이어지기 때문이다. 또 I/O(입출력)나 라이브러리 함수처럼 다루기 힘든 함수를 호출하기도 한다. 이런 코드가 실제로 무엇을 하는지 테스트하고 싶어도, 돌아오는 대답은 "이 함수는 무언가 멋진 일을 합니다. 하지만 그 일은 프로그램을 호출하는 외부의 객체가 알 수 있을 뿐 여러분은 알 수 없습니다."와 같을 것이다.

어려운 경우

다음의 C 언어로 된 함수를 변경하려는 경우, 변경을 시작하기 전에 테스트 루틴으로 보호 가능한지 알 수 있다면 매우 좋을 것이다.

```c
#include "ksrlib.h"
int scan_packets(struct rnode_packet *packet, int flag)
{
  struct rnode_packet *current = packet;
  int scan_result, err = 0;
  while(current) {
    scan_result = loc_scan(current->body, flag);
    if(scan_result & INVALID_PORT) {
      ksr_notify(scan_result, current);
    }
    ...
    current = current->next;
  }
  return err;
}
```

ksr_notift라는 함수를 호출하고 있는데, 이 함수는 그다지 바람직하지 않은 부작용을 포함하고 있다. 서드파티 시스템에 알림을 보내는데, 테스트 중에는 알림을 보내고 싶지 않기 때문이다.

이 문제를 처리하는 한 가지 방법으로서 연결 봉합을 사용할 수 있다. 라이브러리 함수의 영향을 받지 않으면서 테스트하기 위해, 이 기법을 사용해 가짜 함수를 포함하는 라이브러리를 만드는 것이다. 가짜 함수는 원래 함수와 비록 이름이 같지만, 실제로는 동작하지 않는 함수다. 이번 예제의 경우 `ksr_notify`에 대한 가짜 함수의 본문은 다음과 같다.

```
void ksr_notify( int scan_code, struct rnode_packet *packet)
{
}
```

이 함수를 라이브러리 안에서 빌드하고 링크시킬 수 있다. 그러면 scan_packets 함수는 알림을 보내지 않는다는 점만 제외하고 변경 전과 똑같이 동작할 것이다. 알림 이외의 코드를 그대로 실행하고 싶다면 특히 문제 될 것이 없다.

우리들은 이 전략을 사용해야 할까? 경우에 따라 다르다. ksr 라이브러리에 많은 함수들이 있고, 이 함수들의 호출이 시스템의 주요 처리가 아니라면 이 전략을 사용할 만하다. 가짜 라이브러리를 생성하고 테스트할 때 이 라이브러리에 링크해서 실행하는 것은 의미 있는 일이다. 반면에 함수를 통해 어떤 것을 감지하길 원하거나 함수가 반환하는 값을 변경하고 싶다면, 연결 봉합은 좋은 방법이 아니며 매우 단조로운 작업을 해야만 한다. 연결 봉합을 사용하면 프로그램을 링크하는 시점에서 라이브러리를 교체하기 때문에, 빌드된 실행 파일마다 함수 정의를 한 개만 가질 수 있다. 따라서 가짜 `ksr_notify` 함수가 어떤 테스트에는 이렇게 동작하고 다른 테스트에서는 저렇게 동작하길 원한다면, 함수 본문에 특정 실행 방법을 조건문으로 설정해야만 한다. 그리고 대체로 이 작업은 귀찮은 일이다. 하지만 불행히도 대부분의 절차형 언어에서는 다른 선택지가 없다.

C 언어라면 대안이 하나 있다. C 언어는 전처리기를 제공하므로 이것을 사용해 scan_packets 함수에 대한 테스트 루틴을 쉽게 작성할 수 있다. 다음 코드는 테스트 코드를 추가한 후의 scan_packets를 포함하는 파일이다.

```
#include "ksrlib.h"
#ifdef TESTING
#define ksr_notify(code,packet)
#endif
int scan_packets(struct rnode_packet *packet, int flag)
{
```

```
  struct rnode_packet *current = packet;
  int scan_result, err = 0;
  while(current) {
    scan_result = loc_scan(current->body, flag);
    if(scan_result & INVALID_PORT) {
      ksr_notify(scan_result, current);
    }
    ...
    current = current->next;
  }
  return err;
}


#ifdef TESTING
#include <assert.h>
int main () {
  struct rnode_packet packet;
  packet.body = ...
  ...
  int err = scan_packets(&packet, DUP_SCAN);
  assert(err & INVALID_PORT);
  ...
  return 0;
}
#endif
```

TESTING이라는 매크로 정의를 사용해 테스트할 때 ksr_notify 호출을 무효화한다. 또한 짧은 테스트 루틴도 포함하고 있다.

이 파일처럼 테스트 코드와 배포 코드를 혼합해 한 개의 파일에 넣으면 코드를 이해하기 어려울 수 있다. 코드를 검색하기가 어렵기 때문이다. 인클루드 기능을 사용해 테스트 코드와 배포 코드를 별도의 파일들에 두는 방법을 대안으로 사용할 수 있다.

```
#include "ksrlib.h"
#include "scannertestdefs.h"
int scan_packets(struct rnode_packet *packet, int flag)
{
  struct rnode_packet *current = packet;
```

```
  int scan_result, err = 0;
  while(current) {
    scan_result = loc_scan(current->body, flag);
    if(scan_result & INVALID_PORT) {
      ksr_notify(scan_result, current);
    }
    ...
    current = current->next;
  }
  return err;
}
#include "testscanner.tst"
```

이제, 이 코드에는 테스트가 존재하지 않는 것처럼 보이는 상태에 한발 가까워졌다. 유일하게 다른 점은 파일 맨 끝에 #include문이 있다는 것이다. 테스트 대상 함수에 전방 선언을 사용하면 하단에 있는 인클루드 파일의 모든 내용을 상단의 인클루트 파일로 이동시킬 수 있다.

테스트를 실행하기 위해서는 TESTING을 정의하고 이 파일만 빌드하면 된다. TESTING이라고 정의함으로써 testscanner.tst 내의 main( ) 함수가 컴파일되고 테스트용 실행 파일로 링크된다. 이 파일의 main( ) 함수는 스캔 처리 루틴들의 테스트만 실행한다. 각각의 테스트 루틴에 대해 개별 테스트 함수를 다음과 같이 정의하면 그룹 단위의 테스트를 실행할 준비가 된다.

```
#ifdef TESTING
#include <assert.h>
void test_port_invalid( ) {
  struct rnode_packet packet;
  packet.body = ...
  ...
  int err = scan_packets(&packet, DUP_SCAN);
  assert(err & INVALID_PORT);
}

void test_body_not_corrupt( ) {
  ...
```

```
}

void test_header() {
  ...
}
#endif
```

이 테스트용 함수들은 다른 파일의 main 함수에서 호출할 수 있다.

```
int main() {
  test_port_invalid();
  test_body_not_corrupt();
  test_header();
  return 0;
}
```

테스트를 쉽게 그룹화할 수 있는 등록 함수를 추가하면 더욱 편리하게 개선할 수 있다. C 언어의 단위 테스트 프레임워크들에 대한 자세한 설명은 www.xprogramming.com을 참조하자.

매크로 전처리기는 오용될 가능성이 있지만 매우 유용한 방법임은 분명하다. 파일 인클루드와 매크로 대체는 복잡한 코드의 의존 관계를 해결하는 데 큰 도움을 줄 수 있다. 매크로 사용을 테스트 코드만으로 한정하는 한, 배포 코드에서 매크로 오용으로 인한 악영향은 너무 걱정하지 않아도 된다.

C 언어는 매크로 전처리기를 제공하는 몇 안 되는 주류 언어 중 하나다. 다른 절차형 언어에서는 일반적으로 연결 봉합을 사용해 의존 관계를 제거하면서 대규모 코드에 대한 테스트 루틴을 작성해야 할 것이다.

새로운 동작의 추가

절차형 언어로 작성된 레거시 코드의 경우, 기존 함수에 코드를 추가하는 것보다 새로운 함수를 도입하는 편이 낫다. 최소한 새로 작성한 함수를 위한 테스트 루틴을 작성할 수 있기 때문이다.

절차형 언어의 코드에서 의존 관계의 함정에 빠지지 않으려면 어떻게 해야 할까? 한 가지 방법은 8장에서 소개했던 TDD(테스트 주도 개발)를 사용하는 것이다. TDD는 객체 지향 코드와 절차형 코드 모두에서 사용할 수 있다. 작성하려는 코드에 대해 테스트 루틴을 분명히 함으로써 설계를 바람직한 방향으로 이끌 수 있다. TDD에서는 함수를 작성하는 데 집중하고, 이 함수를 실행하면서 애플리케이션의 나머지 부분과 통합해나간다.

TDD를 수행하려면, 작성하려는 코드에 대한 사고방식을 종종 바꿔야 할 필요가 있다. 예를 들어 send_command라는 함수를 작성해야 한다고 하자. 이 함수는 mart_key_send 함수를 통해 ID, 이름(name), 명령(command_string)을 다른 시스템으로 보낸다. 이 함수의 코드는 그다지 나쁘지 않은 것 같다. 코드는 다음과 같을 것이다.

```c
void send_command(int id, char *name, char *command_string) {
  char *message, *header;
  if (id == KEY_TRUM) {
    message = ralloc(sizeof(int) + HEADER_LEN + ...
    ...
  } else {
    ...
  }
  sprintf(message, "%s%s%s", header, command_string, footer);
  mart_key_send(message);
  free(message);
}
```

이 함수에 대한 테스트 루틴을 어떻게 작성해야 할까? 특히 mart_key_send 함수를 호출하기 전의 처리가 올바르게 이뤄지는지 확인하려면 어떻게 해야 할까? 사고방식을 조금 바꿔서 접근해보자.

mart_key_send 호출 이전의 모든 처리가 별도의 함수에 작성돼 있다면, 이 함수의 테스트 코드를 작성할 수 있다. 테스트 루틴은 다음과 같을 것이다.

```
char *command = form_command(1,
        "Mike Ratledge",
        "56:78:cusp-:78");
assert(!strcmp("<-rsp-Mike Ratledge><56:78:cusp-:78><-rspr>",
    command));
```

이어서 명령 문자열을 반환하는 form_command 함수를 작성한다.

```
char *form_command(int id, char *name, char *command_string)
{
  char *message, *header;
  if (id == KEY_TRUM) {
    message = ralloc(sizeof(int) + HEADER_LEN + ...
    ...
  } else {
    ...
  }
  sprintf(message, "%s%s%s", header, command_string, footer);
  return message;
}
```

이 함수를 이용하면 send_command 함수는 다음과 같이 단순화된다.

```
void send_command(int id, char *name, char *command_string) {
  char *command = form_command(id, name, command_string);
  mart_key_send(command);
  free(message);
}
```

이처럼 코드의 구성을 바꾸는 작업이 앞으로 나아가기 위해 필요할 때가 많다. 순수하게 처리를 수행하는 코드를 별도의 함수로 만듦으로써 골칫거리인 의존 관계를 제거할 수 있기 때문이다. 이렇게 하면 결국은 send_command와 같은 래퍼 함수가 만들어진다. 래퍼 함수는 처리 로직과 의존 관계가 결합돼 있다. 이 기법은 만능은 아니지만, 의존 관계가 광범위하게 퍼지지 않은 상황에서는 쓸 만하다.

또한 다수의 외부 호출을 수행하는 함수를 작성해야 할 경우가 있다. 이런 함수는 계산을 그다지 수행하지 않지만 함수 호출 순서는 매우 중요하다. 예를 들어 대출 이자를 계산하는 함수를 작성한다고 해보자. 가장 간단한 코드는 다음과 같다.

```c
void calculate_loan_interest(struct temper_loan *loan, int calc_type)
{
  ...
  db_retrieve(loan->id);
  ...
  db_retrieve(loan->lender_id);
  ...
  db_update(loan->id, loan->record);
  ...
  loan->interest = ...
}
```

이 경우 어떻게 해야 할까? 다수의 절차형 언어에서 가장 좋은 방법은 테스트 루틴 작성을 건너뛰고, 최선을 다해 함수를 작성하는 것이다. 어쩌면 상위 수준에서 함수의 정상 동작을 테스트할 수 있을지도 모른다. 그러나 C 언어라면 또 다른 선택지도 있다. C 언어는 함수 포인터를 지원하므로, 함수 포인터를 봉합부로서 사용할 수 있다. 방법은 다음과 같다.

먼저 함수 포인터를 포함하는 구조체를 생성한다.

```c
struct database
{
  void (*retrieve)(struct record_id id);
  void (*update)(struct record_id id, struct record_set *record);
  ...
};
```

이 함수 포인터들은 데이터베이스 접근 함수의 주소로 초기화된다. 이 구조체는 데이터베이스에 접근하려는 다양한 함수들에 전달할 수 있다. 배포 코드에서는 실제 데이터베이스 접근 함수를 가리키고, 테스트 코드에서는 가짜 함수를 가리키도록 설정한다.

초창기 컴파일러를 사용 중이라면, 다음과 같이 고전적인 함수 포인터 구문을 사용해야 할 수도 있다.

```
extern struct database db;
(*db.update)(load->id, loan->record);
```

하지만 최근의 컴파일러를 사용 중이라면 객체 지향 스타일의 자연스러운 구문으로 이 함수들을 호출할 수 있다.

```
extern struct database db;
db.update(load->id, loan->record);
```

이 기법을 C 언어에서만 사용할 수 있는 것은 아니다. 함수 포인터와 위임 기능을 지원하는 대부분의 언어에서 이 기법을 사용할 수 있다.

객체 지향의 장점 이용

객체 지향 언어의 경우, 객체 봉합 기법을 사용할 수 있다. 객체 봉합은 다음과 같은 장점들이 있다.

- 코드 내에서 발견하기 쉽다.
- 코드를 작고 이해하기 쉬운 부분들로 분해할 수 있다.
- 유연성이 높다. 테스트를 위해 도입한 봉합부는 소프트웨어를 확장할 때도 유용하게 쓰일 수 있다.

불행히도 모든 소프트웨어가 객체 지향으로 간단히 마이그레이션될 수는 없다. 하지만 매우 간단히 되는 경우도 있는데, 많은 절차형 언어들이 객체 지향 언어로 진화해왔기 때문이다. 마이크로소프트의 비주얼 베이직은 완전한 객체 지향 언어가 됐으며, 코볼과 포트란도 객체 지향 확장 기능을 제공하고 있다. 대부분의 C 컴파일러는 C++ 컴파일 기능도 제공하고 있다.

사용 중인 언어가 객체 지향으로 옮겨갈 수 있는 방법을 제공하고 있다면 우리에게는 더 많은 선택지가 주어진다. 대부분의 경우, 가장 먼저 할 일은 전역 참조 캡슐화 기법을 사용해 변경 대상 코드를 테스트 코드 안에 넣는 것이다. 이 기법을 사용하면 이번 장 초반에 소개했던 scan_packets 함수의 나쁜 의존 관계를 제거할 수 있다. 하지만 문제는 ksr_notify 함수와 관련돼 있었음을 기억하자. 테스트를 실행할 때 실제로는 알림을 보내고 싶지 않은 것이다.

```
int scan_packets(struct rnode_packet *packet, int flag)
{
  struct rnode_packet *current = packet;
  int scan_result, err = 0;
  while(current) {
    scan_result = loc_scan(current->body, flag);
    if(scan_result & INVALID_PORT) {
      ksr_notify(scan_result, current);
    }
    ...
    current = current->next;
  }
  return err;
}
```

먼저 C가 아니라 C++로서 컴파일한다. 이는 방법에 따라 큰 일이 될 수도 있고 작은 일이 될 수도 있다. 어려움을 극복하면서 전체 프로젝트를 C++로서 재컴파일할 수도 있고, 부분별로 단계적으로 재컴파일할 수도 있다. 다만 단계적 접근법을 취하면 전체적인 시간은 오래 걸린다.

C++로 컴파일을 마쳤으면, ksr_notify 함수 선언을 찾아내고 클래스로 포장한다.

```
class ResultNotifier
{
public:
  virtual void ksr_notify(int scan_result,
        struct rnode_packet *packet);
};
```

해당 클래스를 위한 새로운 소스 파일을 생성하고, 기본 구현을 다음과 같이 작성한다.

```
extern "C" void ksr_notify(int scan_result,
struct rnode_packet *packet);
void ResultNotifier::ksr_notify(int scan_result,
        struct rnode_packet *packet)
{
  ::ksr_notify(scan_result, packet);
}
```

함수 이름과 시그니처를 변경하지 않았다는 점에 주의하자. 시그니처 유지 기법을 사용해 오류 발생 가능성을 최소화한 것이다.

이어서 ResultNotifier 전역 인스턴스 선언을 소스 파일에 추가한다.

```
ResultNotifier globalResultNotifier;
```

이것을 재컴파일했을 때 발생하는 오류 메시지를 통해 어느 곳을 변경해야 할지 알 수 있다. ksr_notify 함수의 정의를 클래스 내에 넣었으므로, 컴파일러는 전역 범위의 함수 정의를 찾을 수 없다.

원래의 scan_packets 함수는 다음과 같다.

```
#include "ksrlib.h"
int scan_packets(struct rnode_packet *packet, int flag)
{
  struct rnode_packet *current = packet;
  int scan_result, err = 0;
  while(current) {
    scan_result = loc_scan(current->body, flag);
    if(scan_result & INVALID_PORT) {
      ksr_notify(scan_result, current);
    }
    ...
    current = current->next;
  }
```

```
  return err;
}
```

이 함수를 컴파일하기 위해 extern 선언을 사용해서 globaIResultNotifier 객체를 참조 가능하게 만들고 ksr_notify 함수를 호출할 때 객체 이름을 지정하도록 한다.

```
#include "ksrlib.h"
extern ResultNotifier globalResultNotifier;
int scan_packets(struct rnode_packet *packet, int flag)
{
  struct rnode_packet *current = packet;
  int scan_result, err = 0;
  while(current) {
    scan_result = loc_scan(current->body, flag);
    if(scan_result & INVALID_PORT) {
      globalResultNotifier.ksr_notify(scan_result, current);
    }
    ...
    current = current->next;
  }
  return err;
}
```

이 코드는 기존과 똑같이 동작한다. ResultNotifier 클래스의 ksr_notify 메소드는 ksr_notify 함수에 처리를 위임한다. 이처럼 메소드에서 함수로의 위임이 이뤄지면 어떤 점이 좋아질까? 사실, 아직은 좋아진 것이 없다. 다음으로, 배포 코드에서는 ResultNotifier 객체를 사용하고 테스트 코드에서는 다른 객체를 사용하도록 설정해야 한다. 여러 가지 방법이 있지만, 전역 참조 캡슐화 기법을 다시 사용해 scan_packets 함수를 Scanner 클래스로 옮기는 방법이 좋은 것 같다.

```
class Scanner
{
public:
  int scan_packets(struct rnode_packet *packet, int flag);
};
```

이제 생성자 매개변수화 기법을 적용해서 ResultNotifier를 사용하도록 클래스를 변경할 수 있다.

```
class Scanner
{
private:
  ResultNotifier& notifier;
public:
    Scanner();
    Scanner(ResultNotifier& notifier);
  int scan_packets(struct rnode_packet *packet, int flag);
};

// 소스 파일 내에서

Scanner::Scanner()
: notifier(globalResultNotifier)
{}

Scanner::Scanner(ResultNotifier& notifier)
: notifier(notifier)
{}
```

이렇게 변경함으로써 scan_packets 함수 호출 위치를 변경하고 Scanner의 인스턴스를 생성한 후 그 scan_packets 함수를 호출할 수 있게 된다.

이 방법은 매우 안정적이며 상당 부분을 기계적으로 수행할 수 있다. 객체 지향 설계의 좋은 사례는 아니지만, 의존 관계를 제거하기에 충분한 역할을 하므로 작업을 진행함에 따라 테스트 범위가 계속 증가할 것이다.

모든 것이 객체 지향적이다

절차형 언어 프로그래머 중에는 객체 지향 언어를 비판하기 좋아하는 사람들이 있다. 객체 지향은 불필요하다거나 복잡성에 비하면 그다지 유용하지 않다고 주장한다. 하지만 잘 생각해보면, 절차형 프로그램도 객체 지향적이다. 안타까운 사실은 많은 절차형 프로그램들이 단 한 개의 객체만 갖고 있는 것이다. 이 문제를 생각하기 위해 100개의 함수를 가진 프로그램이 있다고 가정하자. 함수 선언은 다음과 같다.

```
...
int db_find(char *id, unsigned int mnemonic_id,
    struct db_rec **rec);
...
...
void process_run(struct gfh_task **tasks, int task_count);
...
```

이 선언들을 모두 한 개의 파일에 넣고, 클래스 정의로 감쌌다고 하자.

```
class program
{
public:
  ...
  int db_find(char *id, unsigned int mnemonic_id,
      struct db_rec **rec);
  ...
  ...
  void process_run(struct gfh_task **tasks, int task_count);
  ...
};
```

개별 함수 정의는 다음과 같을 것이다(다음은 그중 하나다).

```
int db_find(char *id,
  unsigned int mnemonic_id,
  struct db_rec **rec);
{
  ...
}
```

함수 이름 앞에 클래스 이름을 붙인다.

```
int program::db_find(char *id,
    unsigned int mnemonic_id,
    struct db_rec **rec)
{
    ...
}
```

마지막으로 새로운 `main()` 함수를 작성한다.

```
int main(int ac, char **av)
{
    program the_program;
    return the_program.main(ac, av);
}
```

이와 같은 변경이 시스템의 동작을 바꾸는가? 그렇지 않다. 단순히 기계적 변경일 뿐이며, 프로그램의 목적과 동작은 전혀 달라지지 않았다. 실제로, 고전적인 C 언어 시스템은 하나의 커다란 객체였다고 말할 수 있다. 전역 참조 캡슐화 기법을 사용한다는 것은 새로운 객체들을 만들고 작업하기 쉽도록 시스템을 분할하는 것이다.

객체 지향 확장 기능을 제공하는 절차형 언어에서는 이러한 방향으로 작업할 수 있다. 이는 본격적인 객체 지향은 아니고, 단순히 테스트를 목적으로 프로그램을 분할하기 위해 이용하는 것에 불과하다.

사용 중인 언어가 객체 지향에 대응할 경우, 의존 관계 추출 이외에 어떤 일을 할 수 있을까? 한 가지를 꼽자면, 바람직한 객체 지향 설계를 목표로 조금씩 개선하는 것이다. 일반적으로는 서로 관련된 함수들을 한 개의 클래스로 모은 후, 다수의 메소드를 추출함으로써 복잡하게 얽힌 책임들을 분할하는 것을 의미한다. 더 자세한 설명은 20장을 참조하자.

절차형 코드는 객체 지향 코드만큼 많은 선택지를 제공하지는 않는다. 하지만 절차형 레거시 코드를 개선할 수는 있다. 절차형 언어 특유의 몇 가지 봉합부는 작업을 쉽게 만드는 데 크게 공헌한다. 현재 사용 중인 절차형 언어의 후속 언어로서 객체 지향 언어가 있다면, 그 객체 지향 언어로 마이그레이션할 것을 권장한다. 객체 봉합 기법은 적절한 자리에 테스트 코드를 둘 수 있다는 점 외에도 다양한 장점을 갖고 있는 반면, 연결 봉합이나 전처리 봉합은 코드를 테스트 가능한 상태로 만들 수는 있지만 설계 개선에는 그다지 도움이 되지 않기 때문이다.

CHAPTER 20

이 클래스는 너무 비대해서
더 이상 확장하고 싶지 않다

시스템에 추가되는 신규 기능은 대체로 미세 조정만을 조금 요구하므로, 약간의 코드와 몇 개의 메소드만 추가하면 된다. 이때 기존 클래스를 직접 변경하기 쉽다. 추가하려는 코드가 기존 클래스의 데이터를 사용하는 경우 가장 손쉬운 방법은 기존 클래스에 코드를 추가하는 것이기 때문이다. 하지만 불행히도 이렇게 안이한 방법은 심각한 문제를 발생시킬 수 있다. 기존 클래스에 코드를 계속 추가하다 보면, 결국은 대규모 메소드를 갖는 거대한 클래스가 돼버린다. 소프트웨어는 늪으로 변하고, 이후 신규 기능 추가는 물론이고 기존 기능을 이해하는 데만도 많은 시간이 들게 된다.

나는 예전에 이론적으로는 훌륭해 보이는 아키텍처를 갖고 있는 개발 팀을 만난 적이 있다. 그들은 내게 어떤 것이 주요 클래스며 어떻게 다른 클래스들과 협업하는지 알려줬다. 이어서 한눈에 구조를 파악할 수 있는 멋진 UML 다이어그램을 보여줬다. 하지만 코드를 보고 나서는 놀라지 않을 수 없었다. 각 클래스는 열 개 정도로 분할돼야 마땅했고, 그렇게 분리됐더라면 현재 겪고 있는 문제들은 모두 일어나지 않을 것이었다.

클래스가 커지면 어떤 문제가 생길까? 첫 번째 문제는 혼란이다. 50~60개의 메소드를 갖는 클래스라면 무엇을 변경해야 할지, 그리고 다른 클래스에 영향을 미치는지 파악하기 어려울 때가 많다. 최악의 경우 너무나 많은 인스턴스 변수 때문에 한 개의 변수 변경으로 인한 영향이 어떨지 알 수 없다. 두 번째 문제는 작업 계획의 조정이다. 한 개의 클래스가

20개 정도의 책임을 갖고 있으면, 그 클래스를 변경해야 하는 이유도 매우 많아진다. 따라서 동일한 작업 주기 동안 다수의 프로그래머들이 해당 클래스에 서로 다른 목적을 위해 동시에 변경을 시도하기 쉽다. 그 작업들이 동시에 수행되면 심각하게 혼란스러운 상황이 될 것이다. 여기에 세 번째 문제, 즉 크기가 거대한 클래스는 테스트 코드 작성이 어렵다는 문제가 더해지면 혼란은 더욱 심각해진다. 테스터들에게 "캡슐화는 좋은 것 아니에요?"라고 말하면 아마 여러분에게 화를 낼지도 모른다. 너무 커져버린 클래스는 너무 많은 것을 감추기도 한다. 캡슐화 덕분에 코드 조사를 쉽게 할 수도 있고, 어떤 것은 특정 상황에서만 변경 가능함을 알 수도 있다. 그러나 너무 많은 것을 캡슐화하면 그 안의 내용물은 썩거나 곪게 된다. 변경의 영향을 쉽게 감지할 수 없으므로 사람들은 '편집 후 기도하기' 프로그래밍에 의존하게 된다. 이렇게 되면 코드 변경에 너무 많은 시간이 걸리고 버그 개수가 증가하게 된다. 분명함이 결여된 코드는 어떤 식으로든 대가를 치르게 한다.

거대한 클래스를 다룰 때 부딪치는 첫 번째 과제는 '상황을 악화시키지 않기 위해 어떻게 작업할 것인가?'다. 여기서 사용 가능한 주요 전술은 발아 클래스 및 발아 메소드 기법이다. 변경이 필요할 때, 신규 클래스나 신규 메소드로서 추가하는 것을 우선적으로 고려해야 한다. 발아 클래스는 코드 상태의 악화를 방지할 수 있다. 새로운 코드를 신규 클래스에 추가할 때 기존 클래스로부터 책임을 위임받아야 할 수 있지만, 최소한 기존 클래스를 비대화하지 않아도 된다. 발아 메소드도 역시 유용하지만, 효과 측면에서 다소 미묘한 부분이 있다. 신규 메소드로서 코드를 추가할 경우, 당연히 메소드가 새로 만들어져야 하기 때문이다. 하지만 적어도 이 신규 메소드는 클래스가 수행하는 '다른 작업'을 식별하도록 이름이 지어질 것이다. 이러한 메소드 이름은 거대한 클래스를 작은 부분들로 분할하는 방법을 찾는 데 단서 역할을 할 수 있다.

거대한 클래스를 개선하는 핵심은 리팩토링이다. 리팩토링은 클래스를 작은 클래스들로 쪼개는 데 도움을 준다. 하지만 문제는 어떤 작은 클래스로 되는지 파악하는 것이다. 다행히 우리에게는 참고할 만한 몇 가지 지침이 있다.

단일 책임 원칙은 '책임' 개념의 모호성 때문에 설명하기가 쉽지 않다. 매우 단순하게 생각하면 "모든 클래스가 오직 한 개의 메소드만 가져야 한다."라고 말하기 쉽다. 확실히, 메소드가 곧 책임이라고 생각할 수도 있다. 예를 들어 Task 클래스의 경우, run 메소드는 실행을 책임지고 taskCount 메소드는 서브태스크의 개수 통지를 책임진다. 하지만 책임의 실제 의미는 클래스의 '주요 목적'을 논의할 때 명확히 드러난다. 그림 20.1을 보자.

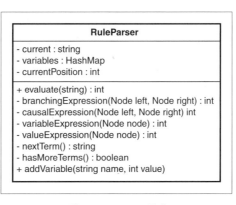

그림 20.1 RuleParser 클래스

이 클래스는 어떤 언어의 규칙 표현식을 포함하는 문자열을 평가한다. 이 클래스는 어떤 책임들을 가지고 있을까? 먼저 클래스 이름을 통해 책임을 알 수 있다. RuleParser 클래스이므로 파싱(구문 분석) 책임을 가질 것이다. 그런데 파싱이 이 클래스의 주요 목적일까? 파싱뿐 아니라 평가도 하기 때문에 파싱이 주요 목적이라고 말할 수 없는 것 같다.

그 밖에 무슨 일을 할까? 이 클래스는 current 변수에 현재 파싱 중인 문자열을 저장한다. 파싱 중인 문자열의 현재 위치를 저장하는 currentPosition 변수도 갖고 있다. 이 작은 두 개의 책임은 파싱에 포함시켜도 좋을 것 같다.

또 다른 변수인 variables를 살펴보자. 이 변수는 파서가 a+3과 같은 산술식을 계산하기 위해 파싱 중에 사용되는 변수와 그 값의 쌍을 저장한다. a와 1을 인수로 전달해

addVariable 메소드를 호출할 경우, a+3 식을 평가하면 그 결과는 4가 된다. 따라서 이 클래스는 '변수 관리'라는 책임도 갖고 있는 것 같다.

이것들 말고도 책임이 있을까? 책임을 찾는 또 다른 방법은 메소드 이름을 살펴보는 것이다. 메소드 이름을 그룹화하는 자연스러운 방법이 있을까? 이름에 동일 단어가 포함된 메소드들끼리 묶는 방법이 있다. 이 방법을 사용하면 다음과 같이 메소드들을 그룹으로 분류할 수 있다.

evaluate	branchingExpression	nextTerm	addVariable
	causalExpression	hasMoreTerms	
	variableExpression		
	valueExpression		

evaluate 메소드는 이 클래스의 진입 지점[entry point]이다. 두 개밖에 없는 public 메소드 중 하나로서 클래스의 주요 책임인 '평가'를 수행한다. 이름이 Expression으로 끝나는 네 개의 메소드들은 유사한 책임을 갖고 있는데, 이름만 비슷한 것이 아니라 Node 객체를 매개변수로 입력받고 하위식의 값을 나타내는 정수형 값을 반환하는 점도 동일하다. nextTerm과 hasMoreTerms 메소드도 비슷하다. 이 두 개의 메소드는 토큰화와 관련 있는 것처럼 보인다. 그리고 앞서 언급했듯이 addVariable 메소드는 변수 관리와 관련 있다.

지금까지 논의한 내용을 요약하면 Parser 메소드는 다음과 같은 책임들을 가진다.

- 파싱
- 표현식 평가
- 토큰화
- 변수 관리

이러한 책임들을 모두 별도로 나눠서 클래스를 설계했다면 그림 20.2와 같은 구조가 됐을 것이다.

이 설계는 지나치게 세분화된 것일 수도 있다. 파싱 프로그램을 작성하는 개발자들은 파싱과 평가를 함께 묶어서 파싱과 평가가 함께 이뤄지도록 구현할 때가 많다. 하지만 이 경우 프로그램 작성은 편리하지만, 언어의 명세가 복잡해질수록 제대로 지원하기 어렵다. 또 SymbolTable 클래스의 책임은 다소 사소하다. 변수 이름과 정숫값을 대응시키는 것이 유일한 책임이라면, 해시 테이블이나 리스트 이상의 이점이 없기 때문이다. 세련돼 보이기는 하지만, 이 설계는 상당 부분이 가설에 기초하고 있다. 시스템의 이 부분을 다시 작성하지 않는 한, 이 클래스의 설계는 사상누각에 불과한 것이다.

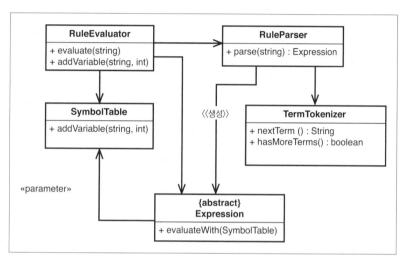

그림 20.2 책임들이 분리된 클래스 집합

실제로 거대한 클래스를 다룰 때 중요한 것은 서로 다른 책임들을 식별한 후 적절한 위치로 옮기는 방법을 찾는 것이다.

책임 파악

좀 전의 RuleParser 예제는 클래스를 작은 클래스들로 나누는 방법을 보여줬다. 그리고 거의 기계적으로 분할을 수행했다. 먼저 모든 메소드들을 나열한 후 그 이름을 통해 메소드의 목적이 무엇인지 유추했다. 이때 두 개의 주요 질문은 "왜 이 메소드가 여기에 있을까?"와 "이 메소드는 클래스를 위해 무슨 일을 할까?"였다. 그리고 나서, 비슷한 이유를 갖는 메소드들을 그룹화했다.

나는 이와 같은 책임 파악 기법을 메소드 그룹화라고 부른다. 하지만 메소드 그룹화는 기존 코드의 책임을 파악하는 다양한 방법 중 하나일 뿐이다.

책임을 찾을 수 있는 능력은 중요한 설계 스킬로서 충분한 연습이 요구된다. 레거시 코드 작업을 논의하는 중에 설계 스킬을 말하는 것이 이상하게 들릴지도 모르지만, 기존 코드의 책임을 찾아내는 것과 아직 작성하지 않은 코드의 책임을 고안하는 것은 거의 차이가 없다. 중요한 점은 책임 파악 및 그 책임의 적절한 분리 방법을 배워야 한다는 것이다. 신규 기능을 추가할 때보다 레거시 코드를 다룰 때가 설계 스킬을 발휘할 기회가 훨씬 많다. 실제로 영향을 받을 코드가 이미 존재하기 때문에 어떤 설계의 장단점을 더 쉽게 논의할 수 있기 때문이다. 구체적인 상황이 눈앞에 주어지므로 소프트웨어의 구조가 적절한지 여부도 더 쉽게 판단할 수 있다.

지금부터 기존 코드의 책임을 찾아내는 데 사용할 수 있는 경험칙들을 설명한다. 이는 책임을 새로 만들어내는 것이 아니라 이미 존재하는 책임이 있는지를 발견할 뿐이다. 레거시 코드의 구조가 어떻든 간에 코드의 각 부분에서는 어떤 식별 가능한 작업이 수행된다. 책임을 찾아내기가 까다로울 때도 있지만, 지금부터 설명할 규칙들이 많은 도움을 줄 것이다. 즉시 바꿀 필요가 없는 코드라 하더라도 이 규칙들의 적용을 시도해보자. 코드 내의 책임을 더 많이 인식하면 할수록, 코드에 대한 이해도를 더욱 높일 수 있기 때문이다.

 경험칙 #1 : 메소드들을 분류한다
이름이 비슷한 메소드들을 찾는다. 클래스의 모든 메소드들을 접근 속성(public, private 등)과 함께 적어보고, 묶을 만한 메소드들이 있는지 찾아보자.

이 메소드 그룹화는 책임 파악을 시작할 때 적용하기 매우 좋은 기법이며, 특히 거대한 클래스에 적합하다. 이때 중요한 것은 모든 메소드 이름을 반드시 신규 클래스로 분류할 필요가 없다는 것이다. 공통의 책임을 구성하는 메소드들이 있는지 조사하는 것으로 충분하다. 클래스의 주요 책임에서 벗어난 책임을 식별할 수 있다면, 코드를 어떤 방향으로 점진적으로 가져갈 수 있을지 알 수 있다. 실제로 클래스를 새로 추출할지 여부를 판단하는 것은 분류된 메소드들 중 하나에 변경이 발생할 때까지 연기할 수 있다.

메소드 그룹화는 팀 단위 활동으로서도 가치가 있다. 작업실의 게시판에 주요 클래스의 메소드 이름을 나열한 포스트잇을 붙여놓자. 그러면 팀원들은 메소드의 다양한 분류를 그 위에 표시하게 될 것이다. 이러한 과정을 통해 팀 전체는 어떤 그룹화가 바람직한지 자세히 토론하면서 코드의 나아갈 방향을 결정하게 된다.

 경험칙 #2 : 숨겨진 메소드들을 조사한다
private 메소드들과 protected 메소드들에 주의한다. 클래스 내에 private 혹은 protected 메소드들이 많다면, 별도의 클래스를 추출해야 함을 시사한다.

거대한 클래스는 너무나 많은 것을 숨겨버린다. 나는 단위 테스트를 처음으로 해보는 사람들로부터 "private 메소드는 어떻게 테스트해야 하나요?"라는 질문을 수없이 많이 듣는다. 많은 사람들이 이 문제를 회피하는 방법을 찾기 위해 많은 시간을 들였다. 하지만 앞에서도 언급했듯이, 이 질문에 대한 답은 "어떻게든 private 메소드를 테스트하고 싶다면, 그 메소드는 private이면 안 된다."다. 메소드를 public으로 바꿔도 될지 마음에 걸린다면, 이 메소드는 별도의 책임의 일부로서 원래는 다른 클래스에 들어있어야 했던 것이다.

앞서 소개했던 RuleParser 클래스는 이러한 경우의 전형적인 예다. 이 클래스의 경우 evaluate와 addVariable이라는 두 개의 public 메소드를 제외하고 나머지 메소드가 전부 private이다. nextTerm 메소드와 hasMoreTerms 메소드를 public으로 바꾸면 RuleParser 클래스는 어떻게 될까? 꽤 이상해 보일 것이다. RuleParser 클래스의 사용자는 표현식을 파싱하고 평가하려면 evaluate 메소드와 함께 nextTerm과 hasMoreTerms 메소드도 사용해야 한다고 생각할지도 모른다. 이 두 개의 메소드를 RuleParser 클래스의 public으로 바꾸는 것은 이상해 보이지만, TermTokenizer 클래스의 public 메소드로 바꾸는 것은 전혀 이상하지 않으며, 오히려 적절하기까지 하다. 이렇게 한다고 해서 RuleParser 클래스의 캡슐화가 약화되지는 않는다. nextTerm과 hasMoreTerms가 TermTokenizer 클래스의 public 메소드지만 RuleParser 내부에서만 사용되기 때문이다. 두 개 클래스 간의 관계가 그림 20.3에 보인다.

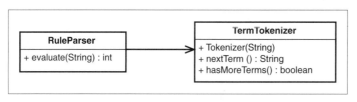

그림 20.3 RuleParser와 TermTokenizer

경험칙 #3 : 변경 가능한 결정 사항을 찾아라

결정 사항을 찾는다. 코드에 지금부터 작성할 결정 사항이 아니라 이미 결정이 끝난 사항을 의미한다. 데이터베이스 연결이나 다른 객체와의 통신 등 무언가를 수행하기 위한 방법으로 서 하드코딩된 것이 있을까? 그리고 그것이 변경될 것이라고 생각할 수 있을까?

거대한 클래스를 분할할 때 자칫 메소드 이름에만 주의를 기울이게 되기 쉽다. 하지만 메소드 이름은 클래스에서 가장 눈에 띄는 것의 하나일 뿐이며, 메소드 이름만으로 모든 것을 알 수는 없다. 거대한 클래스는 다양한 추상화 수준에서 다양한 일을 수행하는 메소드들을 가질 때가 많다. 예를 들면, updateScreen() 메소드는 화면에 보이는 텍스트를 생성하고 포맷을 맞춘 후 여러 GUI 객체에 이를 보내는 일을 한다. 메소드 이름만으로는 코드가 얼마나 많은 일을 하는지, 얼마나 많은 책임을 갖고 있는지 알 수 없다.

이러한 이유 때문에 클래스 추출을 결정하기 전에 메소드 추출 리팩토링을 조금 해두는 것이 효과적이다. 그럼 어떤 메소드를 추출해야 할까? 나는 이 질문에 대한 답을 찾기 위해 결정 사항을 찾는다. 코드에 얼마나 많은 가정이 포함돼 있는가? 특정 API 메소드를 호출하고 있는가? 항상 동일한 데이터베이스에 대한 접근을 전제로 하는가? 이와 같은 사항에 해당된다면, 의도를 반영하는 메소드를 상위 수준에서 추출하는 것이 좋다. 예를 들어 데이터베이스로부터 특정 정보를 얻고 있다면, 이 작업을 수행하는 메소드를 추출하고 특정 정보에 이름을 붙이는 것이다. 이로 인해 메소드의 개수는 늘어나지만 메소드 분류가 좀더 간단해짐을 느끼게 된다. 심지어 일련의 메소드들 배후에 있는 자원(특별한 API나 데이터베이스)을 완전히 캡슐화하고 있음을 깨닫게 된다. 이런 메소드들을 묶어서 클래스로 추출하면, 하위 수준의 세부 사항에 대한 의존 관계를 제거할 수 있다.

클래스 내의 모든 메소드들이 모든 인스턴스 변수들을 사용하는 경우는 매우 드물다. 일
반적으로, 클래스 안에는 이른바 '덩어리'라고 부르는 것들이 존재한다. 세 개의 변수가 있
을 때, 이 변수들을 모두 사용하는 메소드는 겨우 2~3개뿐일지도 모른다. 이때 메소드 이
름이 도움을 주기도 한다. 예를 들면 RulerParser 클래스에는 variables라는 이름의 컬
렉션 변수와 addVariable이라는 이름의 메소드가 있는데, 이름을 통해 우리는 둘 사이에
명백한 관계가 있음을 알 수 있다. 물론 variables 변수에 접근하는 다른 메소드도 있을
수 있지만, 최소한 우리가 어디부터 살펴봐야 할지 알려준다.

이 '덩어리'를 찾기 위한 또 다른 기법은 클래스 내부의 관계에 대해 간단히 스케치를 그
려보는 것이다. 이를 기능 스케치^{feature sketch}라 부른다. 기능 스케치들은 메소드와 인스턴
스 변수가 클래스 내의 어느 메소드에서 사용되는지 보여주며, 그리는 과정도 매우 간단
하다. 예를 들어보자.

```
class Reservation
{
  private int duration;
  private int dailyRate;
  private Date date;
  private Customer customer;
  private List fees = new ArrayList();

  public Reservation(Customer customer, int duration,
      int dailyRate, Date date) {
    this.customer = customer;
    this.duration = duration;
    this.dailyRate = dailyRate;
    this.date = date;
  }
```

```java
  public void extend(int additionalDays) {
    duration += additionalDays;
  }

  public void extendForWeek() {
    int weekRemainder = RentalCalendar.weekRemainderFor(date);
    final int DAYS_PER_WEEK = 7;
    extend(weekRemainder);
    dailyRate = RateCalculator.computeWeekly(
        customer.getRateCode())
      / DAYS_PER_WEEK;
  }

  public void addFee(FeeRider rider) {
    fees.add(rider);
  }

  int getAdditionalFees() {
    int total = 0;
    for(Iterator it = fees.iterator(); it.hasNext(); ) {
      total += ((FeeRider)(it.next())).getAmount();
    }
    return total;
  }

  int getPrincipalFee() {
    return dailyRate
      * RateCalculator.rateBase(customer)
      * duration;
  }

  public int getTotalFee() {
    return getPrincipalFee() + getAdditionalFees();
  }
}
```

먼저 그림 20.4처럼 각각의 변수를 원으로 나타낸다.

그다음에는 각각의 메소드를 원으로 나타낸다. 그리고 각 메소드가 접근하거나 변경하는
인스턴스 변수 또는 메소드에 대해 화살표를 그린다. 이는 화살표의 출발점에 있는 메소드
가 도착점에 있는 인스턴스 변수 또는 메소드에 접근하거나 수정을 가한다는 의미다. 이때
생성자는 생략해도 된다. 일반적으로 생성자는 모든 인스턴스 변수를 수정하기 때문이다.

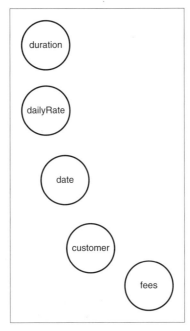

그림 20.4 Reservation 클래스 내의 변수들

그림 20.5는 extend 메소드를 나타내는 원을 추가한 후의 다이어그램을 나타낸다.

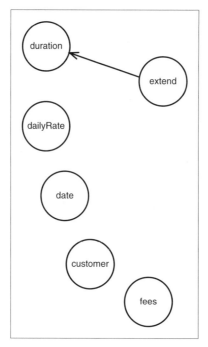

그림 20.5 extend 메소드는 변수 duration을 사용한다.

 앞서 영향 스케치를 설명했던 장을 읽었다면, 기능 스케치가 영향 스케치와 매우 비슷하다고 생각할 것이다. 본질적으로 이 둘은 매우 비슷하지만, 화살표의 방향이 반대라는 중요한 차이점이 있다. 기능 스케치에서 화살표는 다른 메소드나 변수에 의해 사용되는 쪽을 가리킨다. 반면에 영향 스케치에서 화살표는 다른 메소드와 변수에 의해 영향을 받는 쪽을 가리킨다.

기능 스케치와 영향 스케치는 서로 다른 것이지만, 시스템 내의 상호관계를 살펴보는 데 매우 효과적이다. 기능 스케치는 클래스들의 내부 구조 표현에 적합하고 영향 스케치는 변경 지점을 기준으로 영향을 조사하는 데 적합하다.

이 둘이 비슷한 것이 번거로운 일일까? 그렇지는 않다. 둘 다 일회용 도구일 뿐이기 때문이다. 다른 개발자와 함께 실제 변경에 들어가기 전에 기껏해야 10분 정도 시간을 할애해 그리는 것에 불과하며, 코드 변경이 끝나고 나면 폐기되는 것이다. 이 스케치들을 계속 갖고 있을 이유가 없기 때문에 상호 간에 혼동을 일으킬 확률도 적다.

그림 20.6은 각 메소드를 타원으로 그린 후, 이 메소드들이 사용하는 메소드와 변수를 향하는 화살표를 추가한 스케치의 모습이다.

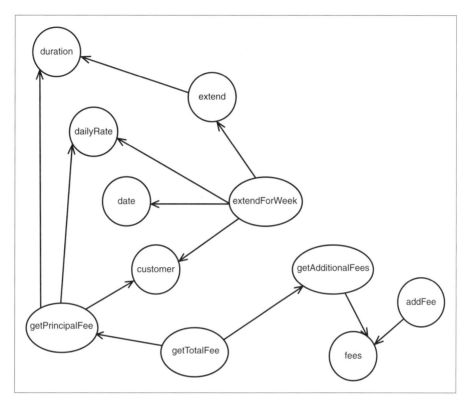

그림 20.6 Reservation의 기능 스케치

이 기능 스케치로부터 무엇을 알 수 있을까? 명백한 사실은 이 클래스 내에 그룹화 가능한 것들이 존재한다는 점이다. duration, dailyRate, date, customer 변수들은 주로 getPrincipalFee, extend, extendForWeek 메소드에서 사용된다. 그럼 이 메소드들 중에 public인 것은 무엇일까? extend와 extendForWeek는 public이지만, getPrincipalFee는 public이 아니다. 이 그룹화를 별도의 클래스로 추출하면 시스템은 어떤 모습이 될까 (그림 20.7)?

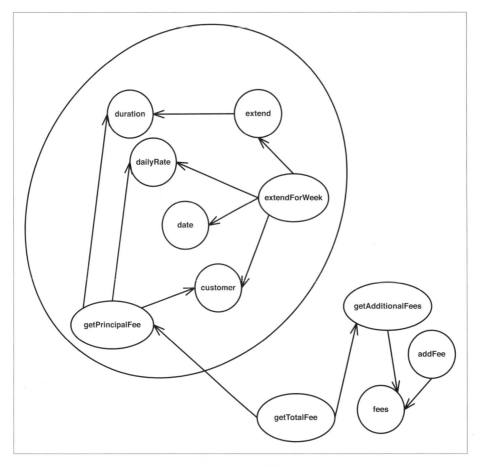

그림 20.7 Reservation 내의 그룹화

이 그림 속의 거대한 타원은 신규 클래스로 추출될 수 있다. 이 클래스는 public 메소드로서 extend, extendForWeek, getPrincipalFee를 가져야 하며, 그 외의 메소드들은 private으로 선언될 수 있다. Reservation 클래스는 fee 변수 및 addFee, getAdditionalFees, getTotalFee 메소드가 그대로 남고 신규 클래스에 처리를 위임한다(그림 20.8).

344

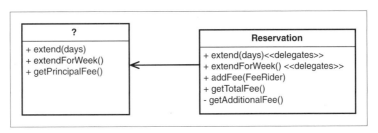

그림 20.8 새로운 클래스를 사용하는 Reservation 클래스

신규 클래스를 작성하기 전에 이 클래스가 다른 클래스와 구별되는 분명한 책임을 갖고 있는지 파악하는 것이 중요하다. 어떻게 이름을 지어야 할지 쉽게 떠오르는가? 이 클래스는 예약 연장과 요금 계산이라는 두 가지 일을 하는 것 같다. 따라서 Reservation이 적절한 이름 같지만, 이 이름은 이미 기존 클래스가 사용하고 있다.

이와 달리, 반대로 생각하는 방법도 있다. 즉 거대한 타원 내의 코드를 추출하는 것이 아니라, 그 타원 밖의 코드를 추출하는 것이다(그림 20.9).

이렇게 만들어진 클래스는 FeeCalculator라고 명명할 수 있다. 이 방법이 나아 보이지만, getTotalFee 메소드는 Reservation 클래스의 getPrincipalFee 메소드를 호출해야 한다.

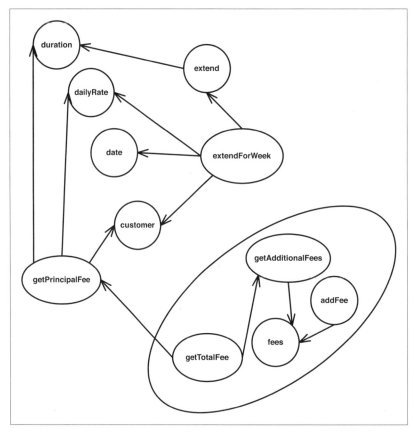

그림 20.9 Reservation에 대한 다른 관점

우선 Reservation 클래스 측에서 getPrincipalFee를 호출하고, 그 결과 값을 FeeCalcu
lator 클래스로 전달하도록 코드를 변경하면 어떻게 될까? 코드는 다음과 같을 것이다.

```
public class Reservation
{
  ...
  private FeeCalculator calculator = new FeeCalculator();

  private int getPrincipalFee() {
    ...
  }
  public Reservation(Customer customer, int duration,
      int dailyRate, Date date) {
```

```
    this.customer = customer;
    this.duration = duration;
    this.dailyRate = dailyRate;
    this.date = date;
  }
  ...
  public void addFee(FeeRider fee) {
    calculator.addFee(fee);
  }
  public getTotalFee() {
    int baseFee = getPrincipalFee();
    return calculator.getTotalFee(baseFee);
  }
}
```

최종적으로 그림 20.10과 같은 구조가 된다.

클래스의 이름을 책임과 좀 더 부합시키기 위해 getPrincipalFee 메소드를 FeeCalcula tor로 이동시키는 것도 고려할 수 있다. 하지만 getPrincipalFee 메소드가 Reservation 클래스 내의 여러 변수들에 의존하고 있음을 고려하면, 현재 위치에 그냥 두는 편이 더 나을 것이다.

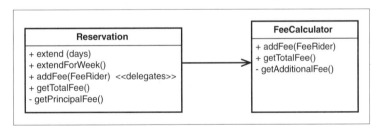

그림 20.10 FeeCalculator를 이용하는 Reservation 클래스

기능 스케치는 클래스에 존재하는 별도의 책임을 찾을 수 있는 멋진 도구다. 기능 분류를 시도하고 이름을 바탕으로 어떤 클래스가 추출 가능한지 알아낼 수 있다. 기능 스케치를 통해 책임을 찾을 수 있을 뿐만 아니라, 클래스 내부의 의존 관계 구조도 파악할 수 있다. 의존 관계는 추출될 메소드와 변수를 결정할 때 책임만큼이나 중요한 고려 대상이다. 이번 예제의 경우, 변수와 메소드로 구성된 두 개의 강력한 그룹을 볼 수 있었다. 두 그룹 사

이의 유일한 연결은 getTotalFee에서 getPrincipalFee를 호출하는 것뿐이다. 기능 스케치에서 이와 같은 연결은 대규모 그룹들을 연결하는 작은 선으로 표현된다. 이는 내가 조임 지점이라고 부르는 것이며, 12장에서 자세히 설명한 바 있다.

기능 스케치를 그렸음에도 조임 지점을 하나도 찾지 못하는 경우도 있다. 조임 지점은 항상 존재하는 것이 아니다. 하지만 적어도 이름 및 메소드와 변수 간의 의존 관계를 찾는 데 도움이 된다.

기능 스케치를 그려봄으로써 클래스를 분할하는 몇 가지 방법을 시도할 수 있다. 이때 기능 그룹을 원으로 감싸야 한다. 원으로 기능들을 둘러싸면, 이 원과 교차하는 선으로부터 신규 클래스의 인터페이스를 정의할 수 있다. 원을 그릴 때는 각 그룹의 클래스 이름을 고안하려고 노력하자. 솔직히 말해, 실제로 클래스 추출을 할지 여부는 차치하고 명명 실력을 향상시킬 수 있는 좋은 기회다. 또한 설계 대안을 살펴볼 수 있는 좋은 방법이기도 하다.

경험칙 #5 : 주요 책임을 찾는다
클래스의 책임을 한 개의 문장으로 기술하도록 노력한다.

단일 책임 원칙에 의하면 클래스는 한 개의 책임만을 가져야 한다. 따라서 클래스가 단일 책임 원칙에 부합한다면 한 개의 문장으로 책임을 간단히 작성할 수 있어야 한다. 현재 시스템 내의 거대한 클래스를 대상으로 문장 작성을 시도해보자. 클래스를 호출하는 코드가 이 클래스로부터 무엇을 필요로 하고 무엇을 기대하는지 생각하면서 문장에 필요한 표현을 추가한다. 클래스는 이런 일도 하고 저런 일도 할 것이다. 그중에서 다른 것보다 더 중요해 보이는 것이 존재하는가? 그렇다면 그것이야말로 클래스의 주요 책임이다. 나머지 책임들은 다른 클래스로 옮겨도 아마 무방할 것이다.

단일 책임 원칙에 대한 위반은 크게 두 가지 방식으로 일어난다. 하나는 인터페이스 수준에서의 위반이고, 다른 하나는 구현 수준에서의 위반이다. 인터페이스 수준에서의 위반은 한 개의 클래스가 너무 많은 것에 대해 책임을 갖는 인터페이스를 가지는 경우며, 예를 들어 그림 20.11에 보이는 인터페이스를 갖는 클래스는 3~4개의 클래스로 분할 가능한 것 같다.

```
┌─────────────────────────────────────────┐
│              ScheduledJob                 │
├─────────────────────────────────────────┤
│ + addPredecessor(ScheduledJob)            │
│ + addSuccessor(ScheduledJob)              │
│ + getDuration() : int                     │
│ + show();                                 │
│ + refesh()                                │
│ + run()                                   │
│ + postMessage() : void                    │
│ + isVisible() : boolean                   │
│ + isModified() : boolean                  │
│ + persist()                               │
│ + acquireResources()                      │
│ + releaseResources()                      │
│ + isRunning()                             │
│ + getElapsedTime()                        │
│ + pause()                                 │
│ + resume()                                │
│ + getActivities()                         │
│ ...                                       │
└─────────────────────────────────────────┘
```

그림 20.11 ScheduledJoB 클래스

가장 조심해야 할 것은 구현 수준에서의 위반이다. 쉽게 이야기하면, 클래스가 모든 책임을 실제로 수행하는지, 아니면 다른 클래스에 위임할 뿐인지 살펴봐야 한다. 단지 위임할 뿐이라면 거대한 클래스가 아니라 단지 소규모 클래스들의 앞에 서있는 퍼사드Facade 클래스에 지나지 않기 때문이다.

그림 20.12는 다른 클래스들에 책임을 위임하는 ScheduledJoB 클래스의 모습을 보여준다.

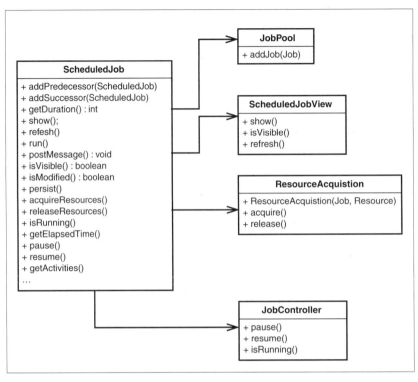

그림 20.12 ScheduledJoB 클래스와 이로부터 추출된 클래스들

인터페이스 수준에서는 여전히 단일 책임 원칙을 위반하고 있지만, 구현 수준에서는 다소 나아졌다.

인터페이스 수준에서의 위반은 어떻게 해결할 수 있을까? 이 문제는 다소 까다롭다. 일반적으로는 위임받은 클래스 중에서 호출 코드로부터 직접 사용 가능한 것이 있는지 살펴봐야 한다. 예를 들어 ScheduledJobs 실행에 관심을 갖는 클라이언트 클래스가 많지 않다면 그림 20.13과 같이 리팩토링할 수 있다.

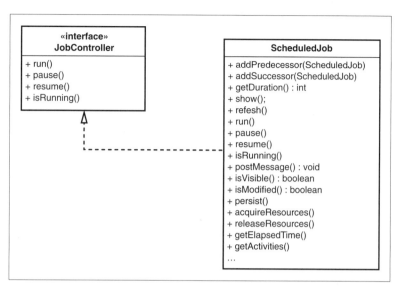

그림 20.13 특정 클라이언트를 위해 추출된 ScheduledJob의 인터페이스

이제 작업 제어에만 관심이 있는 클라이언트는 ScheduledJob 대신에 JobController를 이용할 수 있다. 이처럼 특정 클라이언트들을 위한 인터페이스를 만드는 기법을 사용하면, 인터페이스 분리 원칙을 따르는 설계가 가능하다.

 인터페이스 분리 원칙

거대한 클래스의 경우, 모든 클라이언트가 클래스 내의 모든 메소드를 사용하는 것은 거의 볼 수 없다. 대체로 특정 클라이언트마다 주로 사용하는 메소드들이 다르기 때문이다. 따라서 메소드 그룹마다 인터페이스를 작성하고 거대한 클래스에서 인터페이스를 구현하면, 클라이언트들은 특정 인터페이스를 통해 거대한 클래스를 참조할 수 있다. 이는 정보 은닉에도 바람직하고 시스템 내의 의존 관계도 줄여준다. 또한 거대한 클래스가 재컴파일될 때 클라이언트도 재컴파일돼야 하는 번거로움을 피할 수 있다.

특정 클라이언트 그룹을 위한 인터페이스가 만들어지면, 거대한 클래스를 사용하는 신규 클래스로 거대한 클래스 내의 코드를 옮길 수 있다. 그림 20.14에서 그러한 예를 볼 수 있다.

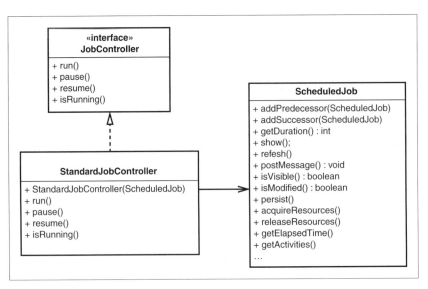

그림 20.14 ScheduledJob의 인터페이스 분리

ScheduledJob에서 JobController로 위임하는 대신에 JobController에서 ScheduledJob으로 위임하도록 설계를 변경했다. 이제 호출 코드에서 ScheduledJob을 실행하고 싶을 경우, ScheduledJob을 인수로 전달해 JobController를 생성하고 이 JobController를 통해 처리를 수행할 수 있다.

이런 종류의 리팩토링은 거의 예외 없이 예상보다 어렵다. 대부분의 경우, 퍼사드 클래스(StandardJobController)는 필요한 기능을 모두 제공하기 위해 기존 클래스(ScheduledJob)보다 많은 메소드를 public으로 공개해야 한다. 그런데 이러한 변경은 상당히 많은 작업을 필요로 한다. 기존 클래스가 아니라 신규 클래스를 사용하도록 호출 코드를 변경해야 하는데, 안전한 변경을 위해서는 호출 코드 주변에 테스트 코드를 배치해야 하기 때문이다. 하지만 이런 리팩토링의 장점은 거대한 클래스의 인터페이스를 조금씩 줄일 수 있다는 것이다. ScheduledJoB 클래스가 이제 JobController 클래스로 옮겨진 메소드들을 갖고 있지 않음에 주목하자.

 경험칙 #6 : 다른 모든 방법이 실패한 경우, 스크래치 리팩토링을 수행한다
클래스 내의 책임을 찾기가 매우 어렵다면 스크래치 리팩토링을 시도한다.

스크래치 리팩토링은 강력한 도구다. 하지만 이 기법은 겉모습만 바꾸는 것임을 기억하자. 스크래치 리팩토링을 할 때 보는 코드는 실제로 리팩토링을 한 결과 코드와 반드시 동일하지 않다.

 경험칙 #7 : 현재 작업에 집중한다
지금 당장 처리해야 하는 작업에 주의를 기울인다. 어떤 작업을 수행할 수 있는 별도의 구현 방법이 발견됐다면, 추출되고 대체돼야 할 별도의 책임을 식별한 것일지도 모른다.

거대한 클래스 내에서 식별 가능한 책임들의 엄청난 수에 압도당할 때가 많다. 이럴 때는 지금 수행하려는 변경이 소프트웨어 구조의 개선 방향을 가르쳐주고 있음을 기억하자. 가끔은 자기 자신이 지금 하고 있는 방법을 정확히 이해하는 것만으로도 신규 코드가 독립적인 책임임을 깨닫는 경우가 있다.

그 밖의 기법들

책임을 식별하기 위한 경험칙들은 기존 클래스를 조사해 새로운 추상적 개념을 발견하는 데 도움이 되지만, 단순한 임기응변에 지나지 않는다. 책임 식별을 정말로 잘하는 방법은 다양한 문서를 많이 읽어보는 것이다. 디자인 패턴에 관한 책들을 읽어보자. 다른 사람이 작성한 코드를 읽어보는 것은 더 중요하다. 오픈소스 프로젝트들을 조사하고, 시간을 내서 코드를 들여다보며 다른 사람들이 어떻게 코드를 작성했는지 파악하자. 클래스들이 어떻게 명명되는지 살펴보고, 클래스 이름과 메소드 이름 간의 관련성에 주목한다. 이런 연습을 통해 숨겨진 책임을 금세 식별할 수 있게 된다. 심지어 잘 모르는 코드에서도 책임이 눈에 보이기 시작할 것이다.

더 나아가기

거대한 클래스 내의 여러 책임들을 식별했으면, 두 가지 문제를 해결해야 한다. 바로 전략과 전술이다. 먼저 전략에 대해 이야기해보자.

전략

각각의 책임을 전부 식별하고 나면 그다음에는 어떤 일을 해야 할까? 일주일 정도 집중해서 거대한 클래스들을 작은 클래스들로 분할해야 할까? 시간적 여유가 있다면 그래도 좋겠지만, 시간이 충분한 경우는 거의 없다. 또 클래스 분할은 위험할 수도 있다. 내 경험상, 개발 팀이 대규모의 리팩토링에 과감하게 도전할 때 아무리 작업을 신중하게 진행하고 테스트 루틴을 작성해도 얼마 동안은 시스템의 안정성이 떨어졌다. 출시 주기의 초반이고 위험 감수를 각오할 뿐 아니라 시간 또한 충분하다면 대규모 리팩토링도 나쁘지는 않다. 이때 버그가 나타났다고 다른 리팩토링을 단념하지만 않으면 된다.

거대한 클래스들을 나누는 가장 좋은 접근법은 책임을 식별하고 팀원들에게 책임을 이해시킨 후 필요에 따라 클래스를 분할하는 것이다. 변경으로 인한 위험을 분산시키고 동시에 다른 작업도 수행할 수 있다.

전술

대부분의 레거시 시스템에서 처음에 할 수 있는 것은 기껏해야 구현 수준에서 단일 책임 원칙을 적용하는 정도다. 이는 본질적으로 거대한 클래스로부터 클래스를 추출해 책임을 위임하는 작업이다. 인터페이스 수준에서 단일 책임 원칙을 도입하려면 더 많은 작업이 필요하다. 클래스를 호출하는 클라이언트 코드를 변경해야 하고, 클라이언트에 대한 테스트 루틴도 작성해야 한다. 구현 수준에서 단일 책임 원칙을 제대로 도입하면, 인터페이스 수준에서도 도입하기가 쉽다. 먼저 구현 수준부터 살펴보자.

어떤 클래스 추출 기법을 사용할지 결정할 때는 다양한 요인을 고려해야 한다. 그중 하나는 영향을 받는 메소드에 대한 테스트 루틴을 얼마나 쉽게 작성할 수 있느냐다. 클래스를 조사한 후, 이동해야 할 인스턴스 변수와 메소드를 모두 나열하는 것이 좋다. 이 과정에서 어떤 메소드에 대해 테스트 루틴을 작성할 것인지에 대한 아이디어를 얻을 수 있다. 앞서 살펴봤던 RuleParser 클래스에서 TermTokenizer 클래스를 추출하는 경우, hasMoreTerms, nextTerm 메소드와 더불어 current, currentPosition 문자열 변수를 이동시켜야 했다. 그런데 hasMoreTerms와 nextTerm은 private 메소드이기 때문에 직접적으로 테스트 루틴을 작성할 수 없다. 하지만 결국에는 이 메소드들을 이동시켜서 public

으로 만들 수 있다. 또한 테스트 하네스 내에서 RuleParser 객체를 생성한 후 문자열을 인수로서 전달해 평가하는 방법도 그리 어렵지 않게 가능하다. 이렇게 하면 hasMoreTerms와 nextTerm을 테스트 가능하게 되므로 신규 클래스로 안전하게 이동시킬 수 있다.

불행히도 대부분의 거대한 클래스들은 테스트 하네스 내에서 인스턴스화하기 쉽지 않다. 곤란한 상황에 부딪치면, 9장에서 많은 조언을 얻을 수 있을 것이다. 클래스 인스턴스화에 성공했다면, 10장에서 소개한 기법들을 사용해 테스트 루틴을 적절한 위치에 배치할 수 있다.

적절한 자리에 테스트 루틴을 배치했다면, 마틴 파울러의 책 『Refactoring: Improving the Design of Existing Code』(Addison-Wesley, 1999)에 실려 있는 클래스 추출 기법을 사용해 매우 쉽게 클래스 추출을 시작할 수 있다. 조금은 위험한 기법이지만, 테스트 루틴이 존재하지 않는 상황에서도 앞으로 나아갈 수 있다. 이 방법은 매우 보수적인 접근법이며 리팩토링 도구의 유무에 관계없이 사용할 수 있다. 순서는 다음과 같다.

1. 별도 클래스로 분리하려는 책임을 식별한다.
2. 새로운 클래스로 이동시켜야 할 인스턴스 변수가 있는지 확인한다. 이동시킬 인스턴스 변수의 존재가 확인되면, 다른 인스턴스 변수들과 분리시킨 후 클래스 선언 내의 구분된 영역으로 이동시킨다.
3. 새로운 클래스로 본문 전체를 이동시킬 메소드가 있다면, 각 메소드의 본문을 새로운 메소드로서 추출한다. 새로운 메소드의 이름은 기존 메소드와 동일하게 짓되, MOVING 등과 같이 대문자로 이뤄진 공통 접두어를 붙인다. 리팩토링 도구를 사용하지 않는 경우에는 메소드를 추출할 때 시그니처 유지 기법을 잊지 말고 사용하자. 메소드를 추출한 후, 클래스 선언부의 구분된 영역에 둔다.
4. 메소드의 일부분을 다른 클래스로 이동시키고 싶다면, 기존 메소드에서 그 부분을 추출한다. 이번에도 역시 MOVING 접두어를 사용해서 메소드 이름을 짓고 클래스 선언의 구분된 영역에 둔다.
5. 이제 이동시킬 메소드와 인스턴스 변수들이 클래스 선언의 구분된 영역에 모여 있다. 대상 클래스와 그 서브클래스에 대해 문자열 검색을 수행한다. 이동시킬 변수가 이동시킬 메소드 외부에서는 사용되지 않음을 확인한다. 이때 컴파일러에게 맡

기기 기법을 사용하지 않는 것이 중요하다. 많은 객체 지향 언어는 파생 클래스에서 기초 클래스의 변수와 동일한 이름의 변수를 선언할 수 있다. 파생 클래스가 변수를 은닉하고 그 변수를 사용하는 프로그램이 주변에 있을 경우, 변수를 이동함으로써 코드의 동작이 바뀌어버릴 수 있다. 이처럼 다른 변수를 은닉하고 있는 변수가 사용되는 위치에 대해서는 컴파일러에게 맡기기 기법으로 발견할 수 없다. 은닉하고 있는 변수 선언을 주석 처리한 후 컴파일해도 단지 은닉된 변수가 보일 뿐이다.

6. 이제 구분 영역에 모여 있는 인스턴스 변수와 메소드를 새로운 클래스로 직접 이동시킬 수 있다. 기존 클래스에서 신규 클래스의 인스턴스를 생성한 후, 컴파일러에게 맡기기 기법을 사용해 기존 클래스 대신에 신규 클래스 인스턴스를 호출해야 하는 위치를 발견한다.

7. 모두 이동시키고 컴파일이 완료되면, 이동된 메소드의 이름에서 MOVING 접두어를 삭제해도 된다. 이름 변경이 필요한 위치를 찾기 위해 컴파일러에게 맡기기 기법을 사용하라.

리팩토링 과정이 상당히 복잡하다. 하지만 코드가 매우 복잡하고 테스트 루틴이 존재하지 않는 상황에서 안전하게 클래스를 추출하려면 이러한 과정을 거쳐야만 한다.

테스트 루틴 없이 클래스를 추출할 경우 여러 가지가 잘못될 수 있다. 클래스를 추출할 때 발생하는 버그 중에서 가장 찾기 어려운 것은 상속과 관련된 버그다. 메소드를 어떤 클래스에서 다른 클래스로 이동하는 것은 매우 안전한 작업이다. 컴파일러에게 맡기기 기법을 사용할 수 있기 때문이다. 그러나 다른 메소드를 재정의하는 메소드의 이동은 대부분의 언어에서 잘되지 않는다. 메소드를 옮기고 나면 기존 클래스의 메소드 호출은 기초 클래스 내에 있는 동일한 이름의 메소드 호출이 되기 때문이다. 변수의 경우도 비슷한 상황이 일어날 수 있다. 서브클래스의 변수는 슈퍼클래스 내의 동일한 이름의 변수를 은닉한다. 변수를 이동시켜도 은닉 중이던 변수가 보이게 될 뿐이다.

이런 문제들을 피하기 위해서는 기존 메소드를 이동시키면 안 된다. 대신에 기존 메소드의 본문을 추출해 새로운 메소드로 만들면 된다. 접두어를 붙이는 것은 단지 메소드 이동 전에 이름이 동일한 메소드와 중복되는 것을 막기 위한 기계적인 절차일 뿐이다. 인스턴스 변수는 좀 더 까다롭다. 인스턴스 변수를 사용하기 전에 해당 변수들이 사용되고 있는 위치를 직접 조사할 필요가 있기 때문이다. 이때 실수하기 쉬우니 동료 직원과 함께 신중하게 조사해야 한다.

클래스 추출을 마친 후

거대 클래스로부터 클래스들을 추출하는 일은 좋은 첫걸음이 될 수 있다. 실제로 클래스 추출의 가장 큰 위험은 선을 넘어서 불필요한 작업을 하기 쉽다는 점이다. 스크래치 리팩토링을 수행하거나 시스템의 바람직한 모습에 대한 관점을 새로 만들 수 있지만, 현재 애플리케이션의 구조가 정상적으로 동작하고 있음을 기억하자. 현재 구조는 애플리케이션의 기능을 뒷받침하고 있으며, 단지 향후의 개선에 적합한 구조가 아닐 뿐이다. 가끔은 리팩토링을 통해 거대한 클래스가 어떻게 바뀔지 고민한 후 그냥 잊어버리는 것이 최선일 때가 있다. 고민을 통해 무엇이 가능한지 발견할 수 있기 때문이다. 개선을 위해서는 이미 존재하고 있는 것들을 충분히 고려하고, 반드시 이상적인 설계는 아닐지라도 최소한 지금보다 나은 방향을 바라봐야 한다.

CHAPTER 21

반복되는 동일한 수정,
그만할 수는 없을까?

이 문제는 레거시 시스템을 다룰 때 가장 스트레스를 많이 받는 일 중 하나다. 코드를 변경한 후 "이제 됐군."이라고 생각했는데, 사실은 시스템 내의 여기저기에 유사한 코드가 분산돼 있으므로 동일한 변경을 반복해야 한다는 것을 알게 된다. 시스템을 재설계하거나 재구성하면 이 문제가 없어질지도 모르지만, 그럴 만한 시간이 어디 있겠는가? 결국 불만은 계속되고 시스템은 전체적으로 지저분해진다.

리팩토링을 알고 있다면 상황은 좀 낫다. 재설계나 재구성만큼의 노력을 들이지 않아도 중복 코드를 제거할 수 있기 때문이다. 리팩토링은 변경 작업을 진행하는 도중에 소규모 단위 대상으로 수행할 수 있다. 누군가 중복 코드를 집어넣지만 않으면 시스템은 점진적으로 개선될 것이다. 혹시 누군가 중복 코드를 집어넣고 있다면, 물리적으로 폭력을 행사하지 않는 선에서 어떤 조치를 취해야 할 것이다. 어쨌든 이런 것은 별개의 문제. 여기서의 핵심적인 질문은 "과연 리팩토링을 할 가치가 있는가?", "중복 코드를 열정적으로 제거하면 무슨 이득이 있는가?"다. 결과는 놀랍다. 예를 들어 살펴보자.

자바 기반의 소규모 네트워크 시스템을 통해 서버에 명령어를 보내야 한다고 하자. 현재 명령어는 AddEmployeeCmd와 LogonCommand 두 개다. 명령어를 보내기 위해서는 명령어 인스턴스를 생성하고, 출력 스트림을 인스턴스의 write 메소드에 전달해야 한다.

다음 코드는 두 개의 명령어 클래스다. 중복 코드를 발견할 수 있는가?

```java
import java.io.OutputStream;

public class AddEmployeeCmd {
  String name;
  String address;
  String city;
  String state;
  String yearlySalary;
  private static final byte[] header = {(byte)0xde, (byte)0xad};
  private static final byte[] commandChar = {0x02};
  private static final byte[] footer = {(byte)0xbe, (byte)0xef};
  private static final int SIZE_LENGTH = 1;
  private static final int CMD_BYTE_LENGTH = 1;

  private int getSize() {
    return header.length +
      SIZE_LENGTH +
      CMD_BYTE_LENGTH +
      footer.length +
      name.getBytes().length + 1 +
      address.getBytes().length + 1 +
      city.getBytes().length + 1 +
      state.getBytes().length + 1 +
      yearlySalary.getBytes().length + 1;
  }

  public AddEmployeeCmd(String name, String address,
          String city, String state,
          int yearlySalary) {
    this.name = name;
    this.address = address;
    this.city = city;
    this.state = state;
    this.yearlySalary = Integer.toString(yearlySalary);
  }

  public void write(OutputStream outputStream)
      throws Exception {
    outputStream.write(header);
    outputStream.write(getSize());
```

```
      outputStream.write(commandChar);
      outputStream.write(name.getBytes());
      outputStream.write(0x00);
      outputStream.write(address.getBytes());
      outputStream.write(0x00);
      outputStream.write(city.getBytes());
      outputStream.write(0x00);
      outputStream.write(state.getBytes());
      outputStream.write(0x00);
      outputStream.write(yearlySalary.getBytes());
      outputStream.write(0x00);
      outputStream.write(footer);
  }
}


import java.io.OutputStream;

public class LoginCommand {
  private String userName;
  private String passwd;
  private static final byte[] header
    = {(byte)0xde, (byte)0xad};
  private static final byte[] commandChar = {0x01};
  private static final byte[] footer
    = {(byte)0xbe, (byte)0xef};
  private static final int SIZE_LENGTH = 1;
  private static final int CMD_BYTE_LENGTH = 1;
  public LoginCommand(String userName, String passwd) {
    this.userName = userName;
    this.passwd = passwd;
  }

  private int getSize() {
    return header.length + SIZE_LENGTH + CMD_BYTE_LENGTH +
      footer.length + userName.getBytes().length + 1 +
      passwd.getBytes().length + 1;
  }

  public void write(OutputStream outputStream)
      throws Exception {
    outputStream.write(header);
```

```
    outputStream.write(getSize());
    outputStream.write(commandChar);
    outputStream.write(userName.getBytes());
    outputStream.write(0x00);
    outputStream.write(passwd.getBytes());
    outputStream.write(0x00);
    outputStream.write(footer);
  }
}
```

그림 21.1은 UML 클래스 다이어그램으로 이 두 개의 클래스를 표현한 것이다.

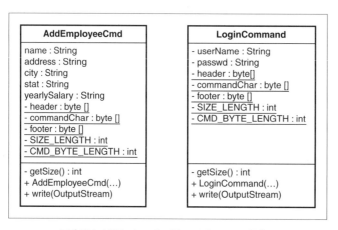

그림 21.1 AddEmployeeCmd와 LoginCommand 클래스

중복 코드가 많이 보인다. 하지만 그래서 어떤 문제가 있다는 것일까? 코드의 분량은 매우 적다. 리팩토링을 통해 중복 코드를 제거해 전체 길이를 줄일 수 있지만, 이런 노력이 작업을 편하게 만들어줄까? 그럴 수도 있고 그렇지 않을 수도 있다. 현재로서는 판단하기가 어렵다.

그렇다면 중복 부분을 찾아서 제거하면 어떤 결과가 나오는지 확인해보자. 이로써 중복 코드 제거가 정말로 도움이 되는지 판단할 수 있을 것이다.

먼저 리팩토링 후에 실행할 테스트 코드들이 필요하다. 다행히 테스트 코드는 이미 존재한다. 지면 관계상 테스트에 대한 자세한 설명은 생략하며, 테스트 코드가 이미 작성됐다고 가정한다.

첫 번째 단계

나는 중복 코드를 발견하면 일단 한 걸음 물러나서 전체적인 모습을 파악한다. 그리고 나서 어떤 클래스로 할지, 추출된 중복 코드를 어떻게 할지 검토하기 시작한다. 그러면 내가 너무 깊이 생각하고 있음을 깨닫는다. 소규모 중복 부분을 제거하는 것만으로도 충분히 효과적이며, 나중에 규모가 더 큰 중복 부분을 발견하기 쉽게 해주기 때문이다. 예를 들어 LoginCommand 클래스의 write 메소드가 다음과 같다고 하자.

```
outputStream.write(userName.getBytes());
outputStream.write(0x00);
outputStream.write(passwd.getBytes());
outputStream.write(0x00);
```

문자열을 생성할 때 널 문자(0x00)를 맨 끝에 추가해야 하는데, 이 부분을 중복 코드로 보고 다음과 같이 추출할 수 있다. 문자열과 출력 스트림을 입력받는 writeField라는 메소드를 작성하자. 이 메소드는 문자열을 스트림에 기록하고 마지막으로 널 문자를 추가한다.

```
void writeField(OutputStream outputStream, String field) {
  outputStream.write(field.getBytes());
  outputStream.write(0x00);
}
```

 어디서부터 시작할지 판단하기

리팩토링을 통해 중복 부분을 제거하는 경우, 처음에 어느 곳을 손대느냐에 따라 최종적인 구조가 달라질 수 있다. 예를 들어 다음과 같은 메소드가 있다고 하자.

```
void c() { a(); a(); b(); a(); b(); b(); }
```

이 메소드는 다음과 같이 나눌 수 있다.

```
void c() { aa(); b(); a(); bb(); }
```

또는 다음과 같이 나눌 수도 있다.

```
void c() { a(); ab(); ab(); b(); }
```

어느 것을 선택해야 할까? 사실 구조적으로는 큰 차이가 없다. 어느 쪽이든 현재보다는 개선되며, 필요하다면 다른 방법으로 나누는 리팩토링을 할 수도 있다. 이것이 최종 결정은 아니다. 나는 이름에 주의를 기울여 결정한다. a()를 두 번 반복 호출하는 경우의 이름이 a()를 호출한 후 b()를 호출하는 경우의 이름보다 상황에 더 어울린다면 나는 그쪽을 선택할 것이다.

한 가지를 더 말해본다면, 나는 경험적으로 작은 것부터 시작한다. 소규모 중복 부분을 제거할 수 있다면, 그것부터 먼저 제거하는 것이다. 이를 통해 전체 그림이 더 눈에 잘 들어올 수 있기 때문이다.

이 메소드가 있으면 각각의 문자열/널 문자 기록을 다른 것으로 대체할 수 있다. 이때 주기적으로 테스트를 실행해 기존 동작이 잘못되지 않는지 확인한다. 다음 코드는 변경 후의 LoginCommand 클래스의 write 메소드다.

```
public void write(OutputStream outputStream)
    throws Exception {
  outputStream.write(header);
  outputStream.write(getSize());
  outputStream.write(commandChar);
  writeField(outputstream, username);
  writeField(outputStream, passwd);
  outputStream.write(footer);
}
```

이렇게 LoginCommand 클래스의 문제를 해결했지만 AddEmployeeCmd 클래스의 문제는 여전히 남아있다. AddEmployeeCmd 클래스 내부의 write 메소드도 문자열/널 문자 기록 코드를 반복해서 포함하고 있다. 두 개의 클래스는 모두 명령어 클래스이므로, Command라는 슈퍼클래스를 도입하자. writeField 메소드를 슈퍼클래스에 두면 두 개의 명령어 클래스 모두 이 메소드를 사용할 수 있다(그림 21.2).

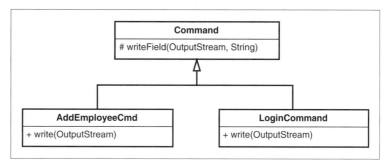

그림 21.2 Command 계층 구조

이제 AddEmployeeCmd로 돌아가서 문자열/널 문자 기록 코드를 writeField 메소드로 대체한다. 그러면 AddEmployeeCmd 클래스의 write 메소드는 다음과 같을 것이다.

```
public void write(OutputStream outputStream)
    throws Exception {
  outputStream.write(header);
  outputStream.write(getSize());
  outputStream.write(commandChar);
  writeField(outputStream, name);
  writeField(outputStream, address);
  writeField(outputStream, city);
  writeField(outputStream, state);
  writeField(outputStream, yearlySalary);
  outputStream.write(footer);
}
```

Logincommand 클래스의 write 메소드는 다음과 같다.

```
public void write(OutputStream outputStream)
    throws Exception {
  outputStream.write(header);
  outputStream.write(getSize());
  outputStream.write(commandChar);
  writeField(outputstream, userName);
  writeField(outputStream, passwd);
  outputStream.write(footer);
}
```

코드가 깔끔해졌지만 아직 끝나지 않았다. AddEmployeeCmd와 LoginCommand의 write 메소드는 둘 다 헤더와 크기를 기록하고, 명령어 문자를 기록한 후 일련의 필드를 기록하고, 마지막으로 푸터(꼬리말)를 기록한다. 따라서 둘 간의 다른 부분, 즉 필드를 기록하는 코드 부분을 추출하면 LoginCommand의 write 메소드는 다음과 같을 것이다.

```
public void write(OutputStream outputStream)
    throws Exception {
  outputStream.write(header);
  outputStream.write(getSize());
  outputStream.write(commandChar);
  writeBody(outputstream);
  outputStream.write(footer);
}
```

추출된 writeBody 메소드는 다음과 같다.

```
private void writeBody(OutputStream outputStream)
    throws Exception {
  writeField(outputstream, userName);
  writeField(outputStream, passwd);
}
```

AddEmployeeCmd의 write 메소드는 LoginCommand와 완전히 동일하지만, writeBody 메소드는 다음과 같이 조금 다르다.

```
private void writeBody(OutputStream outputStream) throws Exception {
  writeField(outputStream, name);
  writeField(outputStream, address);
  writeField(outputStream, city);
  writeField(outputStream, state);
  writeField(outputStream, yearlySalary);
}
```

두 개의 메소드가 대체로 동일해 보인다면, 서로 다른 부분만 추출해서 다른 메소드로 옮기자. 그러면 그 두 개의 메소드는 완전히 같아지므로 그중 하나를 삭제할 수 있다.

이 두 개 명령어 클래스의 write 메소드는 똑같은 것 같다. 그렇다면 write 메소드를 Command 클래스로 이동시킬 수 있을까? 아직은 불가능하다. 두 개의 write 메소드가 똑같아 보여도, 사용하는 데이터는 각자 클래스의 header, footer, commandChar 변수이기 때문이다. 따라서 write 메소드를 하나로 만들고 싶다면, 서브클래스의 메소드를 호출해서 데이터를 얻도록 해야 한다. AddEmployeeCmd와 LoginCommand 클래스 내의 변수들을 살펴보자.

```
public class AddEmployeeCmd extends Command {
  String name;
  String address;
  String city;
  String state;
  String yearlySalary;
  private static final byte[] header
    = {(byte)0xde, (byte)0xad};
  private static final byte[] commandChar = {0x02};
  private static final byte[] footer
    = {(byte)0xbe, (byte)0xef};
  private static final int SIZE_LENGTH = 1;
  private static final int CMD_BYTE_LENGTH = 1;
  ...
}
public class LoginCommand extends Command {
  private String userName;
  private String passwd;
  private static final byte[] header
    = {(byte)0xde, (byte)0xad};
  private static final byte[] commandChar = {0x01};
  private static final byte[] footer
    = {(byte)0xbe, (byte)0xef};
  private static final int SIZE_LENGTH = 1;
  private static final int CMD_BYTE_LENGTH = 1;
```

```
  ...
}
```

공통적인 데이터가 많은 것을 알 수 있다. header, footer, SIZE_LENGTH, CMD_BYTE_
LENGTH 변수들은 같은 값을 갖고 있으므로 Command 클래스로 끌어올릴 수 있다. 컴파일
및 테스트가 잘 되도록 일시적으로 protected로 선언해야 한다.

```
public class Command {
  protected static final byte[] header
    = {(byte)0xde, (byte)0xad};
  protected static final byte[] footer
    = {(byte)0xbe, (byte)0xef};
  protected static final int SIZE_LENGTH = 1;
  protected static final int CMD_BYTE_LENGTH = 1;
  ...
}
```

이제 서브클래스들에는 commandChar 변수가 남아있다. 서로 다른 값을 갖고 있는데, 간단
한 해결 방법은 Command 클래스에 추상 get 메소드를 도입하는 것이다.

```
public class Command {
  protected static final byte[] header
    = {(byte)0xde, (byte)0xad};
  protected static final byte[] footer
    = {(byte)0xbe, (byte)0xef};
  protected static final int SIZE_LENGTH = 1;
  protected static final int CMD_BYTE_LENGTH = 1;
  protected abstract char [] getCommandChar();
  ...
}
```

이제 각 서브클래스의 commandChar 변수를 재정의된 getCommandChar로 대체할 수 있다.

```
public class AddEmployeeCmd extends Command {
  protected char [] getCommandChar() {
```

```
    return new char [] { 0x02};
  }
  ...
}

public class LoginCommand extends Command {
  protected char [] getCommandChar() {
    return new char [] { 0x01};
  }
  ...
}
```

이제 write 메소드를 슈퍼클래스로 끌어올려도 된다. 그리고 나면 Command 클래스는 다음과 같을 것이다.

```
public class Command {
  protected static final byte[] header
    = {(byte)0xde, (byte)0xad};
  protected static final byte[] footer
    = {(byte)0xbe, (byte)0xef};
  protected static final int SIZE_LENGTH = 1;
  protected static final int CMD_BYTE_LENGTH = 1;
  protected abstract char [] getCommandChar();
  protected abstract void writeBody(OutputStream outputStream);
  protected void writeField(OutputStream outputStream,
  String field) {
    outputStream.write(field.getBytes());
    outputStream.write(0x00);
  }
  public void write(OutputStream outputStream)
  throws Exception {
    outputStream.write(header);
    outputStream.write(getSize());
    outputStream.write(commandChar);
    writeBody(outputstream);
    outputStream.write(footer);
  }
}
```

여기서 Command 클래스에 writeBody의 추상 메소드를 도입해야 하는 점에 유의하자(그림 21.3).

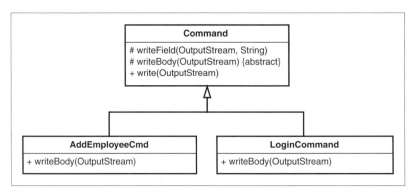

그림 21.3 writeField 메소드 끌어올리기

write 메소드를 끌어올리고 나면, 각 서브클래스에 남은 메소드는 getSize, getCommandChar, 그리고 생성자다. 다시 LoginCommand 클래스를 보자.

```
public class LoginCommand extends Command {
  private String userName;
  private String passwd;
  public LoginCommand(String userName, String passwd) {
    this.userName = userName;
    this.passwd = passwd;
  }
  protected char [] getCommandChar() {
    return new char [] { 0x01};
  }
  protected int getSize() {
    return header.length + SIZE_LENGTH + CMD_BYTE_LENGTH +
      footer.length + userName.getBytes().length + 1 +
      passwd.getBytes().length + 1;
  }
}
```

단순한 클래스로서 AddEmployeeCmd와 마찬가지로 getSize, getCommandChar, writeBody 메소드뿐이다. getSize 메소드를 좀 더 자세히 살펴보자.

다음은 LoginCommand의 getSize 메소드다.

```
protected int getSize() {
  return header.length + SIZE_LENGTH +
    CMD_BYTE_LENGTH + footer.length +
    userName.getBytes().length + 1 +
    passwd.getBytes().length + 1;
}
```

다음은 AddEmployeeCmd의 getSize 메소드다.

```
private int getSize() {
  return header.length + SIZE_LENGTH +
    CMD_BYTE_LENGTH + footer.length +
    name.getBytes().length + 1 +
    address.getBytes().length + 1 +
    city.getBytes().length + 1 +
    state.getBytes().length + 1 +
    yearlySalary.getBytes().length + 1;
}
```

무엇이 같고 무엇이 다를까? 둘 다 헤더, 크기, 명령어 바이트의 길이, 꼬리말의 길이를 더하고 있다. 그리고 각 필드의 크기를 추가하고 있다. 계산 방법이 다른 부분, 즉 필드 크기 부분을 추출하면 어떨까? 이 메소드에 getBodySize( )라는 이름을 붙이자.

```
private int getSize() {
  return header.length + SIZE_LENGTH
    + CMD_BYTE_LENGTH + footer.length + getBodySize();
}
```

이렇게 하면 두 개의 메소드는 동일한 코드를 가지게 된다. 모든 관리용 데이터의 크기를 합산하고, 이어서 본문 크기(모든 필드 크기의 총합)를 더하는 것이다. 그리고 getSize 메소드를 Command 클래스로 끌어올림으로써 각 서브클래스는 getBodySize 메소드를 각자의 방법으로 구현할 수 있다(그림 21.4).

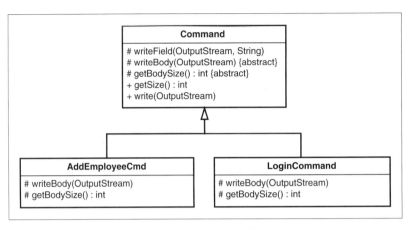

그림 21.4 getSize 메소드 끌어올리기

내용을 살펴보자. AddEmployeeCmd 클래스의 **getBody** 메소드는 다음과 같이 구현된다.

```
protected int getBodySize() {
  return name.getBytes().length + 1 +
    address.getBytes().length + 1 +
    city.getBytes().length + 1 +
    state.getBytes().length + 1 +
    yearlySalary.getBytes().length + 1;
}
```

지금껏 이와 관련해 다소 뻔한 중복 부분들을 무시해왔다. 사소한 것들이지만 완전히 삭제하자.

```
protected int getFieldSize(String field) {
  return field.getBytes().length + 1;
}

protected int getBodySize() {
  return getFieldSize(name) +
    getFieldSize(address) +
    getFieldSize(city) +
    getFieldSize(state) +
    getFieldSize(yearlySalary);
```

```
}
```

getFieldSize 메소드를 Command 클래스로 끌어올리면 LoginCommand의 getBodySize 메소드에서도 사용할 수 있다.

```
protected int getBodySize() {
  return getFieldSize(name) + getFieldSize(password);
}
```

아직도 중복 부분이 남아있을까? 아직 남아있지만, 매우 일부분이다. LoginCommand와 AddEmployeeCmd 둘다 매개변수 목록을 받아서 그 크기를 얻은 후 기록하는 일을 수행한다. commandChar 변수를 제외하면, 중복 부분을 일반화해 제거할 수 있다. 기초 클래스에서 List 타입의 변수를 선언하고 각 서브클래스의 생성자에서 필드를 추가하면 코드는 다음과 같을 것이다.

```
class LoginCommand extends Command
{
  ...
  public AddEmployeeCmd(String name, String password) {
    fields.add(name);
    fields.add(password);
  }
  ...
}
```

서브클래스에서 fields 변수에 필드를 추가하도록 하면, 동일한 방법으로 본문 크기를 계산할 수 있다.

```
int getBodySize() {
  int result = 0;
  for(Iterator it = fields.iterator(); it.hasNext(); ) {
    String field = (String)it.next();
    result += getFieldSize(field);
```

```
  }
  return result;
}
```

마찬가지로 writeBody 메소드는 다음과 같다.

```
void writeBody(Outputstream outputstream) {
  for(Iterator it = fields.iterator(); it.hasNext(); ) {
    String field = (String)it.next();
    writeField(outputStream, field);
  }
}
```

이 두 개의 메소드를 슈퍼클래스로 끌어올릴 수 있다. 그러고 나면 모든 중복 코드가 완전히 제거된 것이다. Command 클래스의 최종적인 모습은 다음과 같다. 서브클래스에서 접근하지 않는 메소드와 변수를 모두 private으로 선언했다.

```
public class Command {
  private static final byte[] header
    = {(byte)0xde, (byte)0xad};
  private static final byte[] footer
    = {(byte)0xbe, (byte)0xef};
  private static final int SIZE_LENGTH = 1;
  private static final int CMD_BYTE_LENGTH = 1;
  protected List fields = new ArrayList();
  protected abstract char [] getCommandChar();
  private void writeBody(Outputstream outputstream) {
    for(Iterator it = fields.iterator(); it.hasNext(); ) {
      String field = (String)it.next();
      writeField(outputStream, field);
    }
  }

  private int getFieldSize(String field) {
    return field.getBytes().length + 1;
  }
```

```
    private int getBodySize() {
      int result = 0;
      for(Iterator it = fields.iterator(); it.hasNext(); ) {
        String field = (String)it.next();
        result += getFieldSize(field);
      }
      return result;
    }

    private int getSize() {
      return header.length + SIZE_LENGTH
        + CMD_BYTE_LENGTH + footer.length
        + getBodySize();
    }

    private void writeField(OutputStream outputStream,
        String field) {
      outputStream.write(field.getBytes());
      outputStream.write(0x00);
    }

    public void write(OutputStream outputStream)
        throws Exception {
      outputStream.write(header);
      outputStream.write(getSize());
      outputStream.write(commandChar);
      writeBody(outputstream);
      outputStream.write(footer);
    }
}
```

LoginCommand와 AddEmployeeCmd 클래스는 크기가 대폭 줄어들었다.

```
public class LoginCommand extends Command {
  public LoginCommand(String userName, String passwd) {
    fields.add(username);
    fields.add(passwd);
  }
  protected char [] getCommandChar() {
```

```
    return new char [] { 0x01};
  }
}

public class AddEmployeeCmd extends Command {
  public AddEmployeeCmd(String name, String address,
        String city, String state,
        int yearlySalary) {
    fields.add(name);
    fields.add(address);
    fields.add(city);
    fields.add(state);
    fields.add(Integer.toString(yearlySalary));
  }
  protected char [] getCommandChar() {
    return new char [] { 0x02 };
  }
}
```

그림 21.5는 최종적인 UML 다이어그램이다.

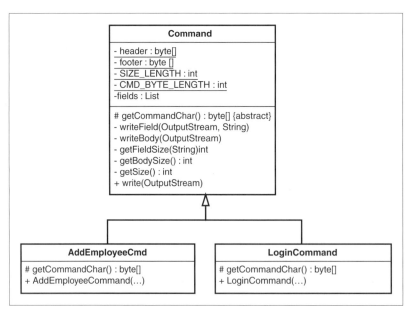

그림 21.5 중복 코드를 끌어올린 후의 Command 계층 구조

자, 이제 얼마만큼 작업을 진행한 것일까? 상당히 많은 중복 코드를 제거했으므로 기존 클래스는 거의 형체만 남은 수준이다. 모든 기능은 Command 클래스 안에 있다. 사실, 애당초 두 개의 명령어를 별도의 클래스로 할 필요가 있는지 검토해야 한다. 어떤 다른 방법을 생각할 수 있을까?

일단, 모든 서브클래스들을 제거하고 명령어를 보내는 정적static 메소드를 Command 클래스에 추가하는 방법이 있다.

```
List arguments = new ArrayList();
arguments.add("Mike");
arguments.add("asdsad");
Command.send(stream, 0x01, arguments);
```

그렇지만 이렇게 하면 호출하는 쪽(클라이언트)에 부담이 될 수 있다. 두 개의 서로 다른 명령어 문자열을 보내야 하는데, 사용자가 이를 관리해야 하기 때문이다.

대신에 보내지는 명령어마다 별도의 정적 메소드를 추가하는 방법도 있다.

```
Command.SendAddEmployee(stream,
  "Mike", "122 Elm St", "Miami", "FL", 10000);

Command.SendLogin(stream, "Mike", "asdsad");
```

다만, 이렇게 하면 클라이언트의 코드를 모두 변경시켜야 한다. 기존 코드에서는 많은 위치에서 AddEmployeeCmd와 LoginCommand 객체를 생성하고 있을 것이기 때문이다.

아무래도 이 클래스들을 현재 상태로 두는 것이 나을 것 같다. 분명히 서브클래스들의 크기가 대폭 작아졌지만, 그대로 둔다고 해서 큰 문제가 있는 것도 아니기 때문이다.

이제 끝났을까? 아니다. 좀 더 일찍 했어야 할 간단한 일 하나가 남아있다. AddEmployeeCmd 클래스의 이름을 AddEmployeeCommand로 바꾸는 것이다. 이렇게 함으로써 두 개의 서브 클래스들 이름이 일관성을 갖게 된다. 일관성 있는 이름은 예상 외의 실수를 줄여준다.

마침내 중복 코드를 모두 제거했다. 과연 이러한 노력으로 시스템이 개선됐을까, 아니면 오히려 퇴보했을까? 몇 개의 시나리오들을 통해 알아보자. 먼저 새로운 명령어를 추가할 때는 어떨까? 새로 추가되는 명령어에 대해 Command의 서브클래스를 만들면 그만이다. 중복 제거 이전의 설계였다면 어땠을까? 새로운 명령어를 생성한 후, 다른 명령어의 코드로부터 자르기/복사하기 및 붙이기를 수행해서 변수를 전부 변경해야 했을 것이다. 그리고 이 과정에서 또 다른 중복이 생겨나고 상황을 악화시켰을 것이다. 뿐만 아니라 오류의 원인이 되기도 한다. 변수를 잘못된 방법으로 사용해 비정상적인 동작을 일으킬 수 있는 것이다. 중복을 제거하지 않았다면 틀림없이 작업 시간이 길어졌을 것이다.

중복 제거로 인해 유연성이 떨어지지는 않았을까? 문자열 이외의 자료형으로 명령어를 보내야 할 필요성이 생길 경우 어떻게 될까? 이 문제는 이미 어느 정도 해결돼 있다. AddEmployeeCommand 클래스는 정숫값을 받고 있으며, 이 값을 문자열로 변환해 명령어로서 보내고 있기 때문이다. 다른 자료형일 때도 똑같이 할 수 있다. 보낼 때는 어떻든 문자열로 변환해야 하지만, 새로 생성된 서브클래스의 생성자에서 수행하면 된다.

다른 형식의 명령어가 필요해지면 어떻게 될까? 예를 들어 본문 내에 별도 명령어를 중첩할 수 있는 새로운 형식의 명령어가 필요해졌다고 하자. Command의 서브클래스를 작성하고, 이 클래스의 writeBody 메소드를 재정의하면 쉽게 해결할 수 있다.

```
public class AggregateCommand extends Command
{
```

```
private List commands = new ArrayList();
protected char [] getCommandChar() {
  return new char [] { 0x03 };
}
public void appendCommand(Command newCommand) {
  commands.add(newCommand);
}
protected void writeBody(OutputStream out) {
  out.write(commands.getSize());
  for(Iterator it = commands.iterator(); it.hasNext(); ) {
    Command innerCommand = (Command)it.next();
    innerCommand.write(out);
  }
}
}
```

그 밖에는 모든 부분이 잘 동작한다.

만일 중복을 제거하지 않았다면 얼마나 많은 작업이 필요했을지 상상해보라.

마지막 예에서는 매우 중요한 점이 부각되고 있다. 클래스 간의 중복을 제거하고 나면, 메소드는 매우 작고 집약된 형태가 된다. 각 메소드는 다른 메소드들이 하지 않는 처리를 하기 때문에 직교성이라는 매우 큰 효과가 얻어진다.

직교성이란 비의존성을 멋있게 표현하는 단어다. 기존 동작들을 변경하고 싶을 때, 변경할 곳이 정확히 한 곳이라면 직교성이 있는 것이다. 애플리케이션은 한 개의 상자며, 상자외부에 몇 개의 손잡이가 있다고 하자. 시스템의 각 동작마다 한 개의 손잡이만 있다면 쉽게 변경할 수 있을 것이다. 그러나 중복 코드가 여기저기 퍼져 있다면, 각 동작마다 두 개이상의 손잡이가 있음을 의미한다. 어떤 필드의 값을 바꾸는 예를 생각해보자. 종료 문자로서 0x00이 아니라 0x01을 사용하게 됐다면, (중복을 제거하지 않은) 기존 설계에서는 코드내의 수많은 곳에서 변경을 수행해야 했을 것이다. 필드마다 두 개의 0x00 종료 문자를 사용하도록 변경된 경우를 상상해보라. 이것도 상당히 큰일이 된다. 기존 코드에는 전용 손잡이가 없는 것이다. 하지만 리팩토링 후의 코드에서는 필드의 기록 방법을 변경하고 싶을 경우 writeField를 수정하거나 재정의하면 된다. 또한 명령어 집합을 다루는 특별한 처리를 하고 싶다면 writeBody를 재정의하면 된다. 어떤 동작에 대한 코드가 한 개의 메소드 내로 한정돼 있기 때문에 간단히 추가 및 대체를 수행할 수 있다.

이번 예제에서는 메소드와 변수의 클래스 간 이동이나 메소드 분할 등과 같은 많은 작업을 했지만, 대부분 기계적으로 처리할 수 있다. 단지 중복 부분에 주의를 기울이고 이를 제거했을 뿐이다. 유일하게 창조적이었던 작업은 신규 메소드를 위한 이름을 지은 것뿐이다. 기존 코드에서는 필드나 명령어 본문을 나타내는 이름을 사용하지 않았지만, 그 개념은 이미 코드에 내재하고 있었다. 예를 들어 일부 변수는 다루는 방법이 달랐고 이 변수들을 필드라고 불렀다. 리팩토링을 통해 깔끔하고 직교성을 갖춘 설계가 됐지만, 우리가 설계한 것 같은 느낌은 들지 않는다. 그보다는 원래 그곳에 존재했었던 것을 알아차리고, 그 본질에 가까운 곳, 진짜 모습에 가까운 곳으로 코드를 이동했다고 말하는 편이 정확할 것이다.

철저하게 중복 코드를 제거하면서 알게 되는 놀라운 사실은 바로 설계의 진짜 모습이 드러나기 시작한다는 점이다. 애플리케이션 손잡이의 대부분은 설계할 필요가 없다. 알아서 드러나기 때문이다. 물론 완벽하지는 않다. 예를 들어 Command 클래스 내의 다음과 같은 메소드를 가정해보자.

```java
public void write(OutputStream outputStream)
    throws Exception {
  outputStream.write(header);
  outputStream.write(getSize());
  outputStream.write(commandChar);
  writeBody(outputstream);
  outputStream.write(footer);
}
```

이 메소드는 다음과 같이 바뀐다면 더 좋을 것이다.

```java
public void write(OutputStream outputStream)
    throws Exception {
  writeHeader(outputStream);
  writeBody(outputstream);
  writeFooter(outputStream);
}
```

이제 헤더를 기록하기 위한 손잡이와 꼬리말을 기록하기 위한 손잡이를 가지게 됐다. 필요에 따라 손잡이를 추가할 수는 있지만, 이처럼 손잡이가 자연스럽게 나타난 것은 좋은 일이다.

중복 제거는 설계를 가다듬는 강력한 방법이다. 설계가 유연해질 뿐만 아니라, 변경을 더 빠르고 쉽게 수행할 수 있도록 해준다.

 개방/폐쇄 원칙

개방/폐쇄 원칙(OCP, Open/Closed Principle)은 버트란드 메이어(Bertrand Meyer)가 처음으로 정립했으며, 코드 추가는 확장에 대해서는 열려 있어야 하고 변경에 대해서는 닫혀 있어야 함을 의미한다. 이는 설계가 잘돼 있다면 신규 기능 추가를 위해 그리 많은 코드를 변경하지 않아도 된다는 뜻이다.

이번 장에서 우리가 최종적으로 얻은 코드가 이런 특성을 갖고 있을까? 물론이다. 몇 가지 변경 시나리오를 살펴봤으나, 대체로 변경해야 할 메소드는 매우 일부분이었다. 어떤 경우에는 서브클래스를 작성하는 것만으로 충분했다. 물론 서브클래스를 작성하는 경우, 나중에 중복 제거를 잊어서는 안 된다(서브클래스에 의해 기능을 추가하고 리팩토링에 의해 기능을 통합하는 방법에 대한 자세한 설명은 8장의 '차이에 의한 프로그래밍' 절을 참고하자).

대부분의 경우, 중복 제거에 의해 코드는 자연스럽게 개방/폐쇄 원칙을 따르게 된다.

CHAPTER 22

'괴물 메소드'를 변경해야 하는데 테스트 코드를 작성하지 못하겠다

레거시 코드로 작업할 때 가장 힘든 일 중 하나는 대규모 메소드를 다루는 것이다. 발아 메소드와 발아 클래스 기법을 사용함으로써 대규모 메소드를 리팩토링하는 일을 피할 수 있다. 이런 방법으로 대규모 메소드 리팩토링을 피할 수 있다 해도, 그다지 자랑할 만한 것은 아니다. 대규모 메소드는 코드 내의 늪과 같다. 변경을 시도할 때마다 기억을 더듬어서 다시 내용을 이해한 후에야 변경 작업을 시작할 수 있다. 따라서 깔끔한 코드를 다룰 때보다 오랜 시간이 걸리게 된다.

대규모 메소드는 다루기 힘든 수준이라면, 괴물 메소드는 재앙이라고 부를 만하다. 괴물 메소드는 너무나 길고 복잡해서 손대고 싶지 않은 메소드를 의미한다. 코드의 길이가 수백, 수천 줄에 달하며, 들여쓰기도 엉망이라서 코드 분석도 거의 불가능하다. 괴물 메소드와 마주치면, 몇 미터에 달하는 연속 용지에 코드를 인쇄해서 바닥에 펼쳐 놓은 후 다른 팀원들과 함께 분석하고 싶은 충동을 느끼게 된다.

예전에 회의를 마치고 호텔 객실로 걸어서 돌아왔을 때, 한 친구가 "이런 거 본 적 있어?"라고 말하며 노트북으로 1,000줄이 넘는 메소드를 보여준 적이 있다. 그 친구는 내가 리팩토링을 연구해왔다는 것을 알고 있었기 때문에 "이런 메소드를 어떻게 리팩토링할 수 있을까?"라고 물었다. 우리는 메소드를 자세히 검토하기 시작했고, 테스트가 핵심이라는 것을 알게 됐다. 하지만 이 정도의 대규모 메소드를 다룰 때는 어디서부터 손대야 할까?

이번 장은 그 이후로 내가 알게 된 내용을 정리한 것이다.

괴물 메소드의 다양한 종류

괴물 메소드는 몇 가지 변형이 있지만 명확한 구분이 있는 것은 아니다. 실제로 현업에서 마주치는 괴물 메소드는 마치 오리너구리처럼 몇 가지 변형의 혼합일 때가 많다.

불릿 메소드

불릿 메소드는 들여쓰기가 거의 돼 있지 않은 메소드를 말한다. 단지 글머리 기호(불릿)를 갖는 코드 덩어리의 목록을 연상시키기 위해 이렇게 이름을 붙였다. 코드 덩어리 내의 일부 코드는 들여쓰기가 돼 있을지 모르지만, 메소드 자체는 들여쓰기가 돼 있지 않다. 집중해서 메소드를 관찰해보면 그림 22.1과 같은 것을 볼 수 있다.

이는 불릿 메소드의 일반적인 형태다. 운이 좋으면 누군가 구별하기 쉽도록 단락 사이에 공백 행을 추가했거나 주석을 달아놓았을지도 모른다. 각 단락별로 메소드를 추출할 수 있다면 이상적이겠지만, 그렇게 쉽게 리팩토링 가능한 경우는 거의 없다. 단락 사이의 공백 행은 그다지 도움이 안 될 때가 많다. 한 단락에서 선언된 임시 변수가 그다음 단락에서 사용되곤 하기 때문이다. 메소드 분할은 단순히 코드를 복사해서 다른 곳에 붙이는 것처럼 간단한 작업이 아니다. 그럼에도 불구하고 불릿 메소드는 그나마 다른 종류의 괴물 메소드보다는 낫다. 엉망인 들여쓰기를 제외하면 코드 흐름을 추적할 만하기 때문이다.

```cpp
void Reservation::extend(int additionalDays)
{
  int status = RIXInterface::checkAvailable(type, location, startingDate);

  int identCookie = -1;
  switch(status) {
    case NOT_AVAILABLE_UPGRADE_LUXURY:
      identCookie = RIXInterface::holdReservation(Luxury,location,startingDate,
        additionalDays +dditionalDays);
      break;
```

```
    case NOT_AVAILABLE_UPGRADE_SUV:
    {
        int theDays = additionalDays + additionalDays;
        if (RIXInterface::getOpCode(customerID) != 0)
            theDays++;
        identCookie = RIXInterface::holdReservation(SUV,location,startingDate,
theDays);
    }
    break;
    case NOT_AVAILABLE_UPGRADE_VAN:
        identCookie = RIXInterface::holdReservation(Van,
            location,startingDate, additionalDays + additionalDays);
        break;
    case AVAILABLE:
    default:
        RIXInterface::holdReservation(type,location,startingDate);
        break;
    }

    if (identCookie != -1 && state == Initial) {
        RIXInterface::waitlistReservation(type,location,startingDate);
    }

    Customer c = res_db.getCustomer(customerID);

    if (c.vipProgramStatus == VIP_DIAMOND) {
        upgradeQuery = true;
    }

    if (!upgradeQuery)
        RIXInterface::extend(lastCookie, days + additionalDays);
    else {
        RIXInterface::waitlistReservation(type,location,startingDate);
        RIXInterface::extend(lastCookie, days + additionalDays +1);
    }
        ...
}
```

그림 22.1 불릿 메소드

혼잡 메소드

혼잡 메소드란 들여쓰기가 된 한 개의 대규모 단락으로 구성된 메소드를 말한다. 가장 단순한 예가 그림 22.2와 같이 한 개의 대규모 조건문을 갖는 메소드다.

```
Reservation::Reservation(VehicleType type, int customerID, long startingDate, int
days, XLocation l)
: type(type), customerID(customerID), startingDate(startingDate), days(days),
lastCookie(-1),
state(Initial), tempTotal(0)
{
  location = l;
  upgradeQuery = false;

  if (!RIXInterface::available()) {
    RIXInterface::doEvents(100);
    PostLogMessage(0, 0, "delay on reservation creation");
    int holdCookie = -1;
    switch(status) {
      case NOT_AVAILABLE_UPGRADE_LUXURY:
        holdCookie = RIXInterface::holdReservation(Luxury,l,startingDate);
        if (holdCookie != -1) {
          holdCookie |= 9;
        }
        break;
      case NOT_AVAILABLE_UPGRADE_SUV:
        holdCookie = RIXInterface::holdReservation(SUV,l,startingDate);
        break;
      case NOT_AVAILABLE_UPGRADE_VAN:
        holdCookie = RIXInterface::holdReservation(Van,l,startingDate);
        break;
      case AVAILABLE:
      default:
        RIXInterface::holdReservation;
        state = Held;
        break;
    }
  }
  ...
}
```

그림 22.2 간단한 혼잡 메소드

그러나 이런 종류의 혼잡 메소드는 불릿 메소드와 거의 같은 특성을 갖고 있다. 특히 그림 22.3과 같은 메소드를 제대로 이해하려면 많은 노력이 필요하다.

진정한 혼잡 메소드인지 알 수 있는 가장 좋은 방법은 대규모 메소드 내의 블록들을 정렬해보는 것이다. 현기증이 느껴진다면 그것은 혼잡 메소드다.

```cpp
Reservation::Reservation(VehicleType type, int customerID, long startingDate, int
days, XLocation l)
: type(type), customerID(customerID), startingDate(startingDate), days(days),
lastCookie(-1),
state(Initial), tempTotal(0)
{
  location = l;
  upgradeQuery = false;

  while(!RIXInterface::available()) {
    RIXInterface::doEvents(100);
    PostLogMessage(0, 0, "delay on reservation creation");
    int holdCookie = -1;
    switch(status) {
      case NOT_AVAILABLE_UPGRADE_LUXURY:
        holdCookie =
        RIXInterface::holdReservation(Luxury,l,startingDate);
        if (holdCookie != -1) {
          if (l == GIG && customerID == 45) {
            // 스페셜 #1222
            while (RIXInterface::notBusy()) {
              int code =
              RIXInterface::getOpCode(customerID);
              if (code == 1 || customerID > 0)) {
                PostLogMessage(1, 0, "QEX PID");
                for (int n = 0; n < 12; n++) {
                  int total = 2000;
                  if (state == Initial || state == Held)
                  {
                    total += getTotalByLocation(location);
                    tempTotal = total;
                    if (location == GIG && days > 2)
                    {
                      if (state == Held)
                        total += 30;
```

```
                }
              }
              RIXInterface::serveIDCode(n, total);
            }
          } else {
            RIXInterface::serveCode(customerID);
          }
        }
      }
    }
    break;
  case NOT_AVAILABLE_UPGRADE_SUV:
    holdCookie =
    RIXInterface::holdReservation(SUV,l,startingDate);
    break;
  case NOT_AVAILABLE_UPGRADE_VAN:
    holdCookie =
    RIXInterface::holdReservation(Van,l,startingDate);
    break;
  case AVAILABLE:
  default:
    RIXInterface::holdReservation(type,l,startingDate);
    state = Held;
    break;
  }
}
...
}
```

그림 22.3 심각한 혼잡 메소드

대부분의 메소드는 완전한 불릿 메소드나 혼잡 메소드가 아니라 그 중간쯤의 형태를 보여 준다. 상당수의 혼잡 메소드는 깊게 중첩된 곳에 대규모의 불릿 단락이 숨어있는데, 내부 에 중첩돼 있기 때문에 동작 확인을 위한 테스트 루틴 작성이 어렵다. 이처럼 혼잡 메소드 는 고유의 문제가 있다.

대규모 메소드를 리팩토링할 때 리팩토링 도구의 유무는 큰 차이를 나타낸다. 대부분의 리팩토링 도구가 지원하는 메소드 추출 기능이 매우 효과적이기 때문이다. 리팩토링 도구 로 안전하게 메소드를 추출할 수 있다면, 도구가 분석도 수행하기 때문에 추출 작업의 결과를 검증하기 위한 테스트 루틴이 필요 없게 된다. 단지 이후의 작업을 위해 추출 기능을 사용해 메소드를 건전하게 만드는 방법을 배우기만 하면 된다.

메소드 추출을 지원하는 리팩토링 도구가 없다면 괴물 메소드를 정리하는 일은 매우 힘든 작업이 된다. 직접 테스트 코드를 작성할 수 있는 범위 내에서만 작업할 수 있기 때문에 보수적으로 접근할 수밖에 없기 때문이다.

리팩토링 자동화 도구를 사용해 괴물 메소드 공략하기

메소드 추출 도구를 갖고 있다면, 도구로 할 수 있는 것과 할 수 없는 것을 분명히 알고 있어야 한다. 최근의 리팩토링 도구들은 대부분 간단한 메소드 추출 등의 다양한 리팩토링 작업을 지원하지만, 대규모 메소드 분할 시에 요구되는 보조적 리팩토링을 모두 지원하지는 않는다. 예를 들어 우리는 메소드 추출을 수행할 때 대체로 문장을 재배치해 그룹별로 나누고 싶어 한다. 하지만 현재의 리팩토링 도구들은 재배치된 결과가 안전한지 분석할 수 없다. 유감스럽게도 이는 버그의 원인이 될 수 있다.

대규모 메소드에 리팩토링 도구를 효과적으로 사용하려면, 그 도구만으로 일련의 변화들을 수행하고 그 외의 소스는 전혀 손대지 말아야 한다. 한 손만 사용하는 것 같은 느낌을 받을 수도 있지만, 안전함을 알고 있는 변경과 그렇지 않은 변경을 명확히 구분할 수 있다. 이렇게 리팩토링을 할 때는 문장 재배치나 표현식 분할 등의 간단한 작업도 피해야 한다. 변수 이름 변경의 경우도, 도구에서 지원한다면 해도 되겠지만 그렇지 않다면 나중으로 미뤄야 한다.

 테스트 코드 없이 자동화된 리팩토링을 수행할 때는 도구만을 사용하자. 자동화된 리팩토링을 모두 수행하고 나면 대체로 테스트 코드를 작성할 수 있게 되므로, 이후 테스트 코드를 사용해 수동으로 변경을 검증할 수 있다.

추출을 수행하는 주요 목적은 다음과 같이 두 가지다.

1. 이상한 의존 관계로부터 로직을 분리한다.
2. 이후의 리팩토링을 위해 테스트 루틴을 작성하기 쉽도록 봉합부를 작성한다.

다음의 예제 코드를 살펴보자.

```
class CommoditySelectionPanel
{
  ...
  public void update() {
    if (commodities.size() > 0
        && commodities.GetSource().equals("local")) {
      listbox.clear();
      for (Iterator it = commodities.iterator();
          it.hasNext(); ) {
        Commodity current = (Commodity)it.next();
        if (commodity.isTwilight()
            && !commodity.match(broker))
          listbox.add(commodity.getView());
      }
    }
    ...
  }
  ...
}
```

이 메소드에는 개선할 만한 점이 다수 있다. 무엇보다, 이상하게도 이런 종류의 필터링 작업을 Panel 클래스에서 수행하고 있다. 이 클래스는 화면 표시를 책임지는 것이 이상적이기 때문이다. 이 코드를 풀어내는 것은 어렵다. 현재 상태에서 이 메소드에 대한 테스트 루틴을 작성하려고 하면 리스트 박스의 상태에 대해 작성할 수 있겠지만, 이로 인해 설계가 개선될 것이라고는 도저히 생각할 수 없다.

리팩토링 도구를 사용할 수 있다면, 메소드 내 코드 덩어리의 상당 부분에 이름을 붙이는 것과 함께 의존 관계를 제거하는 작업도 시작할 수 있다. 몇 차례 추출하고 난 후의 코드는 다음과 같다.

```
class CommoditySelectionPanel
{
  ...
  public void update( ) {
    if (commoditiesAreReadyForUpdate()) {
      clearDisplay();
      updateCommodities();
    }
    ...
  }

  private boolean commoditiesAreReadyForUpdate() {
    return commodities.size( ) > 0
      && commodities.GetSource( ).equals("local");
  }

  private void clearDisplay( ) {
    listbox.clear();
  }

  private void updateCommodities( ) {
    for (Iterator it = commodities.iterator(); it.hasNext( ); ) {
      Commodity current = (Commodity)it.next();)
      if (singleBrokerCommodity(commodity)) {
        displayCommodity(current.getView());
      }
    }
  }

  private boolean singleBrokerCommodity(Commodity commodity) {
    return commodity.isTwilight() && !commodity.match(broker);
  }

  private void displayCommodity(CommodityView view) {
    listbox.add(view);
  }
  ...
}
```

솔직히 말해 update 메소드 내의 코드는 그다지 달라지지 않았다. 여전히 if문 내부에서 어떤 처리를 하고 있을 뿐이다. 하지만 처리 작업이 다른 메소드로 위임됐다. update 메소드는 기존 코드의 뼈대처럼 된 것이다. 이름은 어떨까? 다소 부자연스러워 보일지 모르지만, 출발점으로서는 나쁘지 않다. 최소한 코드 내용이 상위 수준에서 전달되며 의존 관계를 제거하기 위한 봉합점도 제공한다. 서브클래스화와 메소드 재정의 기법을 사용해 displayCommodity와 clearDisplay 메소드로 감지를 수행하는 것도 가능하다. 그러고 나서 이 테스트 코드를 사용해 화면 표시를 위한 클래스를 작성한 후 이 메소드들을 그 클래스 내로 이동시키는 방법도 생각할 수 있다. 다만 이번 예제의 경우 update 메소드와 updateCommodities 메소드는 다른 클래스로 이동하고 clearDisplay 메소드와 displayCommodity 메소드는 그대로 남겨둬서, 이 클래스가 Panel, 즉 화면 표시용 클래스로서의 성질을 그대로 활용하는 편이 좋아 보인다. 메소드 이름은 어느 정도 정리가 끝난 후에 바꿀 수 있다. 일련의 리팩토링을 마치고 나면 설계는 그림 22.4와 같이 된다.

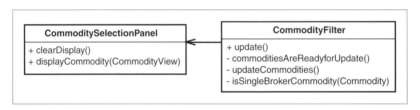

그림 22.4 CommoditySelectionPanel로부터 추출된 로직 클래스

자동화 도구를 사용한 메소드 추출 시에 잊으면 안 되는 것은 다수의 조잡한 작업들을 안전하게 수행할 수 있다는 점과 세부 처리를 테스트 코드 작성 후로 미룰 수 있다는 점이다. 클래스에 맞지 않아 보이는 메소드에 너무 신경 쓸 필요가 없다. 대부분의 경우 이런 메소드가 계기가 돼서 신규 클래스를 추출할 필요성이 드러나게 된다. 자세한 방법은 20장을 참고하자.

수동 리팩토링에 도전

리팩토링 자동화 도구를 사용하는 경우, 대규모 메소드의 분할 작업을 시작할 때 특별히 준비할 것이 없다. 자동화 도구가 우리가 하고자 하는 각각의 리팩토링 작업을 검사해서 안전하지 않은 것은 취소하기 때문이다. 그러나 이러한 리팩토링 도구가 없을 때는 직접 정확성을 검증해야 한다. 그리고 이때 리팩토링 도구를 대신할 수 있는 것이 바로 테스트 루틴이다.

괴물 메소드는 테스트 루틴의 작성이나 리팩토링, 그리고 기능 추가 작업이 매우 어렵다. 괴물 메소드를 포함하는 클래스의 인스턴스를 테스트 하네스 안에서 생성할 수 있다면, 이를 바탕으로 확신을 갖고 메소드를 분할할 수 있다. 하지만 메소드의 로직이 매우 복잡할 경우, 그러한 작업은 악몽이 될 수 있다. 다행히도 이런 경우에 사용할 수 있는 몇 가지 기법들이 있다. 이 기법들을 설명하기 전에 먼저 메소드 추출 과정에서 실수하기 쉬운 사항들을 살펴보자.

자주 하게 되는 실수들의 목록은 다음과 같다. 생각할 수 있는 모든 실수를 나열한 것은 아니지만 가장 흔히 저지르는 것임은 분명하다.

1. 추출한 메소드에 변수를 전달하는 것을 잊기 쉽다. 대부분의 경우 (동일한 이름의 인스턴스 변수가 없는 한) 컴파일러가 변수가 누락된 사실을 알려주지만, 지역 변수여야 한다고 생각한 나머지 신규 메소드 내에 선언해버리는 잘못을 저지를 수 있다.
2. 추출된 메소드에 붙인 이름이 기초 클래스 내에 있는 동일한 이름의 메소드를 은폐하거나 재정의할 가능성이 있다.
3. 매개변수를 전달하거나 반환 값을 대입할 때 실수를 저지르기 쉽다. 잘못된 값을 반환하는 것과 같은 정말 어리석은 일을 저지르기도 한다. 좀 더 포착하기 힘든 경우로, 신규 메소드에서 잘못된 타입을 반환하거나 전달받을 가능성도 있다.

잘못을 저지를 가능성은 이외에도 다분하다. 이번 절에서 소개한 기법을 사용하면, 테스트 코드가 준비되지 않은 상황에서 메소드 추출의 위험성을 어느 정도 감소시킬 수 있다.

감지 변수 도입

리팩토링할 때 배포 코드에는 기능을 추가하면 안 된다. 하지만 그렇다고 해서 코드를 절대 추가하면 안 된다는 뜻은 아니다. 클래스에 추가된 변수를 이용해 리팩토링 대상 메소드의 상태를 감지할 수 있는 경우도 있다. 리팩토링을 완료한 후 이 변수를 제거하면 코드는 깔끔한 상태로 되돌아간다. 이를 가리켜 감지 변수 도입이라고 부른다. 다음 예를 살펴보자. DOMBuilder라는 자바 클래스에 다음과 같은 메소드가 있다고 하자. 이 메소드를 정리하고 싶지만 불행히도 리팩토링 도구가 없다.

```java
public class DOMBuilder
{
  ...
  void processNode(XDOMNSnippet root, List childNodes)
  {
    if (root != null) {
      if (childNodes != null)
        root.addNode(new XDOMNSnippet(childNodes));
      root.addChild(XDOMNSnippet.NullSnippet);
    }
    List paraList = new ArrayList();
    XDOMNSnippet snippet = new XDOMNReSnippet();
    snippet.setSource(m_state);
    for (Iterator it = childNodes.iterator();
        it.hasNext();) {
      XDOMNNode node = (XDOMNNode)it.next();
      if (node.type() == TF_G || node.type() == TF_H ||
          (node.type() == TF_GLOT && node.isChild())) {
        paraList.addNode(node);
      }
      ...
    }
    ...
  }
  ...
}
```

proccessNode 메소드 내의 많은 처리들이 XDOMNSnippet 객체에 대해 실행되고 있는 것 같다. 따라서 이 메소드에 적절한 인수만 전달된다면, 어떤 테스트 루틴도 작성할 수 있을 것이다. 그러나 실제로는 많은 복잡한 처리들이 내부적으로 수행되기 때문에 그 내용을 상당히 간접적으로만 알 수 있다. 이런 상황일 때 작업을 편하게 하기 위해 감지 변수를 도입할 수 있다. 예를 들어 다음과 같이 특정 타입의 노드만이 paraList에 추가됐음을 확인하기 위해 인스턴스 변수를 도입할 수 있다.

```
public class DOMBuilder
{
  public boolean nodeAdded = false;
  ...
  void processNode(XDOMNSnippet root, List childNodes)
  {
    if (root != null) {
      if (childNodes != null)
        root.addNode(new XDOMNSnippet(childNodes));
      root.addChild(XDOMNSnippet.NullSnippet);
    }
    List paraList = new ArrayList();
    XDOMNSnippet snippet = new XDOMNReSnippet();
    snippet.setSource(m_state);
    for (Iterator it = childNodes.iterator();
        it.hasNext(); ) {
      XDOMNNode node = (XDOMNNode)it.next();
      if (node.type() == TF_G || node.type() == TF_H ||
          (node.type() == TF_GLOT && node.isChild())) {
        paraList.add(node);
        nodeAdded = true;
      }
      ...
    }
    ...
  }
  ...
}
```

이 변수가 존재하더라도 해당 조건을 만족하는 입력 값을 작성해야 한다. 입력 값을 작성
할 수 있다면, 해당 로직 부분을 추출해서 변경 전과 동일하게 테스트에 통과함을 확인
할 수 있다.

다음의 예는 노드 타입이 TF_G일 경우에 노드가 추가된 것을 확인하는 테스트 루틴이다.

```
void testAddNodeOnBasicChild( )
{
  DOMBuilder builder = new DomBuilder( );
  List children = new ArrayList( );
  children.add(new XDOMNNode(XDOMNNode.TF_G));
  Builder.processNode(new XDOMNSnippet( ), children);

  assertTrue(builder.nodeAdded);
}
```

다음 코드는 잘못된 노드 타입일 경우 노드가 추가되지 않았음을 확인하는 테스트 루틴
이다.

```
void testNoAddNodeOnNonBasicChild( )
{
  DOMBuilder builder = new DomBuilder( );
  List children = new ArrayList( );
  children.add(new XDOMNNode(XDOMNNode.TF_A));
  Builder.processNode(new XDOMNSnippet( ), children);

  assertTrue(!builder.nodeAdded);
}
```

이러한 테스트 루틴들이 있으면, 노드 추가 여부를 판단하는 조건문을 안심하고 추출할 수
있다. 조건문 전체를 복사한 후, 앞서 작성했던 테스트 루틴을 통해 조건과 일치할 때 노
드가 추가되는 것을 확인할 수 있다.

```
public class DOMBuilder
{
  void processNode(XDOMNSnippet root, List childNodes)
  {
    if (root != null) {
      if (childNodes != null)
        root.addNode(new XDOMNSnippet(childNodes));
      root.addChild(XDOMNSnippet.NullSnippet);
    }
```

```
    List paraList = new ArrayList();
    XDOMNSnippet snippet = new XDOMNReSnippet();
    snippet.setSource(m_state);
    for (Iterator it = childNodes.iterator();
        it.hasNext();) {
      XDOMNNode node = (XDOMNNode)it.next();
      if (isBasicChild(node)) {
        paraList.addNode(node);
        nodeAdded = true;
      }
      ...
    }
    ...
  }
  private boolean isBasicChild(XDOMNNode node) {
    return node.type() == TF_G
      || node.type() == TF_H
      || node.type() == TF_GLOT && node.isChild());
  }
  ...
}
```

나중에 이 플래그와 테스트 루틴은 제거할 수 있다.

이번 예제에서는 불리언 타입의 변수를 사용했다. 조건문을 추출한 후에도 노드가 추가되는 것을 확인할 뿐이기 때문이다. 조건문 전체를 추출해도 오류가 발생하지 않는다는 확신이 있기 때문에 조건문 전체의 로직을 테스트하지는 않았다. 여기서 작성된 테스트 루틴에 의해 추출 후에도 조건문이 코드의 실행 경로에 포함돼 있음을 간단히 확인할 수 있다. 메소드를 추출할 때 얼마나 많은 테스트가 필요한지 자세히 알고 싶다면 13장의 목표 테스트 기법을 참고하자.

감지 변수를 사용할 때는 일련의 리팩토링을 수행하는 동안 클래스에 남겨두고, 모든 리팩토링을 마친 후 삭제하는 편이 좋다. 나는 대체로 이렇게 작업한다. 메소드 추출을 위해 작성했던 테스트 결과를 모두 확인할 수 있고, 별도의 추출 방식이 더 적합하다는 판단이 들 때도 쉽게 되돌릴 수 있기 때문이다. 최종적으로 모든 작업이 끝난 후 테스트 루틴들을 삭제하거나, 기존 메소드가 아니라 추출된 메소드를 대상으로 수행되도록 테스트 루틱을 변경할 수 있다.

감지 변수는 괴물 메소드를 분리시킬 수 있는 핵심 도구다. 혼잡 메소드 깊숙이 리팩토링할 수 있을 뿐 아니라, 혼잡 상황을 점진적으로 줄여나갈 수도 있다. 예를 들어 일련의 조건문 내부 깊숙이 대부분의 코드가 숨어있는 메소드일 경우, 감지 변수를 사용하면 최상위 조건문을 추출하거나 조건 부분을 신규 메소드로 추출해낼 수 있다. 또한 이 신규 메소드에 대해 작업할 때도 역시 감지 변수를 사용해 최종적으로 코드의 혼란 상황을 줄여나갈 수 있다.

아는 부분 추출하기

괴물 메소드를 다루는 데 도움이 되는 또 다른 전략으로서 작은 것부터 시작하는 것이 있다. 테스트 루틴 없이도 자신 있게 추출할 수 있는 작은 코드 조각을 찾아서 이 코드에 대한 테스트 코드를 작성한다. 사람마다 '작다'의 기준이 다르지만, 내가 말하는 '작은 코드'는 두세 줄에서 기껏해야 다섯 줄 정도며 쉽게 이름을 붙일 수 있는 코드 덩어리를 말한다. 이런 소규모 추출을 할 때 주의할 점은 추출의 결합 계수다. 결합 계수란 추출 대상 메소드에 드나드는 값의 총개수를 말한다. 예를 들어, 다음 메소드에서 max 메소드를 추출할 때의 결합 계수는 3이 된다.

```
void process(int a, int b, int c) {
  int maximum;
  if (a > b)
    maximum = a;
  else
    maximum = b;
  ...
}
```

추출 후의 코드는 이렇게 바뀐다.

```
void process(int a, int b, int c) {
  int maximum = max(a,b);
```

```
    ...
}
```

max 메소드는 두 개의 변수가 입력되고 한 개의 변수는 출력되므로 결합 계수는 3이다. 일반적으로 결합 계수가 작은 추출이 바람직한데, 실수할 염려가 적기 때문이다. 추출 대상 코드를 고를 때는 짧은 코드를 선택하고, 코드의 입력 및 출력 변수들을 세어보자. 인스턴스 변수에 대한 접근은 세지 않는다. 추출 대상 메소드의 인터페이스를 통하지 않기 때문이다.

메소드를 추출할 때 가장 까다로운 것이 int를 double로 넘기는 것과 같은 형 변환 오류다. 결합 계수가 낮은 메소드를 추출함으로써 형 변환 오류를 피할 가능성이 높아진다. 추출 대상 코드 후보를 발견했으면, 전달되는 변수들이 어디서 선언되는지 찾아서 메소드 시그니처가 올바른지 다시 한 번 확인할 필요가 있다.

결합 계수가 낮은 것이 안전하다면 결합 계수가 0인 추출이 가장 안전할 것이다. 실제로 그렇다. 어떤 매개변수도 받지 않고 어떤 값도 반환하지 않는 메소드를 추출하는 것만으로 괴물 메소드에 대한 대처는 많은 진전을 이룰 수 있다. 실제로 이런 메소드는 무언가를 하라고 지시하는 명령어다. 객체의 특정 상태에 대해 어떤 작업을 하도록 명령하는 것일 수도 있고, 그다지 좋은 것은 아니지만 전역 상태에 대해 어떤 작업을 하라고 명령하는 것일 수도 있다. 코드 덩어리에 이름을 짓다 보면, 그 덩어리가 어떤 것이고 객체에 어떤 영향을 미치는지 점점 이해하게 된다. 한 곳에서 이해하고 나면, 이것이 점점 확장돼서 생산성이 더 높은 별도의 관점에서 설계를 바라볼 수 있게 된다.

아는 부분 추출하기 기법을 수행할 때, 너무 큰 덩어리를 선택하지 않도록 주의하자. 또한 결합 계수가 0보다 크면 감지 변수가 도움이 될 때가 많다. 추출 후에는 추출된 메소드에 대한 테스트 루틴을 작성한다.

작은 덩어리에 대해 이 기법을 사용하면 괴물 메소드가 조금만 줄어들기 때문에 작업의 진전을 체감하기 어려울 수 있지만, 알지 못하는 사이에 차근차근 진전되고 있음은 분명하다. 이해하고 있는 부분을 하나씩 추출할 때마다 메소드는 조금씩 명확해진다. 메소드의 범위와 나아갈 방향이 점점 눈에 들어오게 될 것이다.

리팩토링 도구가 없을 경우, 나는 전체 구조에 대한 감을 잡기 위한 목적으로 결합 계수가 0인 메소드를 추출한다. 대체로 테스트와 향후 작업에 많은 도움이 된다.

불릿 메소드일 경우, 결합 계수가 0인 메소드를 많이 추출할 수 있고 메소드 내의 코드 덩어리 각각이 적절한 메소드가 될 것이라 생각할지도 모른다. 물론 그런 코드 덩어리가 발견될 때도 있지만, 그보다 먼저 선언된 임시 변수를 사용하는 경우가 대부분이다. 따라서 '코드 덩어리의 구조'를 무시하고, 덩어리 내부 혹은 덩어리들 간에 결합 계수가 작은 메소드를 찾아야 할 수도 있다.

의존 관계 이삭줍기

메소드의 주요 목적과는 거리가 먼 부가적인 코드가 괴물 메소드 내에 들어있을 수 있다. 그런 코드는 필요하긴 하지만 그리 복잡하지 않기 때문에 실수로 손상을 입혀도 금세 알 수 있다. 하지만 그렇다고 해도 자칫 메소드의 주요 로직을 무너뜨릴지도 모르는 위험을 쉽게 감수할 수는 없다. 이런 경우에 의존 관계 수집 기법을 사용할 수 있다. 먼저 변경되면 안 되는 로직을 확인하기 위한 테스트 루틴을 작성한다. 그리고 나서 테스트 대상이 아닌 부분을 추출한다. 이렇게 하면 적어도 중요 동작은 유지될 것이라 확신할 수 있다. 여기에 간단한 예가 있다.

```
void addEntry(Entry entry) {
  if (view != null && DISPLAY == true) {
    view.show(entry);
  }
  ...
  if (entry.category().equals("single")
      || entry.category("dual")) {
    entries.add(entry);
    view.showUpdate(entry, view.GREEN);
  }
  else {
    ...
  }
}
```

화면 표시 코드에 오류가 있더라도 금세 알아차릴 수 있다. 하지만 항목 추가 로직에 오류가 있다면, 이를 알아차리는 데 꽤 오랜 시간이 걸릴 수 있다. 이 경우에는 메소드에 대한 테스트 루틴을 작성해 올바른 조건에서 항목이 추가되는지 검증할 수 있다. 그 후에 모든 동작을 아우른다는 확신이 들면, 화면 표시 코드를 추출하고 추출로 인해 항목 추가 처리에 영향을 주지 않음을 확인한다.

어떻게 보면 의존 관계 이삭줍기는 일종의 책임 회피처럼 느껴질 수도 있다. 일부 동작들은 유지하지만 그 외의 동작들은 무방비 상태로 처리하기 때문이다. 그러나 애플리케이션 내의 모든 동작이 똑같은 중요도를 갖는 것은 아니다. 다른 것보다 더 중요한 동작이 있을 수밖에 없으며, 작업하면서 이를 인식할 수 있다.

의존 관계 이삭줍기는 중요 동작이 다른 동작들과 뒤섞여 있을 때 특히 효과적이다. 중요 동작에 대한 확실한 테스트 루틴이 있으면 많은 변경을 할 수 있다. 기술적으로는 테스트 루틴으로 모든 동작을 보호하는 것이 아니지만, 중요 동작은 유지할 수 있기 때문이다.

메소드 객체 추출

감지 변수는 우리에게 주어진 무기 중에서도 매우 강력하다. 하지만 때로는 감지용으로 매우 적합해 보이는 변수가 메소드 내의 지역 변수로서 이미 존재하는 경우가 있다. 인스턴스 변수라면 메소드 실행 후에 조사할 수 있다. 지역 변수를 인스턴스 변수로 바꿀 수는 있지만, 이로 인해 혼란이 일어나기 쉽다. 해당 변수에 저장된 값은 괴물 메소드 및 이로부터 추출된 메소드에서만 사용할 수 있기 때문이다. 괴물 메소드를 호출할 때마다 초기화한다고 해도, 추출된 메소드를 단독으로 호출할 경우 변수가 어떤 값을 갖고 있는지 파악하기는 어렵다.

대안으로서, 감지 변수 대신에 메소드 객체 추출 기법을 사용할 수 있다. 이 기법은 워드 커닝햄이 처음 발표했으며, 조작된 추상화라는 개념의 전형을 보여준다. 괴물 메소드에서 메소드 객체를 추출한 경우, 이 클래스의 유일한 책임은 괴물 메소드의 일을 수행하는 것이다. 메소드 매개변수는 이 신규 클래스 생성자의 매개변수가 되고, 괴물 메소드의 코드는 이 클래스의 run이나 execute 메소드 내로 이동된다. 코드를 신규 클래스로 이동하면 리팩토링이 매우 쉬워진다. 메소드 내의 임시 변수를 인스턴스 변수로 바꿈으로써 메소드를 분할할 때 감지 변수로서 사용할 수도 있다.

메소드 객체 추출은 매우 과감한 방법이지만, 감지 변수 도입 기법과 달리 여기에 사용되는 변수들은 배포 코드에서도 사용된다. 따라서 테스트 루틴을 그대로 남길 수 있다. 자세한 설명은 메소드 객체 추출을 참고하자.

전략

이번 장에서 지금까지 설명한 기법들을 사용하면 추가적인 리팩토링이나 기능 추가를 수행할 수 있도록 괴물 메소드를 분할할 수 있다. 이번 절에서는 이때 코드 구조상에 나타나는 장점과 단점을 설명할 것이다.

뼈대 메소드

조건문을 포함하는 코드 내에서 메소드로서 추출할 부분을 찾을 경우, 두 가지 방법 중 하나를 선택할 수 있다. 조건 부분과 처리 부분을 별도로 추출하는 방법과 함께 추출하는 방법이다. 우선 별도로 추출하는 방법의 예제를 살펴보자.

```
if (marginalRate() > 2 && order.hasLimit()) {
  order.readjust(rateCalculator.rateForToday());
  order.recalculate();
}
```

조건 부분과 처리 부분을 두 개의 서로 다른 메소드로 추출하면, 나중에 메소드의 로직을 재구성하기 쉽다.

```
if (orderNeedsRecalculation(order)) {
  recalculateOrder(order, rateCalculator);
}
```

나는 이것을 가리켜 뼈대 메소드라고 부른다. 메소드에 남은 것은 뼈대, 즉 제어 구조 및

402

다른 메소드로의 위임뿐이기 때문이다.

처리 시퀀스 발견

조건문을 포함하는 코드 내에서 메소드로서 추출할 부분을 찾을 경우, 두 가지 방법 중 하나를 선택할 수 있다. 조건 부분과 처리 부분을 별도로 추출하는 방법과 함께 추출하는 방법이다. 이번에는 함께 추출하는 방법의 예제다.

```
...
if (marginalRate() > 2 && order.hasLimit()) {
  order.readjust(rateCalculator.rateForToday());
  order.recalculate();
}
...
```

조건 부분과 처리 부분을 묶어서 한 개의 메소드로 추출하면, 공통의 처리 시퀀스를 찾기 쉽다.

```
  ...
  recalculateOrder(order, rateCalculator);
  ...

void recalculateOrder(Order order,
    RateCalculator rateCalculator) {
  if (marginalRate() > 2 && order.hasLimit()) {
    order.readjust(rateCalculator.rateForToday());
    order.recalculate();
  }
}
```

메소드에 남은 부분은 차례로 수행되는 처리 시퀀스에 불과한 것임을 알 수 있다. 처리 순서가 눈에 잘 보인다면 더 명확해진다.

앞에서와 다른 이야기를 한다고 생각되지 않는가? 사실 그렇다. 실제로 나는 뼈대 메소드와 처리 시퀀스 발견 기법을 오가며 작업한다. 아마 여러분도 그럴 것이다. 나는 제어 구조를 이해한 후에 리팩토링해야 한다고 느껴질 때는 우선 뼈대 메소드를 작성한다. 그리고 포괄적인 처리 시퀀스를 찾음으로써 코드가 명확해진다고 판단되면 처리 시퀀스 발견을 시도한다.

대체로 불릿 메소드에 대해서는 처리 시퀀스 발견을, 혼잡 메소드에 대해서는 뼈대 메소드 기법을 검토한다. 결국 어떤 전략을 선택할지는 추출 과정에서 설계를 이해한 내용에 따라 달라질 수 있다.

우선 현재 클래스 내에서 추출

괴물 메소드에서 메소드를 추출할 때, 추출을 검토 중인 코드의 일부가 실제로는 다른 클래스의 것임을 알게 될 때가 있다. 이 사실은 붙이고자 하는 이름에 잘 나타난다. 어떤 코드 조각을 봤을 때 그 안에서 사용하고 있는 변수 중 하나와 동일한 이름을 붙이고 싶어진다면, 해당 코드는 아마도 그 변수가 속한 클래스로 옮기는 편이 나을 것이다. 다음 코드 조각은 이런 경우의 예를 보여준다.

```
if (marginalRate() > 2 && order.hasLimit()) {
  order.readjust(rateCalculator.rateForToday());
  order.recalculate();
}
```

이 코드의 경우 recalculateOrder라는 이름을 붙이는 것이 좋아 보인다. 나쁘지 않은 이름이지만, 메소드 이름에 order라는 단어를 사용한다면 아마도 이 코드를 Order 클래스로 이동한 후 recalculate라는 이름을 붙이는 편이 나을 것이다. 단 recalculate라는 이름의 메소드가 이미 존재한다면, 이 코드와 무엇이 다른지 생각해보고 그 차이점을 이름에 반영할지, 아니면 기존 recalculate 메소드의 이름을 바꿀지 검토한다. 어느 경우든 간에 이 코드는 Order 클래스에 포함시키는 것이 좋아 보인다.

직접 그 클래스로 추출하고 싶더라도 일단은 참자. 우선은 다소 이상해 보여도 그대로 이름을 붙인다. recalculateOrder라는 이름이 적절하진 않지만, 그래도 이 이름으로 추출한 후 올바른 부분을 추출했는지 확인하고 앞으로 진행한다. 메소드를 별도의 클래스로 옮기는 것은 어떤 방향으로 변경하는 것이 올바른지 명확해진 이후에도 언제든지 할 수 있다. 그때까지는 현재 클래스 내에서 추출하고 작업을 진척시키는 것이 오류 가능성을 줄일 수 있다.

작은 조각 추출

앞서도 언급했지만, 작은 조각부터 먼저 추출해야 함을 다시 한 번 강조하고 싶다. 처음에는 작은 코드 조각을 추출해봤자 괴물 메소드에 아무 영향도 미치지 못하는 것처럼 느낄 수 있다. 하지만 꾸준히 계속해나가면 기존 메소드를 다른 각도에서 바라볼 수 있게 된다. 예전에는 잘 보이지 않았던 처리 시퀀스를 발견하든가, 좀 더 적절한 메소드 정리 방법이 눈에 보이든가 한다. 이런 방향성이 보이기 시작하면 그쪽으로 나아가면 그만이다. 이는 처음부터 대규모 덩어리로 분할하려고 시도하는 것보다 훨씬 효과적이다. 처음부터 대규모 덩어리로 분할하는 것은 생각만큼 쉽지 않으며 안전하지도 않다. 세부 사항을 놓치기 쉬운데, 코드는 그런 세부 사항들을 바탕으로 하기 때문이다.

추출을 다시 할 각오

한 개의 파이 조각을 다양한 방법으로 자를 수 있듯이 괴물 메소드를 분할하는 방법 또한 다양하다. 몇 번 정도 추출 작업을 해보면, 새로운 기능을 쉽게 수용할 수 있는 더 나은 방법이 발견되곤 한다. 때로는 이미 했던 추출 작업을 원래대로 되돌리고 다른 방법으로 다시 추출하는 것이 최선책일 수도 있다. 그렇다고 해서 이미 수행했던 추출 작업이 모두 헛된 노력인 것은 아니다. 기존 설계에 대한 통찰력과 앞으로의 방향성이라는 매우 중요한 것을 배울 수 있기 때문이다.

CHAPTER 23

기존 동작을 건드리지 않았음을
어떻게 확인할 수 있을까?

코드는 특이한 성질의 재료다. 금속, 나무, 플라스틱 등 건축물을 지을 때 사용되는 재료의 대부분은 부하를 가하면 강도가 약해지고 시간이 지남에 따라 조금씩 망가진다. 하지만 코드는 다르다. 가만히 놔두면 절대 부서지거나 망가지지 않는다. 미지의 우주 광선이 저장 매체에 오류를 일으키지 않는 한, 코드가 잘못되는 유일한 경우는 누군가가 편집했을 때뿐이다. 금속으로 만들어진 기계를 계속 사용하다 보면 결국은 고장 난다. 하지만 코드는 아무리 반복 실행해도 문제없이 실행된다.

이러한 점은 개발자인 우리에게 많은 부담을 안겨준다. 소프트웨어에 오류를 일으키는 최대의 원인이 우리들 개발자일 뿐 아니라, 오류를 유발하는 것도 매우 쉽게 이뤄질 수 있기 때문이다. 코드 변경이 얼마나 쉬운 것일까? 기계적으로는 너무 간단하다. 텍스트 편집기를 열어서 이해 불가능한 코드를 집어넣는 것은 아무나 할 수 있다. 시험 삼아 시를 입력해보자. 어쩌면 컴파일될지도 모른다(www.ioccc.org에서 황당한 C 코드 콘테스트를 볼 수 있다). 농담은 여기까지다. 소프트웨어를 망가뜨리는 것이 얼마나 쉬운지 안다면 여러분은 아마 놀랄 것이다. 수상한 버그의 원인을 추적했더니 코드 입력 과정에서 우연히 발생한 오타 때문이었음을 알게 된 적이 있는가? 다른 사람에게 책을 건네는 동안 키보드에 책 모서리가 부딪쳐서 글자가 잘못 입력된 경험이 있는가? 코드는 매우 부서지기 쉬운 재료다.

이번 장에서는 코드를 편집할 때 위험을 줄일 수 있는 다양한 기법들을 논의한다. 기계적인 기법과 심리적이 기법으로 나눌 수 있는데, 레거시 코드에 테스트 루틴을 적절히 배치하기 위해 의존 관계를 제거할 때는 특히 이런 기법들이 중요하다.

초집중 모드에서 편집하기

코드를 편집할 때는 실제로 무슨 일을 할까? 성취하고자 하는 것은 무엇일까? 일반적으로는 커다란 목표를 갖고 있다. 그 목표는 기능 추가일 수도 있고 버그 수정일 수도 있다. 목표가 무엇인지 인식하는 것은 좋은데, 목표를 작업으로 변환하려면 어떻게 해야 할까?

컴퓨터 앞에 앉아서 수행하는 키보드 입력은 두 가지로 분류할 수 있다. 소프트웨어의 동작을 변경하는 것과 그렇지 않은 것이다. 주석을 작성하는 경우에는 동작을 변경하지 않는다. 반면에 문자열 상수를 작성하면 대부분의 경우 동작이 변경된다. 한 번도 호출되지 않는 문자열 상수라면 동작이 변경되지 않겠지만, 그 문자열을 사용하는 메소드를 호출하도록 나중에 키보드로 입력하면 결국에는 동작이 변경된다. 따라서 이론적으로는 코드 서식을 맞추기 위해 스페이스 바를 누르는 행위조차도 매우 작은 의미의 리팩토링이라고 볼 수 있다. 어떤 경우에는 코드 입력 자체가 리팩토링이 된다. 코드에서 사용되는 수식의 상수를 바꾸는 것은 리팩토링이 아니다. 이는 기능 변경이며, 키보드 입력 시에 이를 분명히 아는 것이 중요하다.

키보드 입력 하나하나가 무슨 일을 하는지 정확히 아는 것이 바로 프로그래밍의 핵심이다. 뭐든지 다 알아야 한다는 뜻은 아니다. 키보드 입력이 어떻게 소프트웨어에 영향을 미치는지 조금이라도 정확히 알수록 버그를 줄이는 데 도움이 된다는 의미다. 테스트 주도 개발은 그런 점에서 매우 강력하다. 코드를 테스트 하네스 안에 넣고 테스트 루틴을 1초 내에 실행할 수 있다면, 필요할 때마다 테스트 루틴을 믿을 수 없을 만큼 빠르게 실행할 수 있기 때문에 변경의 영향이 어떨지 정확히 알 수 있다.

이 책이 출간될 때는 아직 등장하지 않았더라도, 언젠가는 매 타이핑마다 테스트 루틴을 실행시킬 수 있는 IDE가 세상에 나올 것이라 생각한다.

이런 IDE가 출시되는 것은 필연일지도 모른다. 현재도 타이핑마다 문법 오류를 확인해 오류가 있을 때 글자 색을 바꿔서 보여주는 IDE는 존재한다. 다음 단계가 바로 편집 기반의 테스팅이다.

테스트 루틴들은 초집중 편집hyperaware editing을 쉽게 만들어준다. 짝 프로그래밍에도 마찬가지 효과가 있다. 초집중 편집이라니, 좀 피곤하게 들리지 않는가? 사실 무엇이든 지나치면 피곤한 법이다. 중요한 사실은 이것이 그다지 좌절스럽지는 않다는 점이다. 초집중 편집은 외부 세계와 차단돼 코드 작업에 세심한 주의를 기울이며 편집에 몰두하는 상태를 말한다. 실제로는 매우 활력을 불어넣기도 한다. 나는 개인적으로 어떤 피드백도 받지 못할 때 더욱 피곤함을 느낀다. 피드백을 받지 못하면, 내가 사실은 코드를 망가뜨리고 있는 것은 아닌지 두려워진다. 코드 변경 시점의 상태를 모두 머릿속에 기억하려고 고군분투하며, 무엇을 수정했고 수정하지 않았는지 생각해내며, 당초의 목적을 실제로 달성했는지 스스로 납득하려면 어떻게 해야 할지 계속 고민해야 하기 때문이다.

단일 목적 편집

컴퓨터 업계에 대해 모든 사람이 똑같은 첫인상을 갖고 있지는 않겠지만, 나는 프로그래머가 되려고 처음 마음먹었을 때 머릿속으로 전체 시스템의 상태를 꿰뚫으며 즉석에서 정확하게 코드를 작성할 수 있고 자신들이 변경한 것이 올바른지 아닌지 즉시 알 수 있는 이른바 천재형 프로그래머들에 대한 이야기에 깊이 매료돼 있었다. 사람의 능력은 다양하다. 신비롭게도 머릿속에 많은 양의 세세한 정보를 담을 수 있는 그런 사람이 있다는 것은 사실이다. 나도 어느 정도는 할 수 있다. C++ 언어의 미묘한 부분을 이해하고 있으며, UML 메타 모델의 한 부분에 대해서도 상세히 기억할 수 있었다. 하지만 프로그래머가 된 후, UML의 세부 사항에 대해 아는 것은 의미 없으며 어떤 면에서는 슬픈 일이라는 것을 깨달았다.

현실에서는 '머리가 좋은 것'에도 여러 종류가 있다. 수많은 상태를 머릿속에서 유지할 수 있는 능력은 매우 유용한 재능일 수 있다. 하지만 그것이 실제로 더 나은 의사 결정을 내리는 데 대단한 도움을 주는 것은 아니다. 현재의 나는 각 언어의 세세한 점에 대해서는 조금 덜 알지라도 예전보다 더 나은 프로그래머라고 생각한다. 판단력은 중요한 프로그래밍 스킬이며, 천재 프로그래머를 어설프게 모방하다가 곤란한 상황에 빠질 수 있다.

다음과 같은 경험을 한 적이 있는가? 어떤 작업을 시작하고, 얼마지 지나지 않아 "흐음, 이걸 좀 정리해야겠는데."라는 생각이 든다. 그래서 작업을 멈추고 약간의 리팩토링을 하지만, 그 코드가 원래 어떤 모습이어야 할지 생각하기 시작하며 일단 중단한다. 하던 일을 마무리해야 하므로 코드를 편집하고 있던 원래 장소로 돌아간다. 이어서 메소드를 호출할 필요가 있다고 결정한 후, 메소드가 존재하던 곳으로 건너간다. 그러나 결국 그 메소드를 조금 다르게 바꿔야 한다는 사실을 발견하고 그것을 바꾸기 시작한다. 그동안 원래의 변경 작업은 멈춰 있게 되고 (숨을 고르고 나자) 짝 프로그래밍 파트너는 옆에서 "그래, 그걸 고치고 나서 이걸 하자고!"라고 소리치고 있다. 당신은 트랙 위를 달리는 경주마가 된 것 같은 느낌이 드는데 파트너는 그다지 도와주지 않는 것 같다. 오히려 파트너는 마치 기수처럼 당신을 내몰고 있는 것이다. 아니, 심지어는 관람석에 있는 도박꾼처럼 느껴질 수 있다.

실제로 이렇게 작업하는 개발 팀들이 있다. 짝 프로그래머들은 자극적인 프로그래밍 경험을 하겠지만 작업 시간의 3/4은 초반의 1/4 동안에 망가뜨렸던 코드를 복구하는 데 들어간다. 끔찍한 이야기 아닌가? 하지만 때로는 이것이 즐거운 작업일 때도 있다. 당신과 당신의 파트너는 영웅처럼 작업을 마치고 유유히 떠난다. 당신은 은신처에 숨어있던 야수를 만났고 그것을 해치웠다. 당신은 이제 최고인 것이다.

그런데 이렇게 작업할 만한 가치가 있을까? 다른 방식을 알아보자.

당신은 메소드를 변경하고 있다. 테스트 하네스 안에 클래스 하나를 가지고 있고 막 변경하기 시작했다. 그러다가 "흠, 여기 이 메소드를 바꿔야겠는데."라고 생각한다. 그래서 하던 것을 멈추고 관련된 곳을 찾아보니 무척 지저분해 보였다. 상황을 분석하기 위해 코드 한두 줄을 형식에 맞추기 시작한다. 그때 파트너가 당신이 무엇을 하는지 묻고, 당신은 "메소드 X를 변경해야 하는지 알아보는 중이야."라고 대답한다. 당신의 파트너는 "이봐, 한 번에 하나씩 하자."라고 말한 후 컴퓨터 옆에 있는 메모지에 메소드 X의 이름을 적어놓는다. 그리고 당신은 작업하던 곳으로 돌아가 편집을 끝낸다. 테스트 루틴을 돌려보니 문제없이 잘 통과한다. 그 후에 다시 돌아가서 다른 메소드를 점검해본다. 이번에는 확실히 메소드를 변경하기 위해 테스트 루틴을 작성하기 시작한다. 좀 더 프로그래밍을 한 후에 테스트 루틴을 실행하고 통합하기 시작한다. 당신과 파트너는 테이블 건너편을 쳐다본다. 그곳에는 두 명의 다른 프로그래머가 있다. 한 명은 "그래, 이걸 고치고 저걸 하자."라고 소리친다. 그들은 그 작업에 몇 시간 동안 매달려 있었고 매우 피곤해 보인다. 이런 일이 반복된다면, 그들은 코드를 통합하는 데 실패할 것이며 작업에 몇 시간을 더 소비하게 될 것이다.

내가 작업할 때마다 스스로 되뇌며 주지하는 격언이 하나 있다. '천 리 길도 한 걸음부터'라는 말이 바로 그것이다. 나는 짝을 이뤄 공동 작업을 할 때 항상 파트너에게 "지금 무슨 일을 하고 있어요?"라고 내게 물어주기를 요청한다. 그리고 그가 물어봤을 때 내가 두 가지 이상의 것을 말하면, 우리는 그 가운데 한 가지만을 고른다. 나 역시 파트너에게 똑같이 한다. 솔직히 말하면 이러는 편이 훨씬 더 빠르다. 당신이 프로그래밍을 할 때, 한 번에 큰 부분을 건드리기 쉽다. 그렇게 되면, 결국 코드가 실제로 어떤 일을 하는지 매우 잘 아는 상태에서 신중히 작업하기보다는 그저 코드가 동작하게 만드는 데 급급해질 것이다.

시그니처 유지

코드를 편집할 때 실수하는 경우가 많다. 철자를 잘못 입력할 수도 있고, 잘못된 자료형을 사용할 수도 있고, 변수를 잘못된 의미로 사용할 수도 있다. 실수를 만드는 경우는 무수히 많다. 특히 리팩토링할 때 실수하기 쉽다. 이는 종종 코드 전반에 영향을 미치는 실수를 유발하기도 한다. 우리는 이런저런 것들을 복사하고 새로운 클래스와 메소드들을 생성한다. 이는 새로운 코드 한 줄을 추가하는 것보다 훨씬 큰 규모의 작업이다.

일반적으로 이런 상황을 다루기 위해 테스트 루틴을 사용한다. 적절한 위치의 테스트 루틴은 코드를 변경할 때 발생될 수 있는 많은 오류를 잡아낼 수 있기 때문이다. 불행하게도 많은 시스템에서 단지 테스트하기 위해 리팩토링해야 하는 경우도 있다. 이러한 초기 리팩토링(25장, '의존 관계 제거 기법')은 테스트 루틴 없이 수행되는 것이므로 무엇보다 보수적이어야 한다.

처음 이 기법들을 사용했을 때는 지나치게 많은 일을 하고 싶은 욕심이 생겼다. 한 메소드의 본문 전체를 추출할 필요가 있었을 때는 메소드 선언부에 매개변수를 복사하고 붙이는 작업 뿐만 아니라, 그 외의 코드 정리 작업도 했다. 다음과 같이 메소드 본문을 추출하고 그것을 정적으로 만들어야 했을 때를 예로 들어보자.

```
public void process(List orders,
      int dailyTarget,
      double interestRate,
      int compensationPercent) {
  ...
  // 코딩 종료
  ...
}
```

나는 줄곧 조력자 클래스들을 생성하면서 다음과 같이 추출했다.

```
public void process(List orders,
      int dailyTarget,
      double interestRate,
      int compensationPercent) {
  processOrders(new OrderBatch(orders),
      new CompensationTarget(dailyTarget,
      interestRate * 100,
      compensationPercent));
}
```

나는 좋은 의도를 가지고 있었다. 의존 관계를 깨서 설계를 향상시키고 싶었지만 잘되지 않았다. 결국 어리석은 실수를 하게 됐고, 그 실수를 잡아낼 테스트 루틴이 없었기에 오류는 뒤늦게 밝혀지곤 했다.

테스트를 위해 의존 관계를 제거할 때는 좀 더 주의를 기울여야만 한다. 따라서 나는 이를 위해 가능할 때마다 시그니처 유지를 사용하곤 한다. 시그니처가 바뀌는 것을 피해야 할 때는 전체 메소드 시그니처를 잘라 붙여서 오류 가능성을 줄일 수 있다.

이전의 예는 결국 다음과 같은 코드가 될 수 있다.

```
public void process(List orders,
     int dailyTarget,
     double interestRate,
     int compensationPercent) {
  processOrders(orders, dailyTarget, interestRate,
     compensationPercent);
}
private static void processOrders(List orders,
        int dailyTarget,
        double interestRate,
        int compensationPercent) {
  ...
}
```

이렇게 하기 위해 수행해야 하는 인수 편집은 매우 간단하다. 기본적으로 오직 몇 단계만
수행하면 된다.

1. 전체 인수 리스트를 오려내기/복사하기/붙이기 버퍼에 복사한다.

```
List orders,
int dailyTarget,
double interestRate,
int compensationPercent
```

2. 그 후 새로운 메소드 선언문을 입력한다.

```
private void processOrders() {
}
```

3. 버퍼에 있던 내용을 새로운 메소드 선언문에 붙여 넣는다.

```
private void processOrders(List orders,
        int dailyTarget,
        double interestRate,
        int compensationPercent) {
}
```

4. 이어서 새로운 메소드를 위한 호출을 입력한다.

```
processOrders();
```

5. 버퍼에 있던 내용을 호출 부분에 붙여 넣는다.

```
processOrders(List orders,
    int dailyTarget,
    double interestRate,
    int compensationPercent);
```

6. 최종적으로 매개변수들의 이름만 남기고 이들의 자료형은 모두 지운다.

```
processOrders(orders,
    dailyTarget,
    interestRate,
    compensationPercent);
```

이 과정을 반복 수행하면 거의 자동으로 처리할 수 있게 되고, 변경할 때 좀 더 자신감을 가지게 될 것이다. 그러면 의존 관계를 제거할 때 오류를 야기할 수 있는 다른 미묘한 문제들에 집중할 수 있게 된다. 예를 들면 '새 클래스는 기초 클래스에서 같은 이름의 시그니처를 가진 메소드를 숨기지는 않을까?'와 같은 것들이다.

시그니처 유지에 대해서는 여러 가지 다른 시나리오가 존재할 수 있다. 이 테크닉을 사용해 새로운 메소드를 선언할 수도 있다. 또한 메소드 객체 추출이라는 리팩토링 기법을 사용할 때, 한 메소드의 모든 매개변수를 위한 인스턴스 메소드 집합을 생성하는 데 시그니처 유지를 사용할 수도 있다. 세부 사항을 위해서는 메소드 객체 추출 기법을 참조하길 바란다.

컴파일러 의존

컴파일러의 주목적은 소스 코드를 다른 형태로 변환하는 것이다. 그러나 정적 언어에서는 컴파일러를 가지고 좀 더 많은 일을 할 수 있다. 자료형 검사와 같은 것에 이용할 수 있고 작업할 필요가 있는 대상들을 식별하는 데 사용할 수도 있다. 이 책에서는 이러한 방법을 컴파일러 의존이라고 부른다. 여기에 사용하는 방법을 보여주는 한 가지 예가 있다.

다음의 C++ 프로그램은 전역 변수 한 쌍을 가지고 있다.

```
double domestic_exchange_rate;
double foreign_exchange_rate;
```

같은 파일에서 메소드 집합은 이 변수들을 사용하지만, 테스트를 수행하며 이 변수들을 변경할 방법을 찾고 싶다. 따라서 카달로그에서 전역 참조 캡슐화 기법을 사용하기로 한다.

그렇게 하기 위해 선언문들 주위에 클래스를 작성하고, 그 클래스 변수를 선언했다.

```
class Exchange
{
public:
  double domestic_exchange_rate;
  double foreign_exchange_rate;
};
Exchange exchange;
```

이제 컴파일러를 실행해 컴파일러가 domestic_exchange_rate와 foreign_exchange_rate를 찾지 못하는 위치를 검색한다. 또한 exchange 객체에 접근할 수 있도록 코드를 변경한다. 다음은 그러한 변경 전후의 모습을 보여준다.

```
total = domestic_exchange_rate * instrument_shares;
```

먼저 위 선언문은 다음과 같이 바뀌었다.

```
total = exchange.domestic_exchange_rate * instrument_shares;
```

이 기법을 사용하는 것과 관련해 가장 중요한 점은 컴파일러가 당신을 변경 작업이 필요한 곳으로 이끌도록 만들어야 한다는 것이다. 그렇다고 해서 이것이 곧 당신에게 변경 작업에 대해 생각하는 것을 중단해도 된다는 의미는 아니다. 이는 단지 컴파일러가 당신의 육체노동을 대신하는 것이다. 컴파일러가 무엇을 찾아내고 무엇을 찾아내지 못하는지 인지해 잘못된 길로 빠지지 않는 것이 중요하다.

컴파일러 의존은 다음 두 가지 단계로 이뤄져 있다.

1. 컴파일 오류를 야기하기 위해 선언을 바꾸는 것
2. 그러한 오류들을 찾아 변경하는 것

전역 참조 캡슐화 예제에서 한 것처럼 당신의 프로그램에 구조적 변경을 가하기 위해 컴파일러에 의존할 수 있다. 또는 형 변형을 수행하는 데 사용할 수도 있다. 흔한 한 가지 예는 변수 선언형을 클래스에서 인터페이스로 바꾸고 어떤 메소드가 인터페이스상에 놓여야 하는지를 결정하기 위해 오류들을 이용하는 것이다.

컴파일러 의존이 항상 실용적인 것만은 아니다. 빌드하는 데 오랜 시간이 걸린다면 변경해야 할 지점을 찾는 편이 좀 더 실용적일 수 있다. 그러한 문제 해결 방법을 이해하려면 7장을 참고하자. 그러나 할 수 있다면 컴파일러 의존이 유용한 방법이 될 수 있다. 하지만 다음을 주의하자. 맹목적으로 컴파일러 의존을 사용한다면 미묘한 버그를 유발할지도 모른다.

컴파일러 의존을 이용했을 때 오류 발생 가능성을 높이는 언어의 특징은 상속이다. 여기에 한 가지 예가 있다.

다음 자바 클래스에는 getX( )라는 하나의 클래스 메소드가 있다.

```java
public int getX() {
  return x;
}
```

모든 사용처를 찾아 주석으로 처리하고 싶다고 가정하자.

```
/*
```

```
public int getX( ) {
  return x;
} */
```

이제 컴파일해본다.

어떤 일이 벌어졌을까? 아무런 오류도 발생하지 않았다. 이것이 getX( )가 사용되지 않은 메소드임을 의미하는가? 꼭 그렇지는 않다. getX( )가 슈퍼클래스에서 실체 메소드로 선언됐다면, 현재 클래스에서 getX( )를 주석 처리하는 것은 슈퍼클래스에 있는 getX( )를 사용할 수 있게 만들 뿐이다. 변수와 상속에 대해서도 비슷한 상황이 일어날 수 있다.

컴파일러 의존이 강력한 기법임에는 틀림없지만, 이 기법의 한계가 무엇인지도 알아야 한다. 그렇지 못하다면 심각한 실수를 저지를 수 있다.

짝 프로그래밍

십중팔구 이미 짝 프로그래밍에 대해 들어봤을 것이다. 작업을 익스트림 프로그래밍(XP)으로 처리하고 있다면 아마도 짝 프로그래밍을 사용하고 있을 것이다. 바람직한 현상이다. 팀 내에 지식을 퍼뜨리고 코드의 품질을 향상시키기에 무척 좋은 방법이기 때문이다.

지금 짝 프로그래밍을 사용하고 있지 않다면 한번 시도해볼 것을 권한다. 특히 이 책에서 기술한 의존 관계 제거 기법을 사용하는 경우라면 짝을 지어 작업하라고 강조하고 싶다.

소프트웨어에서는 실수를 저지르기 쉬울 뿐 아니라 어떻게 망가뜨렸는지 알기도 어렵다. 따라서 보조적인 눈은 확실히 도움이 된다. 현실을 직시해보자. 레거시 코드에서 작업하는 것은 마치 외과 수술과 같고, 의사들은 결코 혼자 수술하지 않는다.

짝 프로그래밍에 대해 좀 더 알고 싶다면 로리 윌리엄스와 로버트 케슬러가 저술한『Pair Programming Illuminated』(Addison-Wesley, 2002)를 참고하고 www.pairprogramming.com을 방문해보자.

CHAPTER 24

어찌해야 할지 모르겠다. 나아질 것 같지 않아

레거시 코드 작업은 어려운 일이다. 이는 부정할 수 없다. 저마다 상황이 다르지만, 프로그래머든 아니든 관계없이 누구에게나 일의 가치는 그 일이 어떤 의미를 갖는지에 따라 결정된다. 어떤 사람에게는 그저 월급을 받기 위한 수단이며, 생계를 꾸리는 것 자체는 나쁜 일이 아니다. 하지만 여러분이 프로그래밍을 하는 또 다른 이유도 분명히 있을 것이다.

운이 좋은 사람이라면 코드 작성이 재미있기 때문에 직업으로서 이 일을 시작했을 수 있다. 처음으로 컴퓨터 앞에 앉았을 때, 프로그래밍함으로써 실현할 수 있는 모든 가능성을 꿈꿨을 것이다. 그것은 배워야 하거나 터득해야 할 대상이며 "와, 이거 신나는군. 이걸 정말 잘하게 된다면 좋은 경력을 쌓을 수 있을 거야."라고 생각했을 것이다.

그러나 모든 사람이 이런 이유로 프로그래밍을 시작하는 것은 아니다. 하지만 그런 사람이라도 프로그래밍의 재미를 느끼는 것은 얼마든지 가능하다. 만일 여러분이나 동료 팀원이 프로그래밍을 즐길 수 있다면 어떤 시스템에서 작업하는지는 중요하지 않다. 어떤 시스템이든 멋지게 일할 수 있다. 하지만 그 반대는 단지 실망뿐이며, 재미를 전혀 느끼지 못하게 된다. 그리고 우리는 재미있게 일할 권리가 있다.

레거시 시스템을 다루는 사람들은 신규 구축 프로젝트에 참여하길 희망하곤 한다. 백지 상태부터 시스템을 구축하는 것은 물론 재미있지만, 솔직히 신규 구축 시스템도 나름의 어려운 점들이 있다. 나는 다음과 같은 상황을 여러 번 목격했다. 기존 시스템이 시간이 지남에 따라 불투명해지고 변경하기가 어려워진다. 조직 내의 사람들은 시스템 변경에 오랜 시간이 걸리는 데 불만을 갖기 시작한다. 조직은 최고의 인재들(그리고 때때로는 골칫거리들)을 새로운 팀에 배치한 후, '개선된 아키텍처로 신규 시스템을 개발하고 기존 시스템을 대체한다.'라는 임무를 맡긴다. 처음에는 모든 것이 잘 돌아간다. 팀원들은 기존 아키텍처의 문제점을 알고 있으므로 어느 정도 시간을 들여서 새로운 설계를 만들어낸다. 그러는 동안에도 기존 개발자들은 유지 보수 팀에서 기존 시스템을 바탕으로 작업을 계속한다. 여전히 시스템을 가동 중이므로 버그를 수정하거나 가끔은 신규 기능을 만들어달라는 요청도 받는다. 회사는 고객이 요청한 신규 기능을 자세히 분석하고, 그 기능이 정말로 기존 시스템에 필요한지 혹은 구축 중인 시스템이 나올 때까지 고객에게 기다려달라고 할지 판단한다. 대부분의 경우 고객은 기다려주지 않는다. 그래서 기존 시스템과 신규 시스템 모두 변경이 필요해진다. 신규 구축 팀은 끊임없이 변화하는 시스템을 대체하기 위해 이중으로 작업하지 않으면 안 된다.

몇 달이 지나면, 계속적으로 유지 보수가 일어나는 기존 시스템을 대체하는 것은 불가능함을 알게 된다. 부담이 커지고, 신규 구축 팀원들은 밤낮을 가리지 않고 주말도 없이 일한다. 이런 상황이 되면 조직의 나머지 사람들은 유지 보수 팀이 중요한 일을 맡고 있으며 향후 누구나 의존해야 하는 시스템을 돌보고 있음을 알게 된다.

이렇듯 신규 구축 팀의 상황은 그렇게 좋지만은 않다.

레거시 코드 업무의 성공을 위한 열쇠는 일의 가치를 발견하는 것이다. 대부분의 프로그래머는 고독한 존재다. 하지만 업무를 즐기는 방법을 알고 있으며, 여러분이 존경할 만한 사람과 일하는 것보다 좋은 환경은 거의 없다. 나는 일을 통해 좋은 친구들이 여럿 생겼다. 지금도 프로그래밍에 관해 새롭고 즐거운 것을 배우면 친구들과 이야기를 나눈다.

대규모 커뮤니티와 소통을 유지하는 것도 유익하다. 현대 사회에서는 다른 프로그래머들과 접촉해서 그들의 기법과 재능을 배우거나 나누기가 전보다 훨씬 쉬워졌다. 인터넷의 메일링 리스트를 구독하거나 콘퍼런스에 참석하는 등 이용 가능한 자원을 효과적으로 활용해 인맥을 쌓고 전략과 전술을 공유하며 소프트웨어 개발의 최신 흐름을 파악할 수 있다.

업무가 즐겁고 기존 시스템의 개선에 긍정적인 사람들이 모인 프로젝트에서 일할 때조차도 다른 형태로 실망하게 될 때가 있다. 코드가 너무 거대해서 10년 이상 시간을 들여도

10퍼센트도 개선할 수 없을 것 같다는 느낌을 받으면 의기소침해지는 개발자가 있다. 이 것이 정말 우울해할 만한 것일까? 나는 수백만 줄로 된 레거시 코드를 매일 공부하면서 도 전과 실력 향상의 기회로 삼고 즐기는 많은 개발 팀을 경험했다. 반면, 더 나은 코드베이 스에서 작업하면서도 불행하다고 여기는 팀들도 봐왔다. 결국 일에 대한 마음가짐이 중 요한 것이다.

일과 관계없는 코드를 TDD로 작성해보자. 즐기기 위해 조금만 프로그래밍해보자. 자기 자신만의 소규모 프로젝트와 업무 현장에서 접하는 대규모 프로젝트 간의 차이점을 느껴 보라. 자신만의 소규모 프로젝트에서 작성한 코드를 테스트 하네스에서 신속히 실행할 수 있다면, 업무 현장의 대규모 프로젝트에서도 비슷한 느낌을 받을 수 있을 것이다.

개발 팀의 분위기가 침체돼 있고 그것이 코드의 질 때문이라면 이렇게 해보자. 프로젝트 에서 가장 끔찍한 클래스들을 골라 테스트 코드를 작성하는 것이다. 팀 전체가 단합해서 가장 어려운 문제를 해결했을 때, 팀원들은 코드를 제어할 수 있다는 자신감을 얻게 된다. 나는 몇 번이나 그런 상황을 목격했다.

코드베이스를 제어할 수 있게 되면 오아시스가 나타나기 시작한다. 그 속에서의 작업은 정말 즐거울 것이다.

3

의존 관계
제거 기법

CHAPTER 25

의존 관계 제거 기법

이번 장에서는 의존 관계 제거 기법들을 소개한다. 여기에 소개된 방법이 전부는 아니다. 이 기법들은 내가 지금까지 함께 일했던 개발 팀에서 클래스를 적절히 분할하고 테스트 루틴 안에 넣기 위한 목적으로 사용했던 방법들이다. 기술적으로 이 기법들은 리팩토링이 며, 클래스의 동작을 바꾸지 않는다. 하지만 지금까지 업계에서 제안됐던 리팩토링 기법 들과 달리, 테스트 루틴이 없는 코드에 대해 테스트 루틴을 적절한 위치에 작성하는 것을 목적으로 한다. 대부분의 경우, 여기에 소개된 순서를 따르기만 하면 실수할 가능성은 적 다. 하지만 완전히 안전하다는 의미는 아니다. 이 기법들을 사용할 때 언제든 실수할 수 있 으므로 주의해야 한다. 여기서 소개된 리팩토링 기법들을 사용하기 전에 23장을 먼저 읽 어보자. 23장의 조언들은 이 장에서 소개된 기법을 사용해 적절한 위치에 테스트 루틴을 작성하는 데 도움이 된다. 23장의 조언을 따름으로써 아무런 손상이 없다는 확신을 갖고 대규모의 변경을 수행할 수 있을 것이다.

이 기법들을 사용한다고 해서 즉시 설계가 개선되는 것은 아니다. 일부 기법은 캡슐화를 위반하기 때문에 우수한 설계 감각을 갖고 있는 사람은 오히려 위축될 수도 있다. 하지만 이 기법들을 통해 메소드, 클래스, 클래스 집합을 테스트 루틴으로 보호할 수 있기 때문에 시스템의 유지 보수가 더욱 용이해진다. 그렇게 된 이후에 테스트 코드의 지원을 이용하 는 리팩토링을 수행하면 설계를 개선할 수 있다.

이 장에 소개된 리팩토링 기법 중 몇 개는 마틴 파울러의 『Refactoring: Improving the Design of Existing Code』(Addison-Wesley, 1999)에 소개된 것과 동일하다. 다만 이 책에서는 테스트 루틴 없이도 해당 기법을 안전하게 사용될 수 있도록 작업 순서를 변경하고 있다.

매개변수 적응

메소드를 변경하려고 할 때 메소드의 매개변수로 인한 의존 관계는 골칫거리가 되곤 한다. 어떨 때는 필요한 매개변수 생성이 어려울 때도 있고, 어떨 때는 매개변수 변경으로 인해 호출 코드에 미치는 영향을 테스트해야 할 때도 있다. 대체로 매개변수의 클래스는 다루기 쉽지 않다. 변경 가능한 클래스라면, 의존 관계를 제거하기 위해 인터페이스 추출 기법을 사용할 수 있다. 이 기법은 많은 경우에 매개변수 간의 의존 관계를 제거하는 최선의 선택이다.

일반적으로는 테스트를 방해하는 의존 관계 제거를 간단하면서도 오류 발생 가능성이 적은 방법으로 수행하고 싶을 것이다. 그러나 가끔 인터페이스 추출 기법으로 해결이 어려운 경우가 있다. 매개변수의 타입이 상당히 저수준의 메커니즘에 의존하거나 특정 구현 기술에 맞춰져 있을 경우, 인터페이스 추출 기법은 역효과를 내거나 사용 불가능할 수 있다.

 매개변수의 클래스에 인터페이스 추출을 사용할 수 없거나 매개변수를 가짜로 만들기 어려울 때는 매개변수 적응 기법을 사용하자.

예제를 살펴보자.

```
public class ARMDispatcher
{
  public void populate(HttpServletRequest request) {
    String [] values
        = request.getParameterValues(pageStateName);
    if (values != null && values.length > 0)
    {
```

```
        marketBindings.put(pageStateName + getDateStamp(),
            values[0]);
    }
    ...
  }
  ...
}
```

이 클래스에서 populate 메소드는 HttpServletRequest를 매개변수로 받는다. Http ServletRequest는 하나의 인터페이스며 썬이 선보인 자바 J2EE 표준의 일부다. populate 를 지금 보이는 대로 테스트하고자 한다면 결과 값을 확인하기 위해 HttpServletRequest 를 구현하는 새로운 클래스 하나를 생성해서 그 클래스에 매개변수 값들을 채우는 방법을 제공해야 한다. 현재 자바 SDK 문서에는 HttpServletRequest와 관련해 약 23개의 메소 드 선언이 있다고 한다. 이는 우리가 구현해야만 했던 상위 인터페이스들을 고려하지 않은 개수다. 이런 경우에는 인터페이스 추출 기법을 이용해 인터페이스 크기를 좀 더 좁히고 필요한 메소드만 공급함으로써 다른 인터페이스에서 인터페이스를 추출할 수 없도록 하 는 것이 바람직하다. 추출하고자 하는 HttpServletRequest를 확장시키고 싶지만, 자바에 서는 이런 방식으로 표준 인터페이스를 변경하지 못한다. 다행히도 다른 방법이 존재한다.

J2EE에는 모조 객체 라이브러리가 여러 개 있다. 그중 하나를 다운로드했다면 HttpSer vletRequest용으로 하나의 모조 객체를 사용할 수 있고 필요한 테스트도 수행할 수 있 다. 이는 정말 시간을 많이 절약할 수 있게 해준다. 이렇게 작업을 진행하면 직접 가짜 서 블릿을 만드는 데 시간을 허비할 필요가 없다. 제대로 답을 찾은 것처럼 보인다. 그런가?

내가 의존 관계를 제거하기 위한 작업을 할 때는 항상 먼저 앞을 보고 어떤 결과가 나올지 예상하려고 노력한다. 이어서 그 결과를 수용할 수 있을지 결정한다. 이 경우 배포 코드는 거의 동일할 것으로 보이지만, 이미 HttpServletRequest라는 하나의 API 인터페이스를 제자리에 위치하기 위해 많은 작업을 했을 것이다. 그렇다면 그 코드를 더 나아 보이게 하 거나 더 쉽게 의존 관계를 깨도록 해주는 방법은 없을까? 실제로 그 방법은 존재한다. 들 어오는 매개변수를 포장해 API 인터페이스상의 의존 관계를 완전히 깰 수 있다. 그렇게 하고 나면 코드는 다음과 같이 바뀔 것이다.

```
public class ARMDispalcher
  public void populate(ParameterSource source) {
    String values = source.getParameterForName(pageStateName);
    if (value != null) {
      marketBindings.put(pageStateName + getDateStamp(),
          value);
    }
    ...
  }
}
```

무슨 일을 한 것인가? 우선 ParameterSource라는 새 인터페이스를 하나 도입했다. 이때 이 인터페이스가 가지는 유일한 메소드는 getParameterForName이다. HttpServletRequest getParameterValue 메소드와 달리 getParameterForName 메소드는 단지 하나의 문자열만 반환할 뿐이다. 이 경우 단지 첫 번째 매개변수에만 신경 쓰면 되므로 메소드를 그렇게 작성할 수 있었다.

 인터페이스에는 세부 구현이 아니라 책임을 전달하도록 한다. 그럼으로써 코드의 가독성과 유지 보수성이 향상된다.

다음은 ParameterSource를 구현하는 하나의 가짜 클래스다. 이 클래스는 테스트 루틴에 사용할 수 있다.

```
class FakeParameterSource implements ParameterSource
{
  public String value;
  public String getParameterForName(String name) {
    return value;
  }
}
```

그리고 배포용 코드의 매개변수는 다음과 같다.

```
class ServletParameterSource implements ParameterSource
{
  private HttpServletRequest request;
  public ServletParameterSource(HttpServletRequest request) {
    this.request = request;
  }

  String getParameterValue(String name) {
    String [] values = request.getParameterValues(name);
    if (values == null || values.length < 1)
      return null;
    return values[0];
  }
}
```

겉으로 봐서는 단지 보기 좋게 하기 위해 수고한 것처럼 보일 수 있다. 하지만 레거시 코드베이스의 만연한 문제 중 하나는 추상화 계층이 하나도 없다는 것이다. 시스템에서 가장 중요한 코드는 보통 하위 단계 API 호출과 어우러져 존재한다. 이미 이것이 테스트에 얼마나 어려움을 주는지 살펴봤다. 하지만 이 문제는 테스트에 어려움을 주는 것에 그치지 않는다. 코드는 사용되지 않는 수십 개의 메소드들을 포함하는 넓은 인터페이스로 어지러울 때 더욱 이해하기 어려워진다. 목적에 맞춰 좁은 추상화를 생성하면 코드는 좀 더 이해하기 쉬워질 것이고 더 좋은 봉합을 갖게 될 것이다.

예에서 봤듯이 당신이 ParameterSource를 사용하는 쪽으로 간다면, 결국 특정 소스로부터 주요 로직을 분리하게 된다. 그러면 더 이상 특정 J2EE 인터페이스에 종속되지 않아도 된다.

 매개변수 적응은 시그니처 유지 기법을 사용할 수 없으므로 좀 더 신중히 작업해야 한다.

매개변수 클래스를 위해 생성한 단순화된 인터페이스가 매개변수의 현재 인터페이스와 너무나 다를 경우, 매개변수 적응 기법은 위험할 수 있다. 이러한 변경을 진행할 때 신중하지 않으면 결국 미묘한 버그를 발생시킬 수도 있다. 늘 그렇듯이, 우리의 목표는 적절한 위치에 테스트 루틴을 가질 수 있을 정도로 의존 관계를 제거하는 것이다. 이것을 명심하자. 최고의 구조를 가져다주는 쪽보다 확신을 주는 방향으로 변경해야 한다. 이를 위해서는 테스트 루틴이 필요하다. 예를 들어, 앞의 경우에서 클라이언트는 이 `ParameterSource` 클래스의 메소드를 호출할 때 널인지 여부를 검사할 필요가 없도록 이 클래스를 변경하고자 한다(더 자세한 사항은 9장의 '널 객체 패턴' 박스 설명을 참고한다).

 안전이 제일이다. 일단 적절한 위치에 테스트 코드를 작성하고 나면, 골치 아픈 변경도 확신을 갖고 수행할 수 있다.

단계

매개변수 적응을 수행하는 순서는 다음과 같다.

1. 메소드에서 사용할 새로운 인터페이스를 생성하자. 그 메소드는 가능한 단순하고 소통할 수 있게 만들되, 메소드 안에서 복잡한 변경을 만들지 못하도록 하라.
2. 새로운 인터페이스를 위한 배포용 구현체를 하나 생성하자.
3. 그 인터페이스를 위한 가짜 구현체를 하나 생성하자.
4. 그 가짜 구현체를 메소드에 전달하는 단순한 테스트 케이스를 작성하자.
5. 새로운 매개변수를 사용하기 위해 메소드 안에 필요한 변경을 가하자.
6. 가짜 구현체를 이용해 메소드를 테스트할 수 있는지 검증하기 위해 테스트 루틴을 실행해보자.

메소드 객체 추출

대부분의 애플리케이션에서 대규모 메소드는 작업하기 힘들다. 대규모 메소드를 포함하는 클래스를 인스턴스화해서 테스트 하네스 안에 넣을 수 있으면 테스트 루틴 작성을 시작할 수 있다. 하지만 어떤 경우에는 클래스를 단독으로 인스턴스화하는 데 많은 시간이 걸릴 수 있다. 실제로 필요한 변경에 비해 지나치게 많은 작업이 요구되는 것이다. 변경 대상 메소드의 크기가 작고 인스턴스 변수를 사용하지 않는 경우라면, 정적 메소드 드러내기 기법을 사용해서 변경 위치를 테스트 코드로 보호할 수 있다. 반면에 메소드가 크거나 인스턴스 변수 및 메소드를 사용하는 경우라면 메소드 객체 추출 기법을 이용해보자. 이 리팩토링 기법의 개념을 한마디로 말하면 대규모 메소드를 새로운 클래스로 바꾸는 것이다. 이 새로운 클래스로부터 생성된 객체는 단일 메소드였던 코드를 구현한 것이기 때문에 메소드 객체라고 부른다. 많은 경우, 메소드 객체 추출 기법을 사용하면 기존 메소드보다 쉽게 테스트 루틴을 작성할 수 있다. 기존 메소드 내의 지역 변수는 신규 클래스의 인스턴스 변수가 된다. 대체로 이 기법을 사용함으로써 의존 관계를 제거하기 쉽게 되고 코드를 더 나은 상태로 바꾸기가 쉬워진다.

다음의 C++ 예제를 보자(트리 형태를 유지하기 위해 클래스와 메소드의 많은 부분을 생략했다).

```
class GDIBrush
{
public:
  void draw(vector<point>& renderingRoots,
      ColorMatrix& colors,
      vector<point>& selection);
  ...
private:
  void drawPoint(int x, int y, COLOR color);
  ...
};

void GDIBrush::draw(vector<point>& renderingRoots,
    ColorMatrix& colors,
    vector<point>& selection)
{
  for(vector<points>::iterator it = renderingRoots.begin();
      it != renderingRoots.end();
      ++it) {
    point p = *it;
    ...
    drawPoint(p.x, p.y, colors[n]);
  }
  ...
```

```
}
```

GDIBrush 클래스는 draw라고 하는 대규모 메소드를 가지고 있다. 쉽사리 그 클래스를 위한 테스트 루틴을 작성할 수 없으며, 또한 테스트 하네스 내에 GDIBrush 인스턴스를 생성하기가 매우 힘들 것이다. 여기서 draw 메소드를 새로운 클래스로 이동시키기 위해 메소드 객체 추출 기법을 사용해보자.

가장 먼저 해야 할 일은 그리는 작업을 위해 새로운 클래스 하나(Renderer)를 생성하는 것이다. 그 클래스를 만들고 난 후에는 public 생성자를 하나 만든다. 그 생성자에 대한 매개변수는 기존 클래스에 대한 참조가 돼야 하며, 기존 메소드에 대한 매개변수여야 한다. 마지막에는 시그니처 유지 기법을 적용할 필요가 있다.

```
class Renderer
{
public:
  Renderer(GBIBrush *brush,
      vector<point>& renderingRoots,
      ColorMatrix &colors,
      vector<point>& selection);
  ...
};
```

생성자를 만든 후에는 각 생성자 매개변수를 위해 인스턴스 변수를 추가하고 그것들을 초기화한다. 시그니처 유지 기법을 적용하기 위해 일련의 자르기, 복사하기, 붙이기 등을 수행한다.

```
class Renderer
{
private:
  GDIBrush *brush;
  vector<point>& renderingRoots;
  ColorMatrix& colors;
  vector<point>& selection;
public:
```

```
    Renderer(GDIBrush *brush,
        vector<point>& renderingRoots,
        ColorMatrix& colors,
        vector<point>& selection)
        : brush(brush), renderingRoots(renderingRoots),
        colors(colors), selection(selection)
    {}
};
```

위의 코드를 보면 다음과 같이 이야기할 것이다. "음, 그다지 변한 게 없는 것 같군.
GDIBrush에 대한 참조를 받고 있으며, 테스트 하네스 안에 있는 것들 중 하나도 인스턴스
화할 수 없겠어. 그런데 이렇게 하면 우리에게 어떤 득이 있을까?" 잠깐, 우리는 다른 곳
으로 향하고 있다.

생성자를 만든 후에 그 클래스에 다른 메소드 하나를 추가할 수 있었다. 그 메소드는
draw( ) 메소드가 했던 일들을 하게 될 것이고, 이 메소드를 계속 draw( )라고 부를 수 있다.

```
class Renderer
{
private:
  GDIBrush *brush;
  vector<point>& renderingRoots;
  ColorMatrix& colors;
  vector<point>& selection;
public:
  Renderer(GDIBrush *brush,
      vector<point>& renderingRoots,
      ColorMatrix& colors,
      vector<point>& selection)
      : brush(brush), renderingRoots(renderingRoots),
      colors(colors), selection(selection)
    {}
  void draw();
};
```

이제 Renderer 클래스에 draw( ) 메소드의 본문을 추가한다. 그리고 새로운 메소드에 옛

draw( ) 메소드 본문을 복사하고 컴파일러에게 맡기기 기법을 사용한다.

```
void Renderer::draw( )
{
  for(vector<points>::iterator it = renderingRoots.begin( );
      it != renderingRoots.end( );
      ++it) {
    point p = *it;
    ...
    drawPoint(p.x, p.y, colors[n]);
  }
  ...
}
```

Renderer 클래스상의 draw( ) 함수가 GDIBrush의 인스턴스 변수나 메소드들에 대한 참조를 하나라도 가지고 있다면 컴파일은 실패로 돌아갈 것이다. 컴파일을 성공시키려면, 변수를 위한 get 메소드를 만들고 의존 관계가 있는 함수를 public으로 만들어야 한다. 이렇게 하면 단 하나의 의존 관계만 존재하게 되는데, 바로 drawPoint라는 private 메소드에 대한 것이다. GDIBrush상에 있는 이 함수를 public으로 만들고 나면 Renderer 클래스에 대한 참조로부터 이 함수에 접근할 수 있고, 코드를 컴파일하는 데 아무런 문제가 없게 된다.

이제 GDIBrush 클래스상의 draw 메소드가 하던 일을 새로 만든 Renderer가 수행하도록 만들 수 있다.

```
void GDIBrush::draw(vector<point>& renderingRoots,
      ColorMatrix &colors,
      vector<point>& selection)
{
  Renderer renderer(this, renderingRoots,
      colors, selection);
  renderer.draw( );
}
```

다시 GDIBrush 의존 관계로 돌아가보자. 여러분이 테스트 하네스 안에서 GDIBrush를 인스턴스화할 수 없다면 GDIBrush상에 있는 의존 관계를 완전히 깨기 위해 인터페이스 추출 기법을 사용할 수 있다. 이 장의 '인터페이스 추출' 절을 보면 자세한 설명이 나오는데, 여기서 간단히 언급하자면 빈 인터페이스 하나를 생성하고 GDIBrush가 이 인터페이스를 구현하도록 만드는 것이다. 이 경우에 이 인터페이스를 PointerRenderer라고 부를 수 있는데, drawPoint가 Renderer 안에서 실제로 접근하고자 하는 GDIBrush의 메소드이기 때문이다. 이어서 Renderer가 가지고 있는 GDIBrush에 대한 참조를 PointRenderer에 대한 참조로 변경하고 컴파일한다. 이때 컴파일러가 인터페이스상에 어떠한 메소드들이 있어야 하는지 알려줄 것이다. 다음은 최종적으로 보게 될 코드 형태다.

```
class PointRenderer
{
public:
  virtual void drawPoint(int x, int y, COLOR color) = 0;
};

class GDIBrush : public PointRenderer
{
public:
  void drawPoint(int x, int y, COLOR color);
  ...
};

class Renderer
{
private:
  PointRender *pointRenderer;
  vector<point>& renderingRoots;
  ColorMatrix& colors;
  vector<point>& selection;
public:
  Renderer(PointRenderer *renderer,
      vector<point>& renderingRoots,
      ColorMatrix& colors,
      vector<point>& selection)
      : pointRenderer(pointRenderer),
      renderingRoots(renderingRoots),
      colors(colors), selection(selection)
  {}
```

```
  void draw( );
};

void Renderer::draw( )
{
  for(vector<points>::iterator it = renderingRoots.begin( );
      it != renderingRoots.end( );
      ++it) {
    point p = *it;
    ...
    pointRenderer->drawPoint(p.x,p.y,colors[n]);
  }
  ...
}
```

그림 25.1은 UML로 이 코드가 어떤 모습으로 나타날지 보여준다.

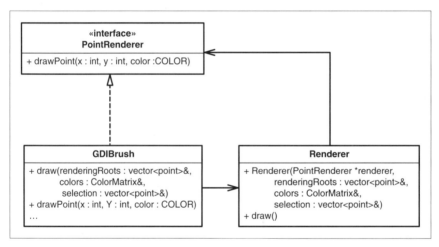

그림 25.1 메소드 객체 추출 기법을 적용한 후의 GDIBrush

끝부분이 조금 이상할 수도 있다. 우리는 새 인터페이스(PointRenderer)를 구현하는 클래
스(GDIBrush)를 가지고 있으며, 이 인터페이스는 그 클래스에 의해 생성된 객체(Renderer)
에 의해서만 사용된다. 이 기법을 사용하기 위해 기존 클래스에서 private이었던 메소드
들을 public으로 바꿔 다소 마음이 아플지도 모르겠다. GDIBrush 안에서 private으로 선
언됐던 drawPoint 메소드는 이제 세상에 노출됐다. 여기서 주목할 점은 이것이 끝이 아

니라는 사실이다.

시간이 갈수록 여러분은 테스트 하네스 안에 있는 기존 클래스를 인스턴스화할 수 없다는 사실에 염증을 느끼게 될 것이고, 의존 관계를 깨게 될 것이다. 이어서 다른 방법을 살펴보게 될 것이다. 예를 들어 PointRenderer는 인터페이스여야 하는가? GDIBrush를 가지는 클래스가 될 수 있을까? 이것이 가능하다면, 새로운 Renderer 개념에 기반을 둔 설계를 시작하게 될 것이다. 이는 클래스를 테스트 루틴 아래에 둘 때 수행할 수 있는 간단한 리팩토링 방법 중 하나다. 결과적으로 나오는 구조는 더 많은 것들을 필요로 할 것이다.

 메소드 객체 추출 기법은 몇 가지 변형이 있다. 가장 단순한 것은 기존 메소드가 인스턴스 변수나 메소드를 전혀 사용하지 않는 경우다. 이때는 기존 클래스에 대한 참조를 전달할 필요가 없다.

대상 메소드가 기존 클래스의 인스턴스 변수만을 사용하는 경우도 있다. 이 경우는 해당 데이터를 갖고 있는 클래스를 새로 만들고 메소드 객체에 인수로 전달하면 된다.

이번 절의 예제는 최악의 경우다. 기존 클래스 내의 메소드를 호출할 필요가 있기 때문이다. 따라서 인터페이스 추출 기법을 사용해 메소드 객체와 기존 클래스 간에 일종의 추상화를 구성했다.

단계

테스트 루틴이 없는 상황에서 안전하게 메소드 객체 추출 기법을 사용하려면 다음의 과정을 거쳐야 한다.

1. 메소드 코드를 이동시킬 클래스를 작성한다.
2. 이 클래스의 생성자를 정의하고 시그니처 유지 기법을 수행해 메소드의 매개변수 목록을 그대로 복사한다. 메소드가 기존 클래스의 인스턴스 변수나 메소드를 사용한다면, 기존 클래스에 대한 참조를 생성자의 첫 번째 매개변수로서 추가한다.
3. 생성자의 모든 매개변수에 대해 매개변수와 동일한 타입의 인스턴스 변수를 선언한다. 메소드의 매개변수 목록을 형식에 맞게 그대로 복사해 인스턴스 변수를 선언함으로써 시그니처 유지를 할 수 있다. 생성자에서는 모든 인수를 인스턴스 변수에 대입한다.

4. 신규 클래스 내에 비어있는 실행 메소드를 작성한다. 이 메소드에는 run( )이라는 이름이 가장 흔히 쓰인다. 이번 절의 예제에서는 draw였다.

5. 기존 메소드의 본문을 실행 메소드로 옮기고 컴파일해 컴파일러에게 맡기기 기법을 수행한다.

6. 컴파일러에서 발생하는 오류 메시지는 실행 메소드가 어느 부분에서 기존 클래스의 메소드나 변수를 사용하는지 알려준다. 오류 메시지를 바탕으로 메소드를 수정해 컴파일이 이뤄지도록 한다. 기존 클래스에 대한 참조를 사용하도록 호출 부분만 바꾸면 되는 간단한 경우도 있고, 기존 클래스의 메소드를 public으로 바꾸거나 인스턴스 변수를 public으로 만들 필요가 없도록 get 메소드를 도입하는 것처럼 다소 복잡한 경우도 있다.

7. 새로운 클래스가 컴파일되고 나면, 기존 메소드에서 새로운 클래스의 인스턴스를 생성하고 처리 작업을 새로운 클래스에 위임한다.

8. 필요하다면 인터페이스 추출 기법을 사용해 기존 클래스와의 의존 관계를 제거한다.

정의 완성

일부 언어에서는 어떤 타입을 선언한 후 다른 곳에서 이를 정의할 수 있다. 이 기능이 특히 자주 사용되는 언어가 C와 C++다. 둘 다 함수나 메소드를 어떤 위치에서 선언한 후 다른 위치(주로 구현 파일)에서 정의할 수 있다. 이 기능을 활용해 의존 관계를 제거할 수 있다.

다음 예를 살펴보자.

```
class CLateBindingDispatchDriver : public CDispatchDriver
{
public:
    CLateBindingDispatchDriver ();
  virtual  ~CLateBindingDispatchDriver ();

  ROOTID GetROOTID (int id) const;
```

```
    void BindName (int id,
        OLECHAR FAR *name);
  ...
private:
  CArray<ROOTID, ROOTID& > rootids;
};
```

이것은 어떤 C++ 애플리케이션에 포함된 작은 클래스의 선언 부분이다. 사용자는 CLate bindingDispatchDrivers를 생성하고 BindName 메소드를 이용해 이름과 ID를 연결한다. 테스트 루틴 안에서 이 클래스를 사용하게 될 때, 이름들을 묶는 다른 방법을 제공하고 싶다. 이를 C++ 언어에서 정의 완성 기법을 이용해 수행할 수 있다. BindName 메소드는 클래스 헤더 파일에 선언돼 있다. 어떻게 테스트 루틴에 있는 정의를 다르게 만들 수 있을까? 테스트 파일 안에 있는 이 클래스 선언을 가지는 헤더를 인클루드해 테스트하기 전에 해당 메소드를 위한 다른 정의를 제공하면 된다.

```
#include "LateBindingDispatchDriver.h"
CLateBindingDispatchDriver::CLateBindingDispatchDriver() {}
CLateBindingDispatchDriver::~CLateBindingDispatchDriver() {}
ROOTID GetROOTID (int id) const { return ROOTID(-1); }
void BindName(int id, OLECHAR FAR *name) {}
TEST(AddOrder,BOMTreeCtrl)
{
  CLateBindingDispatchDriver driver;
  CBOMTreeCtrl ctrl(&driver);
  ctrl.AddOrder(COrderFactory::makeDefault());
  LONGS_EQUAL(1, ctrl.OrderCount());
}
```

우리가 테스트 파일 내에 직접적으로 이러한 메소드들을 정의할 때는 테스트 루틴 안에서 사용될 정의를 제공하는 셈이다. 우리는 상관할 필요가 없거나 테스트 루틴 전체에서 사용될 감지 메소드를 넣기 위해 널 본문을 사용할 수 있다.

C나 C++에서 정의 완성 기법을 사용할 경우에는 완료된 정의를 사용할 테스트 루틴을 위해 개별적인 실행 파일을 생성할 필요가 있다. 그렇게 하지 않으면 링크 시에 실제 정의와

충돌이 일어날 것이다. 이렇게 한 클래스의 메소드에 대해 두 개의 서로 다른 정의를 가지게 된 것도 또 다른 문제점으로 꼽을 수 있다. 하나는 테스트 소스 파일에 있고, 다른 하나는 배포용 소스 파일에 있다. 이는 매우 큰 유지 보수 부담으로 다가온다. 또한 환경을 제대로 설정하지 않는다면 디버깅할 때 혼란을 줄 수 있다. 나는 이러한 이유로 최악의 의존 관계 상황이 아니라면 정의 완성 기법을 사용하는 것을 권하지 않는다. 어쩔 수 없이 사용해야 하는 경우라도 초기 의존 관계를 제거하는 데만 사용할 것을 권한다. 그런 후에는 해당 클래스를 얼른 테스트 루틴 아래에 둬서 중복된 정의가 제거될 수 있도록 해야 한다.

단계

C++에서 정의 완성 기법을 사용하려면 다음의 단계를 따른다.

1. 대체하려는 정의를 갖는 클래스를 식별한다.
2. 메소드 정의가 헤더 파일이 아닌 소스 파일에 있음을 확인한다.
3. 대상 클래스의 테스트용 소스 파일에 있는 헤더 파일을 인클루드한다.
4. 이 클래스의 소스 파일이 빌드에 포함돼 있지 않음을 확인한다.
5. 빌드를 수행해서 누락된 메소드를 발견한다.
6. 빌드가 정상적으로 완료될 때까지 테스트용 소스 파일에 누락된 메소드를 계속 추가한다.

전역 참조 캡슐화

전역 요소에 대한 의존 관계에 문제가 있는 코드를 테스트할 때는 기본적으로 세 개의 선택지가 있다. 테스트할 때 전역 요소가 다르게 동작하도록 하는 것, 다른 전역 요소와 연결시키는 것, 그리고 전역 요소를 캡슐화해 다른 것들과 분리하는 것이다. 마지막 방법을 전역 참조 캡슐화라고 부른다. C++ 예제를 보자.

```
bool AGG230_activeframe[AGG230_SIZE];
bool AGG230_suspendedframe[AGG230_SIZE];
```

```
void AGGController::suspend_frame()
{
  frame_copy(AGG230_suspendedframe,
      AGG230_activeframe);
  clear(AGG230_activeframe);
  flush_frame_buffers();
}
void AGGController::flush_frame_buffers()
{
  for (int n = 0; n < AGG230_SIZE; ++n) {
    AGG230_activeframe[n] = false;
    AGG230_suspendedframe[n] = false;
  }
}
```

이 예에서 코드의 일부분은 몇 개의 전역 배열들을 가지고 동작한다. suspend_frame 메소드는 활성화된 프레임과 일시 정지된 프레임에 접근할 필요가 있다. 언뜻 보면 프레임들을 AGGController 클래스의 멤버들로 만들 수 있는 것처럼 보이지만, 여기서는 보이지 않는 다른 클래스들도 이 프레임들을 사용한다. 그럼 어떻게 해야 할까?

첫 번째로는 메소드 매개변수화 기법을 사용해 suspend_frame 메소드에 대한 매개변수 형태로 그것들을 전달할 수 있다는 점을 떠올려볼 수 있다. 하지만 그렇게 바꾸고 나면, suspend_frame이 호출하는 모든 메소드에 그것들을 매개변수로 전달해야 할 것이고, 전역적으로 사용될 것이다. 이 경우에는 flash_frame_buffer가 사용된다.

다음 해결책으로는 두 프레임을 생성자의 매개변수 형태로 AGGController에 보내는 방법을 고려할 수 있다. 이렇게 하는 것도 가능하긴 하지만, 그것들이 사용되는 다른 부분을 한번 눈여겨볼 필요가 있다. 하나가 쓰일 때 다른 하나도 쓰이게 된다면 그 둘을 묶는 것도 좋다.

 여러 개의 전역 요소들이 언제나 함께 사용되거나 변경된다면 이 요소들을 동일 클래스에 넣을 수 있다.

이런 상황을 처리하는 가장 좋은 방법은 데이터와 활성화된 프레임, 그리고 일시 정지된 프레임들을 차례로 살펴보고 그것들을 모두 담는 새롭고 '영리한' 클래스를 위한 이름을 만들 수 있는지 따져보는 것이다. 때때로 이러한 작업은 매우 힘들다. 설계상 데이터가 어떤 의미를 가지는지 생각해보고, 그 후에 왜 데이터가 그곳에 존재하는지 고려해봐야 한다. 새로운 클래스를 작성한다면 메소드들을 그 클래스상으로 이동시킬 것이다. 이 경우 십중팔구 이러한 메소드들을 위한 코드는 데이터가 사용되는 다른 곳에 이미 존재하고 있을 것이다.

 클래스 이름을 지을 때는 최종적으로 그 클래스에 포함될 메소드를 고려하자. 좋은 이름을 정해야겠지만 완벽할 필요는 없다. 나중에 언제든지 바꿀 수 있음을 기억하자.

이번 예제에서는 시간이 지남에 따라 frame_copy와 clear 메소드가 새로 생성하려는 클래스로 이동될 것이라고 기대했다. 활성화된 프레임과 일시 정지된 프레임 모두에 공통적인 작업이 존재하는가? 이 경우에는 공통 작업이 있는 것처럼 보인다. AGGController 클래스상에 있는 suspend_frame 함수는 새로운 클래스가 suspended_frame 배열과 active_frame 배열을 모두 가지고 있는 한, 그 새로운 클래스로 이동할 수 있다. 이 새로운 클래스를 무엇이라고 부를 수 있을까? 이 새 클래스를 그냥 Frame이라 부르고, 각 프레임이 활성화된 버퍼와 일시 정지된 버퍼를 가진다고 이야기할 수 있다. 이렇게 하려면 먼저 개념을 바꾸고, 이어서 변수의 이름도 조금 수정해야 한다. 하지만 이렇게 함으로써 세부 사항을 감추고 있는 더 영리한 클래스를 얻을 수 있다.

 생각해낸 클래스 이름이 이미 사용 중일 수 있다. 이럴 때는 현재 이 이름을 사용 중인 클래스를 다른 이름으로 바꾸는 것을 고려해보자.

다음은 우리가 거쳐야 할 단계를 하나하나 나열한 것이다.

먼저 다음과 같은 클래스를 작성한다.

```
class Frame
{
public:
```

```
  // AGG230_SIZE를 상수로 선언
  enum { AGG230_SIZE = 256 };

  bool AGG230_activeframe[AGG230_SIZE];
  bool AGG230_suspendedframe[AGG230_SIZE];
};
```

우리는 일부러 데이터의 이름을 동일하게 남겨뒀는데, 이는 다음 단계를 쉽게 하기 위한 것이다. 이어서 Frame 클래스의 전역 인스턴스를 선언한다.

```
Frame frameForAGG230;
```

그다음에는 데이터의 원래 선언 부분을 주석 처리하고 빌드를 수행한다.

```
// bool AGG230_activeframe[AGG230_SIZE];
// bool AGG230_suspendedframe[AGG230_SIZE];
```

이 시점에서는 모든 종류의 컴파일 오류가 발생할 것이다. AGG_activeframe과 AGG230_suspendedframe이 존재하지 않으며, 컴파일 결과가 나쁘다고 경고하는 내용이다. 빌드 시스템이 심술궂다면 링크 시 약 10페이지 가량의 해결되지 않은 링크 오류를 남긴 채 멈춰버릴 것이다. 화가 날지도 모르지만 이 모두는 이미 예상했던 결과다.

이러한 모든 오류를 통과하려면 매 오류마다 오류를 발생시키는 참조 앞에 frameForAGG230을 놓아야 한다.

```
void AGGController::suspend_frame()
{
  frame_copy(frameForAGG230.AGG230_suspendedframe,
      frameForAGG230.AGG230_activeframe);
  clear(frameForAGG20.AGG230_activeframe);
  flush_frame_buffer();
}
```

이것을 다 마치고 나면 코드는 더 엉망으로 보일지 모르지만 코드는 컴파일되고 올바르게 동작할 것이다. 이는 동작-유지 변형이다. 이 변형을 끝마쳤기 때문에 AGGController 클래스의 생성자를 통해 Frame 객체를 전달할 수 있고, 작업을 진행하기 위한 분리를 마칠 수 있다.

 단순한 전역 요소 대신에 클래스의 멤버를 직접 참조하는 것은 첫 번째 단계뿐이다. 이후에는 정적 set 메소드 도입 기법을 이용하거나 생성자 매개변수화 기법 혹은 메소드 매개변수화 기법을 사용해서 코드를 매개변수화한다.

여기서는 전역 변수를 public으로 선언하면서 새로운 클래스를 도입했다. 왜 이렇게 했을까? 지금까지는 새로운 클래스를 무엇이라 부르고 어떤 메소드를 그 클래스에 포함시킬지 생각한 것에 지나지 않는다. AGG_Controller 내에 가짜 Frame 객체를 생성해서 처리를 위임하거나 두 개의 전역 변수를 사용하는 모든 로직을 실제 Frame 클래스로 옮길 수도 있었지만, 그랬다면 한꺼번에 너무 많은 일을 하게 됐을 것이다. 심지어 테스트 루틴도 없는 상태이므로, 최소한의 작업으로 테스트 환경을 정비하려면 로직 변경은 가급적 피하는 편이 좋다. 로직 이동을 피하면서 분리를 위한 봉합부를 작성함으로써 어떤 메소드 대신에 다른 메소드를 호출하거나 어떤 데이터 대신에 다른 데이터에 접근 가능하도록 해야 한다. 나중에 테스트 환경이 적절히 준비된 후, 동작을 안전하게 다른 클래스로 이동시키면 된다.

AGGController로 Frame 객체를 전달할 때 좀 더 이해하기 쉽도록 이름을 다시 지을 수 있다. 다음은 이 리팩토링의 마지막 상태를 보여준다.

```
class Frame
{
public:
  enum { BUFFER_SIZE = 256 };
  bool activebuffer[BUFFER_SIZE];
  bool suspendedbuffer[BUFFER_SIZE];
};

Frame frameForAGG230;
```

```
void AGGController::suspend_frame()
{
  frame_copy(frame.suspendedbuffer,
      frame.activebuffer);
  clear(frame.activeframe);
  flush_frame_buffer();
}
```

그다지 대단한 개선처럼 보이지 않을지도 모르지만, 이는 매우 소중한 첫걸음이다. 전역
변수를 클래스로 옮김으로써 코드 분리를 구현했고 코드의 점진적 개선을 위한 준비를 마
쳤기 때문이다. 언젠가 FrameBuffer 클래스를 작성하고 싶어질지도 모른다.

 전역 참조 캡슐화를 사용할 때는 데이터 또는 작은 메소드부터 시작한다. 대규모 메소드는
좀 더 많은 테스트 루틴이 준비된 이후에 신규 클래스로 이동시킨다.

앞의 예제에서는 전역 데이터를 가지고 어떻게 전역 참조 캡슐화를 수행하는지 설명했다.
당신은 C++ 프로그램에서 비멤버 함수를 가지고 같은 일을 할 수 있다. 종종 C API를 가
지고 작업하는 경우에 전역 함수에 대한 호출이 코드 전체에 흩어져 있을 수 있다. 당신이
가진 유일한 봉합은 각 함수에 대한 호출을 연결시키는 것이다. 그리고 코드를 분리시키기
위해 연결 대체 기법을 수행할 수도 있지만, 또 다른 봉합을 빌드하기 위해 전역 참조 캡슐
화를 사용한다면 더 나은 구조화된 코드를 결국 얻게 될 것이다. 다음의 예제를 살펴보자.

테스트 루틴 안에 놓고 싶은 코드로 다음의 두 함수에 대한 호출이 있다. GetOption(const
string optionName)과 setOption(string name, Option option)이다. 이 둘은 어떤 클
래스에도 종속되지 않은 자유로운 함수들이나 다음과 같이 많이 사용된다.

```
void ColumnModel::update()
{
  alignRows();
  Option resizeWidth = ::GetOption("ResizeWidth");
  if (resizeWidth.isTrue()) {
    resize();
  }
```

```
  else {
    resizeToDefault();
  }
}
```

이런 경우에는 메소드 매개변수화 기법이나 get 메소드 추출과 재정의 기법 같은 과거의 대체 방법들을 눈여겨볼 수 있다. 하지만 다중 메소드들이나 다중 클래스들에게서 호출된 다면 전역 참조 캡슐화를 사용하는 편이 훨씬 깔끔할 것이다. 이렇게 하려면 다음과 같은 새로운 클래스를 작성해야 한다.

```
class OptionSource{
public:
  virtual      ~OptionSource() = 0;
  virtual Option   GetOption(const string& optionName) = 0;
  virtual void    SetOption(const string& optionName,
        const Option& newOption) = 0;
};
```

이 클래스에는 우리가 필요로 하는 자유 함수들을 위한 추상 메소드들이 있다. 그다음에 는 이 클래스용 가짜fake를 만들기 위해 서브클래스화한다. 이렇게 하면 테스트에 필요한 지도나 벡터를 가짜 안에 넣고 사용할 수 있다. 테스트하기 편리하다면, 무엇이든 가짜에 add 메소드로 제공하거나 지도를 받는 생성자를 제공할 수 있다. 즉, 가짜가 있으면 실제 배포용 옵션 소스를 만들기 쉽다.

```
class ProductionOptionSource : public OptionSource
{
public:
  Option GetOption(const string& optionName);
  void SetOption(const string& optionName,
      const Option& newOption) ;
};

Option ProductionOptionSource::GetOption(
      const string& optionName)
```

```
{
  ::GetOption(optionName);
}

void ProductionOptionSource::SetOption(
    const string& optionName,
    const Option& newOption)
{
  ::SetOption(optionName, newOption);
}
```

 전역 함수에 대한 참조를 캡슐화하려면 테스트용과 배포용 서브클래스를 갖는 인터페이스
클래스를 만들어야 한다. 배포 코드에서 각 함수는 전역 함수에 위임하는 것 이상의 일을 하
면 안 된다.

이 리팩토링 기법은 잘 동작하는 것 같다. 봉합을 도입했고 간단히 API 함수에 위임하는
것으로 끝냈다. 그러한 일을 했기 때문에 OptionSource 객체를 받아들이기 위해 클래스
를 매개변수화할 수 있었다. 그렇게 함으로써 테스트에는 가짜를 사용하고, 배포 코드에
는 진짜를 사용할 수 있다.

이전 예제에서 함수들을 하나의 클래스 안에 뒀고 그것들을 가상으로 만들었다. 다른 방
식으로 이 일을 할 수는 없었을까? 물론 가능했다. 우리는 다른 자유 함수에 권한을 위임
하는 또 다른 자유 함수들을 만들 수도 있었고, 정적 함수 형태로 그것들을 새 클래스에 추
가할 수도 있었다. 하지만 이 두 접근 방법 모두 좋은 봉합을 제공하지는 못했을 것이다.
우리는 하나의 구현을 다른 것으로 대체하기 위해 연결 봉합 기법이나 전처리 봉합 기법을
사용해야 했다. 클래스나 가상 함수를 사용하고 클래스를 매개변수화한다면, 봉합은 명시
적이면서 관리하기도 쉽게 된다.

단계

전역 참조 캡슐화를 사용하려면 다음에 소개하는 단계들을 밟는다.

1. 캡슐화하고자 하는 전역 요소를 식별한다.

2. 이 요소들을 캡슐화하기 위한 클래스를 작성한다.

3. 전역 요소들을 이 클래스로 복사한다. 변수가 포함된 경우, 클래스 안에서 초기화한다.

4. 기존의 전역 요소 선언을 주석 처리한다.

5. 새로운 클래스의 전역 인스턴스를 선언한다.

6. 기존 전역 요소에 대한 미해결 참조들을 컴파일러에게 맡기기 기법을 통해 찾는다.

7. 미해결 참조의 앞에 신규 클래스의 전역 인스턴스 이름을 추가한다.

8. 가짜 클래스를 사용하려는 위치에 정적 set 메소드 도입, 생성자 매개변수화, 메소드 매개변수화, 전역 참조를 get 메소드로 대체 등의 기법을 사용한다.

정적 메소드 드러내기

테스트 하네스 안에서 인스턴스화할 수 없는 클래스를 다루는 일은 쉽지 않다. 이번 절에서는 내가 그런 상황에서 자주 사용하는 기법을 소개한다. 인스턴스 변수나 메소드를 사용하지 않는 메소드일 경우, 정적 메소드로 바꾸는 것이다. 정적 메소드가 되면 클래스를 인스턴스화하지 않고도 테스트 루틴 내에 둘 수 있다. 자바로 작성된 예제를 보자.

타당성 검증을 수행하는 validate라는 메소드를 포함하는 클래스가 있고, 여기에 새로운 타당성 검증 조건을 추가해야 한다고 하자. 불행히도 이 클래스는 인스턴스화하기 무척 힘들다. 클래스 전체를 검토하는 수고를 덜기 위해 변경이 필요한 부분만 다음과 같이 보여준다.

```
class Workflow
{
  ...
  public void validate(Packet packet)
      throws InvalidFlowException {
    if (packet.getOriginator().equals( "MIA")
        || packet.getLength() > MAX_LENGTH
        || !packet.hasValidCheckSum()) {
```

```
        throw new InvalidFlowException( );
      }
      ...
    }
    ...
}
```

이 메소드를 테스트 아래에 두려면 어떻게 해야 할까? 이 메소드를 좀 더 자세히 보면 메소드가 Packet 클래스상에 있는 많은 메소드들을 사용한다는 것을 알 수 있다. 사실 validate 메소드를 Packet 클래스로 옮기는 것이 맞아 보이지만, 메소드를 옮기는 것이 위험을 최소화하기 위한 최선은 아니다. 우리는 분명 시그니처 유지 기법을 사용할 수 없다. 메소드를 옮기기 위한 자동화된 도구를 가지고 있지 않다면, 먼저 적절한 자리에서 테스트를 수행하는 편이 낫다. 정적 메소드 드러내기 기법이 이를 도와줄 수 있다. 적절한 자리에서의 테스트를 통해 필요한 변경을 할 수 있고, 또한 나중에 메소드를 이동시키는 것과 관련해 좀 더 확신을 가질 수 있다.

 테스트 루틴 없이 의존 관계를 제거할 경우에는 가급적 메소드에 대해 시그니처 유지 기법을 사용하자. 메소드의 시그니처 전체에 대해 자르기/복사하기, 붙이기를 수행하면 오류 발생 가능성을 줄일 수 있다.

여기에 있는 코드는 어떤 인스턴스 변수나 메소드에 종속되지 않는다. validate 메소드가 public 정적 메소드로 선언됐다면 코드는 어떻게 보일까? 코드 어디에서나 이러한 문장을 작성할 수 있고 패킷을 검증할 수 있다.

```
RSCWorkflow.validate(packet);
```

누가 클래스를 작성했든 간에 그 메소드를 언젠가 정적 메소드, 더군다나 public으로 만들 것이라고는 전혀 상상하지 못할 것이다. 그렇다면 이렇게 하는 것은 나쁜 일인가? 절대 그렇지 않다. 캡슐화는 클래스들에게는 매우 좋은 일이지만 클래스의 정적인 부분은 실제로는 클래스의 일부분이 아니다. 사실 어떤 언어들에서 이 부분은 다른 클래스의 일부분이고, 때로는 클래스의 메타클래스로 알려져 있기도 하다.

정적 메소드인 경우, 그 메소드는 클래스의 private 데이터를 하나도 건드리지 않는다는 것을 알고 있다. 이는 그저 하나의 유틸리티 메소드일 뿐이다. 그 메소드를 public으로 만든다면 그 메소드를 위한 테스트 루틴을 작성할 수 있다. 이러한 테스트 루틴은 후에 그 메소드를 다른 클래스로 이동할 때 도와줄 것이다.

정적 메소드와 데이터는 마치 다른 클래스의 일부인 것처럼 동작한다. 정적 데이터의 수명은 인스턴스가 아니라 프로그램의 수명과 같으며, 정적 메소드와 변수는 인스턴스 없이도 접근할 수 있다.

클래스의 정적 부분은 그 클래스에 속하지 않은 '중간 영역'으로 간주할 수 있다. 만일 인스턴스 데이터를 전혀 사용하지 않는 메소드가 발견되면, 이 메소드가 실제로 어느 클래스에 속하는지 밝혀지기까지는 정적으로 선언해두는 편이 좋다.

다음 코드는 validate를 위해 정적 메소드를 추출한 후의 RSCWorkflow 클래스의 모습이다.

```
public class RSCWorkflow {
  public void validate(Packet packet)
      throws InvalidFlowException {
    validatePacket(packet);
  }

  public static void validatePacket(Packet packet)
      throws InvalidFlowException {
    if (packet.getOriginator() == "MIA"
        || packet.getLength() <= MAX_LENGTH
        || packet.hasValidCheckSum()) {
      throw new InvalidFlowException();
    }
    ...
  }
  ...
}
```

어떤 언어에서는 정적 메소드 드러내기를 쉽게 할 수도 있다. 단지 당신의 기존 메소드에서 정적 메소드를 추출해내는 대신에 기존 메소드를 그냥 정적으로 만들 수 있다. 그 메소드가 다른 클래스에 의해 사용되는 경우에도 이 메소드는 클래스의 인스턴스에 접근할 수 있다. 다음은 그 예다.

```
RSCWorkflow workflow = new RCSWorkflow();
...
// 비정적 호출처럼 보이는 정적 호출하기
workflow.validatePacket(packet);
```

하지만 어떤 언어에서는 이렇게 하면 컴파일 경고가 발생할 수 있다. 그렇다면 컴파일 경고가 없는 상태로 코드를 만들어두는 것이 최선이다.

다른 사람이 나중에 의존 관계 문제를 야기할 수 있는 방식으로 정적 변수를 쓰는 것이 염려된다면, public이 아닌 접근 모드를 활용해 정적 메소드 드러내기를 사용하면 된다. 자바나 C#과 같은 언어에서는 패키지를 가지거나 내부적으로 볼 수 있다. 따라서 이를 통해 정적 변수에 대한 접근을 제한하거나 protected로 만듦으로써 테스트 서브클래스를 통해 접근할 수 있다. C++인 경우에도 동일한 선택권을 가진다. 즉, 정적 메소드를 protected로 만들거나 네임스페이스를 사용할 수 있다.

단계

정적 메소드 드러내기를 사용하려면 다음에 소개하는 단계들을 밟는다.

1. 정적 메소드로 드러내고자 하는 메소드에 접근하는 테스트 루틴을 작성한다.
2. 메소드 본문을 정적 메소드로서 추출한다. 이때 시그니처 유지를 잊지 말고 수행한다. 추출된 메소드에는 다른 이름을 사용해야 할 수 있다. 신규 메소드의 이름을 지을 때 매개변수의 이름이 도움이 될 때가 많다. 예를 들어 validate 메소드가 Packet을 매개변수로 받는다면 validatePacket이라는 이름을 사용할 수 있다.
3. 컴파일한다.
4. 인스턴스 변수나 메소드에 접근할 때 오류가 발생한다면, 정적 변수나 메소드로 선

언해도 되는지 확인한다. 가능하다면, 정적으로 바꿔서 컴파일을 통과한다.

호출 추출과 재정의

테스트를 방해하는 의존 관계가 매우 지역적인 경우가 있다. 이럴 때는 단일한 메소드 호출만 대체하면 되는데, 이 메소드 호출의 의존 관계를 제거할 수 있다면, 테스트할 때의 이상한 부작용을 막고 호출할 때 전달되는 값을 감지할 수 있다.

예를 들어보자.

```
public class PageLayout
{
  private int id = 0;
  private List styles;
  private StyleTemplate template;
  ...
  protected void rebindStyles() {
    styles = StyleMaster.formStyles(template, id);
    ...
  }
  ...
}
```

PageLayout은 StyleMaster라는 클래스상에 존재하는 정적 함수 formStyles를 호출한다. 그리고 이는 반환 값을 styles라는 인스턴스 변수에 할당한다. 그럼 formStyles를 통해 감지하려 하거나 styleMaster상에 있는 의존 관계를 분리하고자 한다면 어찌해야 할까? 하나의 해결책으로 새 메소드에 대한 호출을 추출해 테스트 서브클래스 안에 재정의해두는 방법을 떠올릴 수 있다. 이 방법을 호출 추출과 재정의라고 부른다.

다음은 추출한 이후의 코드 모습이다.

```
public class PageLayout
{
```

```
    private int id = 0;
    private List styles;
    private StyleTemplate template;
    ...
    protected void rebindStyles() {
      styles = formStyles(template, id);
      ...
    }

    protected List formStyles(StyleTemplate template,
        int id) {
      return StyleMaster.formStyles(template, id);
    }
    ...
}
```

formStyles 메소드가 지역적이기 때문에 의존 관계를 제거하기 위해 그 메소드를 재정의할 수 있다. 그리고 현재 테스트하는 것들을 위한 styles가 필요하지 않으므로 그저 빈 리스트를 반환하게 하면 된다.

```
public class TestingPageLayout extends PageLayout {
  protected List formStyles(StyleTemplate template,
      int id) {
    return new ArrayList();
  }
  ...
}
```

여러 가지 styles가 필요한 테스트 루틴을 개발하기 위해 이 메소드를 변경시켜 무엇을 반환할지 설정할 수 있다.

호출 추출과 재정의는 매우 유용한 리팩토링 방법이므로 자주 사용된다. 이 방법은 전역 변수나 정적 메소드상에 있는 의존 관계를 제거하는 이상적인 방법 중 하나다. 일반적으로 하나의 전역 변수에 여러 개의 다른 호출이 있지 않는 한, 나는 이 방법을 고집한다. 여러 호출이 연관돼 있다면 전역 참조를 get 메소드로 대체 기법을 대신 사용한다.

자동화된 리팩토링 도구를 가지고 있다면 호출 추출과 재정의는 쉬운 일일 것이다. 당신은 메소드 추출 리팩토링 기법을 사용해 이 일을 수행할 수 있다. 하지만 자동화 도구가 없다면 다음에 소개할 단계를 따르길 바란다. 이 단계들은 적절한 테스트 루틴을 가지고 있지 않더라도 안전하게 모든 호출을 추출하게 해준다.

단계

호출 추출과 재정의 기법을 수행하는 순서는 다음과 같다.

1. 추출하고자 하는 호출을 식별하고, 메소드 선언을 찾는다. 시그니처 유지 기법을 사용할 수 있도록 이 메소드의 시그니처를 복사한다.
2. 현재 클래스에 신규 메소드를 작성한다. 단계 1에서 복사했던 시그니처를 이 메소드에 부여한다.
3. 기존의 메소드 호출 부분을 신규 메소드 호출로 대체한다.
4. 테스트용 서브클래스를 도입하고 신규 메소드를 재정의한다.

팩토리 메소드 추출과 재정의

클래스를 위한 테스트 루틴을 작성할 때, 생성자 안에서 객체를 생성하다가 짜증이 날 수 있다. 객체를 생성할 때 테스트 하네스 안에서는 실행 불가능한 처리가 포함될 수 있기 때문이다. 또 어떤 경우에는 감지용 객체를 넣고 싶지만 객체 생성이 생성자에 직접 작성돼 있으므로 불가능할 때도 있다.

 초기화 처리를 생성자 안에 직접 작성하면 테스트 루틴에서 이를 회피하기가 매우 어려울 수 있다.

예제를 살펴보자.

```
public class WorkflowEngine
{
```

```
  public WorkflowEngine () {
    Reader reader
      = new ModelReader(
        AppConfig.getDryConfiguration());
    Persister persister
      = new XMLStore(
        AppConfiguration.getDryConfiguration());
    this.tm = new TransactionManager(reader, persister);
    ...
  }
  ...
}
```

WorkflowEngine 클래스는 생성자에서 TransactionManager를 생성한다. 다른 부분에서
생성됐다면 더 쉽게 코드를 분리했을 수도 있다. 여기서 취할 수 있는 방법 중 하나가 바
로 팩토리 메소드 추출과 재정의다.

팩토리 메소드 추출과 재정의는 매우 강력한 방법이지만 언어에 따라 문제를 일으킬 수 있
다. 예를 들어 C++에서는 이 방법을 사용할 수 없다. C++에서는 기초 클래스의 생성자에
서 가상 함수를 호출하는 것이 허용되지 않기 때문이다. 반면 자바 등의 언어에서는 이 방법
이 허용된다. C++에서 사용할 수 있는 좋은 대안으로는 인스턴스 변수 대체와 get 메소드
추출 및 재정의 기법이 있다. 이 문제에 대한 자세한 설명은 인스턴스 변수 대체 기법을 참
고하자.

```
public class WorkflowEngine
{
  public WorkflowEngine () {
    this.tm = makeTransactionManager();
    ...
  }

  protected TransactionManager makeTransactionManager() {
    Reader reader
      = new ModelReader(
        AppConfiguration.getDryConfiguration());
    Persister persister
```

```
        = new XMLStore(
            AppConfiguration.getDryConfiguration());
      return new TransactionManager(reader, persister);
    }
    ...
}
```

팩토리 메소드가 있다면 그 메소드를 서브클래스화하고 재정의할 수 있다. 결국 우리가 필요할 때마다 새로운 트랜잭션 매니저를 만들어 반환할 수 있다.

```
public class TestWorkflowEngine extends WorkflowEngine
{
  protected TransactionManager makeTransactionManager() {
    return new FakeTransactionManager();
  }
}
```

단계

팩토리 메소드 추출과 재정의를 사용하려면 다음에 소개하는 단계들을 밟는다.

1. 생성자 안에서의 객체 생성을 식별한다.
2. 생성과 관련된 모든 처리를 팩토리 메소드로서 추출한다.
3. 테스트용 서브클래스를 작성하고, 그 안에서 팩토리 메소드를 재정의함으로써 테스트 루틴에서 문제를 일으키는 객체 생성과 관계된 의존 관계를 해결한다.

get 메소드 추출과 재정의

팩토리 메소드 추출과 재정의는 객체 생성과 관련된 의존 관계 분리에 사용할 수 있는 강력한 방법이지만, 모든 경우에 사용할 수 있는 것은 아니다. 이 방법을 사용하는 데 가장 큰 걸림돌은 C++다. C++에서는 기초 클래스의 생성자에서 파생 클래스 내의 가상 함수를 호출할 수 없다. 하지만 다행히 생성자에서 객체를 생성하는 것뿐이라면 불필요한 작업을 하지 않아도 되는 해결책이 있다.

이 리팩토링 기법의 핵심은 가짜 객체로 대체하려는 인스턴스 변수를 위한 get 메소드를 도입하는 것이다. 그리고 클래스 내에서 이 변수를 사용하는 모든 곳에서 get 메소드를 사용하도록 코드를 변경한다. 이후 서브클래스를 작성해 get 메소드를 재정의함으로써 테스트할 때 대체 객체를 제공할 수 있다.

다음 예제는 현재 생성자에서 TransactionManager 객체를 생성하고 있다. 이를 변경해 배포 코드에서는 TransactionManager 객체를 사용하고 테스트 환경에서는 가짜 객체를 사용하도록 하고 싶다.

변경 전의 코드는 다음과 같다.

```cpp
// WorkflowEngine.h
class WorkflowEngine
{
private:
  TransactionManager *tm;
public:
  WorkflowEngine ();
  ...
}


// WorkflowEngine.cpp
WorkflowEngine::WorkflowEngine()
{
  Reader *reader
    = new ModelReader(
      AppConfig.getDryConfiguration());
  Persister *persister
    = new XMLStore(
      AppConfiguration.getDryConfiguration());
  tm = new TransactionManager(reader, persister);
  ...
}
```

다음 코드는 최종적으로 우리가 갖게 될 코드다.

```
// WorkflowEngine.h
class WorkflowEngine
{
private:
  TransactionManager *tm;
protected:
  TransactionManager *getTransaction() const;
public:
  WorkflowEngine ();

  ...
}

// WorkflowEngine.cpp
WorkflowEngine::WorkflowEngine()
:tm (0)
{

  ...
}

TransactionManager *getTransactionManager() const
{
  if (tm == 0) {
    Reader *reader
      = new ModelReader(
        AppConfig.getDryConfiguration());
    Persister *persister
      = new XMLStore(
        AppConfiguration.getDryConfiguration());
    tm = new TransactionManager(reader,persister);
  }
  return tm;
}
...
```

여기서는 지연 get 메소드를 도입했다. 이 메소드는 처음 호출됐을 때 트랜잭션 매니저를
생성한다. 변수를 사용 중인 모든 위치를 이 get 메소드 호출로 대체한다.

이 get 메소드를 사용하면 서브클래스를 작성해 재정의함으로써 다른 객체를 반환할 수 있다.

```
class TestWorkflowEngine : public WorkflowEngine
{
public:
  TransactionManager *getTransactionManager()
    { return &transactionManager; }
  FakeTransactionManager transactionManager;
};
```

테스트에 필요하다면 가짜 트랜잭션 매니저에 쉽게 접근할 수 있다.

```
TEST(transactionCount, WorkflowEngine)
{
  auto_ptr<TestWorkflowEngine> engine(new TestWorkflowEngine);
  engine.run();
  LONGS_EQUAL(0,
    engine.transactionManager.getTransactionCount());
}
```

get 메소드 추출과 재정의의 단점 중 하나는 초기화되기 전에 해당 변수를 사용할 위험성이 있다는 점이다. 이러한 이유로 클래스 안에 있는 모든 코드가 get 메소드를 사용하도록 만드는 것이 좋다.

get 메소드 추출과 재정의는 내가 즐겨 사용하는 기법은 아니다. 객체상에 문제 있는 단하나의 메소드만 존재할 때는 호출 추출과 재정의 기법을 사용하는 편이 훨씬 낫다. 하지만 하나의 동일한 객체상에 문제 있는 메소드들이 여러 개 존재하는 경우라면 get 메소드 추출과 재정의가 더 나은 선택이다. get 메소드 추출과 재정의 기법에 의해 문제를 모두 없앨 수 있다면 두말할 것 없이 깔끔한 승리가 될 것이다.

단계

get 메소드 추출과 재정의를 사용하려면 다음에 소개하는 단계들을 밟는다.

1. get 메소드를 필요로 하는 객체를 식별한다.
2. 객체 생성에 필요한 로직을 모두 추출해서 get 메소드에 넣는다.
3. 객체를 사용하는 부분을 모두 get 메소드 호출로 대체한다. 그리고 모든 생성자에서 이 객체에 대한 참조를 널Null 값으로 초기화한다.
4. get 메소드에 첫 호출 시의 로직을 추가하고, 객체 참조가 널일 때 객체를 생성해서 참조에 할당되도록 한다.
5. 서브클래스를 작성하고 get 메소드를 재정의해 테스트 루틴에서 사용되기 위한 대체 객체를 제공한다.

구현체 추출

인터페이스 추출은 손쉬운 기법이지만, 이름을 짓기가 어렵다. 추출하려는 인터페이스의 이름이 이미 클래스 이름으로서 사용되는 경우가 자주 있다. 클래스 이름 변경이나 인터페이스 추출 기능을 지원하는 IDE가 있으면 별문제 없겠지만, 그렇지 않다면 몇 개의 선택지가 있다.

- 바보 같은 이름을 짓는다.
- 추출하려는 메소드들을 조사하고, 이 메소드들이 클래스에서 특정 의미를 갖는 public 메소드의 집합인지 확인한다. 만약 그렇다면, 이는 새로운 인터페이스에 대한 별도의 이름을 시사할 가능성이 있다.

명명 규칙으로 강제되지 않는 한, 나는 새로운 인터페이스의 이름에 접두어 I를 사용하지 않는다. 생소한 코드를 대상으로 작업할 때 인터페이스의 절반은 이름이 I로 시작하고, 나머지 절반은 I로 시작하지 않는 것은 매우 골치 아픈 일이다. 어떤 타입의 이름을 키보드로 입력할 때 절반은 틀려버리기 때문이다. I가 필요한지 아닌지 판단할 수 없게 된다.

 이름 짓기는 설계의 핵심 중 하나다. 좋은 이름을 선택하면 시스템을 이해하고 작업하기가 쉽다. 하지만 좋지 않은 이름은 시스템에 대한 이해를 방해하고 후임 프로그래머의 삶을 지옥으로 만든다.

어떤 클래스의 이름이 인터페이스 이름으로서 사용하기에 딱 알맞는데 리팩토링 자동화 도구가 없을 경우, 나는 코드를 분리하기 위해 구현체 추출 기법을 사용한다. 클래스의 구현 부분을 추출하기 위해 서브클래스를 작성하고 실체 메소드를 모두 서브클래스로 밀어내림으로써 클래스를 인터페이스로 바꾸는 것이다.

다음은 C++ 예제다.

```
// ModelNode.h
class ModelNode
{
```

```
private:
  list<ModelNode *>   m_interiorNodes;
  list<ModelNode *>   m_exteriorNodes;
  double       m_weight;
  void       createSpanningLinks();

public:
  void addExteriorNode(ModelNode *newNode);
  void addInternalNode(ModelNode *newNode);
  void colorize();
  ...
};
```

가장 먼저 할 일은 ModelNode 클래스에 있는 선언들을 다른 헤더 파일 안으로 전부 복사하고, 그 복사본의 이름을 ProductionModelNode로 바꾸는 일이다. 다음은 그 복사된 클래스를 위한 선언 중 일부다.

```
// ProductionModelNode.h
class ProductionModeNode
{
private:
  list<ModelNode *>   m_interiorNodes;
  list<ModelNode *>   m_exteriorNodes;
  double       m_weight;
  void       createSpanningLinks();
public:
  void addExteriorNode(ModelNode *newNode);
  void addInternalNode(ModelNode *newNode);
  void colorize();
  ...
};
```

다음 단계는 ModeINode 헤더로 돌아가서 모든 public이 아닌 변수와 메소드의 선언을 빼내는 일이다. 그런 후에 나머지 모든 public 메소드들을 순수 가상(추상) 메소드로 만든다.

```
// ModelNode.h
class ModelNode
{
public:
  virtual void addExteriorNode(ModelNode *newNode) = 0;
  virtual void addInternalNode(ModelNode *newNode) = 0;
  virtual void colorize() = 0;
  ...
};
```

이 시점에서 ModelNode는 순수 인터페이스다. 이것은 단지 추상 메소드만을 포함하고 있다. C++라면 순수 가상 소멸자를 선언해야 하고, 이를 구현 파일로 정의해야 한다.

```
// ModelNode.h
class ModelNode
{
public:
  virtual     ~ModelNode () = 0;
  virtual void  addExteriorNode(ModelNode *newNode) = 0;
  virtual void  addInternalNode(ModelNode *newNode) = 0;
  virtual void  colorize() = 0;
  ...
};

// ModelNode.cpp
ModelNode::~ModelNode()
{}
```

이제 ProductionModelNode 클래스로 돌아가 새로운 인터페이스를 상속하도록 만든다.

```
#include "ModelNode.h"
class ProductionModelNode : public ModelNode
{
private:
  list<ModelNode *>  m_interiorNodes;
  list<ModelNode *>  m_exteriorNodes;
```

```
   double      m_weight;
   void        createSpanningLinks();

public:
   void addExteriorNode(ModelNode *newNode);
   void addInternalNode(ModelNode *newNode);
   void colorize();
   ...
};
```

이 시점에서 ProductionModelNode는 깔끔하게 컴파일돼야 한다. 시스템의 나머지 부분을 빌드한다면 ModelNode들을 인스턴스화하려고 하는 몇몇 장소를 발견할 것이다. 당신은 ProductionModelNode가 대신 생성되도록 그것들을 변경할 수 있다. 이 리팩토링에서는 구체 클래스의 객체 생성을 다른 것의 객체로 대체한다. 그리하더라도 전체적인 의존 관계 상황이 실제로 나아지는 것은 아니다. 하지만 객체가 생성되는 부분에서 의존 관계를 줄이기 위해 팩토리가 사용될 수 있는지 파악하기 위해 노력할 필요는 있다.

단계

구현체 추출을 사용하려면 다음에 소개하는 단계들을 밟는다.

1. 기존 클래스의 선언을 복사해서 다른 이름을 붙인다. 추출된 클래스에 대한 명명 규칙이 있다면 편리할 것이다. 나는 신규 클래스가 배포용의 구현 클래스임을 나타내기 위해 Production이라는 접두어를 사용한다.

2. 기존 클래스에서 public이 아닌 메소드와 모든 변수를 삭제해 인터페이스로 바꾼다.

3. 남아있는 public 메소드를 추상 메소드로 만든다. C++의 경우 추상 메소드로 만든 메소드가 가상 메소드가 아니며 재정의되지 않았음을 확인한다.

4. 인터페이스의 소스 파일에 포함된 import문이나 include문이 반드시 필요한지 확인한다. 그중의 상당수를 제거해도 될 때가 많다. 이를 찾아내기 위해 컴파일러에게 맡기기 기법을 사용할 수도 있다. 하나씩 제거하고 컴파일해봄으로써 정말로 필요한지 확인할 수 있다.

5. 배포용 클래스가 새로운 인터페이스를 구현하도록 만든다.

6. 배포용 클래스를 컴파일해 인터페이스에 정의된 메소드가 모두 구현됐는지 확인한다.

7. 시스템의 나머지 부분을 컴파일해서 기존 클래스의 인터페이스를 생성하는 곳을 전부 찾는다. 발견된 곳들을 배포용 신규 클래스의 생성으로 대체한다.

8. 다시 컴파일하고 테스트한다.

더 복잡한 예제

구현체 추출은 기존 클래스가 상속 계층상의 부모나 자식이 없을 경우 그리 어렵지 않다. 하지만 부모나 자식이 있을 경우에는 일이 복잡해진다. 그림 25.2의 ModelNode 클래스는 슈퍼클래스와 서브클래스를 가지고 있다.

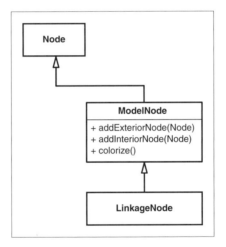

그림 25.2 ModelNode 클래스, 슈퍼클래스, 서브클래스의 관계

이 설계에서 Node, ModelNode, LinkageNode 모두 구체 클래스들이다. ModelNode는 Node에서 가져온 protected 메소드들을 사용한다. ModelNode는 또한 이 클래스의 서브클래스인 LinkageNode에서 사용될 메소드들을 공급한다. 구현체 추출은 인터페이스로 변환될 수 있는 구체 클래스를 필요로 한다. 그리하여 이후에는 하나의 인터페이스와 하나의 구체 클래스를 가지게 된다.

이 상황에서 우리가 할 수 있는 일들은 바로 이런 것들이다. 상속 계층에서 Node 아래에 ProductionNode를 위치시켜 Node 클래스에 구현체 추출을 수행할 수 있다. 또한 상속 관계를 변경시켜 ModelNode가 Node 대신 ProductionNode를 상속하도록 만들 수 있다. 그림 25.3은 이것이 반영된 후의 설계 모습을 보여준다.

그다음에는 ModelNode 클래스상에서 구현체 추출을 수행한다. ModelNode 클래스는 이미 서브클래스를 하나 가지고 있으므로 ModelNode 클래스와 LinkageNode 클래스 사이에 ProductionNode 하나를 새로 도입한다. 이 일을 마치고 나면 그림 25.4에서 볼 수 있듯이 ModelNode 인터페이스가 Node를 확장하도록 만들 수 있다.

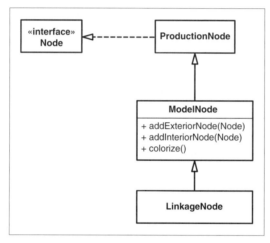

그림 25.3 Node 클래스상에 구현체 추출을 수행한 후의 모습

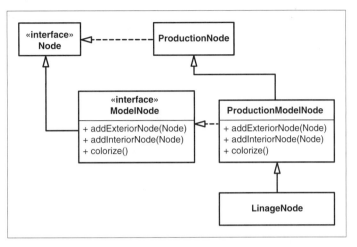

그림 25.4 ModelNode 클래스상에서 구현체 추출 실행

이처럼 계층 구조에 내장돼 있는 클래스를 가지고 있다면, 인터페이스 추출 기법을 사용하고 각 인터페이스를 위한 서로 다른 이름을 선택하는 것이 나을지 생각해봐야 한다. 이는 훨씬 더 직접적인 리팩토링 기법이다.

인터페이스 추출

많은 언어에서 인터페이스 추출은 가장 안전한 의존 관계 제거 기법 중 하나다. 혹시 순서를 잘못 따라도 컴파일러가 즉시 알려주기 때문에 버그가 생길 가능성이 매우 낮다. 이 기법의 핵심은 어떤 클래스에 대해 특정 상황에서 사용하려는 메소드들의 선언을 포함하는 인터페이스를 작성하는 것이다. 테스트하려는 클래스에 대해 인터페이스를 구현한 가짜 객체를 전달함으로써 감지와 분리를 수행할 수 있다.

인터페이스 추출은 세 가지 방법이 있으며, 주의해야 할 함정도 있다. 첫 번째 방법은 운 좋게 리팩토링 자동화 도구의 지원을 받는 것이다. 이 도구는 클래스 내의 메소드를 선택해서 새로운 인터페이스의 이름을 입력하는 몇 가지 방법을 제공한다. 정말 뛰어난 도구는 신규 인터페이스를 사용할 수 있는 위치를 코드 구석까지 검색할지 여부를 물어오기도 한다. 덕분에 작업 시간을 크게 단축시킬 수 있다.

인터페이스 추출을 지원하는 자동화 도구가 없다면 두 번째 방법을 사용할 수 있다. 이번 절에서 설명하는 단계를 밟아서 단계적으로 인터페이스를 추출해나가는 것이다.

인터페이스를 추출하는 세 번째 방법은 클래스로부터 몇 개의 메소드를 묶어서 자르기/복사하기 및 붙여넣기를 수행해 인터페이스에 선언하는 것이다. 앞의 두 방법만큼은 아니지만 꽤 안전한 방법이며, 자동화 도구의 지원이 없고 빌드에 너무 많은 시간이 걸릴 경우 사실상 유일하게 고려할 수 있는 인터페이스 추출 방법이다.

두 번째 방법을 이용해 인터페이스를 추출해보자. 설명하면서 몇 가지 주의 사항을 논의할 것이다.

PaydayTransaction 클래스를 테스트 루틴에 넣기 위해 인터페이스를 추출해야 한다고 하자. 그림 25.5는 PaydayTransaction 클래스 및 이 클래스가 의존하는 TransactionLog 클래스를 보여준다.

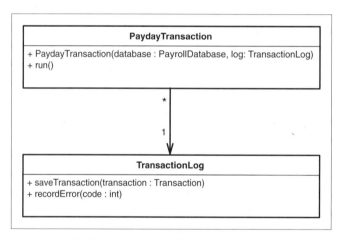

그림 25.5 TransactionLog에 의존하는 PaydayTransaction

테스트 케이스는 다음과 같다.

```
void testPayday()
{
  Transaction t = new PaydayTransaction(getTestingDatabase());
  t.run();
  assertEquals(getSampleCheck(12),
```

```
  getTestingDatabase().findCheck(12));
}
```

컴파일하기 위해 TransactionLog의 일부를 전달받아야 한다. 아직 존재하지 않는 클래스에 대한 호출을 하나 생성한다. 바로 FakeTransactionLog다.

```
void testPayday()
{
  FakeTransactionLog aLog = new FakeTransactionLog();
  Transaction t = new PaydayTransaction(
          getTestingDatabase(),
          aLog);
  t.run();

  assertEquals(getSampleCheck(12),
  getTestingDatabase().findCheck(12));
}
```

이 코드가 컴파일되려면, TransactionLog 클래스에 대한 인터페이스를 추출해 FakeTransactionLog 클래스가 그 인터페이스를 구현하도록 만들어야 한다. 또한 PaydayTransaction이 FakeTransactionLog를 받을 수 있도록 만들어야 한다.

먼저 급한 것부터 수행한다. 인터페이스를 우선 추출하고, TransactionRecorder라는 빈 클래스를 하나 생성한다. 그 이름이 어디서 왔는지 궁금하다면 다음의 설명을 읽어보자.

인터페이스 이름 짓기

프로그래밍 구조로서의 인터페이스는 상대적으로 새로운 개념이다. 자바와 상당수의 .NET 언어는 인터페이스를 언어 차원에서 지원하며, C++는 순수 가상 함수만을 갖는 클래스를 생성함으로써 인터페이스를 흉내 낼 수 있다.

인터페이스 개념이 처음 소개됐을 때 사람들은 클래스 앞에 'I'라는 글자를 붙이는 식으로 인터페이스의 이름을 지었다. 예를 들어 Account 클래스에 대한 인터페이스의 이름은 IAccount가 됐다. 이 방식의 장점은 인터페이스를 추출할 때 이름 때문에 고민할 필요가 없다는 것이다. 접두어만 하나 추가하면 끝이기 때문이다. 반면에 실제로 인터페이스를 다루고 있는지 상당수 코드에서 항상 주의를 기울여야 하는 단점이 있다. 인터페이스인지 아닌

시 신경 쓰지 않아도 되는 것이 이상적이기 때문이다. 또한 이런 명명 규칙을 사용할 경우, I 라는 접두어가 붙은 것과 그렇지 않은 것이 섞이게 된다. 게다가 원래의 클래스로 되돌리고 싶으면 I를 제거해야 하는데, 이로 인해 꽤 광범위한 변경이 불가피하다. I를 제거하지 않을 경우, 코드에 남은 클래스 이름은 미묘하게 거짓말을 하는 셈이 된다.

신규 클래스를 개발할 때는 설령 대규모의 추상적 개념일지라도 단순한 이름을 붙이는 것이 간편하다. 예를 들어 회계 패키지를 개발하고 있다면, 클래스 이름을 Account라 짓고 신규 기능을 추가하기 위한 테스트 루틴 작성을 시작한다. 어떤 시점에서 Account 클래스를 인터페이스로 만들고 싶어질 수 있다. 그럴 경우에는 Account의 서브클래스를 작성한 후, Account 클래스의 모든 데이터와 메소드를 내려보냄으로써 Account를 인터페이스로 만들 수 있다. 이 방법을 사용하면 코드 전체를 조사해 Account에 대한 참조 타입을 변경하지 않아도 된다.

PaydayTransaction 예제에서는 이미 TransactionLog라는 인터페이스에 적합한 이름이 붙여져 있으므로 동일한 기법을 사용할 수 있다. 단점은 서브클래스로 데이터와 메소드를 내려보내는 데 많은 수고가 따른다는 것이다. 하지만 위험도가 높지 않을 때 나는 자주 이 방법을 사용한다. 이 기법은 구현체 추출이라고 부른다.

테스트 루틴이 충분히 준비되지 않은 상황에서 인터페이스를 추출하는 경우, 나는 인터페이스에 새로운 이름을 지어준다. 적절한 이름을 생각하는 데 많은 시간이 걸릴 때도 있다. 다만, 클래스 이름 변경을 지원하는 도구가 없을 경우에는 대상 클래스를 사용하는 코드가 너무 많아지기 전에 클래스 이름을 확정하게 하는 편이 바람직하다.

```
interface TransactionRecorder
{
}
```

이제 이전으로 돌아가 TransactionLog가 새로운 인터페이스를 구현하도록 만든다.

```
public class TransactionLog implements TransactionRecorder
{
   ...
}
```

이어서 FakeTransactionLog를 공백 클래스로서 작성한다.

```
public class FakeTransactionLog implements TransactionRecorder
{
}
```

우리가 한 일이라고는 새로운 클래스를 몇 개 도입하고 변경시켜 빈 인터페이스를 구현한 것밖에 없으므로 모든 클래스가 문제없이 컴파일돼야 한다.

이 시점에서는 리팩토링하는 데 전념한다. 인터페이스를 사용하고 싶은 부분에 있던 참조형을 모두 변경하고 PaydayTransaction이 TransactionLog를 사용하므로 이것을 변경시켜 TransactionRecorder를 사용할 수 있게 한다. 이런 작업을 마친 후에 컴파일하면 TransactionRecorder로부터 많은 메소드들이 호출되는 경우를 다수 찾아볼 수 있다. 또한 TransactionRecorder 인터페이스에 메소드 선언을 추가하고 FakeTransactionLog에는 빈 메소드 정의들을 추가함으로써 오류를 하나씩 제거해갈 수 있다.

다음과 같은 예제가 있다.

```
public class PaydayTransaction extends Transaction
{
  public PaydayTransaction(PayrollDatabase db,
      TransactionRecorder log) {
    super(db, log);
  }

  public void run() {
    for(Iterator it = db.getEmployees(); it.hasNext(); ) {
      Employee e = (Employee)it.next();
      if (e.isPayday(date)) {
        e.pay();
      }
    }
    log.saveTransaction(this);
  }
  ...
}
```

이 경우에 우리가 호출하는 메소드 중 TransactionRecorder상에 있는 유일한 메소드는 saveTransaction이다. TransactionRecorder는 saveTransaction 메소드를 아직 갖고 있지 않으므로 컴파일 오류가 발생할 것이다. 단지 TransactionRecorder와 FakeTransactionLog에 그 메소드를 추가함으로써 우리의 테스트 루틴이 컴파일되도록 만들 수 있다.

```
interface TransactionRecorder
{
  void saveTransaction(Transaction transaction);
}

public class FakeTransactionLog implements TransactionRecorder
{
  void saveTransaction(Transaction transaction) {
  }
}
```

이제 우리는 모든 것을 마쳤으며, 테스트 루틴에 실제 TransactionLog를 생성할 필요는 없다.

당신은 이것을 보고 다음과 같이 말할 수 있다. "글쎄, 제대로 된 것 같지 않군. 인터페이스와 가짜 클래스에 recordError 메소드를 추가하지 않았잖아." 그렇다. 이 말은 사실이다. recordError 메소드는 TransactionLog 클래스상에 있다. 우리가 인터페이스 전체를 추출할 필요가 있었다면 인터페이스상에도 도입했을 것이다. 하지만 이는 테스트 루틴에게 필요하지 않다. 클래스의 모든 public 메소드들을 덮는 인터페이스 하나를 갖는 것이 좋을지라도, 실제로 이 일을 하게 되면 애플리케이션을 제대로 테스트하기 위해 필요한 양보다 훨씬 많은 양의 일을 하게 될 것이다. 코드 내 주요한 추상화 부분에 클래스의 public 메소드 집합을 완전히 덮는 인터페이스를 가져야 한다는 것이 당신의 설계 철학이라면, 점차적으로 그 목적을 이룰 수 있다는 사실을 명심하자. 때때로 영향력 있는 한 가지 변경을 서둘러 수행하기보다는 더 넓은 테스트 적용 범위를 얻을 때까지 변경을 미루는 편이 낫다.

인터페이스를 추출할 때 대상 클래스의 모든 public 메소드를 추출할 필요는 없다. 컴파일러에게 맡기기 기법을 사용하면 실제 사용 중인 메소드를 찾을 수 있다.

유일하게 어려운 점은 가상 메소드가 아닌 메소드를 다루는 경우다. 자바라면 정적 메소드가 이런 경우에 해당되며, C#이나 C++ 등의 언어도 가상이 아닌 인스턴스 메소드를 허용한다. 자세한 설명은 다음 절의 박스 설명을 참고하자.

단계

인터페이스 추출을 사용하려면 다음에 소개하는 단계들을 밟는다.

1. 적절한 이름의 인터페이스를 새로 작성한다. 아직은 어떤 메소드도 추가하지 않는다.
2. 추출 대상 클래스에서 이 인터페이스를 구현하도록 한다. 인터페이스가 아직 메소드를 갖고 있지 않으므로 동작에 문제를 일으킬 일은 없다. 하지만 그래도 검증을 위해 컴파일하고 테스트 루틴을 실행해보는 것이 좋다.
3. 해당 객체를 사용하는 위치를 변경해서 기존 클래스 대신에 인터페이스를 사용하도록 한다.
4. 시스템을 컴파일한다. 컴파일러가 오류를 보고하는 메소드 호출에 대해 신규 메소드 선언을 인터페이스에 추가한다.

 인터페이스 추출과 비가상 함수

코드 내에 bondRegistry.newFixedYield(client)라는 호출이 있을 경우 많은 언어에서 이 메소드가 정적 메소드인지, 가상 아니면 비가상 인스턴스 메소드인지 쉽게 확인하기가 어렵다. 비가상 인스턴스 메소드를 허용하는 언어에서는 인스턴스를 추출해 클래스 내의 비가상 메소드의 시그니처를 인터페이스에 추가할 경우 어떤 식으로든 문제에 부딪치게 된다. 일반적으로 서브클래스가 없는 클래스라면 메소드를 가상으로 만들고 인터페이스를 추출하면 그것으로 끝이다. 하지만 서브클래스를 갖는 경우 메소드 시그니처를 인터페이스로 올리는 것은 코드를 망가뜨리는 결과를 초래할 수 있다. 다음의 C++ 예제를 보자. 이 클래스는 비가상 메소드를 갖고 있다.

```
class BondRegistry
{
public:
  Bond *newFixedYield(Client *client) { ... }
};
```

그리고 서브클래스 역시 동일한 이름과 시그니처의 메소드를 갖고 있다.

```
class PremiumRegistry : public BondRegistry
{
public:
  Bond *newFixedYield(Client *client) { ... }
};
```

BondRegistry에서 인터페이스를 추출하면 다음과 같다.

```
class BondProvider
{
public:
  virtual Bond *newFixedYield(Client *client) = 0;
};
```

그리고 BondRegistry에서 이 인터페이스를 구현한다.

```
class BondRegistry : public BondProvider { ... };
```

다음 코드에 PremiumRegistry 객체를 전달하면 코드는 망가지고 만다.

```
void disperse(BondRegistry *registry) {
  ...
  Bond *bond = registry->newFixedYield(existingClient);
  ...
}
```

인터페이스를 추출하기 전에 BondRegistry의 newFixedYield 메소드가 호출되고 있었다. 컴파일할 때 registry 변수의 타입이 BondRegistry였기 때문이다. 그런데 인터페이스 추출 과정에서 newFixedYield를 가상 메소드로 만들면 PremiumRegistry의 메소드가 호출되도록 동작이 바뀌어버린다. C++에서 기초 클래스의 메소드를 가상으로 만들면 서브클래스의 재정의 메소드도 가상 메소드가 되기 때문이다. 자바나 C#에서는 모든 인스턴스 메소드가 가상 메소드이므로 이런 문제가 일어나지 않는다. C#에서는 더욱 안전한데, 인터페이스를 추가해도 기존의 비가상 메소드 호출에 영향을 주지 않기 때문이다.

일반적으로 기초 클래스 내의 비가상 메소드와 동일한 시그니처를 갖는 메소드를 파생 클래스에 작성하는 것은 오해를 일으키기 쉽기 때문에 C++에서는 바람직하지 않은 습관이다. 인터페이스를 통해 비가상 함수에 접근하고 싶고 그 함수가 서브클래스를 갖는 클래스의 함수라면, 최선의 방법은 새로운 이름으로 가상 메소드를 추가하는 것이다. 이 메소드로부터 비가상 메소드나 정적 메소드로 위임하면 된다. 다만 이때 추가될 가상 메소드가 추출 대상 클래스의 모든 서브클래스에 대해 올바른 처리를 하는지 확인할 필요가 있다.

인스턴스 위임 도입

정적 메소드는 여러 가지 이유에서 사용된다. 가장 흔한 이유 중 하나로는 싱글톤 디자인 패턴을 구현하는 것을 꼽을 수 있으며, 유틸리티 클래스 작성도 정적 메소드를 사용하는 이유 중 하나다.

유틸리티 클래스는 많은 설계에서 폭넓게 사용되는데, 인스턴스 변수나 인스턴스 메소드를 갖지 않는 대신에 정적 메소드와 상수로 구성된 클래스를 가리킨다.

사람들은 여러 가지 이유로 유틸리티 클래스를 작성한다. 대부분의 경우, 유틸리티 클래스는 특정 메소드 집합의 공통적인 추상 개념을 찾기 힘들 때 주로 작성된다. 자바 JDK의 Math 클래스가 대표적인 예며, 이 클래스는 삼각 함수(cos, sin, tan) 및 그 밖의 계산용 정적 메소드들을 포함한다. 언어 설계자가 프로그래밍 언어의 모든 기능을 객체로서 설계한다면, 숫자를 나타내는 원시 자료형이 계산 함수들의 계산 방법을 알도록 설계해야 한다. 예를 들어 1이라는 숫자 객체에 대해 sin( ) 함수 등의 계산 함수를 호출해 올바른 결과 값이 얻어지도록 해야 한다. 이 책을 저술하는 현재 자바는 원시 자료형에 대한 계산 메소드를 지원하지 않기 때문에 유틸리티 클래스가 적절한 해결책이긴 하지만, 엄밀히 말하면 특수한 해결 방법이라고 말할 수 있다. 대부분의 경우에는 클래스가 인스턴스 데이터와 메소드를 갖게 함으로써 필요한 처리를 수행하게 할 수 있다.

정적 메소드가 있다고 해도 테스트 환경에서 어떤 까다로운 것에 의존하지 않는 한 문제의 원인이 되지는 않는다. 하지만 골치 아픈 것에 의존하고 있을 경우에는 객체 봉합 기법을 사용해서 정적 메소드의 동작을 어떤 다른 것으로 대체하고 싶을 수 있다. 이런 경우에 어떻게 하면 좋을까?

한 가지 가능한 방법은 클래스에 위임용 인스턴스 메소드를 도입하는 것이다. 이 경우 정적 메소드 호출을 객체에 대한 메소드 호출로 대체할 방법을 찾아내야 한다. 다음 예제를 보자.

```
public class BankingServices
{
  public static void updateAccountBalance(int userID,
      Money amount) {
    ...
  }
  ...
}
```

정적 메소드만을 포함하는 클래스가 하나 있다. 여기서는 하나의 메소드만을 보여줬지만 개념을 알기에는 충분할 것이다. 이처럼 인스턴스 메소드를 클래스에 추가할 수 있고 정적 메소드에 위임할 수도 있다.

```
public class BankingServices
{
  public static void updateAccountBalance(int userID,
      Money amount) {
    ...
  }
  public void updateBalance(int userID, Money amount) {
    updateAccountBalance(userID, amount);
  }
  ...
}
```

위의 경우에는 updateBalance라는 인스턴스 메소드를 추가하고 그 메소드가 하던 일을 updateAccountBalance라는 정적 함수로 위임했다.

그리고 호출하는 코드 내에서는 참조를 다음과 같이 바꿀 수 있다.

```
public class SomeClass
{
  public void someMethod() {
    ...
    BankingServices.updateAccountBalance(id, sum);
  }
}
```

위 메소드와 다음 메소드를 비교해보자.

```
public class SomeClass
{
  public void someMethod(BankingServices services) {
    ...
    services.updateBalance(id,sum);
  }
  ...
}
```

우리가 사용하는 Banking Services 객체를 외부로 생성할 수 있는 방법을 찾을 수 있는 경우에만 이것을 적용할 수 있음을 명심하자. 이는 부가적인 리팩토링 단계지만, 정적 언어라면 객체를 적절한 자리에 놓기 위해 컴파일러에게 맡기기 기법을 사용할 수 있다.

이 기법은 많은 정적 메소드들처럼 단순하지만, 유틸리티 클래스를 가지고 시작할 때는 불편함을 느낄 수 있다. 다섯 개나 열 개의 정적 메소드를 가지면서 하나 또는 두 개의 인스턴스 메소드를 갖는 클래스는 좀 이상해 보인다. 그것들이 단순한 메소드며 정적 메소드들에 위임하는 경우라면 훨씬 더 이상해 보인다. 하지만 이 기법을 사용하면 적절한 자리에서 객체 봉합을 쉽게 실행할 수 있고, 테스트할 때는 여러 동작으로 대체할 수 있다. 점차적으로 당신은 유틸리티 클래스에 대한 모든 호출이 위임 메소드를 통해 나온다는 것을 알게 된다. 그런 경우에 정적 메소드의 본문을 인스턴스 메소드들 안으로 옮긴 후 정적 메소드들을 지울 수 있다.

단계

인스턴스 위임 도입 기법을 수행하는 순서는 다음과 같다.

1. 테스트 환경에서 사용하면 문제를 일으킬 정적 메소드를 식별한다.
2. 단계 1에서 식별된 메소드에 대한 인스턴스 메소드를 클래스 내에 작성한다. 이때 시그니처 유지 기법을 잊지 말고 수행한다. 이 인스턴스 메소드는 정적 메소드에 처리를 위임한다.
3. 테스트 루틴으로 보호하려는 클래스 내에서 정적 메소드를 호출하는 위치를 찾는다. 정적 메소드를 호출하는 위치에 인스턴스를 전달하기 위해 메소드 매개변수화 기법이나 그 밖의 의존 관계 제거 기법을 사용한다.
4. 문제가 있었던 기존의 정적 메소드 호출을 인스턴스 메소드 호출로 대체한다.

정적 set 메소드 도입

내가 순수주의자여서 그런지 모르겠지만, 나는 값이 바뀔 수 있는 전역 데이터를 좋아하지 않는다. 나는 함께 일했던 여러 개발 팀에서 전역 데이터가 시스템 일부를 테스트 하네스에 넣는 데 최대의 장애물인 경우를 자주 봤다. 클래스 집합을 추출해서 테스트 하네스에 넣으려고 시도할 때 일부 클래스는 특정 상태로 설정해야 사용할 수 있음을 비로소 알게 되는데, 이럴 경우 테스트 하네스를 설정하려면 테스트 조건에 맞도록 모든 전역 요소를 빠짐없이 확인해야만 한다. 양자 물리학자들은 '불가사의한 원격 작용'을 발견하지 못했지만, 소프트웨어 분야에서는 이미 몇 년 전부터 존재해왔다.

불쾌한 감정은 차치하고라도 많은 시스템들이 전역 요소를 갖고 있다. 어떤 시스템에서는 누군가 어딘가에 변수를 선언했을 뿐인 매우 직접적이면서 무의식적인 것일 경우도 있고, 다른 시스템에서는 싱글톤 디자인 패턴 원칙을 엄격히 따르는 싱글톤 객체로서 제대로 사용되는 경우도 있다. 둘 중 어느 경우든, 감지를 위해 적절한 위치에 가짜 클래스를 넣는 것은 매우 간단하다. 그 변수가 클래스 밖에 위치하거나 정적 변수로서 공개된 전역 요소라면 간단히 대체할 수 있다. 참조가 const나 final로 선언돼 있어서 이런 제한을 풀어야 할 필요가 있다면, 어디까지나 테스트를 위한 것이며 배포 코드에서는 사용하면 안 된다는 주석을 남긴다.

싱글톤 디자인 패턴

싱글톤 디자인 패턴은 특정 클래스의 인스턴스가 단 하나만 존재함을 보증하기 위해 자주 사용되는 패턴이다. 대부분의 싱글톤은 다음의 세 가지 특성을 가진다.

1. 싱글톤 클래스의 생성자는 보통 private으로 선언한다.
2. 클래스의 정적 변수는 프로그램 안에서 생성되는 해당 클래스의 유일한 인스턴스를 가진다.
3. 정적 메소드를 통해 인스턴스에 접근한다. 일반적으로 이 메소드는 instance 혹은 getInstance라는 이름을 가진다.

싱글톤을 사용하면 배포 코드에서 특정 클래스의 인스턴스를 두 개 이상 생성하지 못하도록 제한할 수 있지만, 동시에 테스트 하네스에서도 해당 클래스의 인스턴스를 두 개 이상 생성 하지 못하게 된다.

싱글톤 대체는 약간의 작업이 요구된다. 먼저 인스턴스를 대체하기 위한 정적 set 메소드를 싱글톤 클래스에 추가한 후 생성자를 protected로 선언한다. 그리고 나서 싱글톤의 서 브클래스를 작성하고 새로 객체를 생성한 후 이 객체를 set 메소드에 전달한다.

정적 set 메소드를 사용하는 것은 접근 제한을 완화하는 것이기 때문에 다소 불안을 느낄 수도 있다. 하지만 접근 제한의 이유가 오류 방지임을 기억하자. 테스트 루틴도 역시 오 류 방지라는 동일한 목적을 위한 것이다. 다만 이번 예제에서는 더욱 강력한 도구가 필요 함이 밝혀졌을 뿐이다.

다음 코드는 C++에서 정적 set 메소드를 도입하는 예제를 보여준다.

```
void MessageRouter::route(Message *message) {
  ...
  Dispatcher *dispatcher
      = ExternalRouter::instance()->getDispatcher();
  if (dispatcher != NULL)
    dispatcher->sendMessage(message);
}
```

MessageRouter 클래스에서는 발송자들을 얻기 위해 여러 곳에서 싱글톤을 사용한다.

ExternalRouter 클래스는 이러한 싱글톤들 중 하나다. ExternalRouter의 단 하나의 인스턴스에 대한 접근을 제공하기 위해 instance라고 명명된 정적 메소드를 사용한다. ExternalRouter 클래스는 발송자를 위한 하나의 get 메소드를 가진다. 발송자에 서비스를 제공하는 외부 라우터를 대체함으로써 그 발송자를 다른 발송자로 바꿀 수 있다.

다음 코드는 정적 set 메소드를 도입하기 이전의 ExternalRouter 클래스를 보여준다.

```
class ExternalRouter
{
private:
  static ExternalRouter *_instance;
public:
  static ExternalRouter *instance();
  ...
};

ExternalRouter *ExternalRouter::_instance = 0;
ExternalRouter *ExternalRouter::instance()
{
  if (_instance == 0) {
    _instance = new ExternalRouter;
  }
  return _instance;
}
```

해당 라우터는 instance 메소드를 처음 호출할 때 생성된다는 것에 유의하자. 다른 라우터로 대체하려면 instance의 반환 값을 변경해야 한다. 가장 먼저 해야 할 일은 해당 인스턴스를 대신하는 새로운 메소드를 도입하는 것이다.

```
void ExternalRouter::setTestingInstance(ExternalRouter *newInstance)
{
  delete _instance;
  _instance = newInstance;
}
```

물론 이 경우에는 새 인스턴스를 생성할 수 있다고 가정한다. 사람들이 싱글톤 패턴을 사용하는 경우에 하나 이상의 인스턴스 생성을 방지하기 위해 클래스의 생성자를 private으로 만들기도 한다. 그 생성자를 protected로 만든다면 감지하고 분리하기 위해 싱글톤을 서브클래스화할 수 있고, setTestingInstance 메소드에 새 인스턴스를 전달할 수 있다. 앞 예제에서는 ExternalRouter 클래스의 서브클래스로 TestingExternalRouter라 명명된 클래스 하나를 만들고 getDispatcher 메소드를 재정의했다. 그렇게 함으로써 그 getDispatcher는 우리가 원하는 가짜 발송자를 반환하게 될 것이다.

```
class TestingExternalRouter : public ExternalRouter
{
public:
  virtual void Dispatcher *getDispatcher() const {
    return new FakeDispatcher;
  }
};
```

이 방법은 새 발송자 안에서의 대체를 우회적으로 해결하는 것처럼 보일 수 있다. 우리는 결국 발송자들을 단순히 대체할 목적으로 하나의 ExternalRouter 클래스를 작성할 것이다. 좀 더 간단한 방법을 찾을 수도 있지만, 그것 또한 장단점을 가질 것이다. 또 다른 방법으로는 ExternalRouter 클래스에 이진 플래그를 추가해 그 플래그 값에 따라 다른 발송자를 반환하는 것이 있다. C++나 C#에서는 발송자를 선택할 수 있는 조건부 컴파일을 사용할 수도 있다. 이러한 기법들은 잘 동작할 수 있으나 코드 전반에 영향을 미칠 것이고, 애플리케이션 전반에 대해 사용할 경우 거대해져 다루기 어려울 수도 있다. 일반적으로 나는 배포 코드와 테스트 코드를 분리해놓는 것을 선호한다.

싱글톤상에 set 메소드와 protected 생성자를 사용하는 것은 영향력이 조금 클 수 있을지 모르지만, 적절한 자리에서 테스트하는 데 도움을 준다. 사람들이 public 생성자를 오용하고 배포용 시스템에서 하나 이상의 싱글톤을 만들 가능성이 있을까? 물론 있다. 하지만 내가 생각하기에 시스템에서 하나의 객체에 오직 하나의 인스턴스를 가지도록 만드는 것이 매우 중요하다면, 팀 내 모든 구성원들이 그 제약 사항을 숙지하도록 만드는 것이 가장 좋다.

생성자의 접근 제한 수준을 내리면서 서브클래스를 작성하는 것을 대신할 수 있는 한 가지 방법은 싱글톤 클래스에 대해 인터페이스 추출 기법을 사용하고 그 인터페이스를 구현한 객체를 인수로서 입력받는 set 메소드를 제공하는 것이다. 이 방법의 단점은 클래스 내에서 싱글톤을 유지하는 참조 타입과 instance 메소드의 반환 값 타입을 다르게 해야 한다는 것이다. 이런 변환 처리는 매우 복잡하지만 실제로 바람직한 상태로 유도하지도 못한다. 궁극의 '바람직한 상태'는 싱글톤에 대한 전역 참조를 줄여서 일반적인 클래스로 바꿀 수 있도록 하는 것이다.

이전 예제에서는 정적 set 메소드를 이용해 싱글톤을 대체했다. 싱글톤은 다른 객체인 발송자에게 서비스를 제공하는 객체였다. 우리는 종종 시스템에서 여러 종류의 전역 요소 중 하나인 전역 팩토리를 볼 수 있다. 전역 팩토리는 하나의 인스턴스에만 메이기보다는 그들의 정적 메소드 중 하나를 호출할 때마다 신선한 객체에 제공한다. 반환을 위해 다른 객체로 대체하는 것은 조금 까다로운 일이나, 해당 팩토리를 다른 팩토리에 위임함으로써 이 일을 처리할 수 있다. 그럼 자바로 작성된 예제 하나를 살펴보자.

```
public class RouterFactory
{
  static Router makeRouter() {
    return new EWNRouter();
  }
}
```

여기서 RouterFactory 클래스는 간단한 전역 팩토리다. 클래스 이름이 말해주듯이, 이것은 테스트 중인 라우터를 대체하지 못하게 한다. 하지만 대체할 수 있도록 하기 위해 해당 클래스를 바꿀 수는 있다. 다음은 그 예다.

```
interface RouterServer
{
  Router makeRouter();
}

public class RouterFactory implements RouterServer
{
```

```
  static Router makeRouter() {
    return server.makeRouter();
  }
  static setServer(RouterServer server) {
    this.server = server;
  }
  static RouterServer server = new RouterServer() {
    public RouterServer makeRouter() {
      return new EWNRouter();
    }
  };
}
```

테스트 루틴 안에서는 다음과 같이 하면 된다.

```
protected void setUp() {
  RouterServer.setServer(new RouterServer() {
    public RouterServer makeRouter() {
      return new FakeRouter();
    }
  });
}
```

이러한 정적 set 메소드 패턴에서는 당신이 모든 테스트에서 접근 가능한 상태를 수정하고 있음을 기억하는 것이 중요하다. 당신은 xUnit 테스트 프레임워크 안에 있는 tearDown 메소드를 사용할 수 있다. 이는 남은 테스트를 실행하기 전에 이미 검증된 상태로 돌려놓기 위해 사용한다. 일반적으로 나는 다음 테스트를 망치게 하는 잘못된 상태에서만 이 방법을 사용한다. 내가 모든 테스트 내에 있는 가짜 MailSender 클래스를 대체한다면, 또 다른 상태 값을 넣는 것은 의미 없다. 이와 달리 시스템의 결과에 영향을 미치는 상태 값을 전역적으로 유지하고 있다면, 깨끗한 상태인 것을 확인하기 위해 setUp과 tearDown 메소드에서도 동일하게 상태 값을 사용할 수 있다.

```
protected void setUp() {
  Node.count = 0;
  ...
}
protected void tearDown() {
  Node.count = 0;
}
```

이 시점에서는 당신이 나와 같은 마음을 가지고 있다고 상상해본다. 당신은 적절한 자리에 테스트 루틴을 놓기 위해 시스템을 망가뜨리는 모습을 그저 바라보는 것에 역겨워하고 있을 것이다. 그렇다. 이러한 패턴은 시스템의 일부분을 매우 엉망으로 만들 수 있다. 외과 수술은 결코 예쁠 수 없다. 특히 처음에는 더 그렇다. 시스템을 다시 훌륭한 상태로 되돌리려면 어떤 일을 해야 할까?

한 가지 고려해야 할 사항은 매개변수 전달이다. 전역 요소에 접근할 필요가 있는 클래스들을 살펴보고 공통 슈퍼클래스를 만들어줄 수 있는지 여부를 생각해보자. 공통 슈퍼클래스를 만들 수 있다면 클래스를 생성할 때 전역 요소를 전달할 수 있고, 또 전역 요소들을 점점 없앨 수 있게 된다. 사람들은 종종 시스템 안에서의 모든 클래스가 어느 정도 전역 요소를 필요로 한다는 사실에 두려워하고 있다. 또한 때로는 여러분을 놀라게 할 것이다. 나는 한때 메모리 관리와 오류 보고를 클래스를 통해 수행하는 임베디드 시스템 작업을 수행한 바 있다. 이때 메모리 객체나 오류 보고서를 필요로 하는 모든 곳에 전달했다. 시간이 지날수록 그러한 서비스를 필요로 하는 클래스들과 필요로 하지 않는 클래스들이 명확하게 분리됐다. 그러한 서비스를 필요로 하는 클래스들은 하나의 공통 슈퍼클래스를 가지고 있었다. 시스템 전체에 걸쳐 전달되는 객체들은 프로그램 시작과 동시에 생성됐고 대부분 알아보기 어려웠다.

단계

정적 set 메소드 도입을 적용하는 과정은 다음과 같다.

1. 싱글톤 클래스 생성자의 보호 수준을 낮춰서 서브클래스에 의한 가짜 클래스 작성을 가능하게 한다.
2. 싱글톤 클래스에 정적 set 메소드를 추가한다. set 메소드에 싱글톤 클래스에 대한 참조가 전달되도록 한다. 또한 set 메소드가 새로운 객체를 설정하기 전에 싱글톤 객체를 확실히 제거한다.
3. 테스트 설정을 위해 싱글톤 내의 private이나 protected 메소드에 접근해야 한다면, 싱글톤을 서브클래스화하거나 인스턴스를 추출해 그 인스턴스를 구현한 객체 참조를 싱글톤에서 유지하도록 한다.

연결 대체

객체 지향은 하나의 객체를 다른 객체로 대체하는 매우 훌륭한 방법을 제공한다. 두 클래스가 동일한 인터페이스를 구현하거나 동일한 슈퍼클래스를 가진다면, 매우 쉽게 하나의 클래스를 다른 클래스로 대체할 수 있다. 하지만 불행하게도 C와 같은 절차형 언어들로 작업하는 사람들은 그러한 선택권이 없다. 다음과 같은 함수가 있을 때, 전처리기를 사용하지 않는 한 컴파일할 때 다른 함수로 대체할 수 있는 방법은 없다.

```
void account_deposit(int amount);
```

그럼 다른 대안은 없을까? 물론 있다. 하나의 함수를 다른 함수로 대체하기 위해 연결 대체 기법을 사용할 수 있다. 이렇게 하려면 가짜로 만들려는 함수들과 같은 시그니처를 가진 함수들로 구성된 더미^{dummy} 라이브러리를 생성해야 한다. 감지하고 있었다면 알림들을 저장하고 질의하기 위해 몇 가지 기법들을 설정할 필요가 있다. 이때 파일, 전역 변수 또는 테스트할 때 편안하게 쓸 수 있는 모든 방법을 사용할 수 있다.

한 가지 예를 들어보자.

```
void account_deposit(int amount)
{
```

```
    struct Call *call =
      (struct Call *)calloc(1, sizeof (struct Call));
    call->type = ACC_DEPOSIT;
    call->arg0 = amount;
    append(g_calls, call);
}
```

이 예에서 우리는 감지하는 데 관심이 있으므로 이 함수(또는 우리가 가짜로 만들려는 어떤 함수)가 호출될 때마다 그 해당 호출을 전역 목록에 기록한다. 테스트 루틴 안에서 객체들을 테스트한 후에 해당 목록을 검사하고, 모조 함수들이 적절한 순서로 호출되는지 알아본다.

C++ 클래스들을 대상으로 연결 대체를 사용해보지는 않았지만 가능할 것이라 생각한다. C++ 컴파일러가 만들어내는 알아보기 어려운 이름들은 연결 대체를 다소 어렵게 만든다. 하지만 C 함수들을 호출할 때 이 연결 대체는 매우 유용하게 쓰인다. 가장 유용한 경우는 바로 외부 라이브러리를 가짜로 만들 때다. 가짜로 만들기에 가장 좋은 라이브러리는 순수 데이터 싱크들이다. 여러분은 그 싱크 안에 있는 함수를 호출하지만 반환 값들에 대해서는 신경 쓰지 않는다. 그래픽 라이브러리들은 특히 연결 대체를 가지고 가짜물을 만들기 좋은 예라 할 수 있다.

연결 대체는 자바에서 사용될 수도 있다. 동일한 이름과 메소드를 가진 클래스를 작성하고, 잘못된 의존 관계 없이 모든 호출이 올바른 주소로 해석될 수 있도록 클래스 경로를 변경한다.

단계

연결 대체를 사용하려면 다음에 소개하는 단계들을 밟는다.

1. 가짜로 만들고자 하는 함수들이나 클래스들을 식별한다.
2. 그 함수들이나 클래스들을 위한 다른 정의를 만든다.
3. 빌드 환경을 조정해 배포용 버전이 아닌 대체 정의가 포함되도록 한다.

생성자 매개변수화

생성자 안에서 하나의 객체를 생성하는 경우, 가장 쉽게 대체하는 방법은 생성을 외부화하는 것이다. 클래스 외부에서 객체를 생성하고 클라이언트가 객체를 매개변수로 생성자에 전달하도록 하는 것이다. 그 한 가지 예를 살펴보자.

다음과 같은 코드로 시작한다.

```
public class MailChecker
{
  public MailChecker (int checkPeriodSeconds) {
    this.receiver = new MailReceiver();
    this.checkPeriodSeconds = checkPeriodSeconds;
  }
  ...
}
```

그리고 다음과 같이 새 매개변수를 도입한다.

```
public class MailChecker
{
  public MailChecker (MailReceiver receiver,
      int checkPeriodSeconds) {
    this.receiver = receiver;
    this.checkPeriodSeconds = checkPeriodSeconds;
  }
  ...
}
```

사람들이 이 기법을 고려하지 않는 이유 중 하나는 이 방법을 사용하면 모든 클라이언트가 추가적인 인자를 전달하도록 해야 한다는 데 있다. 하지만 기존 시그니처를 유지하는 생성자를 작성할 수 있다.

```
public class MailChecker
{
  public MailChecker (int checkPeriodSeconds) {
    this(new MailReceiver(), checkPeriodSeconds);
  }
  public MailChecker (MailReceiver receiver,
      int checkPeriodSeconds) {
    this.receiver = receiver;
    this.checkPeriodSeconds = checkPeriodSeconds;
  }
  ...
}
```

이것이 가능하다면 테스트를 위해 여러 가지 다른 객체를 공급할 수 있고, 클래스의 클라이언트들은 그 차이를 알 필요가 없어진다.

차근차근 하나씩 풀어보자. 다음은 우리의 기존 코드다.

```
public class MailChecker
{
  public MailChecker (int checkPeriodSeconds) {
    this.receiver = new MailReceiver();
    this.checkPeriodSeconds = checkPeriodSeconds;
  }
  ...
}
```

이제 생성자를 복사한다.

```
public class MailChecker
{
  public MailChecker (int checkPeriodSeconds) {
    this.receiver = new MailReceiver();
    this.checkPeriodSeconds = checkPeriodSeconds;
  }
  public MailChecker (int checkPeriodSeconds) {
    this.receiver = new MailReceiver();
```

```
    this.checkPeriodSeconds = checkPeriodSeconds;
  }
  ...
}
```

이어서 MailReceiver 클래스를 위해 매개변수를 하나 추가한다.

```
public class MailChecker
{
  public MailChecker (int checkPeriodSeconds) {
    this.receiver = new MailReceiver();
    this.checkPeriodSeconds = checkPeriodSeconds;
  }
  public MailChecker (MailReceiver receiver,
      int checkPeriodSeconds) {
    this.receiver = new MailReceiver();
    this.checkPeriodSeconds = checkPeriodSeconds;
  }
  ...
}
```

그다음에는 new를 제거하고 그 매개변수에 인스턴스 변수를 할당한다.

```
public class MailChecker
{
  public MailChecker (int checkPeriodSeconds) {
    this.receiver = new MailReceiver();
    this.checkPeriodSeconds = checkPeriodSeconds;
  }
  public MailChecker (MailReceiver receiver,
      int checkPeriodSeconds) {
    this.receiver = receiver;
    this.checkPeriodSeconds = checkPeriodSeconds;
  }
  ...
}
```

이제 기존 생성자로 돌아가 본문을 제거하고 새로운 생성자에 대한 호출로 대체한다. 기존 생성자는 new를 사용해서 전달하고자 하는 매개변수를 생성한다.

```
public class MailChecker
{
  public MailChecker (int checkPeriodSeconds) {
    this(new MailReceiver(), checkPeriodSeconds);
  }
  public MailChecker (MailReceiver receiver,
      int checkPeriodSeconds) {
    this.receiver = receiver;
    this.checkPeriodSeconds = checkPeriodSeconds;
  }
  ...
}
```

이 기법의 단점은 무엇일까? 실제로 여기에는 한 가지 문제점이 있다. 생성자에 새로운 매개변수 하나를 추가할 경우, 매개변수 클래스에 대해 의존 관계를 가지는 문제점이 발생한다. 해당 클래스 사용자들은 배포 코드에 있는 새 생성자를 사용할 수 있으며 시스템 전체적으로 의존 관계는 늘어난다. 하지만 일반적으로 이러한 문제는 그다지 중요한 사안이 아니다. 생성자 매개변수화 기법은 매우 쉬운 리팩토링 방법으로 내가 자주 사용하고 있다.

 디폴트 인자들을 허용하는 언어들에서는 이 생성자 매개변수화를 더 쉽게 할 수 있는 방법이 있다. 간단히 기존의 생성자에 디폴트 매개변수 하나를 추가하기만 하면 된다.
다음은 C++에서 이와 같이 매개변수화한 생성자를 보여준다.

```
class AssemblyPoint
{
public:
  AssemblyPoint(EquipmentDispatcher *dispatcher
    = new EquipmentDispatcher);
  ...
};
```

이렇게 C++로 생성자 매개변수화를 수행할 경우에는 한 가지 단점이 있다. 바로 이러한 클래스 선언을 포함하는 헤더 파일은 EquipmentDispatcher를 위한 헤더를 인클루드해야 한다

단계

생성자 매개변수화를 사용하려면 다음에 소개하는 단계들을 밟는다.

1. 매개변수화하길 원하는 생성자를 식별해내고 그것을 복사해둔다.
2. 그 객체의 생성자에 하나의 매개변수를 추가한다. 당신은 이 객체 생성을 대체할 것이다. 객체 생성을 제거하고, 매개변수로 얻은 할당 값을 해당 객체를 위한 인스턴스 변수에 추가한다.
3. 사용하는 언어에 있는 생성자로부터 생성자를 호출할 수 있다면, 옛 생성자의 본문을 제거한 후 그것을 옛 생성자에 대한 호출로 대체한다. 옛 생성자 내에 있는 새로운 생성자에 대한 호출에 새로운 표현을 추가한다. 다른 생성자로부터 생성자를 호출할 수 없다면 생성자들 간에 중복된 것을 추출해 새로운 메소드로 만들어야 할지도 모른다.

메소드 매개변수화

객체를 내부적으로 생성하는 하나의 메소드가 있고, 이를 감지하거나 분리하기 위해 이 객체를 대체하고자 한다. 이를 수행하는 가장 쉬운 방법 가운데 하나로 외부로부터 온 객체를 전달하는 방식을 고려할 수 있다. 다음은 C++ 예제다.

```cpp
void TestCase::run() {
  delete m_result;
  m_result = new TestResult;
  try {
    setUp();
    runTest(m_result);
  }
```

```cpp
catch (exception& e) {
    result->addFailure(e, this);
  }
  tearDown();
}
```

위 예제는 호출될 때마다 TestResult 객체를 생성하는 메소드를 가지고 있다. 이를 감지하거나 분리하기 위해 매개변수로서 이를 전달할 수 있다.

```cpp
void TestCase::run(TestResult *result) {
  delete m_result;
  m_result = result;
  try {
    setUp();
    runTest(m_result);
  }
  catch (exception& e) {
    result->addFailure(e, this);
  }
  tearDown();
}
```

이제 기존 시그니처를 유지해주는 작은 전송 메소드를 사용할 수 있다.

```cpp
void TestCase::run() {
  run(new TestResult);
}
```

 C++, 자바, C# 혹은 그 밖의 다른 언어에서 그것들의 시그니처가 다르다면 하나의 클래스 상에 동일한 이름을 가지는 두 가지 메소드를 가질 수 있다. 위의 예에서는 이것을 이용해 매개변수화된 새로운 메소드와 기존 메소드가 동일한 이름을 가지도록 했다. 이 방법은 약간의 수고를 덜 수 있지만 혼동을 줄 수 있다. 다른 방법은 새로운 메소드명에 매개변수형을 사용하는 것이다. 예를 들어, 이 경우에 기존 메소드의 이름을 run()으로 계속 사용하지만 새로운 메소드 runWithTestResult(TestResult)를 호출하게 된다.

생성자 매개변수화 기법과 더불어 메소드 매개변수화는 클라이언트가 인터페이스에는 보이지 않지만 클래스 내에서 사용됐던 새로운 형들에 의존하도록 허용한다. 이는 차후에 문제가 될 수 있으므로, 나는 그 대신에 팩토리 메소드 추출과 재정의 기법을 선호한다.

단계

메소드 매개변수화를 사용하려면 다음에 소개하는 단계들을 밟는다

1. 대체하길 원하는 메소드를 식별해내고 그것을 복사해둔다.
2. 그 객체의 생성자에 하나의 매개변수를 추가한다. 당신은 이 객체 생성을 대체할 것이다. 객체 생성을 제거하고 매개변수로 얻은 할당 값을 해당 객체를 위한 인스턴스 변수에 추가한다.
3. 복사된 메소드의 본문을 지우고 매개변수화된 메소드를 호출하도록 만든다. 이때 기존 객체에서 사용된 객체 생성 표현식을 사용한다.

매개변수 원시화

일반적으로 클래스를 변경하는 최선의 방법은 테스트 하네스 안에 인스턴스 하나를 생성하고 변경하고자 하는 것에 대한 테스트 루틴을 작성한 후 테스트를 통과시켜가면서 변경하는 것이다. 하지만 가끔 클래스가 테스트 루틴을 갖도록 하기 위해 해야 하는 작업량이 터무니없이 많을 때도 있다. 내가 방문했던 팀 중 하나는 도메인 클래스를 갖는 레거시 시스템을 가지고 있었는데, 시스템 안에 있는 거의 모든 클래스에 대해 이행적으로 의존 관계를 가지고 있었다. 그뿐만 아니라 그들 모두는 중간 계층 프레임워크에도 묶여 있었다. 그런 클래스를 테스팅 프레임워크로 가져오는 것은 할 수 있겠지만, 그 팀은 도메인 클래스와 싸우느라 진도를 나가기 어려웠다. 코드를 분리시키기 위해 다음 전략을 사용할 수 있다. 설명을 위해 이 예제는 변형됐다.

음악을 만드는 도구에서 하나의 트랙은 여러 개의 음악적 사건들로 이뤄진 시퀀스들을 포함한다. 우리는 각 시퀀스 안에 있는 '죽은 시간'을 찾아야 한다. 그래야 그곳에 되풀이되

는 음악 패턴들을 채워 넣을 수 있다. 이를 위해 bool Sequence::hasGapFor(Sequence& pattern) const라는 메소드가 필요하다. 이 메소드는 하나의 패턴이 시퀀스에 적합한지 나타내는 값을 반환한다.

이상적으로 봤을 때 이 메소드는 Sequence라는 클래스상에 있어야 한다. 하지만 이 Sequence 클래스는 그것을 생성하려 할 때 모든 것들을 테스트 하네스 안으로 끌어들이려 하는 끔찍한 클래스들 중 하나다. 그리고 그 메소드를 작성하려면 그 클래스에 필요한 테스트 루틴 작성법을 알고 있어야만 한다. 이것이 가능한 이유 중 하나는 시퀀스들은 단순화가 가능한 내부 표현을 가진다는 데 있다. 모든 시퀀스는 사건들로 이뤄진 벡터들로 구성돼 있으며, 불행하게도 사건들도 시퀀스들과 동일한 문제를 갖고 있다. 그 문제란 빌드할 때 문제를 발생시키는 끔찍한 의존 관계들을 말한다. 운 좋게도 이러한 것들을 계산하는 데는 단지 각 사건의 지속 시간만 필요할 뿐이다. 모든 int 관련 계산을 위해 따로 메소드 하나를 작성할 수 있다. 이것이 있으면 hasGapFor 메소드를 작성할 수 있고, 다른 메소드에 위임함으로써 이 메소드가 작업을 수행하도록 만들 수 있다.

그럼 첫 번째 메소드부터 작성해보자. 다음의 내용은 그 메소드에 대한 테스트 루틴이다.

```
TEST(hasGapFor, Sequence)
{
  vector<unsigned int> baseSequence;
  baseSequence.push_back(1);
  baseSequence.push_back(0);
  baseSequence.push_back(0);
  vector<unsigned int> pattern;
  pattern.push_back(1);
  pattern.push_back(2);
  CHECK(SequenceHasGapFor(baseSequence, pattern));
}
```

SequenceHasGapFor 함수는 단지 하나의 자유 함수다. 이 함수는 다른 클래스의 일부가 아니지만, unsigned int라는 원시 자료형들로 이뤄진 표현을 만드는 데 사용되는 함수다. 테스트 하네스 안에서 SequenceHasGapFor를 위한 기능을 만든다면, 새 기능을 위임하는 조금 단순한 함수를 Sequence 클래스상에 작성할 수 있다.

```
bool Sequence::hasGapFor(Sequence& pattern) const
{
  vector<unsigned int> baseRepresentation
    = getDurationsCopy( );
  vector<unsigned int> patternRepresentation
    = pattern.getDurationsCopy( );
  return SequenceHasGapFor(baseRepresentation,
      patternRepresentation);
}
```

이 함수는 duration에 대한 배열을 얻기 위해 또 다른 함수 하나가 필요해진다. 그래서 다음과 같은 함수 하나를 작성한다.

```
vector<unsigned int> Sequence::getDurationsCopy( ) const
{
  vector<unsigned int> result;
  for (vector<Event>::iterator it = events.begin( );
      it != events.end( ); ++it) {
    result.push_back(it->duration);
  }
  return result;
}
```

이때 특징 하나를 새로 끼워 넣을 수 있지만 그다지 훌륭한 방법이 아니다. 그럼 이제 우리가 해왔던 끔찍한 일들을 나열해보자.

1. Sequence 클래스의 내부 표현을 드러냈다.

2. Sequence 클래스 안에 있는 함수 가운데 몇 가지를 자유 함수로 밀어냄으로써 Sequence의 구현을 좀 더 이해하기 어렵게 만들었다.

3. 테스트 루틴 없는 코드를 작성했다(실제로 getDurationsCopy( )를 위한 테스트 루틴을 작성할 수 없었다).

4. 시스템에 있는 자료를 복제했다.

5. 문제를 질질 끌었다. 도메인 클래스들과 인프라스트럭처 간의 의존 관계를 제거하는 일을 열심히 하기는커녕 시작도 하지 않았다(이는 우리가 일을 진행해나가면서 만나

게 될 문제들이며, 이에 따라 엄청나게 다른 결과를 얻게 될 것이다).

이러한 모든 단점들에도 불구하고, 우리는 테스트 루틴을 추가할 수 있었다. 나는 이러한 리팩토링을 좋아하지 않으나 필요하다면 사용할 것이다. 이것은 종종 발아 클래스의 선행 작업으로 좋다. 이를 확인하기 위해 GapFinder라 불리는 클래스 안에 SequenceHasGapFor 를 포장한다고 가정해보자.

 매개변수 원시화 기법을 수행하면 코드가 조금 엉성해진다. 전반적으로 봤을 때, 후속 작업을 위한 기초로서 서비스할 수 있는 새로운 추상을 만들기 위한 발아 클래스를 사용하거나 기존 클래스에 새로운 코드를 추가하기에는 좋다. 내가 매개변수 원시화를 사용하는 유일한 경우는 나중에 해당 클래스를 위한 테스트 루틴으로 가져올 시간을 줄일 수 있다는 확신이 들 때다. 그 시점에는 해당 함수가 실제 메소드 형태로 해당 클래스에 추가될 수 있다.

단계

매개변수 원시화를 사용하려면 다음에 소개하는 단계들을 밟는다.

1. 클래스상에서 해야 하는 작업을 수행하는 자유 함수를 하나 만든다. 이 과정에서 작업 수행에 필요한 중간 표현을 개발한다.
2. 해당 표현을 만들고 그 표현을 새 함수에 위임하는 함수를 클래스에 추가한다.

특징 끌어올리기

종종 클래스상에 있는 메소드 클러스터, 그리고 그 클러스터와는 상관없지만 해당 클래스를 인스턴스화하지 못하게 방해하는 의존 관계가 있는 가운데 작업해야 할 때가 있다. 이 '상관없는'이라는 말은 작업하고자 하는 메소드들이 직접적으로나 간접적으로 어떠한 나쁜 의존 관계들을 참조하지 않는다는 의미다. 반복적으로 정적 메소드 드러내기나 메소드 객체 추출과 같은 기법을 수행할 수 있으나 이것들이 그 의존 관계를 다루는 가장 직접적인 방법일 수는 없다.

이 경우에는 메소드 클러스터, 특징 클러스터 등을 끌어올려 추상 슈퍼클래스 안에 둘 수 있다. 그 추상 슈퍼클래스를 가진다면 그 클래스를 서브클래스화할 수 있고, 테스트 루틴 안에서 그 서브클래스의 인스턴스들을 생성할 수도 있다. 예제 코드를 보자.

```java
public class Scheduler
{
  private List items;
  public void updateScheduleItem(ScheduleItem item)
      throws SchedulingException {
    try {
      validate(item);
    }
    catch (ConflictException e) {
      throw new SchedulingException(e);
    }
    ...
  }
  private void validate(ScheduleItem item)
      throws ConflictException {
    // DB 호출하기
    ...
  }
  public int getDeadtime() {
    int result = 0;
    for (Iterator it = items.iterator(); it.hasNext(); ) {
      ScheduleItem item = (ScheduleItem)it.next();
      if (item.getType() != ScheduleItem.TRANSIENT
          && notShared(item)) {
        result += item.getSetupTime() + clockTime();
      }
      if (item.getType() != ScheduleItem.TRANSIENT) {
        result += item.finishingTime();
      }
      else {
        result += getStandardFinish(item);
      }
    }
    return result;
  }
```

```
}
```

getDeadTime은 변경하고 싶지만 updateScheduleItem은 신경 쓰지 않고 싶다고 가정하자. 데이터베이스와의 의존 관계를 다룰 필요가 없게 된다면 금상첨화일 것이다. 정적 메소드 드러내기 기법을 사용하려고 하겠지만, 지금 우리는 Scheduler 클래스의 여러 가지 비정적 특징들을 사용하고 있다. 메소드 객체 추출 기법을 사용할 수도 있다. 하지만 이 경우 getDeadTime은 다소 작은 메소드며, 단지 해당 메소드를 위한 테스트 루틴을 포함하려 했던 기존 의도와는 달리 다른 메소드들이나 다른 클래스의 필드에 대한 의존 관계로 인해 작업이 훨씬 더 복잡하게 될 것이다.

또 다른 방법은 관심 있는 메소드를 끌어올려 슈퍼클래스 안에 두는 것이다. 이렇게 함으로써 나쁜 의존 관계들을 이 슈퍼클래스 안에 둘 수 있고, 그 나쁜 의존 관계들은 더 이상 테스트 루틴을 방해하지 않는다. 그러면 Scheduler 클래스는 다음과 같이 된다.

```
public class Scheduler extends SchedulingServices
{
  public void updateScheduleItem(ScheduleItem item)
      throws SchedulingException {
    ...
  }
  private void validate(ScheduleItem item)
      throws ConflictException {
    // 데이터베이스 호출
    ...
  }
  ...
}
```

우리는 getDeadTime(테스트하고자 하는 특징)과 이것이 사용하는 모든 특징들을 추상 클래스 안으로 끌어올렸다.

```
public abstract class SchedulingServices
{
  protected List items;
```

```
  protected boolean notShared(ScheduleItem item) {
    ...
  }
  protected int getClockTime() {
    ...
  }
  protected int getStandardFinish(ScheduleItem item) {
    ...
  }
  public int getDeadtime() {
    int result = 0;
    for (Iterator it = items.iterator(); it.hasNext(); ) {
      ScheduleItem item = (ScheduleItem)it.next();
      if (item.getType() != ScheduleItem.TRANSIENT
          && notShared(item)) {
        result += item.getSetupTime() + clockTime();
      }
      if (item.getType() != ScheduleItem.TRANSIENT) {
        result += item.finishingTime();
      }
      else {
        result += getStandardFinish(item);
      }
    }
    return result;
  }
  ...
}
```

이제 우리는 테스트 서브클래스를 만들 수 있는데, 이 서브클래스는 테스트 하네스 안에 있는 메소드들에 접근할 수 있도록 해준다.

```
public class TestingSchedulingServices extends SchedulingServices
{
  public TestingSchedulingServices() {
  }
  public void addItem(ScheduleItem item) {
    items.add(item);
  }
```

```
}
import junit.framework.*;
class SchedulingServicesTest extends TestCase
{
  public void testGetDeadTime() {
    TestingSchedulingServices services
      = new TestingSchedulingServices();
    services.addItem(new ScheduleItem("a",
        10, 20, ScheduleItem.BASIC));
    assertEquals(2, services.getDeadtime());
  }
  ...
}
```

여기서 한 일은 테스트하고자 하는 메소드들을 끌어올려 추상 슈퍼클래스 안에 두고 그 메소드들을 테스트하는 데 사용할 수 있는 구체 서브클래스를 작성하는 일이었다. 이는 잘한 일일까? 설계의 관점에서 보면 이상적이지는 않다. 테스트하기 편하도록 일련의 특징들을 두 클래스에 펼쳐 놓았다. 각 클래스 안에 있는 특징들 간의 관계가 강하지 않다면 이렇게 펼쳐놓은 것이 큰 혼동을 야기할 수 있다. 여기에 있는 경우가 그렇다. 우리는 스케줄링 항목들의 갱신을 책임지는 Scheduler 클래스를 가지고 있으며, 또한 특정 항목들을 위한 기본 시간대를 찾거나 죽은 시간을 계산하는 등의 다양한 일을 책임지는 SchedulingServices 클래스를 가진다. 더 나은 팩토링 기법은 Scheduler로 하여금 데이터베이스와 통신할 수 있는 검증 객체에 위임하도록 만드는 것이다. 하지만 이를 바로 하는 것은 너무 위험하고, 또한 그 밖의 다른 나쁜 의존 관계들이 존재하기 때문에 특징 끌어올리기를 사용하는 것이 훌륭한 첫걸음일 수 있다. 당신이 시그니처 유지나 컴파일러에게 맡기기 같은 기법을 사용한다면 훨씬 덜 위험할 수 있다. 적절한 자리에 더 많은 테스트 루틴을 갖게 될 때 위임을 사용하는 쪽으로 진도를 나갈 수 있을 것이다.

단계

특징 끌어올리기를 사용하려면 다음에 소개하는 단계들을 밟는다.

1. 끌어올리고자 하는 메소드들을 식별한다.

2. 해당 메소드들을 포함하는 클래스를 위한 하나의 추상 슈퍼클래스를 생성한다.

3. 해당 메소드들을 슈퍼클래스에 복사한 후 컴파일한다.

4. 새로운 슈퍼클래스에 대해 컴파일러 경고를 고려함으로써 빠진 참조를 모두 복사할 수 있도록 한다. 이 작업을 하는 동안 오류 가능성을 줄이기 위해 시그니처 유지를 사용하는 것을 잊지 말자.

5. 두 클래스가 성공적으로 컴파일되고 나면 추상 클래스를 위한 하나의 서브클래스를 생성하고, 그 클래스를 테스트 루틴 안에서 설정할 수 있게 하는 메소드들을 추가한다.

 아마도 여러분은 왜 슈퍼클래스를 추상화하는지 궁금할 수도 있다. 나는 추상화하는 것이 코드를 이해하기 쉽게 만들어서 좋다. 애플리케이션 코드를 직접 보며 사용되는 모든 구체 클래스를 알 수 있다면 매우 좋을 것이다. 코드를 검색해 코드 어디에서도 인스턴스화되지 않을 구체 클래스를 찾는다면 그것들은 '죽은 코드'처럼 보일 것이다.

의존 관계 밀어 내리기

어떤 클래스는 단지 몇 개의 골칫거리 의존 관계만을 가질 것이다. 그 의존 관계가 몇 개의 메소드 호출 안에만 포함돼 있다면, 테스트 루틴을 작성할 때 그것들을 끄집어내기 위해 서브클래스화와 메소드 재정의 기법을 사용할 수 있다. 하지만 그러한 의존 관계가 코드에 널리 퍼져 있다면 서브클래스화와 메소드 재정의를 사용할 수 없을 것이다. 대신 특정 형에 대한 의존 관계를 제거하기 위해 인터페이스 추출 기법을 여러 번 사용해야 할 것이다. 이때 사용할 수 있는 또 다른 방법이 의존 관계 밀어 내리기 기법이다. 이 기법은 골칫거리 의존 관계를 클래스에 있는 나머지 의존 관계와 분리하는 데 도움을 줄 뿐 아니라, 테스트 하네스 안에서 작업하기 쉽게 해준다.

의존 관계 밀어 내리기를 사용하려면 현재 클래스를 추상으로 만들어야 한다. 그런 후에는 새로운 배포용 클래스가 될 서브클래스를 하나 생성하고 모든 골칫거리 의존 관계를 그 클래스 안으로 밀어 내린다. 그리고 그 클래스를 테스트할 때 그것의 메소드들을 사용할 수 있도록 기존 클래스를 서브클래스화할 수 있다.

```cpp
class OffMarketTradeValidator : public TradeValidator
{
private:
  Trade& trade;
  bool flag;
  void showMessage() {
    int status = AfxMessageBox(makeMessage(),
        MB_ABORTRETRYIGNORE);
    if (status == IDRETRY) {
      SubmitDialog dlg(this,
          "Press okay if this is a valid trade");
      dlg.DoModal();
      if (dlg.wasSubmitted()) {
        g_dispatcher.undoLastSubmission();
        flag = true;
      }
    }
    else
      if (status == IDABORT) {
        flag = false;
      }
  }
public:
  OffMarketTradeValidator(Trade& trade)
  : trade(trade), flag(false)
  {}
  bool isValid() const {
    if (inRange(trade.getDate())
        && validDestination(trade.destination)
        && inHours(trade) {
      flag = true;
    }
    showMessage();
    return flag;
  }
  ...
};
```

검증 로직에 변경을 주려는 상황을 가정해보자. 이때 특정 사용자 인터페이스용 함수나 클래스와의 연결을 테스트 하네스 안에 두는 것을 원치 않는다면, 문제에 직면하게 될 것이다. 이 경우에 의존 관계 밀어 내리기는 하나의 훌륭한 선택일 수 있다.

다음은 우리가 의존 관계 밀어 내리기를 수행한 후의 코드 모습을 보여준다.

```cpp
class OffMarketTradeValidator : public TradeValidator
{
protected:
  Trade& trade;
  bool flag;
  virtual void showMessage() = 0;
public:
  OffMarketTradeValidator(Trade& trade)
   : trade(trade), flag(false) {}
  bool isValid() const {
    if (inRange(trade.getDate())
        && validDestination(trade.destination)
        && inHours(trade) {
      flag = true;
    }
    showMessage();
    return flag;
  }
  ...
};
class WindowsOffMarketTradeValidator
    : public OffMarketTradeValidator
{
protected:
  virtual void showMessage() {
    int status = AfxMessageBox(makeMessage(),
        MB_ABORTRETRYIGNORE);
    if (status == IDRETRY) {
      SubmitDialog dlg(this,
          "Press okay if this is a valid trade");
      dlg.DoModal();
      if (dlg.wasSubmitted()) {
        g_dispatcher.undoLastSubmission();
```

```
      flag = true;
    }
  }
  else
    if (status == IDABORT) {
      flag = false;
    }
  }
  ...
};
```

새로운 서브클래스(WindowsOffMarketValidator)로 밀어 내려진 사용자 인터페이스용 함수나 클래스를 가지고 있다면, 테스트를 위한 또 다른 서브클래스를 작성할 수 있다. 이 또다른 서브클래스가 하는 일은 ShowMessage 동작을 무효화하는 것이다.

```
class TestingOffMarketTradeValidator
    : public OffMarketTradeValidator
{
protected:
  virtual void showMessage() {}
};
```

이제 사용자 인터페이스와 아무런 의존 관계도 가지지 않고 테스트할 수 있는 클래스를 하나 갖게 됐다. 상속성을 이렇게 사용하는 것이 이상적일까? 그렇지는 않다. 하지만 이렇게 하는 것은 클래스 로직의 일부를 테스트 루틴 아래로 가져오는 데 도움을 준다. OffMarketTradeValidator용 테스트 루틴이 있다면, 재시도 로직을 깨끗하게 하고 WindowsOffMarketTradeValidator로부터 그것을 끌어올릴 수 있다. 단지 사용자 인터페이스 호출만 남아있을 경우에는 그 호출들을 새 클래스로 위임시키는 쪽으로 진행할 수도 있다. 그러면 그 새 클래스는 결국 사용자 인터페이스 관련 의존 관계들만 가지게 될 것이다.

단계

의존 관계 밀어 내리기를 사용하려면 다음에 소개하는 단계들을 밟는다.

1. 테스트 하네스 안에 의존 관계 문제를 가지는 클래스를 빌드하려고 시도한다.
2. 빌드할 때 어떤 의존 관계들이 문제를 야기하는지 식별한다.
3. 그 의존 관계의 특정 환경과 통신할 수 있는 이름을 가지는 새 서브클래스를 하나 생성한다.
4. 시그니처 유지에 신경을 쓰면서 나쁜 의존 관계를 가지는 인스턴스 변수와 메소드를 새 서브클래스로 복사한다. 이때 기존 클래스 안에 있던 메소드들을 protected 추상으로 만들고 기존 클래스는 추상으로 만든다.
5. 테스트 서브클래스를 하나 생성하고, 그 서브클래스를 인스턴스화할 수 있도록 테스트 루틴을 변경한다.
6. 테스트 루틴을 빌드해 새 클래스를 인스턴스화할 수 있는지 검증한다.

함수를 함수 포인터로 대체

절차형 언어에서 의존 관계를 제거할 필요가 있을 경우에는 객체 지향 언어에 비해 그리 선택권이 많지 않다. 당신은 전역 참조 캡슐화나 메소드 서브클래스화나 재정의 같은 기법을 사용할 수 없다. 대신 연결 대체나 정의 완성 기법을 사용할 수는 있는데, 이러한 기법들은 작은 의존 관계를 제거하기에는 과할 때도 있다. 함수를 함수 포인터로 대체 기법은 함수 포인터를 지원하는 언어에서 사용할 수 있는 대안이다. 이 기법을 지원하는 가장 널리 알려진 언어로는 C 언어가 있다.

모든 팀들은 함수 포인터에 대한 서로 다른 관점을 가진다. 어떤 팀의 경우 함수 포인터는 메모리의 내용을 파손시키고 결국 임의 메모리 지역을 호출하도록 만들 가능성이 있으므로 매우 불안전하다고 생각한다. 다른 팀에서는 함수 포인터가 주의를 기울여 사용하면 무척 유용한 도구라고 생각한다. 당신이 후자라면 어렵거나 불가능해 보이는 의존 관계를 제거해 문제를 해결할 수 있다.

그럼 하나씩 차근차근 살펴보자. 우선 자연스런 환경에서의 함수 포인터를 살펴보자. 다음의 예제 코드는 C로 작성된 함수 포인터들과 그것들을 이용한 몇 가지 호출을 보여준다.

```c
struct base_operations
{
  double (*project)(double,double);
  double (*maximize)(double,double);
};
double default_projection(double first, double second) {
  return second;
}
double maximize(double first, double second) {
  return first + second;
}
void init_ops(struct base_operations *operations) {
  operations->project = default_projection;
  operations->maximize = default_maximize;
}
void run_tesselation(struct node *base,
    struct base_operations *operations) {
  double value = operations->project(base.first, base.second);
  ...
}
```

이러한 함수 포인터를 통해 매우 간단한 객체 지향 프로그래밍을 할 수 있다. 하지만 이런 것들이 의존 관계를 제거하는 데 얼마나 유용하게 사용될까? 다음의 시나리오를 생각해보자.

패킷 정보를 온라인 데이터베이스 안에 저장하는 통신 기능이 있는 응용프로그램 하나를 가정해보자. 다음과 같이 호출을 통해 데이터베이스와 통신한다.

```c
void db_store(
  struct receive_record *record,
  struct time_stamp receive_time);
struct receive_record * db_retrieve(time_stamp search_time);
```

연결 대체 기법을 사용하면 이 함수를 위한 새로운 본문과 연결할 수 있다. 하지만 종종 연결 대체는 복잡한 빌드 변경을 유발한다. 우리는 가짜로 만들고자 하는 함수들을 분리해내기 위해 라이브러리를 부숴야 할지도 모른다. 더 중요한 것은 연결 대체와 봉합들이 배포 코드에서 동작들을 바꾸는 데 사용하길 원하는 종류가 아니라는 사실이다. 예를 들어, 당신의 코드를 테스트 루틴 아래에 두면서 데이터베이스와 통신할 수 있도록 형을 유연하게 변경하는 기능을 제공하려 한다면 함수를 함수 포인터로 대체하는 기법이 유용하게 사용될 수 있다. 그럼 그 일련의 과정을 한번 밟아보자.

먼저 대체하고자 하는 함수의 선언을 찾아야 한다.

```c
// db.h
void db_store(struct receive_record *record,
    struct time_stamp receive_time);
```

이어서 똑같은 이름을 갖는 함수 포인터를 선언한다.

```c
// db.h
void db_store(struct receive_record *record,
    struct time_stamp receive_time);
void (*db_store)(struct receive_record *record,
    struct time_stamp receive_time);
```

이번에는 기존 선언에 다른 이름을 붙인다.

```c
// db.h
void db_store_production(struct receive_record *record,
    struct time_stamp receive_time);
void (*db_store)(struct receive_record *record,
    struct time_stamp receive_time);
```

그런 후에 C 소스 파일 안에 있는 포인터를 초기화한다.

```
// main.c
extern void db_store_production(
    struct receive_record *record,
    struct time_stamp receive_time);
void initializeEnvironment() {
  db_store = db_store_production;
  ...
}
int main(int ac, char **av) {
  initializeEnvironment();
  ...
}
```

이제 db_store 함수 정의를 찾아 db_store_production으로 이름을 바꾼다.

```
// db.c
void db_store_production(
    struct receive_record *record,
    struct time_stamp receive_time) {
  ...
}
```

이제 코드를 컴파일하고 테스트할 수 있다.

이렇게 적절한 위치에 함수 포인터를 가질 수 있다면, 테스트 루틴은 감지나 분리를 위한 대체 정의를 제공할 수 있다.

 함수를 함수 포인터로 대체 기법을 이용하면 함수의 의존 관계를 매우 효과적으로 깰 수 있다. 이 방법의 장점은 함수 포인터로 대체하는 것이 컴파일할 때 완전하게 이뤄지므로 시스템을 빌드하는 데 거의 영향을 미치지 않는다는 것이다. 하지만 C 언어에서 이 기법을 사용한다면 C++가 제공하는 다른 봉합 기능들도 활용할 수 있도록 C++로 업그레이드하는 것을 고려해보라. 이 책을 저술하는 지금 이 순간에는 많은 C 컴파일러가 C와 C++가 혼합된 컴파일 기능을 지원하는 스위치를 제공하고 있다. 이런 특징을 이용한다면, 우선 의존 관계를 제거하는 데 관여하는 파일들에만 신경 쓰면서 C 프로젝트를 천천히 C++로 이동시킬 수 있다.

단계

함수를 함수 포인터로 대체 기법을 사용하려면 다음에 소개하는 단계들을 밟는다.

1. 대체하고자 하는 함수의 선언을 찾는다.
2. 각 함수 선언 앞에 같은 이름을 갖는 함수 포인터를 생성하자.
3. 기존 함수 선언에 다른 이름을 만들어줘서 이제 막 선언한 함수 포인터의 이름과 같은 이름이 없도록 만든다.
4. C 파일에 있는 포인터들이 옛 함수들의 주소를 가리키도록 초기화한다.
5. 옛 함수의 본문을 찾을 수 있도록 빌드한다. 옛 함수 이름을 새 함수 이름으로 바꾼다.

전역 참조를 get 메소드로 대체

코드를 여러 조각으로 나눠 독립적으로 작업해야 할 경우에는 전역 변수가 그야말로 골칫거리다. 이 절에서는 이 골칫거리에 대해 이야기할 것이다. 정적 set 메소드 도입 기법을 소개할 때 전역 요소들에 대해 일부 불평을 했었다. 여기서 다시 좀 더 이야기를 나눠본다.

클래스 안의 전역 요소들에 대한 의존 관계들을 해결하는 방법으로 클래스의 모든 의존 관계들을 위한 get 메소드 도입을 고려할 수 있다. 당신이 get 메소드를 가지고 있다면 적절한 값을 반환하도록 하기 위해 서브클래스화와 메소드 재정의 기법을 사용할 수 있다. 어떤 경우에는 전역 클래스상에 있는 의존 관계를 제거하기 위해 인터페이스 추출 기법을 사용할 수도 있다. 여기에 자바로 된 예제가 있다.

```java
public class RegisterSale
{
  public void addItem(Barcode code) {
    Item newItem =
      Inventory.getInventory().itemForBarcode(code);
    items.add(newItem);
  }
  ...
```

```
}
```

이 코드에서 Inventory 클래스에 전역적으로 접근할 수 있다. 당신은 이렇게 말할지도 모르겠다. "잠깐만요. 그냥 클래스에 있는 정적 메소드 호출을 전역적으로 한다고요?" 편의를 위해 그것을 전역 요소라고 치자. 자바에서 클래스 자체는 전역 객체며, 그 클래스의 일을 하려면 어떤 상태를 참조해야 한다(위 코드로 예를 들면, 주어진 바코드에 대한 품목 반환하기). 전역 참조를 get 메소드로 대체 기법을 사용하면 이러한 문제를 해결할 수 있을까? 한번 확인해보자.

먼저 get 메소드를 작성하는 일부터 시작한다. 테스트하에 재정의할 수 있도록 이것을 protected로 만들 것이다.

```
public class RegisterSale
{
  public void addItem(Barcode code) {
    Item newItem = Inventory.getInventory().itemForBarcode(code);
    items.add(newItem);
  }
  protected Inventory getInventory() {
    return Inventory.getInventory();
  }
  ...
}
```

이어서 그 전역 요소에 대한 모든 참조를 get 메소드로 대체한다.

```
public class RegisterSale
{
  public void addItem(Barcode code) {
    Item newItem = getInventory().itemForBarcode(code);
    items.add(newItem);
  }
  protected Inventory getInventory() {
    return Inventory.getInventory();
  }
```

```
  ...
}
```

이제 우리는 테스트하는 데 사용할 수 있는 Inventory 클래스의 서브클래스를 작성할 수 있다. Inventory 클래스는 싱글톤이므로 이 클래스의 생성자를 private이 아닌 protected로 만들어야 한다. 이 작업을 마치고 나면 다음과 같이 이 클래스를 서브클래스화할 수 있고, 테스트 코드 안에 바코드를 품목으로 바꾸는 데 필요한 로직을 넣을 수 있다.

```
public class FakeInventory extends Inventory
{
  public Item itemForBarcode(Barcode code) {
    ...
  }
  ...
}
```

이제는 테스트 루틴 안에서 사용할 클래스를 작성할 차례다.

```
class TestingRegisterSale extends RegisterSale
{
  Inventory inventory = new FakeInventory();
  protected Inventory getInventory() {
    return inventory;
  }
}
```

단계

전역 참조를 get 메소드로 대체 기법을 사용하려면 다음에 소개하는 단계들을 밟는다.

1. 대체하고자 하는 전역 참조를 식별한다.
2. 전역 참조를 위한 get 메소드를 작성한다. 이때 메소드의 접근 보호가 충분히 느슨해야 한다는 것을 명심하자. 그래야 나중에 서브클래스에 있는 get 메소드를 재

정의할 수 있다.

3. 전역 참조를 get 메소드에 대한 호출로 대체한다.

4. 테스트 서브클래스를 하나 생성하고 get 메소드를 재정의한다.

서브클래스화와 메소드 재정의

서브클래스화와 메소드 재정의 기법은 객체 지향 프로그램에서 의존 관계를 제거하는 데 사용되는 주요 기법이다. 실제로 이 장에 나오는 의존 관계를 제거하는 다른 기법들은 이 기법의 변종이라고 할 수 있다.

서브클래스화와 메소드 재정의의 주된 아이디어는 관심 없는 동작을 무효화하거나 관심 있는 동작에 접근하기 위해 테스트의 관점에서 상속성을 이용할 수 있다는 것이다.

작은 애플리케이션에 있는 하나의 메소드를 살펴보자.

```
class MessageForwarder
{
  private Message createForwardMessage(Session session,
          Message message)
    throws MessagingException, IOException {
    MimeMessage forward = new MimeMessage (session);
    forward.setFrom (getFromAddress (message));
    forward.setReplyTo (
      new Address [] {
        new InternetAddress (listAddress) });
    forward.addRecipients (Message.RecipientType.TO,
        listAddress);
    forward.addRecipients (Message.RecipientType.BCC,
        getMailListAddresses ());
    forward.setSubject (
        transformedSubject (message.getSubject ()));
    forward.setSentDate (message.getSentDate ());
    forward.addHeader (LOOP_HEADER, listAddress);
    buildForwardContent(message, forward);
    return forward;
```

```
  }
  ...
}
```

MessageForwarder 클래스는 여기서는 볼 수 없지만 몇 개의 메소드를 더 가진다. public 메소드들 중 하나는 새 메시지를 만들기 위해 createForwardMessage라는 private 메시지를 호출한다. 테스트할 때 MimeMessage 클래스에 대한 의존 관계를 갖고 싶지 않다고 가정해보자. session이라는 변수를 사용하지만, 테스트할 때는 실제 세션을 만들지 않을 것이다. MimeMessage에 대한 의존 관계를 분리하고자 한다면 createForwardMessage를 protected로 만들고, 단지 테스트를 위해 만든 새 서브클래스 안에서 재정의하면 된다.

```
class TestingMessageForwarder extends MessageForwarder
{
  protected Message createForwardMessage(Session session,
          Message message) {
    Message forward = new FakeMessage(message);
    return forward;
  }
  ...
}
```

새로운 서브클래스 안에서 분리나 감지에 필요한 작업을 수행할 수 있다. 이 경우에는 필수적으로 createForwardMessage 동작 대부분을 무효화하게 된다. 그러나 현재 테스트하고 있는 이 메소드가 어떤 이유로 필요하지 않게 된다면 무효화하는 일은 문제가 되지 않을 것이다.

배포 코드에서 MessageForwarders를 인스턴스화하고, 테스트할 때는 TestingMessage Forwarders를 인스턴스화한다. 이렇게 배포 코드의 수정을 최소화하면서 분리를 수행할 수 있다. 여기서 우리가 한 일이라고는 메소드의 범위를 private에서 protected로 바꾼 것뿐이다.

일반적으로 클래스 안에서 수행한 리팩토링은 의존 관계들을 분리하는 데 상속을 얼마나 잘 이용할 수 있는지 결정한다. 때때로 작은 메소드 안에 고립돼 있는 의존 관계를 제거하고 싶을 것이다. 또는 의존 관계를 분리하기 위해 조금 큰 메소드를 재정의할 필요도 있다.

서브클래스화와 메소드 재정의는 강력한 기법이긴 하지만, 그것을 사용하는 데 주의를 기울여야 한다. 이전 예제에서는 제목, 발신자 주소 같은 정보가 없는 빈 메시지를 발송했었다. 하지만 이 행위는 오직 소프트웨어의 한곳으로부터 다른 곳으로 메시지를 보낼 수 있는지 테스트한 것이고, 실제 내용이나 주소에 관심이 없을 경우에만 의미를 가진다.

나는 주로 시각적으로 프로그래밍한다. 그래서 작업할 때 마음속으로 모든 종류의 그림을 그려보곤 한다. 이렇게 하면 여러 가지 대안 사이에서 결정하는 데 도움을 얻을 수 있다. 이러한 그림들이 실제 UML이 아닌 것이 부끄럽기는 하지만, 그럼에도 불구하고 이렇게 하는 것이 도움이 된다.

종종 머릿속에서 번뜩 생각나는 것을 나는 종이 관점이라 부른다. 메소드를 살펴보고 문장들과 표현식들을 그룹핑할 수 있는 모든 방법을 찾기 시작한다. 메소드 안에서 단지 작은 정보라도 다른 메소드로 추출할 수 있다면, 테스트 중에 그것을 다른 것으로 대체할 수 있음을 깨달을 수 있었다. 이는 마치 해당 코드를 덮는 종이 위에 반투명의 종이 한 장을 올려놓은 것과 같다. 이 새로운 종이 한 장에는 대체하길 원하는 작은 정보를 위한 코드도 포함할 수 있다. 종이 더미는 내가 테스트하고자 하는 것이고, 맨 위의 장을 통해 볼 수 있는 메소드들은 테스트할 때 수행할 수 있는 메소드들이다. 그림 25.6은 이와 같은 종이 관점을 통해 하나의 클래스를 보여준다.

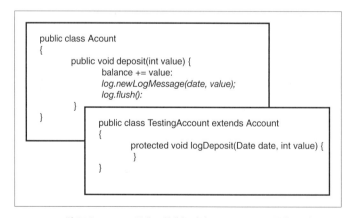

그림 25.6 Account 클래스 위에 놓여진 TestingAccount 클래스

이러한 종이 관점은 어떤 것이 가능한지 찾는 데 도움을 주지만, 서브클래스화와 메소드 재정의를 사용하려면 이미 존재하는 메소드들을 재정의해야 할 것이다. 결국 우리의 목적은 적절한 자리에서 테스트를 수행하는 것이고, 테스트 루틴 없이 메소드를 추출하는 것은 위험하다.

단계

서브클래스화와 메소드 재정의를 수행하려면 다음 단계를 밟는다.

1. 감지하길 원하는 장소나 분리하고자 하는 의존 관계를 식별하라. 목적을 달성하기 위해 재정의할 수 있는 가장 작은 메소드 집합을 찾으려고 노력하라.
2. 모든 메소드가 재정의될 수 있도록 만들자. 이렇게 하는 방법은 프로그래밍 언어마다 차이가 있을 수 있다. C++에서는 메소드가 기존에 존재하지 않는다면 가상으로 만들어야 한다. 자바에서는 메소드가 final이 아닌 형태로 만들어져야 한다. 여러 .NET 언어에서는 명시적으로 메소드가 재정의되도록 만들어야 한다.
3. 당신이 사용하는 언어에서 필요로 한다면, 재정의하려는 메소드의 가시성을 조절해 서브클래스에서 재정의될 수 있게 만든다. 자바나 C#인 경우 서브클래스에서 재정의되려면 가시성이 최소한 protected는 돼야 한다. C++에서는 메소드가 private이라도 서브클래스에서 재정의될 수 있다.
4. 해당 메소드들을 재정의하는 서브클래스를 작성하고, 테스트 하네스 안에서도 빌드할 수 있는지 검증하자.

인스턴스 변수 대체

생성자 안에서 객체를 생성하는 것은 문제가 될 수 있는데, 특히 테스트 루틴 안의 객체들에 의존하기 어려운 경우가 그렇다. 대부분의 경우에는 팩토리 메소드 추출과 재정의 기법을 통해 이 문제를 해결할 수 있다. 하지만 생성자 안에서 가상 함수 호출 재정의를 허용하지 않는 언어라면 다른 대안을 찾아야 한다. 그중 하나가 바로 인스턴스 변수 대체다.

다음은 C++에서의 가상 함수 문제를 보여주는 예제다.

```
class Pager
{
public:
  Pager() {
    reset();
    form Connection();
  }
  virtual void form Connection() {
    assert(state == READY);
    // 여기에 복잡한 하드웨어 제어 코드
    ...
  }
  void sendMessage(const std::string& address,
      const std::string& message) {
    formConnection();
    ...
  }
  ...
};
```

위 예제의 경우 생성자 안에서 formConnection 메소드가 호출된다. 생성자가 자신의 작업을 다른 함수들에게 위임하는 것은 문제없지만, 이 코드는 오해를 불러일으킬 수 있는 부분을 포함하고 있다. formConnection 메소드는 가상 메소드로 선언됐으므로 단지 서브 클래스화와 메소드 재정의 기법만 사용할 수 있을 것처럼 보인다. 그럼 실제로 그런지 확인해보자.

```
class TestingPager : public Pager
{
public:
  virtual void formConnection() {
  }
};
TEST(messaging,Pager)
{
  TestingPager pager;
```

516

```
    pager.sendMessage("5551212",
        "Hey, wanna go to a party? XXXOOO");
    LONGS_EQUAL(OKAY, pager.getStatus());
}
```

C++에서 가상 함수를 재정의할 때는 그 함수의 동작을 파생 클래스 안에서 원하는 대로 대체할 수 있다. 하지만 한 가지 예외가 있다. 생성자에서 가상 함수를 호출하지만, 해당 언어는 재정의를 허용하지 않는 경우다. 위 예를 통해 설명해보면, sendMessage가 호출됐을 때 TestingPager::formConnection이 사용돼 올바르게 동작할 것이다. 우리는 오퍼레이터에게 이상한 페이지를 보내고 싶지 않았지만 불행하게도 벌써 그렇게 되고 말았다. TestingPager를 생성했을 때, C++에서는 생성자 내에 재정의를 허용하지 않으므로 초기화 과정에서 Page::formConnection을 호출했기 때문이다.

C++가 이러한 법칙을 가지고 있는 이유는 생성자가 재정의된 가상 함수들을 호출하면 불안전한 상황이 발생할 수 있기 때문이다. 다음 시나리오를 가정해보자.

```
class A
{
public:
  A() {
    someMethod();
  }
  virtual void someMethod() {
  }
};
class B : public A
{
  C *c;
public:
  B() {
    c = new C;
  }
  virtual void someMethod() {
    c.doSomething();
  }
};
```

우리는 클래스 A의 someMethod를 재정의하는 B의 someMethod를 가지고 있다. 하지만 생성자 호출 순서를 기억해보자. 클래스 B 하나를 생성하면 B의 생성자에 앞서 A의 생성자가 호출된다. 따라서 A의 생성자는 someMethod를 호출하게 되고 someMethod를 재정의하게 돼 결국 B에 있는 someMethod가 사용된다. 이 메소드는 C의 참조형으로 존재하는 doSomething을 호출하려 할 것이다. 하지만 어떤 일이 일어났을까? 실제로는 B 클래스의 생성자가 아직 실행되지 않았으므로 이 객체는 초기화되지 않았다.

C++는 이러한 문제가 발생하지 않게 하지만 다른 언어들은 더 관대하다. 예를 들어 자바에서는 생성자가 재정의된 메소드들을 호출할 수 있게 허용한다. 하지만 배포 코드에서 이렇게 하는 것은 추천하지 않는다.

C++에서는 이러한 작은 보호 기법이 생성자 안에서의 동작을 대체하려는 시도를 미연에 방지한다. 다행히 몇 가지 다른 대안이 있다. 대체하려는 객체가 생성자 안에서 사용되지 않는다면, 의존 관계를 제거하기 위해 get 메소드 추출과 재정의 기법을 사용할 수 있다. 당신이 해당 객체를 사용하고 싶고 다른 메소드가 호출되기 전에 그 메소드를 확실히 대체하고자 한다면, 인스턴스 변수 대체를 사용할 수 있다. 여기에 그 한 가지 예가 있다.

```
BlendingPen::BlendingPen( )
{
  setName("BlendingPen");
  m_param = ParameterFactory::createParameter(
        "cm", "Fade", "Aspect Alter");
  m_param->addChoice("blend");
  m_param->addChoice("add");
  m_param->addChoice("filter");
  setParamByName("cm", "blend");
}
```

이 경우에 생성자는 팩토리를 통해 매개변수를 생성하고 있다. 팩토리가 반환하는 다음 번 객체에 대한 통제권을 갖기 위해 정적 set 메소드 도입 기법을 사용할 수도 있으나 이 방법은 코드 전반에 매우 큰 영향을 미친다. 클래스에 또 다른 메소드를 추가하는 것을 꺼리지 않는다면 생성자에서 생성한 매개변수를 대체할 수 있다.

```
void BlendingPen::supersedeParameter(Parameter *newParameter)
{
  delete m_param;
  m_param = newParameter;
}
```

테스트 루틴 안에서는 필요한 만큼 펜을 생성할 수 있고, 감지 객체에 그것들을 두고자 할 때는 supersedeParameter를 호출할 수 있다.

얼핏 봤을 때 인스턴스 변수 대체는 객체를 적절한 자리에서 감지하는 데 그다지 좋지 않은 방법처럼 보일 수 있다. 하지만 C++에서 생성자 안의 로직이 너무 복잡해 생성자 매개변수화 기법을 사용하기가 어색할 때는 인스턴스 변수 대체 기법이 최선의 방법일 수 있다. 일반적으로 생성자 안에서 가상 호출을 허용하는 언어라면 팩토리 메소드 추출과 재정의 기법이 더 나은 선택이 될 것이다.

 일반적으로 객체가 사용하는 기본 객체들을 변경하는 set 메소드를 제공하는 것은 좋지 않은 관례다. 이러한 set 메소드들은 클라이언트들이 객체가 살아있는 동안 그 객체의 동작을 완전히 변경하는 것을 허용한다. 어떤 사람이 이러한 변경을 할 수 있다면, 그 객체의 메소드들 중 하나를 호출했을 때 어떤 일이 일어날지 이해하기 위해 해당 객체의 히스토리를 알고 있어야 한다. 따라서 이런 set 메소드가 없는 편이 코드를 이해하기 쉽게 만든다.

Supersede라는 단어를 메소드 접두어로 사용하면 멋지고 눈에 띄어 좋다. 사람들이 배포 코드에서 이런 대체 메소드들을 사용할까봐 걱정이라면, 검색을 통해 사용하지 않는다는 것을 빨리 찾아낼 수도 있다.

단계

인스턴스 변수 대체를 사용하려면 다음에 소개하는 단계들을 밟는다.

1. 대체하고자 하는 인스턴스 변수를 식별한다.
2. SupersedeXXX라는 이름을 가진 메소드를 생성한다. 이때 XXX는 여러분이 대체하고자 하는 변수의 이름을 가리킨다.

3. 해당 메소드에 필요한 코드를 작성한다. 이 코드를 통해 당신은 이 변수의 이전 인스턴스를 소멸시키고 새로운 값으로 설정할 수 있다. 변수가 참조였다면 클래스 내에 객체가 가리키는 다른 참조가 존재하지 않는다는 것을 검증하자. 혹 다른 참조가 존재한다면, 대체 메소드 안에서 추가적인 작업을 해야 할 것이다. 이 작업으로 해당 객체를 대체하면 안전하고 올바른 효과를 가져온다는 것을 확신할 수 있다.

템플릿 재정의

이 장에서 설명한 다수의 의존 관계 깨기 기법들은 인터페이스나 구현 상속과 같은 객체 지향 핵심 기법들에 의존한다. 새로운 언어의 특징은 새로운 기법들을 제공하기도 한다. 예를 들어 어떤 언어가 포괄형과 형에 별칭 붙이기 등의 기능을 제공한다면 템플릿 재정의라 불리는 기법을 통해 의존 관계를 제거할 수 있다. C++로 된 다음의 예제를 살펴보자.

```cpp
// AsyncReceptionPort.h
class AsyncReceptionPort
{
private:
  CSocket m_socket;
  Packet m_packet;
  int m_segmentSize;
  ...
public:
  AsyncReceptionPort();
  void Run();
  ...
};

// AsynchReceptionPort.cpp
void AsyncReceptionPort::Run() {
  for(int n = 0; n < m_segmentSize; ++n) {
    int bufferSize = m_bufferMax;
    if (n = m_segmentSize - 1)
      bufferSize = m_remainingSize;
    m_socket.receive(m_receiveBuffer, bufferSize);
```

```
        m_packet.mark( );
        m_packet.append(m_receiveBuffer,bufferSize);
        m_packet.pack( );
    }
    m_packet.finalize( );
}
```

이러한 코드에서 메소드 안의 로직을 변경하고자 한다면 소켓을 통해 어떤 정보를 보내지 않는 한, 테스트 하네스 안에서 메소드를 실행할 수 없다는 사실과 마주치게 된다. C++에서는 AsyncReceptionPort를 통상적인 클래스가 아닌 템플릿으로 만듦으로써 이러한 문제를 피해갈 수 있다. 다음은 이렇게 변경한 이후의 코드를 보여준다. 그럼 하나씩 차례로 살펴보자.

```
// AsynchReceptionPort.h
template<typename SOCKET> class AsyncReceptionPortImpl
{
private:
    SOCKET m_socket;
    Packet m_packet;
    int m_segmentSize;
    ...
public:
    AsyncReceptionPortImpl( );
    void Run( );
    ...
};

template<typename SOCKET>
void AsyncReceptionPortImpl<SOCKET>::Run( ) {
    for(int n = 0; n < m_segmentSize; ++n) {
        int bufferSize = m_bufferMax;
        if (n = m_segmentSize - 1)
            bufferSize = m_remainingSize;
        m_socket.receive(m_receiveBuffer, bufferSize);
        m_packet.mark( );
        m_packet.append(m_receiveBuffer,bufferSize);
        m_packet.pack( );
```

```
    }
  m_packet.finalize();
}

typedef AsyncReceptionPortImpl<CSocket> AsyncReceptionPort;
```

이렇게 필요한 자리에서 변경시킬 때는 테스트 파일에서 다른 형을 가지고 템플릿을 인스턴스화할 수 있다.

```
// TestAsynchReceptionPort.cpp
#include "AsyncReceptionPort.h"
class FakeSocket
{
public:
  void receive(char *, int size) { ... }
};
TEST(Run,AsyncReceptionPort)
{
  AsyncReceptionPortImpl<FakeSocket> port;
  ...
}
```

이 기법의 장점 중 하나는 우리의 코드베이스에 있는 모든 참조를 일일이 변경하는 대신에 typedef를 사용해 그 일을 할 수 있다는 것이다. 이 typedef가 없다면 AsyncReceptionPort에 대한 모든 참조를 AsyncReceptionPort<CSocket>으로 대체해야 한다. 이러한 작업은 매우 지루하지만 생각보다는 쉬울 것이다. 모든 참조를 적절히 변경했는지 확인하기 위해 컴파일러에게 맡기기 기법을 사용할 수도 있다. 포괄형은 가지고 있지만 typedef와 같은 형 별칭 붙이기 기능을 제공하지 않는 언어에서는 컴파일러 의존 기법을 사용해야만 한다.

C++에서는 자료 대신 메소드에 대한 대체 정의를 제공하는 데 이 기법을 사용할 수 있다. 그런데 이는 다소 번거로운 일이다. C++의 규칙들은 템플릿 매개변수를 가질 것을 요구한다. 따라서 변수 하나를 골라 그 변수의 형을 임의의 템플릿 매개변수로 만들거나 클래스를 어떤 형으로 매개변수화하는 새로운 변수를 도입해야 한다. 나는 이 기법을 최후의 수단으로만 사용할 것이고, 먼저 상속성 기반 기법들을 사용할 수 있는지 알아볼 것이다.

C++에서 템플릿 재정의를 사용하는 데는 한 가지 단점이 있다. 구현 파일에 있던 코드는 템플릿화할 때 헤더로 이동돼야 하는데, 이는 시스템의 의존 관계를 증가시킬 수 있다. 이렇게 되면 해당 템플릿의 사용자들은 템플릿 코드가 변할 때마다 코드를 재컴파일해야 하는 번거로움을 겪게 된다.

일반적으로 나는 C++에서 의존 관계를 제거할 때 상속성 기반의 기법을 선호한다. 하지만 깨고자 하는 의존 관계가 이미 템플릿화된 코드 안에 있을 때는 템플릿 재정의가 유용하게 사용될 수 있다. 여기에 그 예가 있다.

```
template<typename ArcContact> class CollaborationManager
{
  ...
  ContactManager<ArcContact> m_contactManager;
  ...
};
```

m_contactManager상에 있는 의존 관계를 깨고자 한다면, 여기서 사용된 템플릿 방식 때문에 쉽게 인터페이스 추출 기법을 사용할 수 없다. 하지만 이와 다르게 템플릿을 매개변수화할 수는 있다.

```
template<typename ArcContactManager> class CollaborationManager
{
  ...
  ArcContactManager m_contactManager;
  ...
};
```

단계

C++에서 템플릿 재정의를 수행하는 방법을 기술하면 다음과 같다. 포괄형을 지원하는 다른 언어에서는 단계가 다를지 몰라도, 여기에 나오는 설명은 이 기법의 맛을 보여주기에 부족하지 않다.

1. 테스트하고자 하는 클래스 안에 있는 대체하고자 하는 특징을 식별한다.
2. 해당 클래스를 템플릿으로 바꾼다. 그러려면 그 클래스를 대체하고자 하는 변수들을 통해 매개변수화하고, 메소드의 본문 내용을 헤더 안으로 복사해야 한다.
3. 그 템플릿에 다른 이름을 붙인다. 기계적으로 이 작업을 하는 방법 중 하나는 원래

템플릿 이름에 Impl이라는 접미어를 추가하는 것이다.

4. 템플릿 정의 뒤에 typedef문을 추가한다. 이 작업은 기존 클래스 이름을 가지고 해당 템플릿의 원래 매개변수들로 정의함으로써 수행한다.

5. 테스트 파일에 템플릿 정의를 인클루드하고 새로운 형으로 해당 템플릿을 인스턴스화한다. 그렇게 함으로써 테스트를 위해 필요한 형들을 대체할 수 있다.

텍스트 재정의

최신 인터프리터 언어들은 의존 관계를 제거하는 매우 뛰어난 방법을 제공한다. 코드를 해석할 때 즉석에서 메소드를 재정의하는 것이다. 다음은 루비 언어의 예다.

```
# Account.rb
class Account
  def report_deposit(value)
    ...
  end
  def deposit(value)
    @balance += value
    report_deposit(value)
  end
  def withdraw(value)
    @balance -= value
  end
end
```

테스트할 때 report_deposit을 실행하고 싶지 않다면, 테스트 파일에서 메소드를 재정의하고 그 뒤에 테스트를 배치할 수 있다.

```
# AccountTest.rb
require "runit/testcase"
require "Account"

class Account
```

```
    def report_deposit(value)
    end
end

# 여기서부터 테스트 코드
class AccountTest < RUNIT::TestCase
    ...
end
```

여기서는 Account 클래스 전체가 아니라 report_deposit 메소드만 재정의하고 있다는 점에 유의하자. 루비 인터프리터는 루비 파일 내의 모든 행을 실행 가능한 문장으로서 해석한다. class Account 문장은 Account 클래스에 대한 정의를 추가한다. 또한 def report_deposit(value) 문장은 Account 클래스에 대해 정의를 추가하는 작업을 실행한다. 루비 인터프리터는 메소드 정의가 이미 존재하는지 여부에 신경 쓰지 않는다. 기존에 정의된 것이 존재한다면 그냥 교체할 뿐이다.

 루비에서의 텍스트 재정의는 한 가지 단점을 가지고 있다. 프로그램이 종료될 때까지 신규 메소드가 기존 정의를 대체한 상태가 된다는 점이다. 따라서 앞서 실행됐던 테스트에서 특정 메소드를 재정의했음을 잊어버릴 경우, 문제가 발생할 소지가 있다.

C나 C++도 전처리기를 통해 텍스트 재정의를 수행할 수 있다. 자세한 설명과 예제는 4장의 전처리 봉합을 참고하자.

단계

루비에서 텍스트 재정의를 수행하는 순서는 다음과 같다.

1. 대체하려는 정의를 포함하는 클래스를 식별한다.
2. 테스트용 소스 파일의 맨 위에 클래스를 포함하는 모듈 이름으로 require절을 추가한다.
3. 대체하려는 모든 메소드에 대해 테스트용 소스 파일의 맨 위에 대체 정의를 기술한다.

리팩토링

리팩토링은 코드를 개선하는 데 사용되는 핵심 기법 중 하나다. 리팩토링을 다루는 권위 있는 서적으로는 마틴 파울러가 저술한 『Refactoring: Improving the Design of Existing Code』(Addison-Wesley, 1999)란 책이 있다. 코드 내 적정한 자리에서 테스트를 수행할 수 있는 여러 리팩토링 기법에 대한 정보를 원한다면 이 책을 추천한다.

이 장에서는 주요 리팩토링 기법 중 하나인 메소드 추출에 대해 알아볼 것이다. 이를 통해 테스트 루틴을 가지고 리팩토링하는 기법을 간략하게나마 배울 수 있을 것이다.

메소드 추출

모든 리팩토링 기법 중에서 가장 유용한 기법은 아마도 메소드 추출일 것이다. 메소드 추출의 기본적인 아이디어는 기존에 있던 덩치 큰 메소드들을 체계적으로 작은 메소드들로 쪼갤 수 있다는 것이다. 이렇게 함으로써 코드를 좀 더 이해하기 쉽게 만들 수 있다. 또한 코드 조각들을 재사용할 수 있게 해주며, 시스템 안의 다른 영역들에 있는 로직과 중복되는 것을 피할 수 있게도 해준다.

엉성하게 관리된 코드베이스의 메소드들은 크기가 점점 커질 위험이 있다. 사람들은 기존의 메소드들에 계속 새로운 로직을 추가할 것이고, 이에 따라 메소드들은 계속 커지기만 할 것이다. 이렇게 메소드들이 커질 경우, 호출자를 위해 메소드에 2~3개의 추가 작업을 해야 할 것이다. 비정상적인 경우 수십 개 또는 수백 개의 작업을 해야 할 수도 있다. 이런 경우, 메소드 추출이 해결책이 될 수 있다.

메소드를 하나 추출하고자 할 때, 가장 먼저 필요한 것은 일련의 테스트들이다. 하나의 메소드를 철저하게 검사할 수 있는 테스트 루틴을 가지고 있다면, 다음 단계를 통해 메소드를 추출해낼 수 있다.

1. 추출하고자 하는 코드를 식별해내고 그 부분을 주석 처리한다.
2. 새로운 메소드를 위한 이름을 생각하고, 내용이 없는 빈 메소드 형태로 그 새 메소드를 생성한다.
3. 옛 메소드 내에 새 메소드에 대한 호출을 둔다.
4. 새로운 메소드로 추출하고자 하는 코드를 복사한다.
5. 컴파일러 의존 기법을 사용해 테스트를 통과하려면 어떤 매개변수가 필요하고 어떤 값들을 반환해야 하는지 알아낸다.
6. 필요하다면 매개변수와 반환 값(반환 값이 있다면)에 맞춰 메소드 선언을 조정한다.
7. 테스트들을 실행해본다.
8. 주석 처리했던 코드들을 삭제한다.

자바로 작성된 간단한 예를 살펴보자.

```java
public class Reservation
{
  public int calculateHandlingFee(int amount) {
    int result = 0;
    if (amount < 100) {
      result += getBaseFee(amount);
    }
    else {
      result += (amount * PREMIUM_RATE_ADJ) + SURCHARGE;
```

```
    }
    return result;
  }
  ...
}
```

else문에 있는 로직은 고급 예약인 경우에 수수료를 계산하는 일을 수행한다. 우리 시스템의 다른 부분에서도 이 로직을 사용해야 할 수도 있다. 이러한 경우에 코드 자체를 복제하는 대신, 이곳에서 추출한 후 필요한 다른 곳에서 사용할 수 있을 것이다.

다음의 코드는 그렇게 하기 위한 첫 번째 단계를 보여준다.

```
public class Reservation
{
  public int calculateHandlingFee(int amount) {
    int result = 0;
    if (amount < 100) {
      result += getBaseFee(amount);
    }
    else {
      // result += (amount * PREMIUM_RATE_ADJ) + SURCHARGE;
    }
    return result;
  }
  ...
}
```

getPremiumFee라는 새 메소드를 호출하기 위해 새로운 메소드와 그것을 호출하는 부분을 추가한다.

```
public class Reservation
{
  public int calculateHandlingFee(int amount) {
    int result = 0;
    if (amount < 100) {
      result += getBaseFee(amount);
```

```
    }
    else {
      // result += (amount * PREMIUM_RATE_ADJ) + SURCHARGE;
      result += getPremiumFee();
    }
    return result;
  }
  int getPremiumFee() {
  }
  ...
}
```

이어서 옛 코드를 새 메소드에 복사하고 코드가 문제없이 컴파일되는지 확인한다.

```
public class Reservation
{
  public int calculateHandlingFee(int amount) {
    int result = 0;
    if (amount < 100) {
      result += getBaseFee(amount);
    }
    else {
      // result += (amount * PREMIUM_RATE_ADJ) + SURCHARGE;
      result += getPremiumFee();
    }
    return result;
  }
  int getPremiumFee() {
    result += (amount * PREMIUM_RATE_ADJ) + SURCHARGE;
  }
  ...
}
```

제대로 컴파일되지 않는다. getPremiumFee에서 선언되지 않은 result와 amount라는 변수들을 사용했기 때문이다. 코드 내에서 부분적으로 계산된 결과 값을 반환할 수 있으며, 메소드에 대한 매개변수를 설정하고 제대로 호출하게 한다면 정확한 값을 구할 수도 있을 것이다.

```
public class Reservation
{
  public int calculateHandlingFee(int amount) {
    int result = 0;
    if (amount < 100) {
      result += getBaseFee(amount);
    }
    else {
      // result += (amount * PREMIUM_RATE_ADJ) + SURCHARGE;
      result += getPremiumFee(amount);
    }
    return result;
  }
  int getPremiumFee(int amount) {
    return (amount * PREMIUM_RATE_ADJ) + SURCHARGE;
  }
  ...
}
```

이제 테스트 루틴들을 실행하고 코드가 제대로 작동하는지 알아볼 때다. 제대로 작동한다면 옛 메소드의 주석 처리된 코드를 제거한다.

```
public class Reservation
{
  public int calculateHandlingFee(int amount) {
    int result = 0;
    if (amount < 100) {
      result += getBaseFee(amount);
    }
    else {
      result += getPremiumFee(amount);
    }
    return result;
  }
  int getPremiumFee(int amount) {
    return (amount * PREMIUM_RATE_ADJ) + SURCHARGE;
  }
  ...
```

```
}
```

 꼭 필요한 것은 아니지만, 나는 추출하고자 했던 부분의 코드를 주석 처리하는 것을 좋아한다. 이렇게 하면 실수로 테스트가 실패한 경우, 추출하려 했던 부분으로 다시 돌아와 추가 작업을 하고 다시 코드를 실행시켜볼 수 있기 때문이다.

앞에서 보여줬던 것은 메소드 추출을 사용하는 하나의 방식일 뿐이다. 테스트 루틴이 있는 경우에 이러한 작업은 상대적으로 간단하고 안전한 작업이며, 리팩토링 도구가 있다면 더 쉬워질 것이다. 단지 우리가 할 일은 메소드의 일부를 선택하고 메뉴에서 필요한 기능을 고르는 것뿐이다. 그 도구는 선택된 부분을 메소드로 추출할 수 있는지 알려줄 것이고, 새로운 메소드명을 입력하기를 기다릴 것이다. 메소드 추출은 레거시 코드를 가지고 작업하는 데 매우 중요한 기법이다. 이 메소드 추출을 사용해 중복 부분을 추출해낼 수 있고 책임을 분리할 수 있으며 긴 메소드를 쪼갤 수도 있다.

| 용어 사전 |

가짜 객체: 테스트 중에 클래스의 협력자로 가장하는 객체

객체 봉합: 한 객체를 다른 것으로 대체해 동작을 변경시킬 수 있는 지점. 객체 지향 언어에서 클래스 내의 여러 메소드를 오버라이딩하거나 출시용 코드에서 클래스를 서브클래스화해 적용할 수 있다.

결합 계수: 호출됐을 때 메소드에 입력되거나 반환되는 값들의 개수. 반환 값이 없다면 매개변수의 수가 되며, 반환 값이 있다면 매개변수의 수 더하기 1이 된다. 작은 메소드를 테스트 루틴 없이 추출해야 할 경우, 결합 계수는 매우 유용한 도구가 된다.

교차 지점: 소프트웨어 코드 내에서 특정 조건을 감지하기 위해 테스트 루틴이 작성될 수 있는 위치

기능 스케치: 클래스 내의 메소드들이 어떤 다른 메소드와 인스턴스 변수를 사용하는지 보여주는 손으로 그린 스케치. 큰 클래스를 어떻게 나눌지 결정해야 할 경우 유용하다.

단위 테스트: 실패 시 문제 위치를 파악하기에 충분히 작은 테스트 루틴으로 0.1초 내에 실행 가능

모조 객체: 내부적으로 특정 조건을 검증하기 위해 사용되는 가짜 객체

문서화 테스트: 소프트웨어의 일부 동작을 기술하고, 코드를 변경할 경우에도 그 부분을 유지시키기 위한 테스트

변경 지점: 변경이 필요한 코드 위치

봉합: 코드를 편집하지 않고 시스템의 동작을 변경시킬 수 있는 지점. 객체의 다형 함수를 호출하는 것이 한 예가 될 수 있다. 객체의 클래스를 서브클래스화해 동작을 변경시킬 수 있기 때문이다.

연결 봉합: 라이브러리와의 연결을 통해 다양한 동작을 만들어낼 수 있는 부분. 컴파일 언어에서 테스트 도중 특정 조건을 감지하거나 의존 관계를 제거하기 위해 출시용 라이브러

리, DLL, 어셈블리 또는 JAR 파일들을 다른 것으로 변경해 사용할 수 있다.

영향 스케치: 소프트웨어 변경에 의해 영향을 받을 수 있는 변수와 메소드 반환 값을 손으로 그린 스케치. 어디에 테스트 루틴을 둬야 할지 결정해야 할 경우 유용하게 사용될 수 있다.

자유 함수: 어떤 클래스에도 소속돼 있지 않은 함수. C나 다른 절차적 언어에서는 그냥 함수라 불리며, C++에서는 비멤버 함수라 불린다. 자바나 C#에서는 존재하지 않는다.

조임 지점: 특성들을 테스트하기 위한 이상적인 위치를 나타낸 영향 스케치 내의 좁은 지점

차이에 의한 프로그래밍: 객체 지향 시스템에 상속을 이용해 기능을 추가하는 방법. 시스템에 새로운 기능을 빠르게 추가해야 할 경우 사용될 수 있다. 새 기능을 동작하게 만들기 위해 작성한 테스트 루틴은 코드를 더 나은 상태로 리팩토링하는 데 사용될 수 있다.

테스트 주도 개발: 여러 실패 테스트 루틴을 작성하고 한 번에 하나씩 통과시키는 코드를 만드는 개발 방법. 이 방식을 통해 코드를 가능한 한 간결하게 리팩토링할 수 있다. 이 방법으로 만들어진 코드는 기본적으로 테스트 커버리지를 갖는다.

테스트 하네스: 단위 테스트를 가능하게 하는 소프트웨어

테스트용 서브클래스: 테스트를 위해 클래스에 접근할 수 있게 만들어주는 서브클래스

| 찾아보기 |

X

에이콘출판의 기틀을 마련하신 故 정완재 선생님 (1935-2004)

레거시 코드 활용 전략

손대기 두려운 낡은 코드, 안전한 변경과 테스트 기법

발 행 | 2018년 9월 28일

지은이 | 마이클 C. 페더스
옮긴이 | 심 윤 보 · 이 정 문

펴낸이 | 권 성 준
편집장 | 황 영 주
편 집 | 조 유 나
디자인 | 윤 서 빈

에이콘출판주식회사
서울특별시 양천구 국회대로 287 (목동)
전화 02-2653-7600, 팩스 02-2653-0433
www.acornpub.co.kr / editor@acornpub.co.kr

한국어판 ⓒ 에이콘출판주식회사, 2018, Printed in Korea.
ISBN 979-11-6175-207-5
ISBN 978-89-6077-412-4 (세트)
http://www.acornpub.co.kr/book/legacy-code

이 도서의 국립중앙도서관 출판시도서목록(CIP)은 서지정보유통지원시스템 홈페이지(http://seoji.nl.go.kr)와
국가자료공동목록시스템(http://www.nl.go.kr/kolisnet)에서 이용하실 수 있습니다.(CIP제어번호: CIP2018030215)

책값은 뒤표지에 있습니다.